KB091160

영주는 농노의 노동을 어떻게 수탈했는가?
서유럽의 고전적 농노노동 착취제도

영주는 농노의 노동을 어떻게 수탈했는가?

서유럽의 고전적 농노노동 착취제도

이기영 지음

사회평론아카데미

영주는 농노의 노동을 어떻게 수탈했는가?
서유럽의 고전적 농노노동 착취제도

2023년 9월 5일 초판 1쇄 찍음
2023년 9월 15일 초판 1쇄 펴냄

지은이 이기영
책임편집 고인욱
편집 이소영 · 김혜림 · 조유리
표지 · 본문 디자인 김진운
본문조판 민들레
마케팅 김현주

펴낸이 권현준
펴낸곳 ㈜사회평론아카데미
등록번호 2013-000247(2013년 8월 23일)
전화 02-326-1545
팩스 02-326-1626
주소 03993 서울특별시 마포구 월드컵북로6길 56

ISBN 979-11-6707-123-1 93900

머리말

농노제는 노예제와 마찬가지로 무보수 강제노동에 기초한 착취제도다. 우리가 봉건제나 장원제라고 부르는 것들도 본질적으로나 실상에 있어서나 농노 계급에 대한 영주 계급의 착취제도에 지나지 않는다. 천년 가까이 서양사회를 지배한 봉건적 착취제도 아래서 농민 대중은 비참하게 살았다.

　이 책은 서양 봉건제의 발상지이자 고전적 발달지역인 루아르강과 라인강 사이의 북부 갈리아 지역을 중심으로 한 서유럽에서 영주가 농노의 노동을 어떻게 수탈했는지를 중세의 문헌기록을 통해 고찰한 것이다. 저자는 일찍부터 이 문제에 대해 관심을 가지고 여러 편의 논문을 썼다. 이 책은 기본적으로 그런 연구의 산물이다. 이 책의 제1~2장과 제8장은 이번에 새로 쓴 것들이지만, 제3장부터 제7장까지는 그동안 쓴 각각의 단일 논문에 바탕을 둔 것이다. 그 출처는 해당 장의 말미에 적어 두었다. 그렇지만 이 책에서는 바탕이 된 논문과는 달리 책 전체의 체계와 문맥에 맞춰 글의 상당 부분을 고쳤을 뿐만 아니라,

더러 문헌기록의 오해나 사실의 오인이 있었던 부분들을 바로잡고 참고자료를 보충하기도 했다.

이 책의 출판을 승낙하고 좋은 책을 만들기 위해 애써 주신 사회평론아카데미 관계자 여러 분들에게 감사드린다.

2023년 8월
이기영

차례

밭갈이 모습(프랑스 파리, 820년대)
Abbaye de Saint-Germain-des-Prés, *Stuttgart Psalter*, Württembergische Landesbibliothek Stuttgart, Bibl. fol. 23, p. 124v.

파종과 수확 작업 장면(프랑스 파리, 820년대)
Abbaye de Saint-Germain-des-Prés, *Stuttgart Psalter*, Württembergische Landesbibliothek Stuttgart, Bibl. fol. 23, p. 146r.

농민들의 수확 작업과 이를 감독·지시하는 장원 관리인(영국, 14세기)
작자 미상, *Queen Mary's Psalter*, British Library, Ms. Royal 2. B. VII, p. 78v.

영주에 대한 농민들의 공납 장면(독일, 15세기)
Rodericus Zamorensis, *Spiegel des menschlichen Lebens*, translated by Heinrich Steinhöwel, Augsburg: Baemler, 1479년, p. 9r

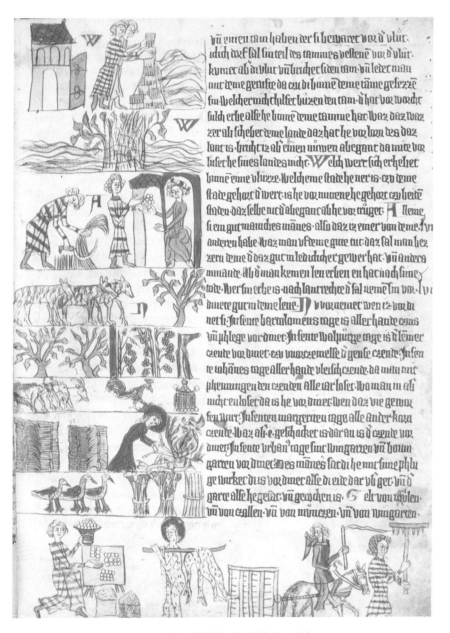

달력 형태로 그려진 영주에 대한 농민들의 여러 가지 생산물 공납 삽화(독일, 14세기)

Eike von Repgow, *Heidelberger Sachsenspiegel*, Cod. Pal. germ. 164 der Universitätsbibliothek Heidelberg, p. 9r.

제1장 서론

1. 농노의 개념

농노란 무엇일까? 이의 개념은 농노제 시행 당시의 사회에서나 현대 학계에서나 주로 법적·신분제적 측면에서 다양하게 규정되어 왔다. 그중에서도 대표적인 정의는 권리능력 면에서 노예와 비교하는 것이다. 노예는 인격을 부정당하여 재산소유가 불가능하고 소유의 객체로서 기증·매매·상속·교환의 대상이 된 데 비해서, 농노는 권리의 주체로서 그런 대상이 되지 않을 뿐만 아니라 재산을 소유하고 처분할 수 있다고 보는 것이다. 한편 농노는 영주에게 인신적으로 예속되어 있다는 표시로서 영주에게 인두세, 신분이나 영주가 상이한 예속민 사이의 결혼 때의 외혼세(外婚稅, formariage), 사망 시의 상속세 등으로 구성된 신분세를 지불하거나 이 세 가지 중의 어느 하나를 지불하는 자라든가, 아니면 영주가 자의적(恣意的)으로 부과하는 타이유(taille)

세를 부담하는 사람이라고 정의되기도 했다. 그 밖에도 농노는 토지에 긴박된 농민이라든가, 노예와 같은 부자유인이지만 공동체로부터 소외되어 있는 노예와는 달리 가족이나 촌락과 같은 공동체의 구성원이었다든가, 심지어 죄인의 호송과 같은 특별히 불명예스런 일을 수행하는 사람이라고 규정되기도 했다.

그러나 이와 같이 경제외적인 인격적 예속성을 중요시하여 농노의 개념을 법적·신분제적 측면에서 두드러진 특징 위주로 규정하게 되면, 여러 가지 모순과 문제가 발생한다. 이를테면, 농노는 노예와 달리 기증·매매·상속·교환의 대상이 되는 소유의 객체가 아니라 소유의 주체라고 정의하는 경우, 이는 18세기 이후 러시아의 농노가 법적으로 지주의 재산으로 간주되어 노예처럼 매매·증여·저당의 대상이 되었다는 사실과[1] 모순되게 된다. 신분세 부담자를 농노라고 할 경우에도, 중세 서유럽에서 지역에 따라서는 자유인도 신분세의 일부를 부담했다는[2] 문제가 생긴다. 농노는 인신적으로 토지에 긴박된 농민이라는 정의도, 서유럽에서 농노에 대한 토지긴박 조치는 이런 조치가 실효성을 기할 수 있을 만큼 로마법이 계수(繼受)되어 시행되고 강력한 국가권력이 대두하는 동시에 흑사병으로 인구가 감소하고 노동력이 부족해진 14세기 이후에야 취해졌다는[3] 근본적인 문제점에 봉착한다.

1   한정숙, 「동유럽형 농노제—러시아의 경우를 중심으로—」, 역사학회 편, 『노비·농노·노예—예속민의 비교사—』(일조각, 1998), 195쪽; J. Blum, *Lord and Peasant in Russia from the Ninth to the Nineteenth Century*[Princeton, NJ: Princeton Univ. Press, 1961(2nd Printing, 1972)], pp. 424~428; R. Hellie, "Russian Slavery and Serfdom, 1450-1804", *CWHS*, Vol. 3: D. Eltis and S. L. Engerman, ed., *AD 1420-AD 1804*(Cambridge: Cambridge Univ. Press, 2011), pp. 293~294 참조.

2   R. Fossier, *Histoire sociale de l'Occident médiéval*(Paris: Armand Colin, 1970), p. 160 참조.

3   M. Bloch, "Personal Liberty and Servitude", W. R. Beer, ed. & trans., *Slavery and Serfdom in the Middle Ages: Selected Essays*(Berkeley, Los Angels, London: Univ.

이 시기는 이미 서유럽에서 농노제가 크게 쇠퇴하던 때이기 때문이다. 또 농노는 법적 자격 면에서 노예와는 달리 가족이나 촌락의 구성원이었다고 할 경우에도, 미국의 노예제에서는 노예가 가족에 기초한 그들 나름의 공동체와 문화를 형성했다는 사실과[4] 배치되게 된다.

농노의 개념을 법적·신분제적으로 규정하게 되면 이와 같이 역사적 사실관계의 여러 모순이 발생할 뿐만 아니라, 주요 특징을 무엇으로 보느냐에 따라서 농노의 정의가 지역과 시대에 따라 다르고 다양하여 전체적으로 보편성과 일관성이 없고 혼란스러움을 면치 못하게 된다. 이것은 개념이라는 말의 기본적 속성인 보편적 일반성이 결여되어 있다는 중대한 문제를 낳는다. 또한 농노의 개념에 대한 법적 규정은 그 규정내용과 변화하는 현실 사이에 괴리가 발생하여 현실을 정확하게 반영하지 못하는 문제도 발생시킨다.

이런 커다란 모순과 문제점은 농노 또는 농노제를 그 본질을 간과한 채 겉으로 드러나는 특징적 현상을 중심으로 보는 데서 기인한다. 사실 법적·신분제적 측면에서 중시되는 인격적 예속관계는 농노제의 본질이라고 할 수 없다. 왜냐하면 영주에 대한 농민의 인격적 예속은 전근대사회에서 기본적 생산수단이었던 토지의 독점적 소유자인 영주에 대한 직접생산자인 농민의 종속에 다름 아니기 때문이다. 농노와 농노제의 본질을 이루는 것은 토지 소유자인 영주와 노동력 소유자인

---

of California Press, 1975), pp. 48~54; 같은 필자, *Seigneurie française et manoir anglais*, 이기영 옮김, 『서양의 장원제』(개정번역판: 한길사, 2020), 139~140쪽; 같은 필자, *Les caractères originaux de l'histoire rurale française*, 이기영 옮김, 『프랑스 농촌사의 기본성격』(개정번역판: 사회평론아카데미, 2023), 215~218쪽; F. W. Henning, *Deutsche Agrargeschichte des Mittelalters 9. bis 15. Jahrhundert*(Stuttgart: Ulmer, 1994), p. 267 참조.

4 김형인, 「미국의 노예제도」, 역사학회 편, 『노비·농노·노예』, 98~103, 122~125쪽 참조.

농민 사이의 사회적 결합관계인 생산관계다. 인격적 예속관계는 이런 생산관계의 표현이고 이의 유지와 실현을 위한 수단에 불과하다. 경제 외적인 인격적 예속관계는 그 자체가 목적이거나 독립적인 것이 아니다. 그것은 노예와 달리 생산수단과 노동조건을 점유하고 독자적 가족생활과 자율적 농업경영을 영위하는 농노로부터 잉여노동을 지대로 수탈하기 위해서 불가피하게 요구되는 영주적 토지소유의 실현수단에 지나지 않는다.

그러므로 농노의 개념은 생산관계를 중심으로 하고 법적·신분제적 측면을 보충적으로 고려하여 규정할 필요가 있다고 하겠다. 그렇지만 농노의 개념은 노예와 비교하여 그 차이점을 분명히 하는 가운데 규정되어야 할 것이다. 같은 부자유인 범주에 속하면서도 여러 가지 면에서 차이가 나는 노예와 대비시켜야 농노의 개념이 명확해지기 때문이다.

생산관계를 규정하는 결정적 요인은 생산수단의 소유관계다. 생산수단의 소유관계 면에서 농노나 노예 모두 전근대사회의 기본적 생산수단인 토지를 소유하지 못하고 있다는 점에서는 공통된다. 그러나 노예는 토지를 비롯한 일체의 생산수단을 소유하지 못하고, 그 자신의 노동생산물도 소유하지 못하며, 그의 인신 자체가 주인의 소유물을 구성한다. 이에 비해 농노는 토지소유주인 영주로부터 노동력 재생산용의 작은 토지를 분양받아 세습적으로 보유할 수 있었고, 소규모이기는 하지만 농기구와 역축과 같은 노동수단을 소유하며, 장원 공유지의 공동소유자이기도 하고, 자신의 노동생산물의 일부를 소유했다. 말하자면, 노예는 소유의 주체가 아니라 객체였던 데 비해 농노는 불완전하나마 소유의 주체였고 생산수단과 노동조건의 점유자였다고 할 수 있다.

농노와 노예는 그들이 기본적 생산수단의 소유자를 위해 수행하지 않으면 안 되었던 노동의 수행방법과 착취수준에 있어서도 차이가 난다. 농노노동이든 노예노동이든 모두 잉여노동의 착취형태이고 무보수(無報酬)의 강제노동 즉 부역노동(賦役勞動, servitium, labor service)이라는 점에서는 공통된다. 그러나 전형적인 노예제사회에서는 일반적으로 노예의 부역노동은 자율성이 배제된 채 주인이나 그 대리인의 엄격한 감독과 지시 아래 집단을 이루어 무제한적으로 수행되었다. 따라서 노예제적 토지소유에서는 많은 노예노동을 사용한 대토지 경영이 지배적이었다. 이에 비해 농노의 부역노동은 소규모적인 노동수단의 사용과 소가족 생활로[5] 인해 상당한 자율성이 부여된 가운데 개별적·제한적으로 수행되었다. 농노는 영주로부터 노동력 재생산용으로 분양받은 그의 보유지를 자신 소유의 소규모 농기구를 사용하여 자율적으로 경작하고 경영했음은 물론이고, 영주직영지에서 수행하는 무보수 강제노동도 많은 경우 개별 농민보유지 단위로 일정 면적이나 작업량을 할당받아 스스로 책임을 지고 수행하거나 기간을 정하여 제한적으로 수행하는 방식으로 이루어졌다. 따라서 봉건적 토지소유에서는 노예제사회처럼 대토지소유제가 지배했지만, 그 실제 경영은 노예제사회와는 달리 그리고 대규모 생산방법과 생산과정의 사회적 성격과 결합되어 있는 자본주의적 생산양식과는 대조적으로 소규모로, 곧 소농경영 방식으로 이루어졌다고 할 수 있다.

농노와 노예는 노동력의 생산방식도 판이했다. 노예는 인격체로 인정되지 않아 원칙적으로 결혼과 가족생활이 허용되지 않았다. 노예는 독자적인 가족생활을 영위하지 못하고 주인에 의해 최소한으로 부

---

5   농노의 가족은 토지보유자인 성인남자를 중심으로 아내와 2~3명 정도의 미혼 자녀로 구성되는 소가족제가 일반적이었다. 저자의 논문, 「고전장원제하의 가족제」, 『역사학보』, 143(1994), 187~224쪽 참조.

양되는 집단생활을 했다. 따라서 노예는 결혼과 가족생활을 통해 노동력이 자체 재생산되지 못하고 전쟁이나 무역 등을 통해 외부로부터 대량 공급되어 사용되는 소모품과 같은 존재였다. 이에 비해 농노는 불완전하나마 인격체로서 결혼이 가능했고 영주로부터 분급받은 소규모 토지를 경작하여 독자적인 가족생활을 영위할 수 있었다. 따라서 농노의 노동력은 결혼과 가족생활을 통해 영속적으로 재생산될 수 있었다.

농노나 노예의 노동을 착취하는 데는 영주와 노예주의 토지를 비롯한 생산수단의 독점적 소유만으로는 부족하다. 노동력까지도 상품화되어 상품 생산과 유통의 경제법칙이 지배하는 자본주의사회에서는 생산수단을 소유하지 못하고 노동력밖에 갖지 못한 직접생산자가 노동을 하는 데는 경제외적(經濟外的) 강제가 필요하지 않지만, 농노와 노예의 노동을 착취하는 데는 경제외적 강제가 필수적이다. 그렇지만 농노와 노예에 대해 행사되는 경제외적 강제의 성격과 내용은 상이했다. 노예는 주인이 국가권력의 비호를 받아 직접적으로 행사하는 사적 폭력의 지배를 받았다. 이에 비해 농노는 기본적으로 영주가 사적으로 점유해 행사하는 재판권, 치안권, 징세권 등으로 구성되는 공권적 성격의 지배와 인두세, 외혼세, 상속세 등으로 나타나는 법적 권리능력 제한이라는 신분규정을 통한 지배를 받았다.

농노와 노예의 이상과 같은 여러 가지 차이점을 고려할 때, 이들의 개념을 각각 다음과 같이 규정할 수 있을 것이다. 노예는 인격체로 인정되지 않아 원칙적으로 토지를 비롯한 생산수단과 노동생산물의 소유가 부정되고 결혼과 가족생활이 보장되지 않는 상태에서 주인이 행사하는 사적 폭력에 지배되어 노동을 무제한적으로 착취당하는 소모품 같은 인간이라고. 이에 비해 농노란 지주로부터 노동력 재생산용으로 분양받은 작은 토지를 자신의 노동수단으로 자율적으로 경작하여 독자적 가족생활을 꾸려 가면서도 지주층의 독점적 토지소유와 공권력 사점(私占) 및 인신규정으로 인해 노동을 무보수 강제노동 형태로 제한적으로 수탈당하는 예속적 소농이라고 할 수 있을 것이다.[6]

특히 고전적 의미의 농노는 권리능력이 제한되는 불완전한 인격체라든가, 영주에게 예속성의 상징인 신분세의 지불자라든가 하는 등 경제외적 차원에서 정의될 것이 아니다. 고전적 개념의 농노란 가족을 거느리고 자신이 소유한 노동수단으로 소작지를 경작하면서도 무보수 강제노동 형태의 지대를 지주에게 지불해야 하는 농민, 요컨대 봉건적 착취의 고전적 형태를 이루는 부역노동을 수행하지 않으면 안 되는 소작농이라고 할 것이다. 왜냐하면 일반적으로 농노의 전형이라고 할 때, 그것은 단순한 예속농민이 아니라 무보수 강제노동 형태로 농업노동에 시달리는 농민이기 때문이다. 이와 같은 처지에 있는 농민은 당대의 문헌 속에서 고대적 전통의 신분구분 기준에 따라 노예로 불리든 콜로누스(colonus)나 자유인으로 불리든 또는 그 밖에 오늘날 우리가 다른 무엇으로 지칭—예컨대 장원농민이나 부역농민—하든 고전적 의미의 농노라고 해도 될 것이다.

2. 농노의 부역노동(무보수 강제노동)과 고전장원제

무보수 강제노동 즉 부역노동을 수행해야 하는 소작농이라는 농노의

6　농노와 노예의 개념에 대한 보다 자세한 논의는 저자의 저서 『고대에서 봉건사회로의 이행—서유럽 농노제와 봉건적 주종관계의 형성 및 인종문제—』(사회평론아카데미, 2017), 18~41쪽 참조.

고전적 개념은 두 가지 의미를 내포한다. 하나는 부역노동의 수행이 농노 개념의 본질적 특징을 이룬다는 것이다. 다른 하나는 부역노동을 수행하는 소작농이란, 영주 소유의 대토지가 소작지와 소작농의 부역노동이 실행되는 대상토지로 구성되는 토지소유 구조를 전제한다는 것이다. 토지의 경작에 의해 사회의 기본 생산이 이뤄지는 봉건사회에서 부역노동의 대상지는 부역노동으로 경작되는 영주의 직영지에 다름 아니다. 이와 같이 영주의 소유지가 직영지와 소작지로 구분되고 소작농의 부역노동에 기초하여 경영되는 봉건적 토지소유 형태는 이른바 고전장원제라고 하는 것이다. 고전장원제는 토지가 영주 직영지와 농민보유지로 이분되고 직영지는 후자 보유자들의 부역노동으로 경작되었다. 고전장원제에서 농민의 주된 의무는 부역노동 수행이었고, 영주직영지 경작노동력의 적어도 $\frac{2}{3}$ 이상은 농민보유지 보유자들의 부역노동으로 구성되었다.[7] 따라서 고전장원제에서는 봉건지대가 부역노동 형태의 노동지대가 된다. 이처럼 고전장원제 아래서 영주직영지 경작을 위해 부역노동을 수행하는 농민 또는 노동지대를 지불하는 농민이 고전적 의미의 농노라고 할 수 있다. 고전장원제와 고전장원의 농민을 경제적·사회적 측면에서 각각 농노제와 농노의 전형이라고 보는 것이 학계의 통설이다. 물론 고전적 개념의 농노라고 하더라도 부역노동만 수행한 것이 아니고 뒤의 제4장 제2절에서 보게 되듯이 그 밖에 현물이나 화폐 형태의 여러 가지 부담을 지기도 했다.

토지소유관계 면에서 고전장원제의 주요 특징을 이루는 영주의

---

7   고전장원제에서 영주직영지의 경작노동력 구성에 대해서는 저자의 논문들인 「고전장원제하의 농업노동력」, 『서양사론』, 37(1991), 55~74쪽 및 「9세기 생베르탱 수도원영지의 경작노동력 구성」, 『민석홍 박사 화갑기념 사학논총』(삼영사, 1985), 401~414쪽 참조.

독점적 대토지소유제는 고대 로마사회의 라티푼디움(latifundium)을 유산으로 하고 중세 초기에 대소유지가 더욱 확대되어 형성되었다. 토지경영체제 면에서 소작농의 부역노동에 의한 영주직영지 경작체제라고 요약될 수 있는 고전장원제는 7세기 무렵에 그 특징적 요소들이 형성되거나 결합되고, 8세기 초반에 법적·제도적 기틀이 마련되며, 8세기 후반에 공고화되고 확산되는 과정을 거쳐 9세기 초에는 갈리아 북부지역을 중심으로 프랑크왕국의 주요 지역에서 성립했다.[8] 봉건적 토지소유 형태로서 고전장원제가 이와 같이 형성됨에 따라 고대의 여러 신분들도 중세 초기에 생산관계 면에서 노예의 토지보유와 외거화(外居化)를 통한 소작농화, 콜로누스의 부역농민화, 세력가에 의한 자유농민의 토지상실과 예속민화 과정을 거쳐 8세기 전반기까지 농노로 변모되어 갔다. 그 후 농노제적 생산관계는 확충되고 확산되어 9세기 초에 고전장원제의 성립과 더불어 고전적 형태로 확립되게 된다. 고전장원제 아래서 장원농민은 출신신분에 관계없이 비슷한 생산관계에 처함으로써 고전적 의미의 동질적인 농노 계급으로 탄생한다.[9]

영국에서는 고전장원제가 프랑스 노르망디 출신의 노르만족에 정복된 11세기 후엽부터 13세기까지 실시되었으며, 이 기간에 여러 신분 출신들로 된 통일적인 농노 계급이 형성된다. 러시아를 비롯한 엘

8　고전장원제의 자세한 형성과정에 관해서는 저자의 저서 『고전장원제와 봉건적 부역노동제도의 형성—서유럽 대륙지역을 중심으로—』(사회평론아카데미, 2015), 제1부 '봉건적 토지소유 형태로서의 고전장원제의 형성'(25~209쪽) 참조.

9　농노 계급의 형성과정에 대해서는 저자의 저서 『고대에서 봉건사회로의 이행』, 제1부 제II장 '중세 초기 노예제사회로부터 농노제로의 이행과정'(44~118쪽) 참조. L. Kuchenbuch, "Servitus im mittelalterlichen Okzident. Formen und Trends(7.-13. Jahrhundert)", A. Dierkens/N. Schroeder/A. Wilkin, eds., *Penser la paysannerie médiévale, un défi impossible?: Recueil d'études offert à Jean-Pierre Devroey*(Paris: Éditions de la Sorbonne, 2017), pp. 237~260도 농노 계급의 형성과정을 고찰한 연구라고 할 수 있다.

베강 동쪽의 동유럽에서는 지역에 따라 그 시기가 다소 차이가 있지만, 대체로 고전장원제가 15~17세기부터 18세기 말이나 19세기 중엽까지 발달했다. 잘 알려진 러시아의 악명 높은 농노제를 비롯한 동유럽의 이른바 재판(再版) 농노제(Zweite Leibeigenschaft, Second Serfdom)도 고전장원제와 함께 시행되었다.[10] 그러나 고전장원제의 전형적 발전은 9~11세기에 루아르강과 라인강 사이의 북부 갈리아 지역에서 이루어졌다. 이 지역은 역사적으로 고전장원제의 발상지이자 발달의 중심지 역할을 했다.[11] 따라서 생산관계 차원의 고전적 농노제도

10 러시아를 비롯한 동유럽의 고전장원제와 농노제에 관해서는 저자의 논문 「토지소유형태로서의 고전장원제의 역사적 위상—러시아를 중심으로—」, 『서양중세사 연구』 (2014. 9), 217~264쪽; 한정숙, 「동유럽형 농노제」, 168~217쪽; J. Blum, *Lord and Peasant*, pp. 219~228, 442~463; E. Melton, "The Russian Peasantries, 1450-1860", T. Scott, ed., *The Peasantries of Europe from the Fourteenth to the Eighteenth Centuries*(London & N.Y.: Longman, 1998), pp. 229~254; 같은 필자, "Manorialism and Rural Subjection in East Central Europe, 1500-1800", *CWHS*, Vol. 3: D. Eltis/ S. L. Engerman, ed., *AD 1420-AD 1804*, pp. 297~324(제12장); 아노스트 클리마 (Arnošt Klima), 「전산업시대 보헤미아에서의 농업계급구조와 경제발전」, R. 브레너 외, 이연규 역, 『농업계급구조와 경제발전—브레너 논쟁—』(집문당, 1991), 270~281쪽 참조.

11 고전장원제가 중세 서유럽의 보편적 토지소유 형태였다는 장원제에 대한 '고전학설'이 1900년을 전후해서 제시된 이후 지금까지 중세사 연구 학계의 일각에서는 고전장원제의 위상을 축소해서 보려는 흐름이 이어지고 있다. 고전학설이 중세의 토지소유제도 전반을 고전장원제로 획일화해서 봤던 만큼 이런 흐름은 당연하다고 하겠다. 그러나 비판론자들도 고전장원제가 중세 전기에 북부 갈리아를 중심으로 서유럽의 여러 지역에서 제법 널리 실시되었음을 부정하는 것은 아니다. 그들이 연구하는 많은 부분도 고전장원제에 관한 것이다. 다만 그들은 고전장원제 외에도 독립적인 농민적 소토지 소유와 같은 다양한 토지소유제도가 존재하고 노예나 농노화되지 않은 자유농민도 기존에 알려진 것보다 많이 존재하는 등 중세 전기의 농촌 경제와 사회가 다양하고 복잡했으므로, 고전장원제 차원에서만 연구하지 말고 이를 넘어서 연구의 지평을 확대할 필요가 있다는 것이다. 고전장원제에 대한 고전학설과 비판론에 관해서는 W. Rösener, "Zur Erforschung der frühmittelalterlichen Grundherrschaft", W. Rösener, ed., *Strukturen der Grundherrschaft im frühen Mittelalter*(2. Auflage, Göttingen: Vandenhoeck & Ruprecht, 1993), pp. 9~28; 저자의 저서 『고전장원제와 봉건적 부역노동제도의 형성』, 13~17

이 지역에서 9~11세기에 발달했다. 이 책에서 고찰하는 농노노동 착취제도는 이 시기의 이 지역을 중심으로 한 것이다.

부역노동을 수행하지 않으면 안 되는 농민 또는 노동지대를 지불하는 농민이라는 고전적 개념의 농노는 고전장원제가 해체되고 순수장원제로 이행함에 따라 사라지게 된다. 프랑스에서는 12세기부터, 독일의 경우에는 13세기부터 본격적으로 실시되는 순수장원제에서는 영주직영지가 거의 사라짐에 따라 장원농민의 부역노동은 소멸하거나 잔존하더라도 연간 며칠에 지나지 않을 정도로 부차적·부분적 역할밖에 하지 못했기 때문이다. 따라서 지대는 생산물이나 화폐 형태를 띠

쪽 참조. 고전장원제에 대한 아주 최근의 신랄한 비판론은 2018년 6월 튀빙겐 대학에서 "Agrarian Change and Peasant Mobility in the Early Medieval West c. 600-1000CE"라는 중세 초기의 농민이동에 관한 주제로 개최된 워크숍에서 발표되고 그 후 S. Patzold/ P. Tedesco, ed., *Beyond the Manorial Economy: Peasant Labour and Mobility in Carolingian and Post-Carolingian Europe*으로 묶어 *JEEH*, 48(2019), pp. 131~230에 게재된 P. Tedesco, "Beyond the Manorial Economy: Introduction to the Seminar" (pp. 131~145), Th. Kohl, "Peasants' Landholdings and Movement in the Frankish East(8th-9th Centuries)"(pp. 147~165), A. Wilkin, "Preserving Stability in a Changing World: Free and Unfree Labour, Peasant Mobility and Agency on Manorial Estates between the Loire and the Rhine"(pp. 167~187), N. Schroeder, "Observations about Climate, Farming, and Peasant Societies in Carolingian Europe"(pp. 189~210), L. Feller, "Growth and Peasant Labour in the 10th-13th Centuries. Between Constraint, Consent and Economic Mechanisms"(pp. 211~230) 등의 5개 논문에서 볼 수 있다. 이들 논문의 필자들 역시 고전장원제를 부정하지는 않는다. 그들이 쓰는 말 그대로 '장원제를 넘어서' 농촌경제에 대한 연구를 '농민경제(peasant economy, économie paysanne)'라는 개념으로 모색하고, 카롤링시대를 중심으로 한 중세 전기의 서유럽의 경제와 사회가 다양성과 역동성을 띠고 있었음을 부각시키는 것이 특징이다. 비판론자들이 사용하는 농민경제라는 용어는 1920년대에 러시아의 A. 차야노프(Alexandre Tchayanov)가 과거 러시아의 농촌경제를 지칭하기 위해 사용한 데서 유래한다. 이 말의 유래와 사용경위에 관해서는 M. Lauwers, "Le ≪travail≫ sans la domination? Notes d'historiographie et de sémantique à propos du labeur des cultivateurs dans l'Occident médiéval", A. Dierkens 외, eds., *Penser la paysannerie médiévale*, pp. 304~307 참조.

었다. 순수장원제 아래서는 이처럼 장원농민이 부역노동을 거의 부담하지 않고 생산물지대나 화폐지대를 지불함으로써 영주에 대한 예속성이 크게 약화되었다. 보통 이런 농민은 농노로 불리지 않고 단순한 예속농민이라는 뜻에서 예농(隷農)이라고 불린다.[12]

3. 농노노동의 수탈과 경제외적 강제

앞에서 언급한 바 있듯이 자본주의사회에서 자본가가 노동자의 잉여노동에 의해 생산되는 잉여가치를 수취하는 데는 원칙적으로 경제외적 강제가 필요하지 않다. 경제적 강제라고 할 수 있는 것으로 족하다. 노동력을 포함해서 재화와 용역이 두루 상품화되어 상품의 생산과 유통의 법칙이 지배하는 자본주의경제에서 노동력 이외에 생산수단을 갖지 못한 노동자가 생활수단을 구입하기 위해서는 노동력을 파는 수밖에는 도리가 없는 데다, 노동과정에서 필요노동과 잉여노동이 쉽게 구분되지 않기 때문이다. 이처럼 경제외적 강제가 필요 없는 자본주의사회에서는 직접생산자가 법적으로는 자유로운 임금노동자로 존재한다. 이와는 달리 전근대의 비자본주의사회에서 직접생산자의 잉여노

---

12 그렇지만 한편 중세 후기에는 부역노동의 수행이라는 고전적 의미의 농노제는 사라졌지만, 법적·신분제적 특성이 강한 소위 신(新)농노제가 형성되어 실시되기도 했다. 10세기 말엽 카롤링제국의 몰락과 왕권의 쇠퇴가 결정적 계기가 되어, 공권력을 사적으로 독점한 제후와 성주(城主)들은 지역의 절대적 권력자로 군림하여 그때까지 자유로웠던 다수의 농민들을 집단적으로 예속시키고 농민층에 대한 착취와 지배를 강화했다[고권영주제(高權領主制, seigneurie banale)]. 이에 따라 농노의 인격과 권리를 제한하는 인두세, 외혼세, 상속세 등과 같은 여러 가지 신분규정이 강화되었다. 그리하여 12세기나 13세기 이후에는 법적·신분제적 특성이 강한 통일적인 농노 계급이 생성되기도 했다. 신농노제에 관해서는 서울대학교 역사연구소 편, 『역사용어사전』(서울대 출판문화원, 2015) 중 '농노' 항목 참조.

동을 수탈하기 위해서는 토지를 비롯한 생산수단의 소유관계만으로는 부족하고 경제외적 강제가 필수적이다. 전근대사회에서는 상품의 생산과 유통의 법칙이 통용되지 않는 데다, 잉여노동의 수탈이 노골화되어 있어 노동자의 저항에 부딪히기 쉽기 때문이다. 따라서 전근대사회에서 직접생산자는 생산수단의 소유자에게 인격적으로 예속된 부자유인으로 나타난다.

그러나 전술한 바와 같이 전근대사회의 직접생산자들인 노예와 농노에 대해 행사되는 경제외적 강제의 내용과 행사방식은 판이했다. 노예의 노동에는 구타와 구금이나 족쇄 채우기와 같은 물리적 폭력이 주로 사용되었지만, 농노의 노동수탈에는 이런 방식의 경제외적 강제가 행사되기 어려웠다. 왜냐하면 농노는 영주로부터 분급받기는 했지만 노동력 재생산용의 작은 토지를 사실상 항구적으로 이용할 권리를 갖고 농기구와 역축과 같은 노동수단을 소유하며 공유지를 공동 소유한 생산수단과 노동조건의 점유자이자 농업경영의 실질적 주체로서 독립적 가족생활을 영위하고 있었기 때문이다. 그래서 농노에게는 노예와는 다른 차원의 경제외적 강제가 요구되었다.

영주가 농노에 대해 행사한 경제외적 강제는 비록 영주에 의해 사점되기는 했지만 본질적으로 공권적 성격을 띠었다. 영주의 지배 권력을 형성한 경제외적 강제는 재판권을 비롯하여 치안권·행정권 따위로 된 사법권, 기사로서의 영주층의 무력 독점,[13] 중세사회에서 이데올

13　북부 갈리아를 중심으로 한 서유럽에서는 카롤루스 대제의 치세 말(814년) 이전에 봉건적 주종관계가 다층적으로 성립하고, 기사들이 11세기 이후에 보는 것과 같은 전투장비를 갖추며, 마상무술시합과 같은 기사문화가 형성된다. 저자의 저서 『고대에서 봉건사회로의 이행』, 제V~VII장 참조. 특히 제VI장 '카롤링왕조와 봉건적 주종관계의 성립' 참조. 이런 기사 제도와 문화의 성립은 기사라는 특정 지배집단의 무력독점을 뜻한다. 수도원장이나 주교도 이미 6세기부터 주종관계를 맺고 휘하에 무장종사들을 거느리고

로기적으로나 여러 가지 면에서 막강한 영향력을 행사한 기독교의 후
원, 영주에 대한 왕정 당국의 보호와 지원 조치 등 공적이고 사회적인
성격을 띤 권력들로 구성되었다. 영주에 대한 농민의 인격적 예속성을
상징하는 인두세, 상이한 신분 간의 혼인이나 상이한 영주에 속한 남
녀의 혼인의 경우 영주의 허락을 받는 대가로 지불하는 외혼세, 재산
상속 능력이 인정되지 않아 상속 때 지불해야 하는 상속세 따위로 표
현되는 신분규정도 경제외적 강제의 중요한 일부를 구성했다. 이들 구
성요소 중 영주 권력의 핵심은 평상시 장원농민을 지배하는 데 가장
큰 효과를 발휘하는 재판권을 근간으로 한 사법권이다. 무력의 독점,
기독교와 왕권의 후원 등은 장원농민에 대한 영주의 권력행사의 최종
적 수단이거나 지원권력으로서의 의미를 지닌다. 신분규정은 물리적
강제력은 아니지만, 인간으로서의 자유와 권리를 부정하거나 제한함
으로써 제도적·심리적으로 농민을 영주에 대한 예속상태로 묶어 두어
복종케 하는 신분제적 강제의 기능을 담당했다.[14]

따라서 고전장원제 단계의 경제외적 강제는 토지소유관계에 기초
해서 직접생산자인 농노를 산재한 장원별로 또는 농민보유지별로 착
취하고 지배하기 위하여 법적·행정적·군사적·종교적·정치적·신분
제적 권력이 영주 개인에게 집중된 총체적 지배 권력이었다고 할 수
있을 것이다. 특히 토지소유와 관계없이 일정 지역의 주민 전체에 대
해 재판권을 행사하는 고권영주제가[15] 발달하고 농민공동체의 견제를

군사활동을 했다. 이에 대해서는 『고대에서 봉건사회로의 이행』, 245~246, 276~279,
282~285, 289~291 참조.

14 중세 전기의 봉건사회에서 영주가 농민에 대해 행사한 경제외적 강제의 구성내용과 의
미에 대해서는 저자의 논문 「고전장원제에서의 영주권과 농민―영주권의 구성과 성격
을 중심으로―」, 『역사학보』, 151(1996), 281~321쪽 참조.

15 고권영주제에 대해서는 J. F. Lemarignier, *La France médiévale. Institutions et*

받으며 관습과 성문화된 계약문서에 의해 규제를 받는 중세 후기 순수
장원제 단계의 경제외적 강제와 비교할 때, 이와 같은 고전장원제 단
계의 경제외적 강제는 농민에 대한 개별적·인신적 지배의 성격이 강
하고 폭압성과 자의성(恣意性)이 강했다고 할 수 있다. 사실 중세 전기
에는 영주와 고전장원의 농노 사이에 상호 권리와 의무의 관계를 명확
하게 규정한 진정한 의미의 계약문서가 발견되지 않으며, 영주가 장원
의 농민과 관련하여 어떤 관습이나 법률을 따른다는 기록도 찾아보기
어렵다. 영주가 행사한 경제외적 강제의 폭압성은 영주가 기사로 된
무장조직을 거느리고 농민을 다스렸다는 데서만 볼 수 있는 것이 아니
다. 농노가 의무이행을 소홀히 하거나 지체하는 경우에는 배상금이나
연체료가 부과되고 심지어 구타를 당하며, 농노가 장원과 관련된 명령
을 거부하는 경우 구속되기도 했던 데서도[16] 볼 수 있다.

경제외적 강제의 자의성은 프랑크왕국의 국왕들이 영주권력의 원
천이 되는 공권면제(immunitas) 특권을 부여하거나 확인하는 수많은

---

société(Paris: Armand Colin, 1970), pp. 114~121 및 G. Fourquin, *Seigneurie et féodalité au Moyen Âge*(Paris: PUF, 1970), pp. 24~33; B. H. Slicher van Bath, *De agrarische geschiedenis van West-Europa, 500-1850*, 이기영 역, 『서유럽농업사 500~1850』(번역개정판: 사회평론아카데미, 2023), 92~95쪽; 저자의 저서 『고대에서 봉건사회로의 이행』, 50~52, 110~112쪽 참조.

16 *MGH*, A. Boretius, ed., *Capitularia regum Francorum*, 2Vols.(Hannover: Hahn, 1883 및 1890)(A. Boretius가 편찬한 이 책의 제1권은 그가 단독으로 편찬하고, 제2권은 그와 V. Krause가 공동으로 편찬했다. 칙령의 일련번호는 제1권에서 183번까지 매겨진 데 이어, 제2권에서 184번부터 307번까지 연속해서 매겨져 있다. 다만 쪽수는 제2권에서 연속되지 않고 새 번호로 시작된다. 따라서 아래의 각주들에 명시된 칙령번호 184번 이후의 괄호 속 쪽수는 새 번호로 시작되는 제2권의 쪽수를 표시한다. 이하 *Capitularia*로 줄여 씀), no. 32 "Capitulare de villis"(이하, 유명한 이 문서는 "Capitulare de villis"라고 특별히 지칭함), 제4조(p. 83); A. D'Herbomez, ed., *Cartulaire de l'abbaye de Gorze*(Paris: C. Klincksieck, 1898)(이하 *Cart. de Gorze*로 줄여 씀), no. 121(p. 219) 및 no. 11(pp. 27) 참조.

특허장들에서 관리들의 어떤 공권 행사도 면제하는 동시에 '모든 징수
권과 사법권을 영주에게 양도한다.'고 한 포괄적 공권 부여가 발단이
되었다고 할 수 있다. 자의성의 단적인 증거로는 820년 루이 경건왕이
파리 주교의 소유지와 관할지에 대한 공권면제 특권을 확인하는 특허
장에서 '(주교) 자신의 의지에 따라(secundum propriam voluntatem)
명령하고 지배한다.'고 한 기록을[17] 들 수 있다. 또 이 책의 뒤에서 더
러 보게 되듯이 생제르맹데프레(Saint-Germain-des-Prés, 이하 특별한
경우 외에는 '생제르맹'으로 줄여 씀) 수도원의 영지명세장(領地明細帳,
polyptychum)을 비롯한 여러 영지명세장에서 노예망스는 물론이고
자유인망스의 경우에도 그 보유자는 무제한적 부역을 수행하는 경우
가 가끔 있다는 사실도 영주가 고전장원의 농노들에게 행사한 경제외
적 강제가 자의성을 띠었다는 데 대한 증거라고 하겠다. 무제한적 부
역뿐만 아니라 흔히 1주일에 3일 정도씩 부역이 부과되어 수행된 주
부역제도도 부역노동의 구체적 대상과 대상별 부역노동 시간이나 분
량과 같은 부역의 내용을 명시하지 않고 주당 부역 일수를 포괄적으로
규정하여 그때그때 영주의 의지와 지시에 따라 부역노동이 이뤄진다
는 점에서 자의성이 강한 영주권력의 표현이라고 할 수 있다. 이 책의
뒤에서 보게 되듯이 그리고 일부 다른 연구자들이 지적하듯이,[18] 자의
성이 강한 무제한적 부역과 주부역은 노예 출신 농노에게 더 자주 부

---

17 R. De Lasteyrie, ed., *Cartulaire général de Paris ou recueil de documents relatifs à l'histoire et à la topographie de Paris*, Vol. 1: 528-1180(Paris: Imprimerie nationale, 1887), no. 32(pp. 44~45).

18 A. Verhulst, "Die Grundherrschaftsentwicklung im ostfränkischen Raum vom 8. bis 10. Jahrhundert. Grundzüge und Fragen aus westfränkischer Sicht", W. Rösener, ed., *Strukturen der Grundherrschaft*, p. 44; W. Rösener, "Strukturformen der adeligen Grundherrschaft in der Karolingerzeit", W. Rösener, ed., 같은 책, p. 140 참조.

과된다. 이것은 결코 우연한 일이 아니다. 노예는 원래 주인의 의지에 지배되었고 주인이 지시하는 대로 무제한적으로 무보수 강제노동을 수행했으며, 토지를 보유한 농노로 상승한 후에는 후술하는 바와 같이 부역노동이 주부역 방식으로 부과되었기 때문이다.

영주에게 농노노동의 수탈을 가능하게 한 경제외적 강제는 고전 장원제라는 봉건적 생산관계의 형성과 궤를 같이하면서 고대로부터 시작하여 중세 초기에 걸쳐 형성되었다. 고대와 관련하여 특기할 것은 로마제국 후기에 콜로나투스(colonatus)라고 불린 예속적 소작제가 유행하면서 지주들이 콜로누스에 대해 징세권, 모병권, 치안권 등 일부 공권을 사적으로 행사했다는 사실이다. 반(半)봉건적인 이런 고대적 유산을 바탕으로 중세에 들어 고전장원제적 생산관계와 경제외적 강제가 본격 형성된다. 전술한 바와 같이 프랑크왕국의 주요 지역에서 고전장원제는 7세기쯤에 그 특징적 요소들이 형성되거나 결합되고, 8세기 초반에 법적·제도적 기틀이 마련되며, 8세기 후반에 공고화와 확산 과정을 거쳐 9세기 초에 성립했다. 이에 조응하듯이 경제외적 강제도 7세기에는 치안권과 재판권을 포함하게 되고, 재판권을 비롯한 공권을 영주가 자신의 영지에서 사적으로 적극 행사한다는 의미의 경제외적 강제가 8세기에 널리 확산되는 과정을 거쳐 9세기에는 교회영지를 중심으로 확립되게 된다. 그렇지만 왕권이 비교적 강력하게 유지된 카롤링왕조 전기에는 경제외적 강제의 핵심을 이루는 재판권이 토지소유 관련 사건이나 장원 농노들 사이의 하급 소송사건에 제한되었다. 살인이나 강도와 같은 공공질서와 관련된 상급 재판권은 국왕의 지방 대리인인 주백(州伯, comes)이 주재하는 공공 법정이 관할했다. 그러나 9세기 후반 이후에는 왕권이 약화함에 따라 장원의 농노들에 대해서 영주들이 상급 재판권을 행사하게 된다. 경제외적 강제는 교회

영지에서는 주로 프랑크왕국의 국왕들에 의한 공권면제 특권의 거듭
된 부여와 재확인을 통해 형성되었고, 왕령지에서는 로마제국 시대부
터 공권면제 특권이 부여되어 행사되고 있었으며, 세속 귀족의 영지에
서는 주로 암암리에 공권을 사점함으로써 형성되었다.[19]

---

19 경제외적 강제의 형성에 관해서는 저자의 저서 『고전장원제와 봉건적 부역노동제도의
   형성』, 제1부 제IV장 '영주권의 형성'(140~192쪽) 참조.

제2장 봉건적 부역노동제도의 원초적 형태와 고전적 형태

앞의 '서론'에서 말했듯이, 서양 중세 봉건사회의 장원에서 토지보유 농민이 토지의 소유주인 영주를 위해 제공해야 했던 부역노동은 말뜻 그대로 경제외적 강제가 수반된 무보수의 노동이라는 점에서 노예제 사회에서 노예가 그 주인을 위해 수행하지 않으면 안 되었던 노동과 본질적으로 동일한 노동이다. 그렇지만 노예의 노동은 주인의 사적 폭력이 동반되어 그의 노동 전체를 고스란히 착취당했던 데 비해, 장원농민의 부역노동은 비록 영주에 의해 사점되기는 했지만 재판권을 비롯한 공권적 성격의 강제력에 뒷받침되어 기본적으로 영주직영지에서 행해질 때만 잉여노동을 수탈당했다는 차이가 있다. 뿐만 아니라 무제한적 부역노동자인 노예는 결혼과 가족생활이 부정되어 그 자체로 노동력이 재생산되지 않는 것과는 달리, 장원농민의 노동은 독자적 가족생활과 경제활동을 통해 노동력이 영속적으로 재생산된다. 우리는 이와 같이 노예노동과 농노노동이 부역노동이라는 본질 면에서는 같으면서도 구체적으로는 여러 가지 측면에서 현격한 차이가 존재함을 고려하여, 노예노동을 노예제적 부역노동으로, 농노의 부역노동은 봉건적 부역노동으로 구분해서 불러도 좋을 것이다. 그리고 봉건적 부역노동은 고전장원제 아래서 전면적·전형적으로 실행되고 그 관련 제도가 고전적으로 발달했으므로, 고전장원제하의 부역노동제도를 고전적 형태의 봉건적 부역노동제도 또는 봉건적 부역노동제도의 고전적 형태라고 할 수 있을 것이다.

그렇지만 봉건적 부역노동은 고전장원제와 영주권이 성립하는 9세기 초[1] 이후에만 존재했던 것이 아니다. 고전적 장원제가 형성되던 초기 단계인 8세기 전반(前半)에 토지보유 농민들은 고전장원제 성립 이후와는 달리 고대적 출신신분에 따라 확연하게 구분되는 상이한 형태의 단순한 봉건적 부역노동을 수행했다. 우리는 고전장원제 형성의 초기 단계에서 볼 수 있는 봉건적 부역노동제도를 원초적 형태의 봉건적 부역노동제도 또는 봉건적 부역노동제도의 원초적 형태라고 부를 수 있을 것이다.

뒤에서 보게 되는 바와 같이, 원초적 형태의 봉건적 부역노동제도가 비교적 단순한 모습을 띠는 데 비해 고전적 형태의 봉건적 부역노동제도는 매우 복잡한 제도였다. 고전적 형태의 봉건적 부역노동제도에서는 부역방식이 일정 면적으로 부과되는 정적부역(定積賦役)과 기간을 정하여 부과되는 정기부역(定期賦役)으로 구분되는가 하면, 정기부역도 매주 며칠씩 부과되는 주부역(週賦役), 월별로 부역기간을 정한 월부역(月賦役), 연간 며칠씩 부과되는 연부역(年賦役), 갈이질이나 수확작업 또는 건초작업 따위와 같이 작업과제별로 부역기간이 정해

---

1   고전장원제와 영주권의 성립시점에 관한 자세한 논의는 저자의 저서 『고전장원제와 봉건적 부역노동제도의 형성』, 84~99, 140~192쪽 참조.

진 과제부역(課題賦役) 등으로 세분되어 있었다. 또 '코르베(corvée)' 라고 불린 특별한 형태의 추가적 부역도 존재했으며, 수행작업의 종류에 따라 경작부역, 수송부역, 잡역 등 여러 가지 부역이 존재했고 그중에서도 특히 잡역의 구성내용은 복잡했다. 뿐만 아니라 부역노동제도는 영지와 장원에 따라 달랐으며, 심지어 같은 장원 안에서도 농민보유지에 따라 다른 경우도 꽤 있었다. 고전적 형태를 더욱 복잡하게 만드는 것은 이들 다양한 부역방식과 부역의 종류가 곳에 따라 여러 가지로 결합되어 혼합적 방식으로 부과되는 경우가 일반적이었다는 사실이다.

이 저서의 주제는 고전적 농노노동 착취제도다. 고전적 농노노동 착취제도란 봉건적 부역노동제도의 고전적 형태에 다름 아니다. 따라서 뒤에서 살펴볼 대부분의 내용은 이에 관한 것이다. 한편 봉건적 부역노동제도의 원초적 형태에 관해서는 저자의 저서『고전장원제와 봉건적 부역노동제도의 형성』, 제2부 제III장에서 이미 상세히 다룬 바 있다. 그렇지만 복잡한 고전적 형태의 봉건적 부역노동제도를 체계적으로 분석하고 설명하기 위해서는 봉건적 부역노동제도의 유래와 갈래를 보여 주는 원초적 형태에 관해 간략하게나마 설명하지 않을 수 없다. 원초적 형태의 봉건적 부역노동제도는 토지를 보유한 농노가 노예 출신이냐 자유인 출신이냐에 따라 서로 달랐다. 따라서 원초적 형태에 관해서는 농노의 출신신분별로 구분해서 약술해야 할 것이다.[2]

---

2   주인에게 반쯤 종속된 상태로 해방된 이른바 '해방노예(libertus, denarialis, cartularius)'가 다수를 차지하는 반자유인(半自由人, lidus, litus) 출신의 농노에게 적용된 원초적 형태의 부역방식이 어땠는지에 관한 기록은 찾아보기 어렵다. 고전장원제로 조직된 영지들에 관한 9세기 이후의 명세장들에 극히 일부 나타나는 반자유인망스(mansus lidilis)와 관련된 부역노동 수행방식은 때로 자유인망스(mansus ingenuilis)와 비슷한가 하면 때로는 노예망스(mansus servilis)와 비슷하기도 하여 부역방식상의 특별한 차이점이나 독자성이 발견되지 않는다.

봉건적 부역노동제도의 고전적 형태에 관해서는 이미 저자의 저서 『고전장원제와 봉건적 부역노동제도의 형성』, 제2부 제IV장에서 대략적이나마 그 일반적 특성과 형성에 관해서 다룬 바 있고, 이번 저서의 뒤에서 자세히 살펴볼 것이다. 그렇지만 고전적 형태는 원초적 형태와 대조를 이루는 데다 뒤에서 본격적으로 논하기 위한 사전 지식과 같은 역할을 하기도 하므로, 그 특성 정도는 간략하게나마 말해 둘 필요가 있다고 하겠다. 코르베제도는 그 유래와 형성에 관해서는 역시 전술한 저서의 제V장에서 상론한 바 있지만, 고전장원제 아래서 작동한 제도 자체에 관해서는 제대로 논한 바 없다. 게다가 코르베는 추가적 특별 부역노동으로서 장원농노에게 큰 부담이 되는 중요한 부역이었음에도 불구하고 그 제도에 관해서는 문헌기록상 불분명한 점이 많은 간단치 않은 문제다. 그래서 이 책의 제3장에서 별도로 고찰하도록 하겠다.

1. 노예 출신 농노와 관련된 원초적 부역노동제도

로마사회의 노예제는 로마제국 후기부터 쇠퇴했지만, 로마제국 말기와 게르만족 대이동기의 사회적 혼란과 분쟁으로 다시 많은 노예가 발생하여 서유럽에 건설된 프랑크왕국은 노예제사회가 되었다. 그러나 프랑크왕국의 노예제는 사회가 안정되자 7세기 말 이후 쇠퇴하고,[3] 농노제적 생산관계가 형성된다. 노예가 고전장원제라는 봉건적 토지소유 구조 속에서 영주직영지 경작을 위한 부역노동을 수행하는 농노가 되기 위해서는 우선 외거화와 더불어 토지보유가 필요하다. 로마제국

---

3 프랑크왕국의 노예제와 그 쇠퇴에 관해서는 저자의 저서 『고대에서 봉건사회로의 이행』, 59~93쪽 참조.

시절부터 산발적으로 나타나는 노예의 토지보유 현상은 중세 프랑크
왕국에서도 7세기 후반부터 문헌기록 속에 보이며, 8세기에는 노예의
토지보유에 관한 기록이 더욱 증가하는 경향이 나타난다. 그렇지만 많
은 문헌기록에서 토지보유 노예가 지주에게 어떤 형태의 지대를 지불
했는지에 관한 언급이 없다. 그러나 지주가 그의 대소유지를 경작하던
노예에게 노동력 재생산용의 토지를 분급해서 소농으로서 보유하게
한 목적은 노예제의 쇠퇴 상황에서 토지경작 노동력을 항구적으로 확
보하기 위함이라고 봐야 할 것이므로, 토지보유 외거노예의 지대가 지
주의 직영지 경작에 요구되는 노동을 제공하는 노동지대였을 가능성
은 충분히 있다.

8세기 전반에 프랑크왕국의 국왕들이 직접 간여하는 가운데 왕
국 차원에서 편찬된 일부 게르만 부족법은 실제로 토지를 보유한 외거
노예가 지불하는 지대가 부역노동 형태의 노동지대였음을 명확히 하
고 있다. 710-720년경에 편찬된 알레만족의 부족법인 알레만법(Lex
Alamannorum)[4] 제XXII조 제3항에서 'servus'라고 불린 외거노예들
은 '자신들의 보유지와 주인의 직영지에서 반반씩 경작작업을 하거나,
아니면 자신들의 보유지와 주인의 직영지에서 매주 3일씩 일해야 한
다.'고 한다.[5] 또 740년대에 집성된 것으로 추정되는 바바리아족의 부
족법인 바바리아법(Lex Baiuwariorum)의[6] 제I조 제13항의 끝머리 기

---

4   이 책에서 참고하는 알레만법은 *MGH, Legum tomus III*(Hannover: Hahn, 1863; 재
     인쇄: Stuttgart, Vaduz: Anton Hiersemann · Kraus Reprint Ltd, 1965), pp. 34~170이
     다. 그렇지만 그 가운데서도 특히 pp. 41~70의 "Lex Alamannorum a Hlothario con-
     stituta, sive legem liber primus"이다.

5   "Servi dimidiam partem sibi et dimidiam in dominico arativum reddant. Et si su-
     per haec est, sicut servi ecclesiastici ita faciunt, tres dies sibi et tres in dominico."
     (p. 52)

6   이 책에서 참고하는 바바리아법은 *MGH, Legum tomus III*, pp. 257~449에 게재된 것

록에서도 외거노예들(servi)은 '매주 주인의 직영지에서 3일간 일하고 자신들의 보유지에서 3일간 일해야 한다.'[7]고 규정되고 있다.

프랑크왕국에서 통용된 이들 부족법의 해당 규정은 노예 출신 농노가 영주에게 지불하는 지대가 부역노동 형태의 노동지대였을 뿐만 아니라 부역노동이 매주 3일씩의 주부역 방식으로 부과되어 수행되었음을 증언한다. 일요일에는 농사일과 같은 중노동이 금지된 프랑크왕국에서[8] 매주 3일씩의 주부역 수행은 노예 출신 농노의 노동이 자신의 보유지 경작을 위한 필요노동과 주인의 직영지 경작을 위한 잉여노동으로 반반씩 나뉘어 사용되었음을 뜻한다.

생타망(Saint-Amand) 수도원의 영지명세장과[9] 생베르탱(St. Ber-

이지만, 그중에서도 주로 참고하는 것은 pp. 257~334의 "Lex Baiuwariorum, Textus legis primus"이다.

7　"Servi ⋯. Opera vero 3 dies in ebdomada in dominico operent, 3 vero sibi faciant." (p. 280)

8　프랑크왕국에서 일요일의 중노동 금지에 관해서는 *Capitularia*, no. 14 "Concilium Vernense", 제14조(p. 36); 동, no. 22 "Admonitio generalis", 제81조(p. 61); 동, XII. "Ansegisi abbatis capitularium collectio", liber primus, 제75조(p. 404); "Lex Alamannorum", 제XXXVIII조(p. 57); "Lex Baiuwariorum", 부록(Appendix), no. 1(pp. 335~336) 참조.

9　이 책에서 참고하는 생타망 수도원의 영지명세장은 B. Guérard, ed., *Polyptyque de l'abbaye Irminon ou … de l'abbaye de Saint-Germain-des-Prés …* (이하 B. Guérard, ed., *Polyp. de St. Germain*로 줄여 씀), Vol. 1. *Prolégomènes, Commentaires et Éclaircissements*(Paris: L'Imprimerie royale, 1844)(이하 B. Guérard, *Prolégomènes* 로 줄여 씀), pp. 925~926에 수록된 "Polyptyque de St. Amand"과 D. Hägermann/ A. Hedwig, ed., *Das Polyptychon und die Notitia de Areis von Saint-Maur-des-Fossés: Analyse und Edition*(Sigmaringen: Jan Thorbecke, 1990)(이하 D. Hägermann, ed., *Polyp. von St. Maur*로 줄여 씀), pp. 103~105에 수록된 "Fragment des benefizial-polyptychons von Saint-Amand-les-Eaux"이다. 이 영지명세장의 작성연대가 872년 이전임에 관해서는 D. Hägermann, ed., *Polyp. von St. Maur*, p. 82 및 L. Kuchenbuch, "Probleme der Rentenentwicklung in den klösterlichen Grundherrschaften des frühen Mittelalters", W. Lourdaux/D. Verhelst, ed., *Benedictine Culture 750-1050*(Leuven: Leuven Univ. Press, 1983), p. 146 참조. 이하 이 수도원

tin) 수도원의 영지명세장을[10] 비롯한 카롤링시대의 영지명세장들에 잔존하는 노예망스들의 부역노동에 관한 기록을 종합해 보면, 매주 3일씩의 주부역은 원칙적으로 2일의 경작부역과 1일의 잡역으로 구성된 것으로 추정된다. 영지명세장 등의 문헌기록에 의하면 경작부역은 지주의 직영지를 구성하는 곡물경작지를 갈이질하고, 파종하며, 수확하는 등의 일과 포도밭의 포도를 재배하고, 초지에서 건초작업을 하며, 수확물을 운반하는 등의 농사일로 구성된다. 잡역은 농노가 수행하는 외양간 짚 깔기, 파수, 야경 따위의 일과 그의 아내가 수행하는 각종 음식물의 요리, 길쌈 및 재봉 따위와 같은 주로 영주의 의식생활과 관련된 잡다한 일들로 구성된다. 이런 여러 가지 잡역은 원래 노예가 주인의 집에서 하인 노릇을 할 때부터 수행하던 일들이다.

요컨대, 노예 출신 농노와 관련된 봉건적 부역노동제도의 원초적 형태는 매주 2일의 경작부역과 1일의 잡역으로 구성되는 매주 3일씩의 주부역 방식이었다고 할 수 있다. 프랑크왕국 시대의 서유럽에서 매주 3일씩의 주부역 방식이 노예 출신 농노의 원초적 부역노동제도였음은 8세기 중엽 이후 영지명세장들을 비롯한 많은 문서를 통해 확인된다.[11]

다음의 제3장에서 논할 코르베제도는 그 유래가 노예 출신 농노의 원초적 부역노동제도와 연관되어 있어 이에 대해 간략히 언급해 두

의 영지명세장을 일반적으로 지칭할 때는 "Polyp. de St. Amand"이라고 하겠다.

10   이 책에서 참고하는 생베르탱 수도원의 영지명세장은 F. L. Ganshof, ed., *Le polyptyque de l'abbaye de Saint-Bertin(844-859). Edition critique et commentaire*(Paris: Imprimerie nationale, 1975)(이하 F. L. Ganshof, ed., *Polyp. de St. Bertin*으로 줄여 쓰되, 명세장의 라틴어 원문을 지칭할 때는 "Polyp. de St. Bertin"이라고 씀)이다.

11   이상 노예 출신 농노와 관련된 원초적 부역노동 형태에 관해서는 저자의 저서 『고전장원제와 봉건적 부역노동제도의 형성』, 제2부 제III장 '봉건적 부역노동제도의 원초적 형태' 제2절 '노예 신분과 관련된 부역노동제도의 원초 형태' 참조.

겠다. 매주 3일씩의 주부역이 규정되어 있는 바바리아법 제I조 제13항의 끝 부분에는 앞에서 봤듯이 교회영지의 외거노예들이 '1주일에 3일은 주인을 위해서, 3일은 자신들을 위해서 일해야 한다.'고 되어 있다. 이에 바로 뒤이어 다음과 같이 규정되어 있다.

> 그러나 그들(외거노예들)의 주인이 그들에게 그 주인이 가진 황소들이나 다른 것들을 제공한다면, 그들은 그들에게 능력에 따라 부과되는 만큼의 부역노동을 수행한다. 그러나 아무도 부당하게 이들을 강압해서는 안 된다.[12]

이 기록은 주부역 기간에 행해지는 갈이질부역 외에, 주인이 황소나 쟁기와 같은 갈이질 수단을 제공하며 부탁하는 경우 토지보유 외거노예들은 추가적 갈이질부역을 수행했음을 보여 준다. 한편 9세기 초 고전장원제가 성립하면서 실시된 고전적 형태의 코르베제도에서도 고전장원의 농노들은 정적부역이나 주부역 형태로 영주직영지의 곡물경작지를 갈이질하는 부역 외에 '코르베'라는 이름으로 별도의 갈이질부역을 수행해야 했다. 따라서 추가적 갈이질부역이라는 코르베제도의 핵심적 내용으로 볼 때, 바바리아법에 규정된 지주의 부탁에 의한 추가적 갈이질부역제도는 코르베제도의 원초적 형태라고 할 수 있다. 다만 코르베제도의 원초적 형태에서는 추가적 갈이질이 지주가 노예 출신의 농노에게 황소와 쟁기를 제공하고 정중한 부탁으로 수행된 데 비해, 고전적 형태에서는 다음의 제3장에서 보듯이 노예 출신 못지않게

---

12 "Si vero dominus eius dederit eis boves aut alias res, quod habet, tantum serviant, quantum eis per possibilitatem impositum fuerit; tamen iniuste neminem obpremas."

자유인 출신의 농노들이 스스로 황소와 쟁기를 지참하여 추가적 갈이질부역을 수행하지 않으면 안 되는 강제적 의무사항이 되어 있었다는 차이가 존재한다.

코르베제도가 원초적 형태로부터 이와 다른 고전적 형태로 바뀌게 된 데에는 두 가지 요인이 작용했다. 하나는 갈이질부역의 부과기준이 고대적 신분에서 황소와 같은 갈이질 수단의 소지 여부와 농민보유지의 크기로 바뀌었다는 점이다. 다른 하나는 고대적 신분에 따라 상이했던 부역수행 방식이 고전장원제의 형성과정에서 토지보유자의 신분이나 농민보유지의 종류에 관계없이 서로 뒤섞이는 변화가 일어났다는 사실이다. 바바리아법에는 코르베라는 말이 쓰이지 않고 있다. 코르베를 표현하는 중세 라틴어 'corvada', 'corrogata' 따위의 용어는 고전 라틴어에는 없는 단어이며, 800년경의 한 칙령에 처음 나타난다. 그러므로 코르베라는 용어가 생겨나기 전에 코르베제도가 먼저 존재했다고 할 수 있을 것이다.[13]

2. 자유인 출신 농노와 관련된 원초적 부역노동제도

콜로누스는 로마사회에서 원래 법적으로는 자유인이었지만, 로마제정 당국의 거듭된 토지긴박 조치로 예속적 소작농으로 전락한 농민이었다. 로마시대에 이런 콜로누스가 지주에게 지불한 지대는 일반적으로 화폐지대나 생산물지대였다. 중세에 들어서도 7세기 말경까지 콜로누

---

13   코르베제도의 원초적 형태와 고전적 형태로의 이행에 관해서는 저자의 저서 『고전장원
     제와 봉건적 부역노동제도의 형성』, 제2부 제Ⅴ장 '고전적 '코르베(corvée)' 제도의 유래
     와 형성' 참조.

스를 비롯한 자유인 소작농의 지대가 가끔 노동지대인 경우가 없지 않았으나 대부분의 경우 화폐지대나 생산물지대였다.

그러나 8세기에 들면 콜로누스와 같은 자유인 신분 출신의 소작농이 노동지대를 지불하는 추세가 나타난다. 이런 획기적 전환을 알리는 결정적 증거는 앞의 제1절에서 언급한 740년대 집성의 바바리아법 제I조 제13항의 기록이다. 이 조항은 "교회기관의 콜로누스와 외거 노예가 어떻게 부역을 수행하고 어떤 종류의 소작료를 지불해야 하는지에 대해(De colonis vel servis ecclesiae, qualiter serviant vel qualia tributa reddant)"라는 제목 아래 앞서 말한 것처럼 뒷부분에서는 토지보유 노예의 부역노동 방식이 규정되어 있고, 앞부분에서는 토지보유 콜로누스의 공납과 부역이 어떻게 수행되어야 하는지가 다음과 같이 규정되어 있다.

> 그(콜로누스)는 30md[14] 중 3md를 납부하며, 지방의 관습이 정하는 바에 따라 방목세를 지불해야 한다. 그는 법정(法定) 크기, 즉 폭 4장대—1장대의 크기는 10피트임—, 길이 40장대의 정적부역지(定積賦役地)를 갈이질하고, 파종하고, 울타리 치고, 수확하고, 운반하고, 저장해야 한다. 〔그는 1아르팡의[15] 초지에 울타리를 치고 (풀을) 베고 (건초를) 모으고 운반해야 한다.〕 토지보유자는 각자 2md의 하곡 씨앗을 갈이질하고, 파종하고, 수확하고, 저장해야 한다. 그리고 포도밭에서 (포도나

---

14 'md'는 'modius'의 준말로, 1 modius는 대체로 50리터 전후에서 68리터 사이였던 것으로 추정되고 있다. P. Portet, "Remarques sur la métrologie carolingienne", *Le Moyen-Âge*, 1(5e série, 1991), pp. 19~20; B. Guérard, *Prolégomènes*, pp. 183~185, 197 참조.

15 B. Guérard, *Prolégomènes*, pp. 165~169, 197에 따르면 1아르팡(arpentum, aripennis)의 크기는 12.64아르다.

무릎) 심고, 파 일구고, 접붙이고, 가지치기를 하며, 포도 따기를 해야
한다. 그들은 [1/10] 다발의 아마와 10개의 벌통, 4마리의 닭과 15개의
계란을 바쳐야 한다. 그들은 파발마(擺撥馬)를 제공하거나 아니면 명령
받는 곳으로 그들 자신이 직접 (심부름을) 가야 한다. 그들은 수레로
50리(里)까지[16] 수송부역을 수행해야 하며 그 이상 가서는 안 된다.

그들은 영주의 건축물들을 유지하기 위한 건초창고나 곡식창고 또는
울타리의 보수작업에서 응분의 부역노동을 담당해야 하며, 필요한 때
에는 완전히 새로 지어야 한다. 가까운 곳에 있는 석회가마에는 50명이
땔나무나 돌을 제공해야 하고, 먼 곳에 있는 석회가마에는 100명이 이
런 작업을 수행해야 하며, 필요한 경우에는 석회를 도시나 장원으로 운
반해야 한다.[17]

16 여기서 '리(里)'라고 한 것은 라틴어 원문의 'lewa'를 번역한 말이다. 다른 문헌기록
에서는 'leuca', 'legua' 등으로도 불리는 것으로, 거리 측정의 단위다. B. Guérard,
Prolégomènes, pp. 161~164, 196에 의하면 1 lewa =2,222미터이고, J. F. Niermeyer,
Mediae Latinitatis Lexicon Minus(Leiden: E. J. Brill, 1984), p. 597에 의하면 1
lewa =2,250미터다. 따라서 50리는 약 112km쯤 되는 셈이다.

17 "…: de 30 modiis 3modios donet, et pascuario dissolvat secundum usum provin-
ciae. Andecenas legitimas, hoc est pertica 10 pedes habentem, 4 perticas in trans-
verso, 40 in longo arare, seminare, claudere, colligere, trahere et recondere. [Prato
arpento uno cludere, colligere et trahere.] A tremisse unusquisque accola ad duo
modia sationis excollegere, seminare colligere et recondere debent; et vineas plan-
tare, fodere, propaginare, praecidere, vindemiare. Reddant [decimum] fasce de
lino; apibus 10 vasa; pullos 4, ova 15 reddant. Parafretos donent, aut ipsi vadant,
ubi eis iniunctum fuerit. Angaria cum carra faciant usque 50 lewas, amplius non
minentur.

Ad casas dominicas stabilire, fenile, granica vel tunimo recuperanda pedituras
rationabiles accipiant, et quando necesse fuerit, omnino conponant. Calce furno,
ubi prope fuerit, ligna aut petra 50 homines faciant, ubi longe fuerat, 100 homines
debeant expetiri, et ad civitatem vel ad villam, ubi necesse fuerit, ipsa calce tra-
hantur." 이 전체 문장은 "Lex Baiuwariorum, Textus legis primus", pp. 278~280에
서 인용한 것이지만, [ ] 속의 글귀는 "Textus legis secundus"(p. 341)와 "Textus legis
tertius"(p. 385)를 통해 보충한 것이다.

이 인용문에서 우선 주목되는 것은 콜로누스의 부역노동이 농지 중에 가장 중요한 곡물경작지에 대해 '정적부역지(andecena)'라고 하는 일정 면적으로 배정받아 수행된다는 점이다. 콜로누스는 지주직영지에 있는 곡물경작지를 구체적으로 명시된 일정 면적으로 할당받아 갈이질하고 파종하는 일로부터 수확하고 반입·저장하는 일까지 경작과 관련된 일련의 모든 작업을 스스로 책임지고 수행하고 있다고 할 수 있다. 그리고 일부 수사본에 기록되어 있는 초지 관련 부역도 일정 면적을 할당받아 수행되고 있다. 포도밭 관련 부역에 관해서는 면적 표시가 보이지 않지만, 이 역시 면적 표시가 누락되었을 뿐 본래는 일정 면적 크기로 수행되었을 가능성이 크다. 이처럼 콜로누스와 같은 자유인 출신 소작농들의 경작부역은 처음에 일정 크기의 정적부역 방식으로 부과되어 수행되었다는 것이 특징이다. 이런 부역방식은 토지보유 외거노예의 부역노동이 처음에는 매주 3일씩의 정기부역 방식으로 부과된 것과는 대조를 이룬다.

콜로누스는 경작부역 외에 전령(傳令) 역할이라고 할 수 있는 심부름, 장거리 수송부역(Angaria cum carra), 영주 저택의 보수와 건축작업도 수행해야 했다.[18] 그렇지만 이런 기타 부역들 중 수레로 장거리

---

18 740년대의 바바리아법에 의하면 농민들은 파발마를 제공하거나 상당히 먼 거리까지 전령 업무를 수행하고, 110km가 넘는 먼 거리까지 수송부역을 수행하며, 건물의 보수와 건축을 위해 집단으로 먼 곳에 있는 석회가마에서 작업하고 석회를 장원이나 도시로 운반하는 등 활동 범위가 넓고 이동이 활발하다. 중세 농촌사회에서는 이미 중세 초기부터 오늘날 우리가 생각하는 것보다 훨씬 더 사람들의 이동이 활발했음은 최근 여러 연구자들이 지적하는 바다. Th. Kohl, "Peasants' Landholdings and Movement", pp. 157~162에 의하면 이미 8-9세기 무렵에 장원농민들은 수백 킬로미터 거리의 장거리 수송부역을 수행하고, 수십 킬로미터 떨어진 곳에까지 가서 건초작업이나 포도 수확 작업을 하며, 수십 킬로미터 떨어져 사는 농민들 사이에 혼인을 할 정도로 이동이 많았다. L. Kuchenbuch, "Mehr-Werk mittels Zwangsmobilität. Das Sollinventar der Abtei Prüm von 893 über ihre Domäne Rhein-Gönheim", *Historische Anthro-*

를 수송하는 부역은 그 대부분이 농민이 생산한 농산물을 멀리 떨어진 영주 소재지나 시장으로 운반하는 부역이라는 점에서 경작부역의 연장이라고 볼 수 있다. 영주 저택의 보수와 건축 작업도 비록 건물의 유지 보수와 축조에 필요한 석회 가공과 관련된 작업 수행을 수반하기는 하지만, 수확된 농산물의 저장 시설인 건초창고나 곡식창고를 대상으로 한 것이란 점에서 역시 경작과 연관된 부역이라고 볼 수 있을 것이다. 이렇게 보면 콜로누스 출신의 농노는 경작과 관련된 부역을 주로 수행하고 영주의 의식생활과 관련된 잡역은 거의 하지 않았다고 하겠다.

　콜로누스는 노예 출신의 소작농과는 달리 잡역이 거의 부과되지 않는 대신 공납의 종류와 분량이 비교적 많다는 것이 특징이다. 알레만법 제XXII조 제1항에 의하면 토지를 보유한 노예도 일정량의 세르부아즈(cervisa, cervoise)주(酒), 1두의 돼지, 2md의 빵 제조용 곡물, 4마리의 닭, 20개의 계란을 지주인 그의 주인에게 공납한다. 그러나 위에서 인용한 바바리아법 제I조 제13항에서 보듯이 콜로누스는 몇 다발의 아마, 10통의 벌통, 4마리의 닭, 15개의 계란을 공납함과 더불어 방목세(pascuarium)나 농지세 따위의 세들도 납부할 의무를 진다. 일반적으로 선

pologie, 24(2016), pp. 189~190에 따르면 이동은 망스 보유자들이 부역노동과 공납 의무이행을 위해서 장원의 여러 곳을 연중 주기적으로 끊임없이 돌아다니는 이동과 장거리 수송부역을 위한 이동으로 구성된다. 한편 장원의 주민은 다른 이유로도 이동이 많았다. 이에 관해서는 특히 J.-P. Devroey, "Peasant Mobility and Settlement. The Case of the Large Ecclesiastical Carolingian Manors", B. Kasten ed., *Tätigkeitsfelder und Erfahrungshorizonte des ländlichen Menschen in der frühmittelalterlichen Grundherrschaft(bis ca. 1000)*(Stuttgart: Franz Steiner, 2006), pp. 37~47 참조. 이 논문에서 필자 Devroey는 많은 여성의 외혼(外婚), 차남 이하의 농민보유지 상속 불가, 일시적 임대 보유지인 'mansi absi'의 이용 가능성, 개간에 따른 이주, 노예의 도망이나 외거화 등으로 인해 사람들의 이동이 많았다고 주장한다. A. Wilkin, "Preserving Stability in a Changing World", pp. 177~179에서도 영주는 노동력의 안정적 확보를 위해 망스를 보유한 농민에 대해서는 이동을 엄격히 금지했지만, 다른 장원주민에 대해서는 이동을 허용하지 않을 수 없는 여러 사정이 존재했다고 한다.

물 성격의 공납 부담은 노예 출신이나 자유인 출신이나 비슷하지만, 콜로누스와 같은 자유인 출신의 농노는 노예 출신에게 부과되지 않는 세를 부과받았기 때문에 공납 부담이 더 큰 것이 특징이라고 할 수 있다.

그러나 콜로누스의 공납 부담이 토지보유 노예에 비해 컸다고 하더라도, 그 부담이 경작부역을 중심으로 한 부역노동 부담에 비할 바가 아니다. 콜로누스의 전체 부담으로 볼 때, 부역노동 부담이 압도적으로 크다. 공납이 지주에 대한 선물이나 세의 성격을 지니는 데 비해, 지대의 성격을 지니는 것은 경작부역 위주의 이런 부역노동이다. 따라서 콜로누스와 같은 자유인 출신 농노의 지대는 노예 출신 농노의 지대와 마찬가지로 부역노동 형태의 노동지대였다고 할 수 있다. 그렇지만 노예 출신의 농노가 매주 3일씩의 주부역이라는 정기부역 방식으로 부과되어 그때그때 지주의 지시를 받아 부역을 수행한 데 비해, 자유인 출신의 부역노동은 자유인 신분에 걸맞게 일정 면적의 영주 농지를 할당받아 자율적으로 경작하는 정적부역 방식으로 부과되어 수행되었다. 이런 것이 자유인 출신 농노와 관련된 원초적 형태의 부역노동제도의 핵심이라고 하겠다.

바바리아법보다 이삼십년 앞서 노예 출신 농노의 부역노동이 주부역 방식으로 규정되어 있는 알레만법에는 교회기관에 소속된 콜로누스의 의무가 왕령지의 콜로누스와 같다고 할 뿐, 부역이 어떻게 수행되는지 구체적 언급이 없다. 그렇지만 자유인 출신 농노가 지주에게 지불하는 지대가 부역노동 형태의 노동지대이고 부역노동제도가 정적부역 방식으로 되어 있었음은 수도원에 대한 8세기와 9세기의 많은 토지기증 문서들과 개간지에 관한 일부 문서를 통해 증명된다.[19]

19 이상 자유인 출신 농노와 관련된 원초적 부역노동 형태에 관해서는 저자의 저서 『고전장원제와 봉건적 부역노동제도의 형성』, 제2부 제III장 '봉건적 부역노동제도의 원초적

3. 봉건적 부역노동제도의 고전적 형태

앞에서 봤듯이 8세기 전반에 프랑크왕국 내의 몇몇 게르만 부족법에 규정된 원초적 형태의 봉건적 부역노동제도에서는, 노예 출신의 농노에게는 부역노동이 지주직영지를 대상으로 한 2일간의 경작부역과 지주의 집안일과 관련된 1일간의 잡역으로 구성된 매주 3일씩의 주부역 방식으로 부과되었다. 이에 비해 자유인 출신 농노의 부역노동은 일정 면적의 지주직영지를 할당받아 책임지고 경작하는 정적부역 방식으로 부과되며, 경작과 연관된 수송부역 정도를 제외하면 잡역은 거의 부과되지 않고 공납의 부담이 크다는 것이 특징이다. 이와 같은 부역제도상의 차이가 존재하는 농노의 소작지는 고전장원제가 성립한 9세기 초 이후의 장원 관련 문서들에서 노예 출신의 경우에는 노예망스(mansus servilis)로, 자유인 출신의 경우에는 자유인망스(mansus ingenuilis)로 표현된다.

그러나 9세기 초 이후 발달한 고전장원제 아래서 시행된 고전적 형태의 봉건적 부역노동제도는 원초적 형태와는 매우 달랐다. 새로운 고전적 부역제도의 구체적 내용과 양상에 관해서는 이 책의 뒤에서 자세히 볼 것이므로, 여기서는 고전적 형태의 주요 특징을 지적해 두는 것으로 그치겠다.

첫째, 토지보유자의 고대적 신분에 따라 상이했던 두 가지 원초적 부역노동제도는 고전장원제가 성립한 9세기 초 이후에는 순수한 상태로 남아 있는 경우가 드물다. 대개의 경우 서로 뒤섞이어 복합적인 양

형태' 제3절 '자유인 신분과 관련된 부역노동제도의 원초 형태'와 제VI장 '중세 초기 봉건농민의 부역노동 부담추이' 제2절 '고전장원제 성립 전 봉건농민의 부역노동 부담' 참조.

상을 띤다. 둘째, 이렇게 두 가지 원초적 형태의 부역노동제도가 혼합되면서도 각기의 구성요소들과 부역방식이 여러 가지로 결합됨으로써 영지와 장원에 따라 그리고 심지어 같은 장원 안에서도 농민보유지에 따라 다른 다양한 부역노동제도가 존재한다. 셋째, 이렇게 다양성을 띠는 반면에, 한편 거시적으로 보면 노예의 소작지와 자유인의 소작지 사이에 상호 동화작용이 진행되어 부역제도상의 대조적 차이와 부역부담의 격차가 줄어드는 등 부역제도가 일정한 방향으로 수렴되고 융합되는 통합적인 현상이 나타난다. 이에 따라 노예망스와 자유인망스 사이의 구별은 무의미해지고 비슷한 의무수행이 따르는 제3의 농민보유지가 출현하는 추세가 대두한다. 넷째, 주부역 위주의 정기부역과 정적부역이 뒤섞이면서 동시에 부과되는 경우가 많아짐에 따라 대체로 원초적 형태에서보다 고전적 형태에서 농노의 부역부담이 크게 증가했다. 특히 자유인 출신 농노의 경우 정적부역에다 주부역이나 주부역의 퇴화 형태들인 연부역이나 월부역이 추가되고 여러 가지 잡역도 더해짐으로써 대체로 부역부담이 폭증했다. 끝으로, 고전장원제 아래서 부역노동제도는 고정되어 있지 않았다. 부역노동제도가 곳에 따라 그리고 시간이 흐름에 따라 정기부역과 정적부역 사이에 그리고 경작부역과 잡역 사이에 다양한 조합이 이루어져서 끊임없이 변화하는 유동적 경향성을 보인다.

봉건적 부역노동제도의 원초적 형태로부터 이와 같이 복합성, 다양성, 통합성, 부역을 중심으로 한 농노 부담의 증가, 무정형성과 유동성 등을 특징으로 하는 고전적 형태로의 이행은 원초적 형태의 부역제도가 성립한 8세기 전반으로부터 고전장원제가 성립하는 9세기 초 사이에 일어났음에 틀림없다. 따라서 이 기간에 두 가지의 원초적 형태는 더욱 널리 확산되는 동시에 여러 가지로 변형되고 뒤섞이는 과정을 거쳤다고 하겠다.

봉건적 부역노동제도가 원초적 형태로부터 고전적 형태로 이행하게 된 주요 동인은 고대적 신분제도와 생산수단의 소유 여부 및 크기였다. 고대적 신분제도가 부역노동제도의 이행과정에 큰 영향을 미쳤다는 단적인 증거는 9세기 중엽에 작성된 생베르탱 수도원의 영지명세장에서 볼 수 있다. 농민보유지의 종류가 최초 보유자의 고대적 신분에 따라 구분되지 않고 그냥 '망스(mansus)'라고만 되어 있는 이 명세장에 의하면 고전장원들에서 노예 출신 농노의 부역노동은 매주 3일씩 부과되는 데 비해, 원초적 형태의 부역노동제도에서 정적부역 방식으로 부과되었던 자유인 출신 농노의 부역노동도 매주 2일씩의 주부역 방식으로 부과된다. 자유인 출신 농노의 부역방식이 정적부역에서 주부역으로 바뀐 이런 변화는 원초적 형태로부터 고전적 형태로의 이행에서 기존의 신분조건이 결정적 영향을 미쳤음을 보여 주는 것이다.

그러나 고대적 신분제도는 봉건적 부역노동제도의 이행에 있어 제약 요인으로 작용했을 뿐이고, 이행의 적극적 동인으로 작용한 것은 생산수단의 소유 여부와 크기라고 할 수 있다. 부역노동의 부과기준이 고대적 신분이 아니라 생산수단의 소유 여부와 크기라는 암시는 이미 740년대의 바바리아법 제I조 제13항에서 볼 수 있다. 이 조항에서 매주 3일씩의 주부역 방식이 규정된 문장의 바로 앞에서는 '외거노예는 자신의 보유지에 따라 소작료를 지불해야 해야 한다.'고[20] 하고, 바로 그 다음 문장에는 앞에서 원초적 형태의 코르베제도와 관련하여 인용한 바 있는 '주인이 부역노동을 수행하는 노예에게 황소 따위를 제공한다면 그만큼 더 일해야 한다.'고 되어 있다. 여기에서 토지보유 외

---

20   "Servi autem ecclesiae **secundum possessionem suam** reddant tributa."

거노예의 부역노동을 비롯한 의무부과의 기준은 보유지의 크기와 역축과 같은 노동수단임을 시사하고 있다. 또 800년에 카롤루스 대제가 멘(Maine) 지방의 르망(le Mans)에서 반포한 'Capitulum in pago cenomannico datum'이라는 제목의 칙령(이하 '르망 칙령'이라고 칭한다)에는[21] 고대적 신분에 따라 농민보유지의 종류가 구분되지 않고 그냥 '팍투스(factus)'라고만 불린 농민보유지의 보유자는 다음과 같이 황소와 같은 역축과 쟁기의 소유 여부와 수준 그리고 보유지의 크기에 따라 부역의 일수(日數)가 달라진다고 한다.

> … 교회기관 사람들과 왕령지 사람들로부터 제기된 강력한 탄원에 대해 … 다음과 같이 결정하는 것이 바람직해 보인다. $\frac{1}{4}$쪽의 팍투스를 보유한 사람은 그의 역축과 쟁기를 가지고 가서 영주의 밭에서 꼬박 하루를 갈아야 하고 그 후 그 주에는 영주로부터 손일이 요구되지 않는다. 하루 안에 이 일을 완수할 만한 역축을 갖지 못한 사람은 2일에 걸쳐 그 분량의 일을 수행하고, 혼자서는 갈이질할 수 없을 정도로 역축이 약하여 다른 동료농민들과 함께 4두의 역축으로 일하는 사람은 하루는 밭을 갈고 그 후 그 주일에 하루는 손일을 해야 한다. 그리고 어떤 역축도 갖지 못한 사람은 아침부터 저녁까지 3일간 손일을 해야 하며, 그의 영주는 그에 대해 그 이상의 부역을 요구해서는 안 된다. 부역은 여러 가지 방식으로 수행된다. 곧 어떤 사람은 1주일 내내 일하고, 어떤 사람은 1주일의 반을 일하며, 어떤 사람은 2일을 일해야 한다. … 그리고 $\frac{1}{4}$쪽보다 더 작은 토지를 가진 사람은 그의 토지의 크기에 따라 부역을 해야 한다.[22]

---

21 *Capitularia*, no. 31(pp. 81~82).
22 "Pro nimia reclamatioe, quae ad nos venit de hominibus ecclesiasticis seu fiscalini

이 칙령은 생산수단의 소유 여부와 크기가 부역부과의 중요한 기준이 되고 있음을 명확하게 보여 준다. 이와 같이 부역노동의 부과기준이 고대적 신분에서 생산수단의 소유 여부와 수준으로 바뀌게 된 것은 노예제가 쇠퇴하고 고전장원제라는 새로운 봉건적 토지소유제도가 형성되면서 영주의 토지경영에서 고대적 신분제는 별 의미가 없고 중요한 것은 부역노동 수행의 효율성을 높이고 부역노동의 확보와 직결되는 생산도구와 농민보유지의 크기였기 때문이라고 할 수 있다.[23]

… visum est nobis … statuere, ut, quicumque … quartam facti teneret, cum suis animalibus seniori suo pleniter unum diem cum suo aratro in campo dominico araret, et postea nullum servicium ei manuale in ipsa ebdomada a seniore suo requireretur. Et qui tanta animalia non haberet ut in uno die hoc explere valeret, perficeret praedictum opus in duobus diebus; et qui solummodo invalida, ita ut per se non possent arare, quattuor animalia haberet, cum eis sociatis aliis araret uno die in campo senioris, et unum diem postmodum in ipsa ebdomadae opera manuum faceret. Et nihil ex his facere poterat neque animalia haberet, per tres seniori suo manibus a mane usque ad vesperum operaretur, et senior suus ei amplius non requireret. Diversis namque modis hec agebantur; a quibusdam tota ebdomada operabatur, a quibusdam dimidia, et a quibusdam duo dies. … Et qui minus quartae obtime de terra haberet, secundum estimationem sui telluris opera faceret."

23 이상 봉건적 부역노동제도의 고전적 형태에 관해서는 주로 저자의 저서 『고전장원제와 봉건적 부역노동제도의 형성』, 제2부 제IV장 '봉건적 부역노동제도의 고전적 형태와 그 형성' 참조.

제3장 추가적 집단 갈이질부역으로서의 '코르베(corvée)' 제도

플랑드르 지방의 남단에 위치한 생베르탱 수도원이나 알자스 지방과 라인란트팔츠 지방의 경계에 위치한 바이센부르크(Weißenburg) 수도원과[1] 같은 일부 수도원의 영지명세장을 제외하고, 파리 소재 생제르맹 수도원,[2] 역시 파리 지방에 위치한 생모르데포세(Saint-Maur-

1   이 책에서 참고하는 바이센부르크 수도원의 영지명세장은 C. Zeuss, ed., *Traditiones possessionesque Wizenburgenses. Codices duo cum supplementis*(Speyer: J. F. Kranzbühler, 1842), pp. 269~316에 수록된 "Edelini abbatis liber possessionum" 및 Ch. Dette, ed. & comment., *Liber possessionum Wizenburgensis*(Mainz: Gesellschaft für Mittelrheinische Kirchengeschichte, 1987), pp. 93~160에 수록된 "Liber possessionum Wizenburgensis"이다. 이하 이 책에서, 바이센부르크 수도원의 영지명세장만을 일반적으로 일컬을 경우에는 *Polyp. von Wizenburg*라고 하겠다.
2   이 책에서 참고하는 생제르맹데프레 수도원의 영지명세장에 관한 편찬본은 B. Guérard, ed., *Polyp. de St. Germain*, Vol. 2. *Polyptyque*(Paris: L'Imprimerie royale, 1844), pp. 1~282; A. Longnon, ed., *Polyptyque de St. Germain-des-Prés*, Première partie. *Texte du polyptyque*(Paris: H. Champion, 1886; 재인쇄: Genève, Mégariotis Reprint, 1978); D. Hägermann, ed., *Das Polyptychon von Saint-Germain-des-Prés*(Köln, Weimar, Wien: Böhlau, 1993) 등 세 가지다. 이 세 편찬본의 영지명세장

des-Fossés, 이하 특별한 경우 외에는 '생모르'로 줄여 씀) 수도원,[3] 하부
샹파뉴 지방에 위치한 몽티에랑데르(Montiér-en-Der) 수도원,[4] 마른
강 이북의 상부 샹파뉴 지방에 위치한 생르미(Saint-Remi) 수도원,[5] 아

기록은 기본적으로 같지만, 구두점의 표시나 장(章) 속의 소제목 표기에 있어 다소 차이
가 나기도 한다. 특히 앞의 두 원서는 이 점에서 서로 비슷하나, 이들 두 원서와 맨 뒤의
원서 사이에는 제법 차이가 난다. 일반적으로 이 저서에서 생제르맹데프레 수도원의 영
지명세장을 가리킬 경우에는 B. Guérard의 편찬본을 중심으로 한 것으로, 그냥 *Polyp.
de St. Germain*으로 줄여 쓰겠다. 그러나 그 밖의 편찬본을 특별히 지칭할 경우에는 각
각 Guérard, ed., *Polyp. de St. Germain*; A. Longnon, ed., *Polyp. de St. Germain*; D.
Hägermann, ed., *Polyp. von St. Germain* 등으로 줄여 쓰도록 하겠다.

3 이 책에서 참고하는 생모르 수도원의 영지명세장은 B. Guérard, ed., *Polyp. de St. Ger-
   main*, Vol. 2의 "Appendix" 제I장(pp. 283~288) "Polyptychum Fossatense"(이하 B.
   Guérard, ed., "Polyp. de St. Maur"로 줄여 씀)와 D. Hägermann, ed., *Polyp. von St.
   Maur*, pp. 91~97이다. 그러나 이 영지명세장을 일반적으로 참고하고 지칭할 경우에는
   그냥 "Polyp. de St. Maur"라고 하겠다.

4 여기서 참고하는 몽티에랑데르 수도원의 영지명세장은 Ch. Lalore, ed., *Chartes de
   Montiérender. Collection des principaux cartulaires du diocèse de Troyes*, Vol.
   IV(Paris: Thorin, 1878), pp. 89~115; Ch. Lalore, ed., *Le polyptyque de l'abbaye de
   Montiérender*[Tiré à deux cent cinquante exemplaires numérotés. L'éditeur: J. Car-
   nandet] (Paris: Librairie H. Menu, 1878); C. B. Bouchard, ed., *The Cartulary of
   Montiér-en-Der 666-1129*(Toronto: Univ. of Toronto Press, 2004), pp. 315~333이
   다. 이하 이 수도원의 영지명세장을 일반적으로 지칭할 때는 "Polyp. de Montiérender"
   라고 줄여 쓰도록 하겠다. 이 영지명세장의 작성연대에 대해 A. Verhulst는 그의 저서
   The Carolingian Economy(Cambridge: Cambridge Univ. Press, 2002), p. 37에서
   845년 이전이라고 하는 데 비해, C. B. Bouchard는 앞의 편찬서, pp. 25, 28에서 827년
   수도원 개혁이 있은 지 한 세대 후인 9세기 중엽 즉 840년대 및 850년대라고 한다.

5 이 책에서 참고하는 생르미 수도원의 영지명세장은 B. Guérard, ed., *Polyptyque de
   l'abbaye de Saint-Remi de Reims ..., vers le milieu du neuvième siècle de notre
   ére*(Paris: L'Imperimerie Impériale, 1853)과 J.-P. Devroey, ed., *Le polyptyque et les
   listes de cens de l'abbaye de Saint-Remi de Reims(IXe-XIe s.)*(Reims: l'Académie
   Nationale de Reims, 1984)이다. 이하 앞의 편집본은 B. Guérard, ed., *Polyp. de St.
   Remi*로, 뒤의 편집본은 J.-P. Devroey, ed., *Polyp. de St. Remi*로 줄여 쓰되, 라틴어 원
   문의 영지명세장을 일반적으로 지칭할 때는 그냥 *Polyp. de St. Remi*라고 하겠다. 그렇
   지만 이것은 특별한 언급이 없는 한 B. Guérard가 편집한 라틴어 원문을 가리킨다. 그
   의 편집본에는 J.-P. Devroey의 편집본과는 달리 장원별 장과 항의 번호가 매겨져 있
   어 인용하기가 편리하고 정확성을 기할 수 있기 때문이다(이하 장과 항의 번호는 B.

이펠고원에 위치한 프륌(Prüm) 수도원[6] 등 많은 수도원 영지명세장들에서 그리고 이들 명세장에 기록된 고전장원들 가운데 압도적 다수에서 'corvada', 'curbada', 'corrogata', 'chroata' 등의 이름으로 불리는 장원농노의 의무가 농민보유지들에 부과되고 있다.[7] 이렇게 대다수의 장원들에서 농민보유지 보유자의 중요한 의무로 되어 있는 위의 단어들은 우리말로 흔히 부역(賦役), 고역(苦役), 노역(勞役), 사역(使役) 따위로 번역될 수 있는 프랑스어 'corvée'의 본딧말인 중세 라틴어들이다.[8] 프랑스어의 발음에 따라 '코르베'란 말로 통칭할 수 있는 이 의무는[9] 고전장원에서 농노가 영주를 위해 수행하지 않으면 안 되는 무상

Guérard의 편집본의 번호 매김에 따름). J.-P. Devroey, ed., *Polyp. de St. Remi*, pp. XLI~LIII, pp. 1~2 및 pp. 3~127의 장원별로 명시된 연대 기록에 따르면, 이 영지명세장은 주로 금납과 물납 형태의 수입에 관한 12세기 후반 작성의 제XXIX장을 제외한 나머지 장들은 9세기 초엽~10세기 말엽에 작성되었으며, 이 가운데 ⅔가량은 861년 이전의 9세기에 작성되었다.

6 　이 책에서 참고하는 프륌 수도원의 영지명세장은 H. Beyer, ed., *Urkundenbuch zur Geschichte der, ... Mittelrheinischen Territorien*, Vol. 1(Coblenz: Hölscher, 1860), pp. 142~201의 "Güterverzeichnis der Abtei Prüm von 893"(이하 H. Beyer, ed., "Güterv. der Prüm"으로 줄여 씀)과 I. Schwab, ed., *Prümer Urbar*(Düsseldorf: Droste, 1983), pp. 158~259이다(이하 이 영지명세장을 일반적으로 지칭할 때는 *Polyp. der Prüm*으로 줄여 씀).

7 　에노(Hainaut) 지방 소재 로브(Lobbes) 수도원의 영지명세장에도 이런 용어들이 보이지 않는다. 그러나 이 명세장의 경우에는 경작부역을 비롯한 부역노동에 관한 기록이 대다수의 장원에 걸쳐 누락 내지 생략되어 있는 것으로 보이기 때문에, 코르베에 관한 언급이 본래부터 없었는지 아니면 필사 과정에서 누락된 것인지 알 수 없다. 이 책에서 참고하는 로브 수도원의 영지명세장에 관해서는 후술 참조.

8 　이들 중세 라틴어의 어원은 고전라틴어의 'corrogo'다. 'corrogo'는 '함께'라는 뜻을 지닌 접두사 'com'과 '부탁하다' 또는 '간청하다'는 뜻을 가진 동사 'rogo'의 합성어다. 따라서 문자 그대로의 뜻은 '간청을 통해 여러 사람을 한꺼번에 불러모으다'이다. 그렇기 때문에 코르베의 문자 그대로의 본래 뜻은 영주에 의해 일방적·강압적으로 부과되는 강제노동이 아니라, 영주 측의 '정중한 부탁에 의해 여러 사람이 집단으로 참여해서 무상(無償)으로 수행하는 노동'이었다고 할 수 있다.

9 　여기에서 이런 라틴어 단어들을 일괄하여 지칭할 때는 코르베란 말을 쓰도록 하겠다.

의 강제노동인 부역노동임은 틀림없다. 그러나 영지명세장들에는 앞에서 본 것처럼 부역노동으로 코르베 외에 일정 면적의 영주직영지를 할당받아 경작부역이 수행되는 정적부역 형태의 부역노동도 존재하고, 매주 3일 정도 부과되어 수행되는 주부역이라고 할 수 있는 부역노동도 있으며, 매년 며칠간씩 부과되는 연부역, 작업과제별로 며칠씩 부과되는 과제부역 등 다양한 형태의 부역노동이 존재한다. 따라서 코르베는 단순히 부역노동 일반을 가리키는 말이 아니라, 이와 같은 여러 형태의 부역노동들 가운데 한 가지일 뿐이라고 하겠다.

영지명세장들에서 코르베는 정적부역과 함께 부과되는 경우가 많기는 하지만, 흔히 정적부역과 더불어 몇몇 다른 부과형태들과 동시에 부과되며, 가끔은 주부역이나 연부역 또는 과제부역과 같은 어느 하나의 부역형태와 함께 부과되기도 하고, 심지어 거의 단독으로 부과되는 경우도 있다.[10] 한편 일정 크기의 코르베가 연(年) 단위나 농사철 또는 주(週) 단위로 부과되는가 하면, 이런 단위기간 명시 없이 막연히 '얼마간의 코르베'가 부과되는 경우도 많다. 뿐만 아니라 이따금 황소나[11] 쟁기를 갖고 코르베를 수행한다고 하면서도, 대개의 경우에는 이런 작업수단의 지참에 관한 언급 없이 그냥 'corvada I', 'corvada II', 'corvada III' 등과 같이 기록되어 코르베가 부과되곤 한다. 코르베에

10   단독으로 부과되다시피 하는 사례로는 생르미 수도원의 영지명세장 제VII장의 자유인 망스를 들 수 있다.

11   말의 어깨에 매다는 근대적 멍에가 사용되기 시작하는 11세기 이전에는 역축으로 황소가 주로 사용되었으며, 말은 대체로 기마용으로 사용되었다. Ch. Parain, "The Evolution of Agricultural Technique", *CEHE*, Vol. 1 [2nd Edition, Cambridge: Cambridge Univ. Press, 1966(1971년 재인쇄)], pp. 142~144; B. H. Slicher van Bath, 『서유럽 농업사』, 117~119쪽; L. White, Jr., *Medieval Technology and Social Change*(Oxford, 1962), 강일휴 역, 『중세의 기술과 사회변화』(지식의 풍경, 2005), 80~86쪽; G. Duby, "La révolution agricole médiéval", *Revue de Géographie de Lyon*, 29(1954), p. 362 참조.

관한 문헌기록상의 이와 같은 다양하고 모호한 현상 때문에, 코르베가 여타의 부역노동들과 구별되는 독자적 성격이 무엇이고, 어떤 방식으로 수행되며, 그 수행기간은 얼마인지 등 코르베에 관해 불분명한 점들이 적지 않다.

이런 이유에서 기인하는 것이겠지만, 지금까지 코르베에 대한 연구자들의 파악은 그리 명확한 편이 아니다. 개괄적이거나 불철저한 면이 없지 않아 여전히 여러 의문이 남으며, 설명의 차이도 상당히 크다고 할 수 있다. 1883년에 프랑크왕국의 칙령집을 편찬한 보레티우스는 왕령지의 장원들에 대한 관리령이라고 할 수 있는 800년경의 칙령인 'Capitulare de villis'(이하 '장원관리령'이라고 칭한다)의 제3조에 나타나는 'corvada'에 대해 "operae agrestes; francog. corvées; germ. Frondienst"라는 주석을 달았다.[12] 즉 코르베의 뜻이 라틴어로는 '농사일'이고, 프랑스어로는 '코르베'이며, 독일어로는 '부역'이라는 것이다. 그는 코르베를 너무나 일반적이고 포괄적인 의미로 이해한다고 할 수 있다. 1930년대에 이르면 장원제에 대한 훌륭한 두 연구자의 획기적인 연구업적이 나타난다. 그러나 그중의 한 사람인 블로크의 경우에도 코르베('corrogata')에 관해서는 농민보유지 보유자들이 "영주직영지에서 작업반으로 편성되어 공동으로 수행하는 시간제 부역"이라고 하는 데 그치고 있다.[13] 다른 한 사람은 페랭으로, 그의 경우에도 코르베에 대해 블로크가 이해하는 수준을 크게 넘어서지 못하고 있다. 그는 코르베는 농민보유지 보유자들이 공동으로 수행하는 '영주직영지의 밭갈이부역'이나 '밭갈이부역에 의해 경작되는 영주직영지의 큰 땅뙈기' 또는 '밭갈이부역에 의해 경작된 영주직영지의 수확된 곡식'에 사

---

12   *Capitularia*, no. 32(pp. 82~91) 중 p. 83의 주석 1.
13   M. Bloch, 『서양의 장원제』, pp. 49~50 참조.

용된 말이라고 하면서,[14] 처음에는 그 부과자의 간청과 그 수행자의 자
유로운 동의에 의해 이루어지던 코르베가 어떻게 거역할 수 없는 의무
가 되었는지를 간략히 살펴보는 수준에서 그치고 있다.[15]

이들과 달리 게라르는 일찍이 1844년에 생제르맹 수도원의 영지
명세장을 편찬하면서, 이 명세장에 자주 나타나는 코르베(curvada)
현상에 대해 비교적 자세하게 분석한다. 그에 의하면 코르베는 이 명
세장에 보이는 'riga'와 마찬가지로 농민보유지 보유자들이 쟁기나 곡
괭이를 가지고 가서 수행해야 하는 갈이질부역을 뜻하지만, 다음과 같
은 점들에서 차이가 있다. 즉 'riga'는 규칙적이고 갈이질 면적이 언제
나 동일하며 망스 보유자에 의해 개별적으로 수행되는 데 비해, 코르
베는 불규칙적이고 상황에 따라 갈이질 면적에 변동이 생기며 망스보
유자들에 의해 공동으로 수행된다. 따라서 코르베는 규칙적인 갈이질
부역이 영주직영지의 파종을 위해 모자라는 경우에 부과되는 보충적
인 성격을 띤다. 일반적으로 코르베의 부담량은 장원관리인들의 재량
에 따라 자의적으로 부과되며, 흔히 그 부과량이 연간이나 매주 또는
봄·가을의 양 파종기 단위로 명시되기도 하지만 가끔은 면적 단위로
부과되기도 한다고 한다.[16] 게라르는 생제르맹 수도원의 영지명세장뿐
만 아니라 다른 문헌자료들도 일부 이용하여 여러 측면에서 코르베의
특성을 밝히려고 했다. 그러나 그의 규명 노력은 어디까지나 생제르맹

14 Ch.-E., Perrin, *Recherches sur la seigneurie rurale en Lorraine d'après les plus
    anciens censiers IXe-XIIe siècles*(Strasbourg: Commission des publications de la
    Faculté des lettres, 1935), pp. 627, 633, 749 참조.

15 Ch.-E., Perrin, "Une étape de la seigneurie. L'exploitation de la réserve à Prüm, au
    IXe siècle", *Annales d'histoire économique et sociale*, 6(1934), pp. 458~459 참조.

16 B. Guérard, *Prolégomènes*, pp. 644~648 및 B. Guérard, ed., *Polyp. de St. Remi*, p.
    XXXII 참조. 'riga'란 정적부역을 가리키는 것으로, 이에 관해서는 게라르의 앞의 책,
    pp. 637~644도 참조.

수도원 영지명세장의 편찬자로서 거기에 나타나는 코르베 현상을 설명하기 위한 것이었기 때문에, 자료이용이나 설명에는 일정한 한계가 있다고 할 수 있다.

코르베에 대한 제2차 세계대전 후의 설명은 그 전보다 크게 나아졌다고 볼 수 없다. 장원제를 비롯한 봉건제에 관해 의미 있는 저서를 남긴 부트뤼슈는 코르베를 '갈이질 수단을 가지고 영주직영지에 가서 행하는 밭갈이' 정도로 파악한다.[17] 생자콥은 장원토지의 구조를 논한 논문에서 'riga'라고 불린 부역이 지정된 작은 면적의 땅뙈기에 대한 (갈이질)부역인 데 비해 코르베('curvada')는 일(日) 단위와 더불어 면적 단위로도 부과되고 'riga'보다 훨씬 더 긴요하며 부역 면적도 더 큰 (갈이질)부역이라고 할 뿐이다.[18] 중세 서유럽의 농촌사 연구에서 큰 업적을 남긴 뒤비는 봉건적 농촌사회에 대해 종합적으로 고찰한 저서에서 코르베는 망스 보유자가 쟁기와 역축을 지참하고 다른 망스보유자들과 함께 정기적으로 영주직영지의 작업반에 편입되어 수행하는 부역이며, 작업자에게 자율성이 적기 때문에 힘든 의무였다고 간략히 설명한다.[19] 니르메이어는 그의 중세 라틴어 사전에서 코르베는 '본래 의미의 코르베, 즉 노동일(勞動日) 단위로 부과되는 영주직영지의 밭갈이부역'이나 '코르베로 경작되는 영주직영지의 밭뙈기' 또는 '영주가 징발하는 모든 종류의 부역'이라고 정의한다.[20] 괴츠는 코르베는

17   R. Boutruche, *Seigneurie et féodalité*, Vol. 1. *Le premier âge des liens d'homme à homme*(Paris: Aubier, 1959), p. 89.

18   P. De Saint-Jacob, "Recherches sur la structure terrienne de la seigneurie", *Annales de l'Est*, 21(1959), p. 428.

19   G. Duby, *L'économie rurale et la vie des campagnes dans l'Occident médiéval(France, Angleterre, Empire, IXe-XVe siècles). Essai de synthèse et perspectives de recherches*, 2 Vols.(Paris: Aubier, 1962), p. 105.

20   J. F. Niermeyer, *Mediae Latinitatis Lexicon Minus*, p. 276의 'corrogata' 항.

'장원 예속농민이 갈이질 철에 황소와 쟁기를 영주직영지에 가지고 가서 며칠간 수행해야 하는 본래 의미의 부역'이라고 한다.[21] 페르휠스트도 '생제르맹 수도원의 영지명세장에서 corvada라고 불린 부역노동은 농민보유지 보유자들이 자신의 쟁기와 황소들을 지참하여 수행하는 쟁기질부역'이라고 한다.[22] 괴츠나 페르휠스트는 뒤비보다 20년 이상이 지난 뒤에 저서를 출간했지만, 오히려 뒤비보다 코르베에 대한 설명에 있어 구체적 내용성이 부족하다.

최근에 여러 가지 측면의 분석과 해설을 곁들여 생모르 수도원의 영지명세장을 편찬한 헤게르만은 코르베의 개념을 엄격히 규정하는 것이 중요하다고 하면서, 엄격한 개념 규정이라는 점에서 볼 때 게라르의 설명은 문제가 있다고 한다. 그는 생모르 수도원의 영지명세장에 보이는 코르베의 특성들에 비춰 볼 때, 게라르가 코르베는 쟁기뿐만 아니라 곡괭이와 여타의 모든 갈이질 도구로 수행되는 밭갈이부역이라고 한 것은 성립될 수 없다고 한다. 'riga'에 관련된 경작부역은 갈이질부역의 대상이 되는 땅뙈기가 작기 때문에 삽과 같은 간단한 연장으로도 수행될 수 있었던 데 비해, 코르베는 쟁기와 여러 마리의 황소를 가지고 땅을 깊이 갈이질하는 부역이었다고 한다. 따라서 그에 의하면 'riga'라고 하는 정적부역과 코르베를 개념적으로 구별시켜 주는 결정적 요소는 작업도구였다.[23]

이와 같이 코르베에 대한 지금까지의 연구는 대체로 카롤링시대의 장원문서를 비롯한 특정 문헌사료를 편찬하면서 용어에 관한 주석

21 H. W. Goetz, *Leben im Mittelalter. Vom 7. bis zum 13. Jahrhundert*(München: C. H. Beck, 1987), p. 158.
22 A. Verhulst, *The Carolingian Economy*, p. 67.
23 D. Hägermann, ed., *Polyp. von St. Maur*, pp. 71~74 참조.

이나 해설의 형태를 띠거나 봉건사회의 농촌경제에 관한 저서에서 간략한 제도설명 수준에 머물고 있다고 할 수 있다. 그렇기 때문에 카롤링시대의 고전장원들에서 코르베가 전체적으로 그리고 구체적으로 어떤 내용의 부역이었는지 자세히 알기 어려운 실정이다. 이런 상황에서 '코르베(corvée)'란 용어는 학계에서 여타의 부역노동들과 구별되는 특정 의미로 사용되지 않고 단순히 부역노동 일반을 지칭하는 말로 통용되고 있기까지 하다.[24] 그러므로 각각 노예 출신의 농노와 자유인 출신의 농노에게 부과된 원초적 부역방식들인 주부역 및 정적부역과 더불어 또 한 갈래의 특별한 농노노동 수탈 방식인 코르베와 관련된 다양한 현상을 여러 가지 측면에서 고찰하여 코르베제도의 구체적 전체 모습을 명확하게 파악하는 것이 필요하다고 하겠다.

코르베에 관한 이런 연구는 상당히 중요하다. 왜냐하면 무엇보다 코르베가 흔히 말하듯이 농노가 쟁기와 역축을 영주직영지에 가지고 가서 갈이질하는 부역이라고 할 때, 영주직영지가 기본적으로 농민보유지 보유자들의 부역노동으로 경작되는 고전장원제에서 코르베 형태로 수행되는 갈이질의 크기는 농노노동의 수탈의 크기에 직접적 영향을 미치고 장원농노의 핵심적 부담의 수준을 규정하는 동시에 고전장원의 공간구조와 장원제의 성격에까지 영향을 미치기 때문이다. 또 코르베제도의 내용파악은 고전장원에서 다양한 방식으로 부과된 여러

---

24 예컨대, Y. Morimoto, "Autour du grand domaine carolingien: aperçu critique des recherches récentes sur l'histoire rurale du haut Moyen Âge(1987–1992)", Y. Morimoto, *Études sur l'économie rurale du haut Moyen Âge*(Bruxelles: De Boek, 2008), pp. 106~109; A. Verhulst, "Quelques remarques à propos des corvées de colons à l'époque du Bas-Empire et du haut moyen âge", A. Verhulst, *Rural and Urban Aspects of Early Medieval Northwest Europe*(Aldershot: Variorum, 1992), pp. 89~95 참조.

가지 부역노동들의 상호관계와 차이를 분명히 이해하기 위해서도 필요하다. 뿐만 아니라 카롤링시대의 영지명세장을 비롯하여 거의 중세 전(全) 기간의 문헌기록들에서 자주 보이고 오늘날의 프랑스어에까지 '고역(苦役)'이란 뜻으로 전해지듯이, 코르베는 프랑스 지역의 농민을 비롯한 유럽농민의 기나긴 노동의 역사에서 뼈저린 고통의 흔적이기도 하기 때문이다.

1. 코르베 수행의 대상작업과 수행시기

코르베가 고전장원의 농노들이 수행해야 할 부역노동의 일종이라고 할 때, 영주직영지의 경영에 필요한 농사일들이나 잡일들 가운데 어떤 작업을 대상으로 하여 수행되었을까? 카롤링시대의 현존 영지명세장들 가운데 가장 상세하게 기록된 생제르맹 수도원의 영지명세장을 보면, 대부분의 고전장원들에서 코르베는 영주직영지를 구성하는 곡물 경작지의 동곡파종과 하곡파종을 위한 정적부역 의무가 기록됨과 동시에 기술되거나 곧 뒤이어 언급되고 있다.[25] 이를테면, 흔히 망스 보유자는 '동곡파종과 하곡파종을 위해 일정 면적을 갈이질하고, 코르베를 수행한다(Arat ad hibernaticum perticas IIII, ad tremissem perticas II; facit corvadas, …)'는 식으로 기록되어 있다. 생르미 수도원의 영지명세장에서도 대부분의 고전장원들에서 망스 보유자들의 코르베 의무

---

25 제II~IX, XI, XIII~XV, XVII~XVIII, XX~XXV장. 고전장원들이라고 하더라도 제 I, XIX장에는 망스 보유자들의 코르베 의무가 전혀 보이지 않고, 나머지 다른 장들과 "Fragmenta" I과 II에서는 코르베가 먼저 기술되고 난 후 정적부역이 언급되거나 다소 서로 멀리 떨어져 기술되고 있다.

는 동곡과 하곡 파종을 위한 정적부역과 밀접한 연관 속에 동시에 부
과된다. 이 밖에 다수의 장원에서 망스 보유자들의 코르베 의무가 명
기되어 있는 생모르 수도원의 영지명세장에서나 프륌 수도원의 영지
명세장에서도 코르베에 관한 기술방식은 대체로 이와 비슷하다. 이와
같은 기록방식은 코르베가 영주직영지에 있는 곡물경작지의 동·하곡
파종이나 이를 위한 갈이질과 깊은 관련이 있음을 시사한다.

실제로 영지명세장들에는 이런 긴밀한 관계를 증언하는 기록들이
꽤 많이 보인다. 823-829년 무렵에 작성된 생제르맹 수도원의 영지명
세장 제XIII, XXI~XXII, XXV장과 제IX장의 제153~155항에는 자유
인망스의 의무에 관해 일정 면적의 동곡과 하곡 파종을 위한 갈이질
이 언급된 데 바로 이어서 '파종기 때마다 일정 크기의 코르베를 한다
(Arant ad hibernaticum perticas IIII, et ad tremisum IIII, ad proscen-
dendum IIII; et per unamquamque sationem curvadas III, …)'고 기록
되어 있다. 나아가 이 명세장의 일부 기록은 코르베가 구체적으로 파
종과 관련된 갈이질부역임을 분명하게 보여 준다. 이 명세장 제XXII
장에서 자유인망스 보유자는 "1대의 바퀴달린 쟁기를 끄는 데 필요한
만큼의 역축을 가지고 매주 1회의 코르베를 수행한다. … 그리고 파종
기마다 수도원장, 부(副)수도원장 및 재판관을 위해 각각 1회씩 3회의
코르베를 수행한다."고[26] 하고, 제XXIV장에도 대부분의 자유인망스
보유자들은 "파종기마다 매주 2두의 역축으로 1회의 코르베를 수행한
다."고[27] 명기되어 있다. 같은 명세장 제IX장에서 200개가 넘는 대다수

---

26 "Facit in unaquaque ebdomada curvadam I cum quantis animalibus habuerit, quan-
    tum ad unam carrucam pertinet. … Et facit **ad unamquamque sationem** curvadas
    III, abbatilem, praepositilem et iudicialem."
27 "Facit curvadam in unaquaque ebdomada cum duobus animalibus **per unamqua-
    mque sationem**; …."

의 자유인망스들의 의무에 대해서 "동곡파종을 위해 4ptc를 갈이질하
고 하곡파종을 위해 1ptc를 갈이질한다. 필요한 만큼의 코르베를 수
행하며, 갈이질을 하지 않을 때는 3일의 손일을 한다."고[28] 한 기록도
코르베가 파종기의 갈이질부역임을 간접적으로 표현한 것이라고 하
겠다.

생제르맹 수도원의 영지명세장보다 40년 이상 지난 뒤인 869-878
년경에 작성된 생모르 수도원의 일부 영지명세장은[29] 코르베가 곡물경
작지의 파종을 위한 갈이질부역임을 명확히 한다. 이 명세장 제12장과
13장에는 각각 "코르베로 동곡파종과 하곡파종을 합쳐 4ptc를 갈이질
한다."거나[30] "동곡파종을 위해 3ptc, 하곡파종을 위해 3ptc의 코르베
를 갈이질한다."고[31] 명시되어 있다. 그리고 갈이질한다는 직접적인 말
은 없지만, 제6장과 제8장에서도 망스 보유자의 코르베는 동곡파종과
하곡파종을 위해 수행된다.[32] 9세기 중엽에 작성된 생르미 수도원의
영지명세장 제XVIII장과 제XX장에서도 자유인망스 보유자는 정적부
역을 행하고 '파종지에서 코르베를 수행한다.'고[33] 되어 있다. 또 893년

28   "Arant ad hibernaticum perticas IIII, ad tremisum II. Faciunt curvadas, quantu-
      mcumque necesse fuerit; et quando non arant, faciunt tres dies; manopera." 여
      기서 'ptc'라고 한 것은 'pertica'의 줄인 말로, B. Guérard, Prolégomènes, pp.
      177~182, 197에 따르면 1ptc의 면적은 2.57아르이고, F. L., Ganshof, "Die Fränkis-
      che Reich", Handbuch der europäischen Wirtschafts- und Sozialgeschichte im
      Mittelalter(Stuttgart: Klett-Cotta, 1980), p. 178에 따르면 3.46아르다.
29   이 영지명세장의 작성연대에 관해서는 D. Hägermann, ed., Polyp. von St. Maur, pp.
      10~19 참조.
30   "Arat corbadam inter ibernaticum et tramisium perticas .IIII."
31   "···; et arat corbadas III ad ivernaticum, ad tramisium perticas III."
32   "Arat unusquisque ad ibernaticum perticas .IIII., ad tramisium .II. Ad ibernaticum
      corbadas .III., ad tramisium .III."(제6장); "Arat ad ibernaticum perticas .IIII., ad
      tramisium .II. et inter ibernaticum et tramisium corbadas .VIII."(제8장)
33   "···, et facit corrogatas ipsa satione III, ···"(제XVIII장); "···, et facit corrogatas, ipsa

에 작성된 프륌 수도원의 영지명세장 제XLVI장에서도 종류미상 망스 보유자의 의무와 관련하여 일정 면적의 정적부역이 기술된 후 "3월 1일부터 파종기 내내 매주 코르베로 1일을 갈이질한다."고[34] 한다.

그런데 카롤링시대에 북부 갈리아의 고전장원들에서는 영주직영 지를 중심으로 삼포제가 널리 실시되고 있었고,[35] 갈이질은 동곡지와 하곡지 외에 흔히 휴경지에도 1회씩 행해졌다.[36] 따라서 코르베는 동 곡지와 하곡지에 대해서뿐만 아니라 휴경지에 대해서도 실행되었다. 생모르 수도원의 영지명세장 제14장에 기록된 장원에서 망스 보유자 는 "동곡파종을 위해서 7.5ptc, 하곡파종을 위해서 5ptc를 갈이질한 다. 동곡파종을 위해서 3회의 코르베를, 휴경지에 대해 3회의 코르베 를, 하곡파종을 위해서 3회의 코르베를 수행한다."고[37] 한다. 생제르맹 수도원의 영지명세장 제XIII장에도 자유인망스 보유자들은 "동곡파종 을 위해서 4ptc, 하곡파종을 위해서 4ptc, 그리고 휴경지의 땅을 갈아

satione, III; ···."(제XX장)

34 "Arat iornales .III. in forestaria auena. modium .I. a kalendis marcii **per totam satio-nem**. arat omni ebdomada. in coruada diem .I."

35 북부 갈리아의 삼포제에 관해서는 Y. Morimoto, "L'assolement triennal au haut Moyen Âge. Une analyse des données des polyptiques carolingiens", A. Verhulst/Y. Mori-moto, ed., *Économie rurale et économie urbaine au Moyen Âge*(Gent, Fukuoka: Kyushu Univ. Press, 1994), pp. 91~125; A. Derville, "L'assolement triennal dans la France du Nord au Moyen Âge", *Revue historique*, 280(1988), pp. 337~376; D. Faucher, "L'assolement triennal en France", *Études rurales*, 1(1961), pp. 7~17; A. Verhulst, *The Carolingian Economy*, pp. 61~63; W. Rösener, *Agrarwirtschaft, Agrarverfassung und Ländliche Gesellschaft im Mittelalter*(München: R. Olden-bourg, 1992), pp. 6~7; 저자의 박사학위논문 『고전장원제하의 농업경영 ―9~11세기 센강과 라인강 사이지역을 중심으로―』(1990, 서울대), 135~142쪽 참조.

36 고전장원제하의 갈이질 횟수와 시기에 관해서는 Ch. Parain, "Evolution of Agricultural Technique", pp. 151~153 및 저자의 학위논문 「고전장원제하의 농업경영」, 138~139 쪽 참조.

37 "Arat ad ibernaticum perticas .VII. et dimidiam, ad tramisium .V. Facit ad ibernati-cum corbadas .III. Ad **binalia** .III. Ad tramisium .III."

엎기 위해서 4ptc를 갈이질하며, 파종기마다 3회의 코르베를 수행하고 …"라고[38] 하여, 휴경지에 대해서도 코르베가 수행되었을 가능성을 암시하고 있다.

이상에서 보듯이 코르베는 망스 보유자가 일정 면적의 영주직영지를 할당받아 경작하는 정적부역을 수행한 다음에, 주로 파종기에 추가로 갈이질하는 부역이라고 할 수 있다. 그것은 원래는 곡물경작지의 동곡파종지와 하곡파종지를 대상으로 한 것이지만, 갈이질이 휴경지로 확대되는 농업기술상의 발전에 따라 차츰 휴경지에도 행해졌던 것으로 추측된다. 나아가 코르베는 단순히 쟁기로 밭을 가는 갈이질 작업뿐만 아니라 쟁기질된 땅에 곡식의 씨앗을 뿌리고 뿌린 씨앗을 흙으로 덮는 작업까지도 포함한 것으로 보인다. 왜냐하면 이런 작업들까지 이루어져야 비로소 파종과 관련된 일련의 농사일이 완료되기 때문이다. 문헌기록상으로는 코르베가 갈이질 작업 중심으로 기술되고 파종이나 씨앗을 덮는 작업에 대해서는 거의 언급이 없다. 정적부역의 경우에도 그렇듯이, 그것은 파종을 위한 갈이질 작업에는 으레 갈이질 외의 이런 작업들까지 내포되기 때문일 것이다. 이에 대한 증거가 전혀 없는 것도 아니다. 9세기 중엽에 작성된 몽티에랑데르 수도원의 영지명세장 제XXXII장에서 종류미상의 망스 보유자들은 '4jr을 갈이질하고 파종하며 코르베로 비슷한 크기를 갈이질하고 파종해야 한다.'고[39] 한 기록이 그것이다. 코르베 수행 시 씨앗을 덮는 작업이 행해

---

38 "Arant ad hibernaticum perticas IIII, et ad tremisum IIII, **ad proscendendum** IIII; et per unamquamque sationem curvadas III, et …."

39 "…, et debent IIII jornales qui habent L perticas in longum et unam in latum, que pertica habet XV pedes. Debent arare et seminare, debent corvadam similiter arare et seminare, …." 여기서 jr이란 'jornalis'의 줄임말로, B. Guérard, *Prolégomènes*, pp. 171~175, 197에 의하면 1jornalis의 크기는 34.13아르다.

졌는지에 대한 문헌기록은 찾아볼 수 없지만, 이 작업에 써레뿐만 아니라 쟁기가 사용되었다고 하는 것으로 봐서[40] 코르베에 이런 작업이 포함되었을 가능성은 매우 크다.

그러므로 코르베는 기본적으로 파종을 위한 갈이질부역이었지만, 갈이질 외에도 농노가 직접 파종하고 씨앗을 덮는 작업까지 포함하는 일련의 파종 관련 부역이었다고 할 수 있을 것이다. 따라서 코르베는 원칙적으로 이런 일련의 파종작업과 관계가 없는 농사일과 관련된 부역은 아니었다. 이를테면, 생르미 수도원의 영지명세장 제XVII장과 제XXII장에서 자유인망스나 노예망스 보유자들은 '연간 4회나 9회의 코르베를 수행하고 동·하곡지의 모든 것을 거두어 운반한다.'고[41] 한다. 이들 기록은 코르베와 곡식의 수확작업은 분명히 구분되었음을 보여 주는 것이다. 코르베가 곡물경작지의 다른 농사일들과 구분되어 기록된 경우는 이런 사례 외에도 영지명세장들 속에서 수없이 많이 볼 수 있다.

그렇지만 코르베가 언제나 갈이질을 비롯한 곡물파종 관련 작업만을 대상으로 해서 수행된 것은 아니었다. 매우 드물기는 하지만 여타의 농사일에 적용되는 경우도 없지 않았다. 프륌 수도원의 영지명세장 제CIIII장에서 반자유인망스 보유자들은 "코르베를 3회 수행하되, 하루는 거름 운반을 위해, 하루는 건초 운반을 위해, 하루는 수확물 운반을 위해 수행한다."고[42] 하고, 제CXIIII장에서도 역시 반자유인망스 보유자들은 "코르베로 2수레의 건초를 운반한다."고[43] 한다. 코르베의

---

40 Ch. Parain, "Evolution of Agricultural Technique", pp. 153~154 참조.

41 "Conrogatas IIII, et ipsi colligunt haec omnia."(제XVII장 제2항); "Corrogatas IIII. Hęc omnia colligens ad monasterium deducit."(제XVII장 제22항); "Super totum annum corrogatas VIIII, et omnia colligens deducit ubicumque imperatur."(제XXII장 제2항)

42 "… coruadas .III. vnum diem ad fimum ducendum, ad fenum et ad messem. …."

43 "Ducit in coruada de feno carradas .II."

유래와 원초적 형태에서도 볼 수 있지만,[44] 여기에서 지금까지 살펴본 바에 의하더라도 코르베의 본질적 측면은 파종을 위한 갈이질부역이다. 따라서 이런 기록은 코르베 본래의 취지가 시간이 지나면서 차츰 모호해지거나 변질되는 현상이 나타나, 코르베가 이례적으로 파종 관련 작업 외에 농사 관련 운반작업에 부과되게 된 사례라고 할 수 있을 것이다.

또한 코르베의 수행대상이 반드시 곡물경작지였던 것만도 아니다. 예컨대, 생제르맹 수도원의 영지명세장 제IV장의 제26~32항에서 노예망스 보유자들의 코르베 의무가 포도밭 작업과 동곡지 갈이질 의무에 관한 기술 후에 기록되고,[45] 동 제VI장 제3~32항에서 자유인망스 보유자들의 코르베 의무는 포도밭과 하곡지에 대한 정적부역 의무에 관한 기술 후에 언급된다.[46] 특히 이 명세장 제VI장 제36, 41, 43항의 자유인망스들과 제VII장의 노예망스들의 다수, 제IX장 제212~230항의 노예망스들, 제XIV장의 노예망스들 모두, 그리고 제XXII장의 노예망스들 모두의 코르베 의무에 관해서는 '일정 면적의 포도밭 작업을 하고, 코르베를 수행한다.(Facit in vinea aripennos IIII, curvadas, ….)' 는 식으로 기록되어 있다. 이들 장(章)에 기록된 장원들에서는 영주직영지에 곡물경작지가 존재함에도 불구하고, 영주직영지의 곡물경작지

---

44 앞의 제2장 제1절에서도 언급한 바와 같이 코르베는 8세기 중엽 무렵에 노예 출신 농노가 주부역 외에도 황소와 같은 노동수단을 지주로부터 제공받아 갈이질부역을 수행한 데서 유래하며, 이런 코르베가 원초적 형태의 코르베라고 할 수 있다. 코르베제도의 유래와 원초적 형태에 대한 자세한 논의는 저자의 저서 『고전장원제와 봉건적 부역노동제도의 형성』, 337~378쪽 참조.

45 "…; facit in vinea aripennos IIIIor; arat ad hibernaticum perticas II; corvadas, carroperas, manoperas, caplim, ubi ei injungitur; …."

46 "…; facit in vinea dominca aripennum I; arat ad tramisem perticas II; corvadas, manuoperas, carroperas, quantum ei injungitur."

에 대한 정적부역은 전혀 부과되지 않고 포도밭에 대한 정적부역과 함께 코르베가 부과되고 있는 것이다. 여기서 주목되는 것은 일정 면적의 포도밭에 대한 작업 후에 코르베가 부과되는 경우는 그 대부분이 노예망스들이라는 사실이다. 이것은 특별히 로마시대부터 노예노동을 사용한 상업적 목적의 대규모 포도밭 경영이 발달했던 파리 지방에서는 노예가 주인으로부터 노동력 재생산용으로 작은 토지를 분양받아 외거한 후에도 영주직영지의 곡물경작지보다 포도밭에 대한 작업을 우선적으로 수행한 데서 유래하는 것으로 추측된다.

그러나 이와 같이 코르베가 가끔 예외적 현상으로 농사와 관련된 운반작업이나 포도밭 작업을 대상으로 행해지는 경우가 있기는 했지만, 코르베는 본질적으로 영주직영지의 곡물경작지에서 동곡파종 및 하곡파종을 위한 갈이질과 휴경지 갈이질을 중심으로 한 일련의 파종 관련 부역이라고 하겠다. 따라서 코르베의 실시시기는 당연히 동·하곡 파종기와 휴경지의 갈이질 철이었을 것이다. 위도와 고도 및 지역의 농업관습에 따라 갈이질 시기에 다소의 차이가 있기는 하지만, 보통 동곡파종을 위한 갈이질은 10월에, 하곡파종을 위한 갈이질은 3월에, 그리고 휴경지에 대한 갈이질은 풀이 무성하게 자라는 5월이나 6월에 실시되었다. 생모르 수도원의 영지명세장 제10장의 장원에 관한 기록에는 자유인망스고 노예망스고 간에 망스 보유자는 "코르베를 수행할 때, 3월에는 빵과 콩류 및 사과즙을, 5월에는 빵과 치즈를, 10월에는 가능하다면 빵과 포도주를 제공받아야 한다."고[47] 되어 있다. 이것은 코르베의 구체적 실시시기가 동곡파종을 위한 갈이질과 하곡파

---

47   "Cum fecerint corbadas, in mense martio debent habere panem et ligumen et si-
     ceram. Mense maio panem et caseum. Mense octobrio panem et vinum, si esse
     potest."

종을 위한 갈이질 그리고 휴경지에 대한 갈이질이 각각 행해지는 10월과 3월 및 5월이었음을 의미하는 것이다. 프륌 수도원의 영지명세장 제XXXVII장의 장원에서 망스 보유자들이 "성 르미의 날에 2회의 코르베를 수행하고, 3월과 6월에도 마찬가지로 수행한다."고[48] 한 기록도 코르베의 실시시점이 성 르미(Remigius)의 날인 10월과[49] 3월[50] 및 6월이었음을 확인하는 것이다.

　그러나 코르베는 반드시 1년 중 동곡파종 갈이질과 하곡파종 갈이질 및 휴경지 갈이질이 각각 실시되는 10월과 3월 및 5~6월 등 3회 모두에 걸쳐 부과된 것은 아니었다. 장원에 따라서는 코르베가 3월에만 부과된 경우도 있었다. 예컨대, 앞에서 본 바 있는 프륌 수도원의 영지명세장 제XLVI장에서 종류미상의 망스 보유자의 의무에 대해 "3월 1일부터 파종기 내내 코르베로 매주 1일간 갈이질한다."고 하고, 동 제XLVIII장에서도 15jr의 토지를 보유한 사람은 "3월에 1jr을 갈이질하고 … 1회의 코르베를 수행한다."고[51] 한다. 이와는 달리 코르베가 3월에는 부과되지 않고 6월 하순부터 연말까지 장기간 부과되는 경우도 있었다. 생모르 수도원의 영지명세장 제16장에서 자유인망스 보유자들은 "성 요한의 날로부터 성탄절까지 3주마다 1회의 코르베를 수행한다."고[52] 한 것이 그 사례다. 성 요한의 날은 6월 24일이므로, 코르베는 6월 24일부터 12월 25일의 성탄절까지 6개월 동안 3주마다 꾸준히 진행된 셈이다. 이 기간은 6월의 휴경지 갈이질과 10월의 동곡지

48　"Ad missam s. Remigii. coruadas .II. similiter in marcio. et in iunio."

49　성 르미의 날은 정확하게는 10월 1일이다.

50　같은 영지명세장 제XLV장에서는 하곡파종을 위한 갈이질 시기가 3월과 4월이다.

51　"… arat in marcio, iornalem .I. … facit coruadam .I."

52　"A festivitate Sancti Johannis usque in Natale Domini solvebat a tertia in tertiam ebdomadam corbadam et …."

갈이질 그리고 7월과 8월의 수확기가 집중된 시기여서, 장기간에 걸쳐 코르베가 부과된 것으로 짐작된다. 이와 같이 코르베는 보통 파종기를 중심으로 해서 농사철에 부과되기는 했지만, 같은 영지 안에서도 장원에 따라 코르베의 수행 시점과 기간에 상당한 신축성이 존재했다고 할 수 있을 것이다.

　요컨대, 고전장원제 아래서 코르베는 표준적인 농민보유지인 망스의 보유자가 일정 크기의 토지를 할당받아 경작하는 정적부역 외에, 역축과 쟁기를 가지고 주로 파종기에 영주직영지의 곡물경작지를 대상으로 해서 추가로 갈이질하는 부역이었다고 할 수 있다. 그것은 파종을 위한 갈이질부역을 핵심으로 하지만, 단순히 갈이질을 하는 데 그치지 않고 갈이질된 땅의 파종 작업과 파종 후의 씨앗을 써레로 덮는 작업은 물론, 휴경지에 대한 갈이질 작업까지 포함했다. 또한 그 개념이 확장되면서 때로 거름 및 수확물의 운반이나 포도재배와 같은 여타의 농사일이 코르베의 대상이 되기도 했다. 그러나 코르베는 기본적으로 영주직영지의 동곡파종과 하곡파종을 위한 갈이질 중심의 부역이었으므로, 그 실시시기는 일반적으로 동곡이 파종되는 10월과 하곡이 파종되는 3월 그리고 풀이 무성하게 자란 휴경지의 갈이질이 행해지는 5월이나 6월이었다. 그렇지만 코르베는 반드시 어느 장원에서나 매년 이와 같은 시기에 3차례 부과된 것은 아니었다. 장원에 따라서는 코르베가 3월에만 부과되는가 하면, 이와는 달리 3월에는 부과되지 않고 6월 하순부터 연말까지 장기간 부과되는 등 수행 시기와 기간에 얼마간의 신축성과 다양성이 엿보이기도 한다.

2. 코르베의 수행방식

코르베가 기본적으로 영주직영지의 곡물경작지를 파종하기 위한 갈이질부역이라고 할 때, 당시의 농업기술 상황에서는 갈이질에 쟁기와 이를 끌 황소의 사용이 요구되기 마련이었다. 이에 따라 망스 보유자들은 갈이질의 필수도구인 황소와 쟁기를 갖추어 코르베를 수행해야 했다. 앞의 제1절에서 인용한 바 있는 생제르맹 수도원의 영지명세장 제XXII장과 제XXIV장에서 각각 망스 보유자들이 "1대의 바퀴달린 쟁기를 끄는 데 필요한 만큼의 역축을 가지고 매주 1회의 코르베를 수행한다."고 하고 "파종기마다 매주 2두의 역축으로 1회의 코르베를 수행한다."고 한 기록은 황소와 쟁기를 지참해서 코르베가 수행되었음을 보여 주는 것이다. 프륌 수도원의 영지명세장 제XXIV장에서 종류미상의 망스 보유자들은 "황소들이 끄는 쟁기를 가지고 3회의 코르베를 수행하고 황소를 갖지 못한 자는 긴 막대기들을 운반하거나 밭을 판다."고[53] 한 것도 마찬가지다. 그리고 같은 명세장 제XXV장에서 장원 주변의 주민들이 "황소들을 가지고 코르베를 수행한다."고[54] 한 기록 역시 농노가 갈이질 수단을 소지하고 코르베를 수행했음을 표현하는 것이다. 또한 노예망스 보유자가 "황소들을 가지고 있는 경우에는 2회의 코르베를 수행한다."고[55] 한 생르미 수도원의 영지명세장 제XI장의 기록으로 볼 때, 이 수도원의 영지에서도 코르베가 황소를 갖고 수행되었음을 알 수 있다.

---

53   "… facit coruadas .III. cum aratro qui boues habent. et qui non habet. trahit perticas, aut fodiat in campo." 여기서 긴 막대기들을 운반하고 땅을 판다는 것은 포도밭에 필요한 지주목의 운반과 포도나무를 심기 위한 구덩이 파기를 가리키는 것이라고 하겠다.

54   "… faciunt coruadas qui boues habent. …."

55   "Facit conrogatas II, si boves habuerit."

그렇지만 생모르 수도원의 영지명세장만큼 코르베가 여러 마리의 황소가 끄는 쟁기로 갈이질하는 부역임을 명확히 보여 주는 문헌기록은 없다. 여기에는 쟁기를 끄는 데 필요한 역축의 수까지 명시되어 있다. 이 명세장 제10장에 기록된 장원에서 자유인망스 보유자들은 "매번 6두의 황소를 갖고 2회의 코르베를 수행하고, 2두의 황소를 갖고 세 번째의 코르베를 수행한다."고[56] 하며, 노예망스 보유자들도 "매번 2두의 황소를 가지고 3회의 코르베를 수행해야 한다."고[57] 한다.

이와 같이 생제르맹 수도원영지에서나 생모르 수도원영지에서 보듯이, 9세기에 고전장원제가 발달한 곳에서 쟁기를 끄는 데는 통상적으로 2두의 황소가 사용되었던 셈이다. 쟁기의 견인에 보통 2두의 황소가 사용되었음은 중세의 삽화들에서도 흔히 보는 바다. 그러나 쟁기를 끄는 데 그보다 더 많은 황소가 사용된 경우도 드물지 않았다. 앞에서 말한 생모르 수도원의 영지명세장 제10장에서는 무려 6두의 황소가 사용되며, 앞의 제2장의 맨 끝에서 인용한 바 있는 카롤루스 대제의 '르망 칙령'에서도 4두의 황소가 사용되고 있다.

쟁기를 끄는 데 이처럼 2두 이상의 많은 황소가 필요했던 것은 고전장원제가 발달한 북서부 유럽에서 널리 사용된 바퀴달린 무거운 쟁기와 직접적인 연관이 있다. 북서부 유럽은 비교적 일조량이 적고 습한 기후로 인해 중질토의 토양이 발달했다. 그래서 배수(背水)를 위해서는 땅을 깊이 갈아야 했다. 이런 사정 때문에 여러 필의 황소가 끄는 바퀴달린 무거운 쟁기가 일찍이 로마제국 몰락 후 튜턴 문화권으로부터 프랑크족 사람들에 의해 도입되어 사용되었다.[58]

---

56 "Corbadas ⹁II., unamquamque cum sex bovibus et tertiam corbadam cum duobus."
57 "Debet corbadas ⹁III. unamquamque de duobus bovibus."
58 바퀴달린 쟁기의 북서부 유럽 확산과정에 대해서는 L. White, Jr., *Medieval Technol-*

중세 초기의 문헌기록에서 'carruca'라고 불린 바퀴달린 무거운 쟁기는 앞에서 인용한 바 있는 생제르맹 수도원의 영지명세장 제XXII 장에서 자유인망스 보유자는 "1대의 쟁기(carruca)를 끄는 데 필요한 만큼의 역축을 가지고 매주 1회의 코르베를 수행한다."고 한 기록 속에 나타난다. 그리고 생모르 수도원의 영지명세장에도 이 쟁기 자체를 직접 지칭하는 것은 아니지만 이 쟁기와 관련된 언급이 보인다. 이 명세장 제5장은 '2개 망스당 매주 3ptc를 갈이질하고 3주마다 3개 망스당 1 carrua를 갈이질한다.'고[59] 되어 있다. 여기서 'carrua'란 원래는 'carruca'로, 1대의 바퀴달린 무거운 쟁기로 하루 동안 갈이질할 수 있는 면적을 뜻한다.[60] 또 9세기 초엽부터 12세기 초엽까지의 재산현황이 기록된 바이센부르크 수도원의 영지명세장에는 바퀴달린 무거운 쟁기를 지칭하는 'carruca'란 말이 곳곳에서 사용되고 있다.[61] 뿐만 아니라 800년이나 그 직전에 반포된 카롤루스 대제의 왕령지 경영에 관한 칙령인 '장원관리령' 중 "그리고 뿐만 아니라 (iudex들은) 우리의 외거노예들의 사용을 통한 자신들의 임무수행을 위해 맡겨진 소들을

ogy and Social Change, pp. 49~54; Ch. Parain, "The Evolution of Agricultural Technique", CEHE, Vol. I, pp. 149~150; R. Doehaerd, The Early Middle Ages in the West. Economy and Society, trans. by W. G. Deakin from Le haut Moyen Âge occidental. économies et sociétés(Amsterdam: North-Holland Publishing Co., 1978), p. 10; S. D. Skazkin, Der Bauer in Westeuropa während der Epoche des Feudalismus(S. Epperlein에 의한 러시아어 원서의 독일어 번역. Berlin: Akademie, 1976), pp. 29~30 참조.

59 "Inter duos mansos in unaquaque ebdomada arant perticas .III. A tertia ebdomada inter tres mansos carruam .I."

60 뒤의 제3절에서 보게 되는 바와 같이, 생모르 수도원의 영지명세장 제5장에 비춰 볼 때 바퀴달린 무거운 쟁기로 하루 동안 갈이질하는 면적의 크기는 1jr이다. 한편 이런 뜻을 가진 'carrua'는 Capitularia, no. 275 "Capitula Pistensia", 제12조(p. 337)에도 보인다.

61 Polyp. von Wizenburg, 제IV, V, VII~XI, XIV~XVII, CCXXVIIII, CCXXXIII, CCXXXVI~CCXXXIX, CCLVI~CCLIX, CCLXXXV장.

잘 관리하여, 영주직영지를 위한 부역노동에 사용될 소떼나 쟁기들이
절대로 줄어들지 않도록 해야 한다."고[62] 한 제23조에도 보인다. 따라
서 바퀴달린 무거운 쟁기는 이들 수도원영지와 왕령지들이 분포한 파
리 분지 및 라인강 유역 일대의 고전장원들에서[63] 널리 사용되었다고
볼 수 있을 것이다.

그런데 이 절의 앞머리에서 인용되었던 프륌 수도원의 영지
명세장 제XXIV장에서 "facit coruadas .III. cum aratro qui boues
habent."고 하여, 코르베 수행 때 사용된 쟁기는 'carruca'가 아닌
'aratrum'으로 표기되어 있다. 이 말은 고전 라틴어에서 쟁기 일반을
가리키기도 했지만, 한편으로는 고온건조한 기후로 인해서 경질토가
발달한 지중해 연안지역을 중심으로 한 유럽에서 사용된 바퀴없는 가
벼운 쟁기를 특별히 지칭하기도 했다. 가벼운 쟁기는 1필의 역축으로
도 갈이질이 가능했다. 이 쟁기 용어가 사용된 프륌 수도원의 명세장
제XXIV장에 기록된 메렝케(merrengke) 장원은 경사가 심한 산골짜
기에 자리잡은 모젤강 하류 지역의 오늘날 메링(Mehring) 마을에 해
당한다.[64] 이런 지형으로 된 곳에서는 급경사와 배수가 잘 되는 지형조
건으로 말미암아 바퀴없는 가벼운 쟁기가 사용되었을 수도 있다.[65] 그

62 "Et insuper habeant vaccas ad illorum servitium perficiendum commendatas per
    servos nostros, qualiter pro servitio ad dominicum opus vaccaritiae vel **carrucae**
    nullo modo minoratae sint.", *Capitularia*, no. 32 "Capitulare de villis", 제23조(p. 85).
63 카롤링 왕조의 왕령지가 갈리아 북부에 널리 분포한 데 대해서는 저자의 논문 「카롤링
    조 왕령지의 경영조직」, 『이원순 교수 화갑기념 사학논총』(삼영사, 1986), 539쪽을, 이
    왕령지가 고전장원제로 조직되어 경영되었음에 대해서는 같은 논문, 539~548쪽을 참조.
64 이 장원의 위치에 대해서는 I. Schwab, ed., *Prümer Urbar*, pp. 62, 269, 330; Ch.-E.,
    Perrin, *Recherches sur la seigneurie rurale*, p. 47 참조.
65 오늘날 독일의 자르 지방에 위치한 메틀라흐(Mettlach) 수도원의 영지명세장 중 "…
    arantur ex nostro aratro. et …"고 하여 밭을 가는 데 aratrum이 사용되었음이 기재되
    어 있는 10세기 중엽 작성의 제1장의 봐데렐라(waderella) 장원도 경사지고 기복이 심

러나 이 명세장 제XXIV장의 기록에서 보듯이 1대의 쟁기를 끄는 황소는 복수('boues')로 되어 있다. 이 점에서 볼 때, 프륌 수도원의 영지명세장 제XXIV장에 기록된 'aratrum'은 여러 마리의 황소가 끄는 바퀴달린 무거운 쟁기일 가능성이 더 높다고 하겠다. 따라서 급경사나 기복이 심한 산지로 된 곳과 같은 특수한 지형적 조건에서는 바퀴없는 가벼운 쟁기가 사용되었을 가능성을 배제할 수는 없지만, 일반적으로 카롤링시대에 루아르강과 라인강 사이지역의 고전장원들의 영주직영지에서는 여러 필의 황소가 끄는 바퀴달린 쟁기가 널리 사용되었다고 해도 좋을 것이다.

고전장원제가 발달한 지역에서 코르베는 이처럼 여러 필의 황소가 끄는 바퀴달린 무거운 쟁기를 가지고 수행하는 부역이었기 때문에, 이런 갈이질 도구를 지참하지 않고 행하는 '손일(manopera)'과 코르베는 엄격히 구분되었다. 앞의 제1절에서 인용한 바 있는 생제르맹 수도원의 영지명세장 제IX장의 "필요한 만큼의 코르베를 수행하며, 갈이질을 하지 않을 때는 3일의 손일(manopera)을 한다."는 기록과 동 제XIII장에서 자유인망스들의 의무에 대해서 "코르베를 수행하지 않을 때는 매주 손으로 3일을 일한다."는[66] 기록은 코르베가 황소와 쟁기를 가지고 수행하는 부역으로서 손일과 대조가 되었음을 보여주는 것이다.

그러나 역축과 쟁기를 갖고 있지 않다고 해서 반드시 코르베가 면제되었던 것은 아니다. 단지 코르베의 수행 횟수가 줄어들 뿐이다. 생

한 산지에 위치한 오늘날의 봐드릴(Wadrill) 마을에 해당한다. 이 책에서 참고하는 메틀라흐 수도원의 영지명세장에 관해서는 후술 참조.

66 "… quando curvadas non faciunt, in unaquaque ebdomada III dies operantur cum manu; …."

제르맹 수도원의 영지명세장 제XX장에서 자유인망스 보유자는 "역축을 가지고 있으면 2회의 코르베를 수행하고, 갖고 있지 못하면 1회의 코르베를 수행한다."고[67] 한다. 코르베 의무를 지면서도 역축과 쟁기를 소유하지 못한 경우에는 어떤 방식으로든 남의 도구를 빌려 수행하거나, 앞에서 인용한 '장원관리령'의 제23조에서 볼 수 있듯이 영주직영지에 비치된 소들과 쟁기들을 사용했을 것이다.

이와 같이 코르베는 기본적으로 황소와 쟁기를 지참하고 갈이질하는 부역이었지만, 그렇다고 해서 망스 보유자들이 코르베 수행 때에만 영주직영지에 황소와 쟁기를 가져가서 갈이질부역을 수행했던 것은 물론 아니다. 영주직영지의 곡물경작지를 일정 면적 배정받아 경작하는 정적부역도 대부분의 경우 황소와 쟁기를 가지고 수행했을 것이다. 뿐만 아니라 '매주 3일의 주부역에서 언제나 황소나 손으로 행한다.'고[68] 한 프륌 수도원의 영지명세장 제XXIV장에서 보듯이, 평소의 주부역 수행 시에도 이런 갈이질 수단을 갖추고 수행하기도 했다. 물론 이 경우에 황소는 갈이질에만 사용된 것이 아니라 거름이나 수확물과 같은 짐을 운반하는 데도 쓰였다.

코르베가 원칙적으로 2두 이상의 황소가 끄는 쟁기를 소지하고 영주직영지의 곡물경작지에서 수행하는 갈이질부역이라고 할 때, 농노가 혼자서 여러 필의 황소를 다 갖추기는 어려웠을 것이므로 몇 사람씩 협력하여 공동으로 작업할 수밖에 없었다. 더욱이 여러 마리의 황소가 끄는 바퀴달린 쟁기로 밭을 가는 일을 혼자서 해내기는 불가능에 가까웠을 것이다. 쟁기를 잡고 조정하는 사람뿐만 아니라 쟁기 앞

---

67 "Curvadas II, si animalia habuerit, et si non habuerit, facit curvadam I; …."
68 "In ebdomada dies .III. omni tempore cum boue. vel manu. et …"("Polyp. der Prüm", 제XXIV장).

에서 여러 필의 소들을 모는 사람이 필요했을 것이기 때문이다. 중세의 그림들을 보면 실제로 한 사람은 쟁기를 잡고 땅을 갈고 다른 한 사람은 그 앞에서 소들을 몰고 있다.[69] 견인 황소가 4두나 6두에 이를 만큼 많은 경우에는 쟁기질 작업에 3명 이상의 일꾼이 필요했을지도 모른다. 사실 영지명세장들에 의하면 코르베는 망스 보유자들이 개별적으로 수행하는 부역이 아니었다. 여러 망스 보유자들이 일정 크기의 작업반으로 편성되어 공동으로 수행했다. 생모르 수도원의 영지명세장 제2장의 장원에서 코르베에 관한 의무가 기록될 위치에 "3주마다 3개 망스당 1jr을(갈이질한다)."고[70] 하고, 앞에서 인용한 바 있는 동 제5장의 장원에서 '2개 망스당 매주 3ptc를 갈이질하고 3주마다 3개 망스당 1 carrua를 갈이질한다.'고 한 것이 그 단적인 증거다. 바로 앞에서도 말한 바와 같이, 여기 제5장의 'carrua'란 1대의 바퀴달린 무거운 쟁기로 하루 동안 갈이질할 수 있는 면적을 뜻한다. 따라서 이들 기록에 의하면 망스 보유자들이 1대의 쟁기를 중심으로 2명 내지 3명씩 한 조로 편성되어 코르베를 수행했다고 할 수 있다.

프륌 수도원의 영지명세장 제XXIV장의 장원에서도 농노들이 코르베를 공동작업으로 수행했을 가능성이 크다. 앞에서 인용되었던 이 장의 코르베에 관한 기록에는 종류미상의 망스 보유자들이 "황소들이 끄는 쟁기를 가지고 3회의 코르베를 수행하고 황소를 갖지 않은 자는 긴 막대기들을 운반하거나 밭을 판다."고 하여, 코르베 수행 시의 공동작업에 관한 직접적인 언급은 없다. 그러나 그 바로 앞의 기록에서 "… 왕의 왕림 시 1마리의 닭과 5개의 계란을 바치고 4명씩 수송부역을 수

---

69   H. W. Goetz, *Leben im Mittelalter*, p. 149; D. Hägermann, ed., *Das Mittelalter. Die Welt der Bauern, Bürger, Ritter und Mönche*(München: Bertelsmann, 2001), p. 62 참조.

70   "A tertia ebdomada inter tres mansos iornalem .I."

행하고 빵과 세르부아즈주를 만들고 파수를 선다."고[71] 하고, 그 바로
뒤의 기록에서는 "포도밭에서 (포도넝쿨) 매달기에 하나의 공동작업반
을, (구덩이를) 파는 데 다른 하나의 공동작업반을, 수레로 (건초를) 거
둬들이는 데 세 번째 공동작업반을, 추수곡식을 거둬들이는 데 네 번
째 공동작업반을 (제공한다)."고[72] 한다.[73] 이들 기록은 수송작업, 포도
밭 작업, 건초나 곡식 수확작업 등과 같은 농사일과 관련된 부역이
4명 정도의 공동작업으로 행해졌음을 가리킨다. 따라서 코르베 수행
시 쟁기와 황소로 갈이질하는 작업도 이들 작업 못지않게 매우 힘들고
중요한 농사일이었으므로, 코르베도 공동작업으로 이뤄졌을 가능성이
충분히 있다고 하겠다.

실제로 같은 제XXIV장 내의 '부역농민들에게 제공되는 음식의
종류(Qualis prebenda detur illis)'라는 제목 아래 부역노동의 종류에
따라 그 수행자들에게 제공되는 음식의 종류와 분량을 명시하면서,

"쟁기 1대의 공동작업반당 $2\frac{1}{2}$개의 빵과 부식(副食) 및 4차례의 음료수
(가 제공된다). 포도밭의 덩굴 매기와 구덩이 파기를 하는 공동작업반

71 "… in aduentu regis pullum .I. oua .V. angariam .I. inter .IIII. facit panem.
    ceruisam. et wactas."
72 "Ad vineas ligandas. centenam .I. ad fodiendam. alteram. Ad colligendam. terciam
    simul cum carro suo. ad messem colligendam. quartam." H. Beyer와 J. F. Nier-
    meyer에 의하면 이 문장 속의 'centena'는 공동의 작업집단을 뜻한다. H. Beyer, ed.,
    "Güterv. der Prüm", p. 155의 주석 5번과 J. F. Niermeyer, *Mediae Latinitatis Lexicon
    Minus*, p. 169의 'centena' 항 참조.
73 그 전문(全文)은 다음과 같다. "… in aduentu regis pullum .I. oua .V. angariam .I.
    inter .IIII. facit panem. ceruisam. et wactas. In ebdomada dies .III. omni tempore.
    cum boue. vel manu. et dabitur eis panis. facit coruadas .III. cum aratro qui boues
    habent. et qui non habet. trahit perticas, aut fodiat in campo. Haistaldi similiter.
    Ad vineas ligandas. centenam .I. ad fodiendam. alteram. Ad colligendam. terciam
    simul cum carro suo. ad messem colligendam. quartam."

에게 $1\frac{1}{4}$개의 빵과 부식 및 4차례의 음료수(가 제공된다). 포도따기를 하는 공동작업반에게는 아무런 음식이 제공되지 않는다. 건초를 베는 데에 …이 제공되고 건초를 운반할 때 1개의 빵이 (제공되고) … 추수 곡식을 거둬들이는 데 비슷하게 제공된다."

고[74] 한다. 이 기록은 농노의 갈이질부역이 1대의 쟁기 단위로 편성되어 공동작업으로 이루어졌음을 보여 주는 것이다. 따라서 프륌 수도원의 영지명세장 제XXIV장에 기록된 장원에서 망스 보유자의 코르베는 공동작업으로 수행되었음이 확실하며, 일반적으로 고전장원들에서 망스 보유자의 코르베 수행은 쟁기에 바탕을 두고 공동작업으로 이루어졌다고 할 수 있을 것이다.

고전장원의 농노가 영주직영지에 황소와 쟁기를 갖고 가서 공동작업반으로 편성되어 무상의 강제노동인 코르베를 수행할 때, 영주로부터 음식이라도 제공받았을까? 코르베가 기록된 카롤링시대의 영지명세장들에는 코르베 수행 시 빵과 같은 음식이 제공된다는 언급이 꽤 발견된다.[75] 물론 여타의 부역노동을 수행할 때도 음식을 제공받았다. 이에 관한 기록은 특히 프륌 수도원의 영지명세장에 비교적 많다. 이 명세장 제I~V, XXIV, XLV, XLVIII장 등에 기록된 장원에서는 토지보유자의 정적부역, 매주 3일의 주부역, 건초수집, 울타리 작업, 지붕널

---

74 "Ad centenam unoquoque aratro, panes .II. et dimidium. et compane. et .IIII. uices bibere. Centena ad uineas ligandas. et fodiendas. panem .I. et quartarium. et compane. et quatuor uices bibere. Centena ad uindemiandum. nihil ei detur. Ad fenum secandum. … et quando fenum ducit. panem .I. … Ad messem colligendum similiter."

75 영지명세장들 가운데서는 "Polyp. der Prüm", 제I, XXIV, XL~XLVIII장; "Polyp. de St. Maur", 제10장; *Polyp. de St. Germain*, 제XIII장 제1, 77항 및 제IX장 제153, 304항; *Polyp. de St. Remi*, 제XI장 등에서 코르베 수행 시의 음식제공에 관한 언급이 보인다.

제조작업 등의 경우에 빵을 비롯한 음식이 제공된다. 특히 전술한 제 XXIV장 내의 '부역농민들에게 제공되는 음식의 종류'라는 제목의 기록에서는 음식이 제공되는 작업의 종류로서 앞의 인용문에 보이는 공동의 쟁기질, 공동의 포도덩굴 매기 및 구덩이 파기, 건초 베기와 운반, 곡식의 수확 작업 외에도 수송작업, 선박운전을 비롯한 뱃일, 말뚝이나 긴 막대기 공납과 운반 등의 작업이 열거되고 있다.

그러나 영지명세장들을 살펴볼 때, 음식물은 여타의 부역노동 수행 때보다 코르베 수행 때 제공되는 경우가 더 잦다. 음식 제공에 관한 언급이 없는 경우에도 실제로는 음식이 제공되고 있기도 하다. 예컨대, 앞에서 본 프륌 수도원의 영지명세장 제XXIV장에서 망스 보유자들의 의무에 관한 서술 부분에서는 쟁기를 지참한 코르베 수행에 대해 음식이 제공된다는 직접적인 언급이 없지만, 앞에서 보았듯이 '부역농민들에게 제공되는 음식의 종류'라는 제목 아래 음식이 제공되는 작업들을 기술한 부분에서는 코르베 수행 때 사용되는 쟁기와 관련하여 '쟁기 1대의 공동작업반당 $2\frac{1}{2}$개의 빵과 부식 및 4차례의 음료수'가 제공되고 있다.

그러나 이처럼 코르베 수행 시 음식이 제공되는 경우가 잦기는 하지만, 영지명세장들에서 코르베 수행 시 음식이 제공된다는 언급이 없는 장원이 언급이 있는 장원보다 훨씬 많다. 이런 현상은 코르베가 수행된다고 해서 반드시 식사가 제공된 것이 아니며 오히려 제공되지 않는 경우가 제공되는 경우보다 더 많았음을 의미한다고 봐야 할 것이다. 코르베 수행 시 일부의 경우에만 음식이 제공되었다는 것은 무엇보다도 생제르맹 수도원의 영지명세장 제XIII장과 제IX장의 기록을 통해 분명히 알 수 있다. 이 명세장 제XIII장에서 자유인망스와 노예망스 보유자들이 '파종기마다 3회의 코르베를 수행하고 빵과 음료수를 제공받아 네 번째와 다섯 번째의 코르베를 수행한다.'고 하여,[76] 5회의 코르베 수행 중 4회째와 5회째에만 음식이 제공된다. 제IX장의 장원에 관한 기술 중 제153~155항에 기록된 자유인망스의 보유자들은 "그리고 파종기마다 1회의 코르베를 하며, 빵과 음료수를 제공받아 또 하나의 코르베를 수행한다."고[77] 한다. 여기서는 파종기별 2회의 코르베 중 1회만 음식이 제공된다. 이 두 기록에 의하면, 여러 차례의 코르베 수행 중 절반 이상의 경우에 음식이 제공되지 않는다. 뿐만 아니라 음식이 제공되는 경우에도 추가로 코르베를 부과하여 수행케 하는 유인책으로 음식제공이 이용되고 있다.

앞의 제1절에서 인용되었던 생모르 수도원의 영지명세장 제10장을 보면, 본래는 코르베를 수행하는 농노에게 음식을 제공하는 것이 영주의 의무였던 것으로 보인다. 여기에 기록된 장원에서 자유인망스고 노예망스고 망스 보유자는 "코르베를 수행할 때, 가능하다면 3월에는 빵과 콩류 및 사과즙을, 5월에는 빵과 치즈를, 10월에는 빵과 포도주를 제공받아야 한다."고 되어 있다. 여기서 '제공받아야 한다 (debent habere)'고 하는 말은 원래 영주가 농노에게 코르베를 부과할 때에는 음식을 제공할 의무가 있었음을 전하는 것으로 이해된다. 앞의 제1절에서 보았듯이 코르베란 농노가 일정 면적의 동·하곡지를 배정받아 갈이질하는 정적부역을 수행하는 외에 추가로 파종기를 중심으로 영주직영지를 갈이질하는 것이므로, 영주가 농노에게 추가부역을 시킬 때에는 당연히 음식물이라도 제공해야 했을 것이다. 생르미 수도

---

76 "… per unamquamque sationem curvadas III, et quartam et quintam, cum pane et potu."(제1항) ; "Curvadas III, et quartam et quintam cum pane et potu."(제77항). 이 두 기록 중 제77항의 기록에 비춰 볼 때, 제1항의 기록에서 'quintam'과 'cum' 사이에 쉼표가 찍힌 것은 오기라고 하겠다.

77 "Et in unaquaque satione facit curvadam I, et alteram cum pane et poto."

원의 영지명세장 제XI장에서 노예망스 보유자들은 "식사를 제공받는다면, 명령받는 모든 노역을 수행한다."고[78] 하여, 망스 보유자로서의 기본적인 의무 수행 외에 추가로 수행하는 부역노동에는 식사제공이 전제되어 있다. 노예망스 보유자가 이럴진대, 고전장원들에서 노예망스와 이보다 훨씬 더 많았던 자유인망스로[79] 구성된 망스의 보유자들이 추가적 부역노동으로서의 갈이질부역을 수행할 때는 의당 음식이 제공되었을 것이다.

그러나 이런 의무를 표현한 생모르 수도원의 영지명세장 제10장의 기록에서 '가능하다면(si esse potest)'이라는 조건이 붙어 있는 것은, 본래 마땅히 식사를 제공해야 했음에도 불구하고 안 할 수도 있었음을 뜻하는 것으로 해석된다. 요컨대, 이 기록은 코르베 수행 때 원래는 당연히 음식이 제공되어야 했으나 차차 음식제공 여부는 영주의 의지에 좌우되는 방향으로 변해 갔음을 보여 준다고 하겠다. 코르베 수행 시의 음식제공이 영주의 의지에 좌우됨으로써, 앞에서 인용된 생제르맹 수도원의 영지명세장 제XIII장과 제IX장에서 보듯이 차차 코르베 수행 때마다 음식이 제공되지 않고 단지 코르베의 횟수를 최대한 늘리는 유인책으로만 이용되게 되었다고 할 수 있을 것이다.

이처럼 코르베의 추가적 수행을 위한 유인책으로 음식이 제공되었지만, 막상 그 음식물은 질적으로 그리 좋은 것이 아니었다. 앞에서 보았듯이 그것은 빵과 부식 및 음료수로 구성되었다. 생모르 수도원의 영지명세장 제10장과 프륌 수도원의 영지명세장 제XXIV장 등에 의하

---

78   "Facit omne servitium sibi injunctum, si praebendam habuerit."
79   고전장원들에서 망스 가운데 65% 이상—심지어 90%까지—이 자유인망스이고, 그 나머지가 노예망스이며, 반자유인망스는 극히 적다. 저자의 논문 「고전장원제하의 농민보유지 제도」, 이민호 교수 정년기념 사학논총 간행위원회 편, 『유럽사의 구조와 전환』(느티나무, 1993), 392~394쪽 참조.

면 부식으로는 콩이나 치즈 또는 가끔 몇 조각의 고기가 제공되었으며, 음료수로는 사과즙, 포도주 또는 세르부아즈주라고 불린 맥주가 제공되었다. 그러나 생제르맹 수도원의 영지명세장 제XIII장과 제IX장에서 보듯이, 빵과 음료수만 제공되는 경우도 제법 있었다.

영지명세장들에서 코르베 수행 때 제공되는 음식물의 분량은 여타의 부역노동 때와 같은 경우도 있지만, 겉으로 보기에는 대체로 여타의 부역노동 수행 때보다 더 많은 것처럼 보인다. 이를테면, 프륌 수도원의 영지명세장 제XLVIII장에서 15jr의 토지를 보유한 사람은 정적부역 수행 때나 코르베 수행 때나 제공되는 음식의 종류와 분량이 똑같다. 그렇지만 같은 명세장 제XLVII장에서 종류미상의 망스 보유자는 2jr 면적의 갈이질과 수확 작업에 2개의 빵만 제공받는 데 비해, 3회의 코르베 수행 시에는 3개의 빵과 1조각의 고기('porcina .I.') 및 2sext의[80] 세르부아즈주를 제공받는다. 'jr'이란 앞에서도 말했듯이 'jornalis'의 줄인 말로 당시의 쟁기로 하루에 갈 수 있는 면적을 가리킨다. 따라서 2jr의 갈이질이란 2일이 소요되는 작업이며, 그 땅의 곡식수확에도 그와 비슷한 수준의 노동일수가 소요되어 총 4일이 걸렸을 것이다. 한편 다음의 제3절에서 보게 되듯이 3회의 코르베란 3일의 코르베다. 그러므로 코르베 수행기간이 이처럼 더 짧음에도 불구하고, 외견상으로는 코르베 수행 시에 제공되는 음식물의 종류와 분량이 여타의 부역노동 수행 때보다 더 풍부하고 분량이 더 많다고 할 수 있다. 또 같은 명세장 제XLV장에서 자유인망스 보유자들은 4.5jr 면적의 정적부역과 일부 거름운반 작업을 수행할 때는 4개의 빵과 4sext의 세르부아즈를 제공받지만, 2회의 코르베를 수행할 때는 4개의 빵과 2sext

---

80 여기서 sext는 'sextarius'의 줄인 말이다. B. Guérard, *Prolégomènes*, pp. 185~187, 197에 의하면 1sextarius=4.25리터다.

의 세르부아즈주를 받는다. 따라서 4.5일의 정적부역과 거름운반에는 4개의 빵과 4sext의 세르부아즈주를 받는 데 비해, 2일의 코르베 수행 시에는 4개의 빵과 2sext의 세르부아즈를 제공받는 셈이다. 코르베 기간이 훨씬 더 짧음에도 불구하고 겉보기에는 빵의 개수는 같고 세르부아즈주의 양도 더 많은 것이다.

그러나 코르베가 2~3명씩의 작업반으로 편성되어 공동으로 수행하는 부역노동이고 실제로 프륌 수도원의 영지명세장 제XXIV장에서 '공동작업용 쟁기' 1대당 일정량의 음식이 제공되고 있음을 감안할 때, 이와 같이 코르베 수행 시 제공되는 음식이 여타의 부역노동 수행 시보다 더 많다고 하여 코르베를 수행하는 장원농민 개개인별로 봐서는 더 많았다고 할 수는 없다. 다시 말하면, 농노가 코르베라는 추가적인 갈이질부역을 수행한다고 해서 정적부역과 같은 여타의 부역노동 수행 때보다 더 나은 음식 대접을 받은 것은 아니었다고 하겠다.

요컨대, 고전장원의 농노는 영주직영지의 갈이질에 필요한 황소와 쟁기를 스스로 지참해서 동료농민들과 함께 가끔 식사를 제공받으면서 공동으로 코르베를 수행했다. 2명이나 3명씩 또는 4명씩 공동작업이 요구되었던 것은 카롤링시대에 북부 갈리아에서 밭갈이에 사용된 바퀴달린 무거운 쟁기와 이를 끄는 데 필요한 2두 이상의 황소를 농노 혼자서는 장만하기가 어려웠던 데다, 여러 마리의 황소가 끄는 무거운 쟁기로 밭을 가는 일을 농노 혼자서는 감당할 수 없었기 때문이다. 농노들이 이처럼 정적부역 외에 추가로 값비싼 황소와 바퀴달린 무거운 쟁기를 스스로 지참하여 힘든 갈이질 작업을 무보수의 공동작업으로 수행했음에도 불구하고, 식사는 여러 차례의 코르베 수행 중 절반 이상의 경우 제공되지 않고 코르베를 추가로 수행케 하는 유인책으로 마지막 단계에서만 변변치 않은 음식이 제공되었을 뿐이다.

3. 코르베 부담의 크기

고전장원에서 망스를 보유한 농노들에게 부과된 코르베 부담은 실제로 얼마나 되었을까? 영지명세장들 가운데 비교적 이른 9세기 초엽에 작성된 생제르맹 수도원의 영지명세장에 의하면, 이 영지의 여러 고전장원들에서 코르베는 흔히 '지시받는 만큼 코르베를 수행한다.(…; corvadas, … quantum ei jubetur.)'거나 '지시받는 곳에서 코르베를 수행한다.(…; corvadas, … ubi ei jubetur.)'고 되어 있다.[81] 코르베에 대한 이런 표현은 말할 것도 없이 코르베가 무제한적으로 부과되어 수행되었음을 뜻한다.

그러나 생제르맹 수도원의 고전장원들에서도 코르베가 횟수로 제한되어 부과되는 장원과 농민보유지가 더 많다. 특히 9세기 중엽 이후 작성된 생모르, 생르미, 프륌 등의 수도원 영지명세장들에서는 대다수의 코르베 의무가 무제한적으로 부과되는 경우는 드물고 몇 회의 코르베로 제한되어 있다. 그렇지만 막상은 영지명세장들에 흔히 '코르베 몇 회(corbada I~IX)'로 모호하게 기재되어 있어, 코르베의 부담 크기가 구체적으로 얼마였는지 알기 어렵다. 고전장원제 아래서 코르베가 얼마나 큰 부담이었는지를 파악하기 위해서는 먼저 이렇게 표기된 수치의 단위가 무엇이었는지를 알 필요가 있다.

일부 기록은 이런 표기의 의미를 이해할 수 있는 정보를 제시한다. 생제르맹 수도원의 영지명세장 제XXIV장 제67항에서 호스피키움(hospicium)이라는 소규모 농민보유지의 보유자는 "동곡파종을 위해서 2ptc를 갈이질하고, 하곡파종을 위해서도 같은 크기를 갈이질한다.

---

81   이런 기술은 대체로 제II~VI, VIII~IX장, 제XIV장의 자유인망스를 제외한 노예망스들, 제XV장, 제XVI장의 자유인망스 일부와 노예망스 전체, 제XVII~XVIII장에서 보인다.

그는 2두의 역축으로 연(年) 3회의 코르베를 수행한다."고[82] 한다. 우리는 이 기록을 통해서 보통 영지명세장에서 'corbada I~IX'라고 되어 있는 것이 연간 코르베가 부과되는 횟수임을 분명히 알 수 있다. 또 프륌 수도원의 영지명세장 제XLVI장에서 종류미상의 망스 보유자는 "코르베로 1일을 갈이질한다."고[83] 하고, 앞의 제1절에서 보았듯이 동 제CIIII장의 23개 반자유인망스의 의무에 관해서는 "3회의 코르베를 (하되), 1일은 거름 운반을 위해, 1일은 건초 운반을 위해, 그리고 1일은 수확물 운반을 위해 (한다)"고 명시되어 있다. 이들 기록은 코르베의 연간 횟수가 코르베가 수행되는 날수(數)임을 밝혀 주고 있다. 따라서 대다수의 고전장원들에서 농노는 매년 1일에서 9일까지의 코르베를 수행했다고 할 수 있다.

한편 생제르맹 수도원의 영지명세장 제VI~VII, IX, XIII~XIV, XVI, XX~XXII, XXIV~XXV장 및 "Fragmenta" I과 II의 장원 등 다수의 장원들에서는 절대 다수의 망스 보유자들이 '매주 1~3회의 코르베를 수행한다.(facit in unaquaque ebdomada curvadam I~III.)'고 되어 있다. 그런데 여기서 매주라는 것이 일년 내내 그렇다는 것인지 그 밖의 기간에 그렇다는 것인지 대부분의 경우 아무런 기간 명시가 없다. 그렇지만 이 명세장의 제XXI, XXII, XXIV, XXV장에 기록된 장원들의 망스 보유자들에 대해서는 '파종기마다 매주 1~3회의 코르베를 수행한다.(In unaquaque ebdomada per unamquamque sationem facit curvadas I~III.)'고 되어 있다. 이 기록은 매주 몇 회씩 부과되는 코르베가 연중 계속되는 것이 아니라 파종기에 국한된 것임을 명백히 하고

---

82   "Arat ad hibematicum perticas II, ad tramisum similiter. Facit curvadam per III vices in anno cum duobus animalibus."

83   "… in coruada diem .I."

있다. 그중에서도 파종기에 매주 2일씩의 코르베 수행이 가장 많다.

　　그러나 아직도 파종기란 어느 때이고 그 기간은 얼마인지에 대한 의문이 남는다. 물론 삼포제가 실시되는 고전장원들에서 파종기란 대체로 동곡이 파종되는 10월쯤과 하곡이 파종되는 3월쯤일 것이다. 이와 관련하여 앞에서 언급한 바 있는 프륌 수도원의 영지명세장 제XLVI장에서는 종류미상인 망스 보유자의 의무에 관해 "3jr을 갈이질하고 … 3월 1일부터 파종기 내내 매주 코르베로 1일을 갈이질한다."고 하며, 메틀라흐(Mettlach) 수도원의 영지명세장[84] 제3장 발라모나스테리움(Walamonasterium) 장원에 관한 기록에서는 자유인망스 보유자들이 "… 3월의 첫째 날에 갈이질부역을 시작하여 그달 말에 마친다."고[85] 한다. 이 두 기록으로 볼 때, 하곡 파종기는 3월의 한 달간이라고 할 수 있다. 이와는 약간 달리 메틀라흐 수도원 영지명세장의 제18장 로스마(Lohsma) 장원에 관한 기록에서는 노예망스 보유자들이 '2월에 … 자신의 정적부역지와 코르베로 경작되는 영주직 영지를 갈이질하고, 2일을 일하며, 3월 말 이전에 마친다.'고[86] 한다. 이 기록은 같은 영지 내에서도 장원에 따라서는 하곡파종을 위한 갈이질 기간이 반드시 3월 한 달간이 아니라 2월에 시작되어 3월 말까지

84　이 책에서 참고하는 메틀라흐 수도원의 영지명세장은 H. Beyer/L. Eltester/A. Goerz, ed., *Urkundenbuch zur Geschichte der, jetzt die preussischen Regierungsbezirke Coblenz und Trier bildenden mittelrheinischen Territorien*, Vol. 2(Coblenz: Hölscher, 1865), pp. 338~351에 수록된 "Güterverzeichnis der Abtei Mettlach vom X.-XII. Säculum"(이하 "Güterv. der Mettlach"로 줄여 씀)이다. 이 명세장의 라틴어 원문에는 본래 장원 또는 재산 소재지별 번호가 붙어 있지 않다. 편의상 붙이는 장의 번호와 장별 작성연대는 Ch.-E., Perrin, *Recherches sur la seigneurie rurale*, pp. 108~140에 따른다. 이 명세장의 제24장 이하에는 수도원에 대한 기부재산 내용이 기재되어 있다.

85　"Incipiunt aratrum suam in capite marcii, et perficiunt in fine ipsius."

86　"…; in februario operatur alias II ebdomadas, et VI carradas de ligno. Tunc arat mensuram suam, et croada; facit II dies, et perficit ante finem marcii."

계속되기도 했음을 보여 준다. 마찬가지로 동곡파종을 위한 갈이질 기간도 메틀라흐 수도원의 볼라모나스테리움 장원에 관한 기록에서는 자유인망스 보유자들이 "10월에 정적부역지를 갈이질한다."고[87] 하는 데 비해, 로스마 장원에서는 노예망스 보유자들이 "8월에 정적부역지 (의 갈이질)를 시작해서 성 마르틴의 날 전까지 마친다."고[88] 함으로 써, 상당한 기간차가 존재한다. 이 역시 동곡파종을 위한 갈이질 작업기간이 꼭 10월의 한 달간이 아니라, 곳에 따라서는 8월부터 성 마르틴의 축일인 11월 11일까지 이어졌음을 보이는 것이다.

그러나 이처럼 곳에 따라 동곡파종기와 하곡파종기가 다소간에 차이가 나는 경우가 있기는 하지만, 이 장의 제1절에서 인용한 바 있는 생모르 수도원의 영지명세장 제10장과 프륌 수도원의 영지명세장 제XXXVII장의 기록을 통해서도 알 수 있듯이 일반적으로 동곡파종기는 10월 한 달간이고 하곡파종기는 3월 한 달간이었다고 할 수 있다. 앞의 명세장 제10장의 장원에서 망스 보유자는 "코르베를 수행할 때, 3월에는 빵과 콩류 및 사과즙을, 5월에는 빵과 치즈를, 10월에는 가능하다면 빵과 포도주를 제공받아야 한다."는 기록과 뒤의 명세장 제XXXVII장의 장원에서 망스 보유자들이 "성 르미의 날에 2회의 코르베를 수행하고, 3월과 6월에도 마찬가지로 수행한다."는 기록에 의하면, 코르베가 수행되는 동곡파종기와 하곡파종기는 10월과 3월이다.

따라서 9세기 초엽의 생제르맹 수도원영지의 상당수 장원에서 파종기에 매주 2일의 코르베가 수행되었다고 하는 것은 파종기마다 한 달간, 즉 약 4주 동안 8일의 코르베를 수행한 셈이 된다. 만약 메틀라

---

87 "In octobre araturam excolunt."

88 "In Augusto aratrum incipere, et ante festum S. Martini perficere."

호 수도원영지의 로스마 장원에서처럼 동곡파종을 위한 코르베가 8월에서 11월 초순까지 매주 2일 정도 수행되었다고 한다면, 동곡파종기의 코르베 수행일수는 모두 13주 내지 14주에 걸쳐 26일 내지 28일이 되는 셈이다. 그렇지만 고전장원제 아래서 하나의 파종기에 코르베가 이렇게 많이 부과되는 경우는 없다. 메틀라흐 수도원영지의 로스마 장원에서처럼 하곡파종이나 동곡파종을 위한 갈이질 기간이 이렇게 긴 경우에는 곧 생모르 수도원영지에서 보게 되는 것처럼 코르베가 3주에 1일이나 이보다 더 긴 주기로 부과되었을 가능성이 높다. 앞에서 인용한 바 있는 생제르맹 수도원의 영지명세장 제XIII장의 장원에서 자유인망스 보유자들과 노예망스 보유자들은 "파종기마다 3회의 코르베를 수행하되, 빵과 음료수를 제공받으면 네 번째와 다섯 번째의 코르베를 수행한다."고 한 기록이 이런 가능성을 뒷받침한다. 각 파종기에 이같이 음식이 제공되는데도 기껏해야 5일 정도 코르베가 부과되었음에 비춰 볼 때, 동일 영지 내에서 장원에 따라 코르베의 부과 방식과 횟수에 아무리 차이가 난다고 할지라도 그렇게 큰 차이가 날 수는 없는 것이다. 더욱이 코르베는 앞에서 봤듯이 황소와 바퀴달린 무거운 쟁기를 지참하고 영주직영지에 가서 공동작업으로 실시하는 부역이었기 때문에, 이렇게 부담스러운 부역노동이 그리 많은 날에 걸쳐 수행되기는 어렵다고 할 것이다.

영지명세장들의 기록 속에는 코르베의 부담 크기를 일(日) 단위로서가 아니라 갈이질의 면적 단위로 알 수 있는 자료가 더러 있다. 생제르맹 수도원의 영지명세장에서 이례적으로 제XXIII장 제24항에는 자유인망스 보유자는 "동곡파종을 위해서 4ptc, 하곡파종을 위해서 3ptc를 갈이질하고, 코르베로 4(ptc)를 갈이질하며, 다른 것은 아무것도 수행하지 않는다."고[89] 명시되어 있다. 따라서 코르베로 갈이질하는

면적 4ptc는 정적부역으로 갈이질하는 합계면적 7ptc의 절반이 조금
넘는 57% 수준이다. 앞의 제1절에서 봤듯이 1ptc의 면적은 게라르에
의하면 2.57아르이고 한스호프에 의하면 3.46아르이므로, 정적부역으
로 갈이질되는 합계면적 7ptc는 17.99아르 내지 24.22아르이고 코르
베로 갈이질하는 면적 4ptc는 10.28아르 내지 13.84아르다.

그렇지만 이와는 달리 코르베로 수행되는 갈이질 면적이 얼마
인지가 명시되어 있는 이 명세장 제XXIII장 제1, 2, 4항에서는 정적
부역 면적보다 코르베로 갈이질하는 면적이 훨씬 크다. 이들 기록에
서 'mansellum'이라는 소규모 망스의 보유자는 "동곡파종을 위해서
4ptc, 하곡파종을 위해서 3ptc를 갈이질하고, 코르베로 1jr을 (갈이질
하며), 곡식의 수확에 10명의 일꾼을 보낸다."고[90] 한다. jr의 본딧말인
'jornalis'라는 것은 원래 '하루의' 뜻을 가진 라틴어 'diurnalis'와 같은
말로, 하루 동안 갈이질하는 면적을 뜻한다. 전술한 바 있듯이, 게라
르에 의하면 1jr=34.13아르다. 게라르와 한스호프에 의한 1ptc의 아
르 단위 추정치 2.57아르와 3.46아르를 적용하면, 정적부역으로 갈이
질되는 합계 7ptc의 면적은 17.99아르 내지 24.22아르가 되는 셈이다.
따라서 코르베로 갈이질하는 34.13아르라는 면적은 정적부역에 의한
갈이질 면적보다 1.4배 내지 1.9배 정도 더 큰 셈이다. 더욱이 코르베
로 갈이질하는 면적이 훨씬 큰 의무가 부과되는 이들 소규모 농민보
유지의 크기는 제24항의 자유인망스 크기의 절반 정도에 지나지 않을
만큼 작은데도 코르베로 갈이질하는 면적이 이처럼 크다. 따라서 생제

---

89 "Arat ad hibematicum perticas IIII, ad tramisem III, et in curvada IIII, et nihil aliud
    facit."
90 "Arat inde ad hibernaticum perticas IIII, ad tramisem III, et jomalem I in corvada; et
    in blado mittit operarios X."

르맹 수도원의 영지명세장에는 코르베로 갈이질되는 면적에 관한 자료가 비록 하나의 장원에 관한 기록에서만 나타나기는 하지만, 이 자료에 따르면 코르베로 갈이질하는 면적이 농민보유지에 따라 상당히 큰 차이가 난다고 할 수 있다.

이런 생제르맹 수도원의 영지명세장과는 달리 이보다 40여 년쯤 뒤에 작성된 생모르 수도원의 영지명세장에는 코르베로 갈이질되는 면적이 어느 정도의 크기였는지를 알 수 있는 귀중한 정보들이 꽤 많다. 이 명세장의 제12장에 기록된 장원에서 노예망스 보유자들은 각자 정적부역으로 4ptc 크기의 동곡지와 2ptc 크기의 하곡지를 갈이질하며, "Arat corbadam inter ivernaticum et tramisum perticas .IIII." 라고 하여 합계 4ptc의 동·하곡지를 갈이질하는 코르베를 1회 수행한다. 따라서 이 장원에서는 코르베로 갈이질되는 4ptc의 면적은 정적부역으로 갈이질되는 합계면적 6ptc의 67%, 즉 $\frac{2}{3}$쯤 되는 셈이다. 그리고 1ptc의 면적은 2.57아르 내지 3.46아르로 추정되고 있으므로, 코르베로 갈이질되는 4ptc의 면적은 연간 10.28아르 내지 13.84아르가 되는 셈이다. 이 명세장의 제13장에 기록된 장원에서는 종류미상의 망스 보유자들 각자가 정적부역으로 4ptc의 동곡지와 2ptc의 하곡지를 갈이질하고, "…; et arat corbadas .III. ad ivernaticum, ad tramisum perticas .III."라고 하여 동·하곡지의 갈이질에 합계 3ptc씩[91] 3회의 코르베를 수행한다. 이 장원에서는 연간 정적부역으로 갈이질되는 면적이 합계 6ptc인 데 비해, 코르베로 갈이질되는 면적은 모두 9ptc다. 따라서 여기서는 앞의 제12장과는 달리 후자의 면적이 전자의 면적보다 오히려 1.5배 더 크다. 그리고 코르베로 갈이질되는 연간 면적은

91 D. Hägermann, ed., *Polyp. von St. Maur*, p. 67의 392번 각주에 의하면, 이 문장에서 쉼표는 바로 앞의 제12장의 'et'와 같은 의미로 사용된 것이다.

23.13아르 내지 31.14아르로서, 앞의 제12장의 장원에서보다 2~3배 정도 더 크다.

한편 우리는 생모르 수도원의 영지명세장 제12장과 제13장을 통해, 흔히 이 명세장에서 막연히 '코르베 1'이나 '코르베 3'이라고 하는 것이 영주직영지의 동·하곡지를 합계 3ptc 내지 4ptc씩 한 차례나 세 차례 갈이질하는 것임을 알 수 있다. 이 영지에서 망스 보유자들이 수행하는 코르베 횟수는 장원에 따라 다르지만, 앞에서 본 제13장처럼 연간 3회인 경우가 가장 많고 제12장과 같이 1회인 경우가 그 다음으로 많다. 그리고 정적부역 면적은 영지 전체적으로 절반 이상의 장원들에서 제12장과 13장에서처럼 동곡지와 하곡지에 각각 4ptc와 2ptc씩 합계 6ptc다. 따라서 정적부역에 의한 갈이질 면적에 대한 코르베에 의한 갈이질 면적의 크기관계와 코르베로 갈이질되는 면적은 대체로 앞에서 본 제13장과 제12장과 같은 셈이다.

그러나 이 영지에서 일부 장원에서는 코르베가 무려 9회 내지 11회나 부과된다. 제8장의 장원에서 노예망스 보유자는 각기 정적부역으로 동곡지와 하곡지에 각각 4ptc와 2ptc씩 합계 6ptc를 갈이질하고, 코르베로 동·하곡지를 합해서 연간 9회 수행해야 한다. 제12장과 제13장에서처럼 1회당 3ptc 내지 4ptc씩 수행했다고 한다면, 9회의 합계면적은 27ptc 내지 38ptc다. 따라서 이 장원에서는 코르베로 갈이질되는 영주직영지 면적이 정적부역으로 갈이질되는 면적보다 4.5배 내지 6.3배나 더 컸던 셈이 된다. 9회의 합계면적 27ptc 내지 38ptc는 미터법으로는 최소 0.69헥타르에서 최대 1.32헥타르가 된다. 제15장에서는 노예망스 보유자 각자가 정적부역으로 동·하곡지를 합쳐 연간 10ptc를 갈이질하고, 코르베로 심지어 11회나 수행해야 한다. 1회의 코르베당 3ptc 내지 4ptc씩 갈이질했다고 하면, 11회 동안의 갈이질 면적은 33ptc 내지 44ptc에 달한다. 이 면적은 정적부역으로 갈이질되는 10ptc의 면적보다 3.3배 내지 4.4배 더 큰 면적이며, 미터법으로는 최소 0.85헥타르에서 최대 1.52헥타르에 이르는 크기다.

생모르 수도원의 영지명세장에는 코르베로 갈이질되는 토지면적이 얼마인지를 알 수 있는 또 다른 소중한 자료가 있다. 이 명세장 제2장의 장원에서 'mansus carroperarius'의 보유자는 "각자 동곡파종을 위해 5ptc, 하곡파종을 위해 2ptc를 갈이질한다. 하곡파종과 동곡파종을 위해 매주 3ptc를 갈이질한다. 3주마다 3개 망스당 1jr을 (갈이질한다.)"고[92] 기록되어 있다. 그리고 제5장의 장원에서 'mansus carroperarius'의 보유자는 "동곡파종을 위해 4ptc, 하곡파종을 위해 2ptc를 갈이질한다. 2개 망스당 매주 3ptc를 갈이질한다. 3주마다 3개 망스당 1carrua를 (갈이질한다.)"고[93] 기록되어 있다. 이 두 장원에 관한 기록에는 '코르베'라는 말의 명기가 없지만, 영지명세장들의 장원별 기록 관례로 봐서 정적부역이 기술된 위 두 인용문의 첫 문장 다음의 두 번째와 세 번째 문장은 코르베에 관한 규정이라고 볼 수 있다. 이 두 장원에 관한 기록 중 각각의 두 번째와 세 번째 문장은 서로 간에 조금씩 표현은 다르지만, 기본적으로 'mansus carroperarius'의 갈이질 의무에 관한 것이고 기술방식이 유사하다는 점 등을 고려할 때 서로 거의 같은 기록이라고 할 수 있다. 따라서 우리는 이 두 기록의 대조를 통해 각 기록에서 모호한 부분을 구체적으로 명확하게 하면서,

---

92 "Arat ad ivernaticum unusquisque perticas .V., ad tramisium .II. Arant ad ivernaticum et ad tramisium in unaquaque ebdomada perticas .III. A tertia ebdomada inter tres mansos iornalem .I."

93 "Arat ad ivernaticum perticas .IIII., ad tramisium .II. Inter duos mansos in unaquaque ebdomada arant perticas .III. A tertia ebdomada inter tres mansos carruam .I. ···."

코르베로 갈이질되는 면적을 추산할 수 있다.

위에 인용된 제2장의 기록 중 정적부역 의무에 관한 첫 번째 문장에서는 '갈이질한다'는 말이 단수('arat')로 표기되어 있으나, 코르베에 관한 기록이라고 볼 수 있는 두 번째 문장에서는 복수('arant')로 되어 있다. 이러한 제2장의 기록에서는 이처럼 단수로 사용되던 것이 왜 갑자기 복수로 쓰였는지 그리고 복수라면 그 주어가 되는 망스가 몇 개씩인지 알 수 없다. 그렇지만 제5장의 두 번째 문장에서는 제2장과 마찬가지로 매주 3ptc를 갈이질하되 2개의 망스당 갈이질한다고 되어 있으므로, 제2장의 두 번째 문장에서 '갈이질한다'는 라틴어 동사가 복수인 것은 2개 망스씩 갈이질이 이루어지기 때문임을 알 수 있다. 반대로 제5장의 기록 중 역시 코르베에 관한 기록이라고 볼 수 있는 마지막 세 번째 문장에서는 3주마다 3개 망스당 수행하는 '1 carrua'가 얼마만한 크기인지 알 수 없으나, 거의 똑같은 문장 구조와 단어들로 되어 있는 제2장의 마지막 세 번째 문장에 비춰 봐서 그 크기가 1jr임을 알 수 있다. 따라서 이 두 장원에서 망스 보유자는 코르베로 매주 2개 망스당 3ptc를 갈이질하고, 3주마다 3개 망스당 1jr을 갈이질했다고 하겠다. 결국 동곡과 하곡 파종을 위한 갈이질 시기가 각각 10월과 3월로서 합계 두 달이라고 할 때, 2개 망스씩 약 9주에 걸쳐 27ptc, 3개 망스씩 약 9주에 걸쳐 3jr을 갈이질하는 셈이 된다. 27ptc는 69.39아르 내지 93.42아르이고 3jr은 102.39아르이므로, 1개 망스당 코르베로 수행하는 갈이질 합계면적은 68.82아르 내지 80.84아르가 된다. 코르베로 갈이질되는 이런 면적은 제2장의 장원에서 정적부역으로 갈이질되는 동·하곡지 합계 7ptc 즉 17.99아르 내지 24.22아르와 제5장의 장원에서 정적부역에 의한 갈이질 면적 합계 6ptc 즉 15.42아르 내지 20.76아르와 비교할 때, 최소 2.8배에서 최대 5.2배 큰 셈이다.

 9세기 중엽에 작성된 몽티에랑데르 수도원의 영지명세장에도 코르베로 갈이질되는 면적이 얼마나 되는지 알 수 있는 한 기록이 존재한다. 이 장의 제1절에서 본 이 명세장 제XXXII장의 장원에 관한 기록에서 종류미상의 망스 보유자들은 '4jr을 갈이질하고 파종하며, 코르베로 비슷한 크기를 갈이질하고 파종해야 한다.'고 한다. 이 문장의 라틴어 원문 기록은 문법에 다소 어긋나는 문제가 있지만,[94] 망스 보유자들은 코르베로 정적부역에 의한 갈이질 면적과 같은 크기인 4jr 면적의 영주직영지를 갈이질한 것으로 보인다. 1jr =34.13아르로 추정되므로, 4jr은 136.52아르가 된다. 라틴어 원문 기록에서 술어가 복수로 되어 있는 것으로 봐서, 이런 크기의 코르베 의무는 생모르 수도원의 영지명세장에서처럼 2~3명의 망스 보유자들이 공동으로 갈이질했을 가능성이 있다. 그렇다고 한다면 코르베를 2명씩 수행한 경우에는 1인당 코르베로 갈이질하는 면적이 68.26아르가 되고, 3명씩 수행한 경우에는 1인당 45.51아르가 되는 셈이다.

 요컨대, 고전장원에서 코르베는 농노에게 매년 1일에서 9일까지 부과되는 것이 보통이었다. 그렇지만 생제르맹 수도원의 영지를 비롯한 일부 영지의 고전장원들에서는 파종기인 3월과 10월에 매주 2일씩, 곧 매년 도합 16일쯤 부과되기도 했다. 영지명세장에 따라서는 농노의 코르베 부담의 크기가 갈이질 면적으로 표시된 경우가 더러 있다. 이런 자료에 의하면 코르베로 갈이질되는 면적은 정적부역으로 갈이질되는 면적보다 작거나 같은 경우가 전혀 없는 것은 아니지만, 대체로 1.5배쯤에서 6배 정도까지 더 크다. 농민보유지당 연간 코르베로 갈이질되는 면적은 최소 10~30아르쯤에서 최대 1.3~1.5헥타르쯤에

---

94   라틴어 원문에 대해서는 각주 39 참조.

이르는 크기다.

이상과 같은 내용의 제도로 된 코르베를 고전적 의미의 코르베라고 할 수 있을 것이다. 그 요지는 고전장원제 아래서 고전장원의 농노들이 일정 면적을 할당받아 경작하는 정적부역 외에, 파종기에 스스로 황소와 쟁기를 지참해서 1헥타르 전후의 영주직영지의 곡물경작지를 공동작업으로 수행하지 않으면 안 되는 추가적인 갈이질부역이라는 점이다. 고전장원에서는 코르베가 노예 출신이든 자유인 출신이든 관계없이 농민보유지를 보유한 농노라면 거의 누구에게나 부과되어 수행하지 않으면 안 되는 강제적 의무사항이었다. 이처럼 고전적 형태의 코르베제도는 농노라면 출신신분에 상관없이 적용되는 보편성과 요청과 동의에 의해서가 아니라 강제성을 띤다는 점에서, 추가적 갈이질부역이 자유인보유지에는 부과되지 않고 노예보유지에만 부과되고 강압에 의해서가 아니라 지주의 정중한 요청으로 이뤄졌던 원초적 형태의 코르베제도와는 구별된다.

그렇지만 고전장원제 아래서 코르베는 추가적 갈이질 의무라는 의미 외에도, 영주직영지 중 이런 코르베로 갈이질되는 토지 부분이라는 의미로도 사용되었다. '코르베로 갈이질되는 직영지'라는 의미의 코르베는 9세기 중엽에 작성된 몽티에랑데르 수도원의 영지명세장 제III장에서 자유인망스들은 "코르베에 그리고 추수밭에 3ptc의 울타리를 친다. …"고 한 기록[95] 속에 나타난다. 그리고 메틀라흐 수도원

---

95 "Faciunt uuaitas. Perticas iii faciunt in corvada et in messe. Diebus xv in monasterio, et xv in ipsa uilla. Carropera atque manopera, et scindelas cc."(C. B. Bouchard, ed., *Cartulary of Montiér-en-Der*, p. 317). 그런데 Ch. Lalore, ed., *Chartes de Montiérender*, p. 91에는 같은 문장이 쉼표와 마침표를 달리 사용하여 "Faciunt waitas, perticas III; faciunt in corvada et in messe diebus XV in monasterio et XV in ipsa villa, carropera atque manopera, et scindelas CC."라고 표기되어 있다. 그러나 문맥

의 영지명세장 중 10세기 중엽의 발라모나스테리움 장원에 관해서 "발
라모나스테리움 장원에는 1개 교회와 6개 코르베의 영주직영지, 그리
고 … 따위를 공납하는 5개의 자유인망스가 있다. … 4월에 이들 자유
인망스는 코르베와 정적부역지 및 초지에 울타리를 친다."고 한 기록
에서도[96] 이런 의미의 코르베를 볼 수 있다. 또한 이런 의미의 코르베
는 영지명세장들뿐만 아니라 886년 카롤루스 3세의 한 특허장과[97] 로
렌 지방의 메스(Metz)에 위치한 고르즈(Gorze) 수도원에 관한 984년
의 한 증서에[98] 기록된 망스 보유자의 의무에 관한 서술들에서도 발견
된다. 이런 문헌기록들에서 보듯이, '코르베로 갈이질되는 직영지'라
는 뜻의 코르베는 고전적 의미의 코르베보다 비교적 늦은 시기에 드물
게 나타난다는 점이 특징이다.

이처럼 카롤링시대의 고전장원들에서 코르베는 통상적으로 농노
가 황소와 쟁기를 지참하고 영주직영지의 토지를 공동으로 갈이질하
는 추가적인 부역이란 의미로 사용되었으며, 가끔은 이런 코르베로 경
작되는 부분의 영주직영지를 지칭하는 뜻으로 사용되었다. 코르베의
이런 의미는, 고전장원제로부터 영주직영지가 대폭 축소된 순수장원
제로의 이행이 이뤄지는 11세기 후반 이후에도 잔존한 영주직영지의
경작과 관련하여 계속 사용되는 경향이 나타난다.[99] 그러나 코르베는

의 연결관계로 볼 때, Bouchard가 편찬한 영지명세장의 문장이 정확한 것으로 보인다.

96 "In villa Walamonasterii habemus aecclesiam I, et de terra dominicati VI corruadas;
mansos ingenuiles V, …. … In aprili claudunt corruadas, mensuras et prata."

97 "… et insuper decimam de dominicis laborationibus et de vineis dominicis et de
curvatis"[MGH, Karoli III. diplomata(Berlin: Weidmann, 1937), no. 143(p. 230)].

98 "Sunt mansi XXI et III quarte … Mansus quisque …; quicquid creverit in ancingis
et croadis totum triturabunt; in croada quaque dabuntur ex nostra parte II modia
parati ad panem et VI ad bratium."[Cart. de Gorze, no. 116(p. 212)].

99 예컨대, Ch.-E. Perrin, Recherches sur la seigneurie rurale, pp. 708, 725~727, 731;
B. Guérard, ed., Polyp. de St. Germain, Vol. 1의 "Appendix" 제XL장 "De manumis-

순수장원제가 발달하는 중세 후기로 갈수록 고전장원제하의 본래 의미를 잃고 수송부역 등 여러 가지 부역을 포함한 부역노동 일반을 지칭하는 의미로 변질되어 사용되는 경향을 보인다.[100] 그렇지만 적어도 카롤링시대의 고전장원제 아래서는 코르베가 농노들이 황소와 쟁기를 지참하고 영주직영지를 추가적으로 공동 갈이질하는 부역이나 그런 갈이질부역으로 경작되는 부분의 영주직영지라는 특정 의미로 사용되었음이 분명하다. 이런 점에서 리옹이 고전장원제와 관련된 코르베에 대해서까지 그 구체적 특정 의미를 인식하지 못하고 막연히 영주직영지에 대한 경작부역이라는 포괄적 의미로 사용한 것은 문제가 있다고 하겠다.[101]

기본 출전: 이기영, 「고전장원제하의 '코르베(corvée)' 제도」, 『독일연구』, 18(2009), 3~45쪽.

sione hominum de Villa Nova"(p. 384), 제XLI장 "Hec littera est de libertate hominum de Theodosio"(p. 389) 참조.

100 G. Brunel, "La France des corvées. Vocabulaire et pistes de recherche", M. Bourin/P. M. Sopena, ed., *Pour une anthropologie du prélèvement seigneurial dans les campagnes médiévales(XIᵉ-XIVᵉ siècles): réalités et représentations paysannes*(Paris: Publications de la Sorbonne, 2004), pp. 278~282; G. Duby, "Note sur les corvées dans les Alpes du Sud en 1338", *Études d'histoire du droit privé offertes à Pierre Petot*(Paris: Libr. gén. de droit et de jurisprudence, 1959), pp. 141~146 참조.

101 B. Lyon, "Encore le problème de la chronologie des corvées", *Le Moyen Âge*, 69(1963), pp. 615~630 참조.

제4장 고전장원제와 노동지대

봉건지대는 중세 봉건사회에서 지주가 재판권을 비롯한 사점된 공권력과 신분규정으로 구성되는 경제외적 강제를 매개로 하여 토지의 경작자인 농민들이 생산한 잉여가치를 자기의 것으로 징수하는 지대를 가리킨다. 봉건지대는 경제외적 강제로 인해 지주와 농민 사이에 인격적 지배예속관계가 수반되고 봉건사회의 직접적 생산자인 장원농민에 의해 생산되는 잉여가치가 부역노동이나 생산물 또는 화폐 형태로 고스란히 지주인 영주에게 수취된다. 이런 점에서 봉건지대는 경제외적 강제의 개재 없이 인신적으로 자유로운 임금노동자의 잉여노동에 의해 생산되는 잉여가치의 일부만 산업자본가의 초과이윤의 형태로 지주에게 지불되는 자본제지대와는 구별된다. 봉건지대는 중세 서유럽의 경제발전 과정에서 대체로 노동지대, 생산물지대, 화폐지대 등의 순서로 전개되었다.

이와 같은 봉건지대 가운데서도, 중세 전기에 서유럽에서 널리 실시된 고전장원제 단계의 지대는 노동지대였다. 앞에서도 본 바와 같이, 그것은 무엇보다도 고전장원의 토지가 영주직영지와 농민보유지들로 이분되어 전자는 후자 보유자들의 무보수 강제노동으로 경작되는 구조로 되어 있었기 때문이다. 일찍이 봉건지대라는 개념과 더불어 노동지대라는 개념을 정립하고 이를 분석한 사람은 칼 마르크스였다. 그는 그의 저서『자본론』제3권 제47장 제2절에서 비록 고전장원제라는 용어는 쓰지 않았지만, 토지가 영주토지와 농민토지로 구분되어 직접생산자인 농민의 노동이 이 두 토지에서 시간을 달리하면서 행해지는 토지소유 구조에서 지대는 생산력 미발달 단계의 조잡한 지대 형태인 노동지대였다면서 이를 여러 가지 측면에서 분석한다.[1] 고전장원제라는 봉건적 토지소유의 지대에 대한 마르크스의 이런 규정 이후 고전장원제하의 봉건지대는 부역노동 형태의 노동지대였다는 것이 학계의 통설이 되었다. 마르크스주의 역사연구자들이 이런 노동지대설을 수용하고 장원제 연구에 적극 적용했음은 말할 것도 없다.[2] 뿐만 아니라 마르크스주의자가 아닌 중세 경제사 연구자들 가운데 상당수도 노동지대라는 개념이나 노동지대의 다른 표현이라고 할 수 있는 부역노동이라는 개념을 사용하면서 고전장원의 지대가 기본적으로 노동지대임을 부정하지 않는다.[3]

1   김수행 역,『자본론』, III 〔下〕(비봉, 1990), 970~976쪽 참조.
2   유명한 대표적 사례가 마르크스주의적 시각에서 지대를 중심으로 영국 중세 농촌사회의 장원구조와 그 변천과정을 구명하여 큰 반향을 불러일으켰던 E. A. Kosminsky의 연구라고 할 수 있다. E. A. Kosminsky, *Studies in the Agrarian History of England in the XIIIth Century*, edited by R. H. Hilton, trans. from the Russian by R. Kisch(Oxford: B. Blackwell, 1956); 같은 필자, "The Evolution of Feudal Rent in England from the XIth to the XVth Centuries", *Past and Present*, 7(1955), pp. 12~36; 같은 필자, "Services and Money Rents in the XIIIth Century", *The Economic History Review*, 5(1934-1935), pp. 24~45 참조.
3   예컨대, M. Postan, "Chronology of Labour Services", *Transactions of the Royal*

그렇지만 다른 한편으로는 노동지대에 관해서 여러 가지 문제가 제기되고 있다. 제기되는 문제들은 크게 고전장원제와 노동지대와의 관계라는 범주와 노동지대의 구성내용이라는 범주로 구분될 수 있다. 앞의 문제와 관련해서는 뒤에서 보게 되듯이 서양 중세사 학계의 일각에서 고전장원제가 발달한 카롤링시대에도 일부 영지에서는 노동지대보다도 오히려 생산물지대가 우세했다든가, 겉보기에는 고전장원제적 구조를 취한 장원에서도 영주직영지 경작에서 농민보유지 보유자들이 수행하는 부역노동의 역할이 낮았다든가 하는 이견이 표출되었다. 노동지대의 구성내용과 관련해서는 다음과 같은 의문들이 제기된다. 고전장원제에서 영주직영지가 농민보유지 보유자들의 부역노동으로 경작되는 구조를 취했다고 해서, 지대가 오로지 경작부역으로만 구성되었을까? 지대가 경작부역으로만 구성되지 않았다면, 다른 구성내용은 무엇이었을까? 대다수의 장원농민이 부역노동과 더불어 현물이나 화폐 형태로 영주에게 여러 가지 공납을 이행해야 했던 고전장원에서, 공납은 지대인가 아니면 다른 무엇인가?

특히 노동지대의 구성내용과 관련한 후자의 문제들은 노동지대설을 주창한 마르크스 자신이 『자본론』에서 노동지대의 여러 가지 속성과 조건 및 한계에 대해서는 논하면서도 정작 노동지대의 구성내용에 관해서는 언급하지 않은 데서 기인하는 바가 크다. 마르크스 이후의

Historical Society, 20(1937), pp. 169~193; M. Bloch, 『프랑스 농촌사의 기본성격』, 172~192쪽; 같은 필자, 『서양의 장원제』, 59~66쪽; B. H. Slicher van Bath, 『서유럽 농업사』, 80~91쪽 참조. 반(反)마르크시스트적 시각에서 중세 영국 농촌사회의 지대변천에 관해 앞 각주의 E. A. Kosminsky와 논쟁을 벌였던 맨 앞의 M. Postan은 부역노동이라는 말은 물론이고 노동지대('labour dues')라는 용어도 사용한다. 뒤의 두 연구자는 노동지대라는 용어는 직접적으로 사용하지 않지만, 부역노동이라는 말은 많이 사용하며 마르크스주의의 용어인 화폐지대나 생산물지대 또는 현물지대라는 용어도 더러 사용한다.

연구자들도 흔히 서유럽 중세 전기의 봉건지대를 단순히 노동지대로만 이해할 뿐, 막상 그 구체적 내용이 무엇인지에 관해서는 별 관심을 갖지 않았다. 장원제를 전문적으로 연구하는 학자들 사이에서도 노동지대의 일반적 구성내용을 면밀히 분석한 경우는 찾아보기 어렵다. 특정 지역이나 시대 또는 영지나 장원에서 우세한 지대가 무엇이었는지를 논하거나 노동지대라는 개념과 상관없이 고전장원제 아래서 장원농민의 의무내용이 무엇이었느냐를 분석하는 것이 학계의 일반적 경향이었다. 이와 같은 상황에서 고전장원제와 노동지대의 관계와 노동지대의 구성내용을 노동지대라는 개념의 관점에서 체계적으로 분석할 필요가 있다고 하겠다. 이것은 바로 고전장원제에서 볼 수 있는 서유럽의 고전적 농노노동 착취제도와 직결된 문제이기 때문이다.

1. 고전장원의 지대는 노동지대였는가?

중세 전기에 유행한 고전장원제 아래서 지대는 과연 부역노동 형태의 노동지대였을까? 앞에서도 말했듯이, 일단 이론상으로는 그렇다. 영주직영지가 거의 존재하지 않는 중세 후기의 순수장원제와는 달리 고전장원의 공간구조가 영주직영지 부분과 농민보유지 부분으로 이분되어 있다는 것은 전자 부분이 후자 보유자들의 노동으로 경작됨을 전제로 하고, 장원농민이 지대의 명목으로 수행할 수밖에 없는 이 노동은 영주의 독점적 토지소유와 경제외적 강제의 행사로 말미암아 부역노동의 형태를 띨 수밖에 없기 때문이다.

실제로도 고전장원제하의 지대가 노동지대였는지, 장원별로 토지소유 구조와 농노들의 의무내용이 기록되어 있는 카롤링시대의 영지명세장들을 살펴보자. 고전장원제로 조직된 이 시대의 토지소유 현황을 기록한 이런 종류의 문서는 갈리아 북부지역을 중심으로 30개쯤 현존한다. 그렇지만 이 가운데 다수의 문서가 매우 간략한 명세서 수준을 벗어나지 못하거나 단편적 기록만 전해지고 있다. 게다가 그렇지 않은 명세장들의 대다수에서 농노의 의무는 대체로 영지별로 비슷한 경향을 보이면서도 같은 영지 안에서 장원별로 상당히 상이하고 복잡한 양상을 띤다. 그래서 논의를 간단히 하기 위해 농노의 의무가 장원별로 거의 차이가 나지 않는 영지를 실례로서 살펴보자.

파리 분지의 최북단에 위치한 생토메르(Saint-Omer) 시 소재 생베르탱 수도원의 영지가 그런 경우다. 844~859년 무렵에 작성된 현존의 이 영지명세장에 의하면, 여기에 기록된 20곳의 토지 가운데 장원의 토지가 영주직영지와 농민보유지로 이분되고 영주직영지는 농민보유지 보유자들의 부역노동으로 경작되는 고전장원은 12개쯤 된다. 대체로 이들 고전장원에서 '망스(mansus)'라는 표준적이고 정상적인 농민보유지를 보유한 농노들은 신분이 노예인 경우에는 매주 3일씩의 주부역이, 자유인인 경우에는 매주 2일씩의 주부역이 부과된다. 이런 주부역 외에 신분에 관계없이 대다수의 농노들에게 일정량의 밀가루 빻기, 엿기름[맥아(麥芽)] 만들기, 몇 수레분의 포도주 수송부역 등과 같은 잡역이 부과된다. 그리고 여러 고전장원에서 일종의 군역세(軍役稅) 명목으로 군수품 수송부역을 수행하거나 가끔 화폐로 대납해야 했으며, 농노의 아내에게는 일정 크기의 베짜기부역이 부과된다. 이 영지에서 농노가 현물이나 화폐 형태의 공납을 하는 것은 2~3마리가량의 닭과 10개 또는 20개의 계란을 바치는 정도밖에 없다. 닭과 계란의 공납은 태곳적에 촌장에게 마을 사람들이 '공경'의 표시로 바치던 전통에서 유래하고 일부 화폐로 대납된 군역세는 원래 프랑크왕국이 징수하던 조세에서 유래한 것으로, 영주가 장원의 지배자로서 행사하는 경제외적 강제에서 기인한 부담이다. 따라서 닭 및 계란의 공납과 군역세의 지불을 제외하면 이 영지의 고전장원들에서 엄밀한 의미의 지대는 부역노동 형태의 노동지대였다고 할 수 있다.

한 가지 실례를 더 들어 보자. 9세기 중엽에 작성된 것으로 추정되는 하부 샹파뉴 지방 소재 몽티에랑데르 수도원의 영지명세장 역시 장원별로 농노의 의무가 비교적 비슷한 양상을 보인다고 할 수 있다. 이 명세장에 장별(章別)로 기록된 토지들 중 고전장원제로 조직되었다고 판단되는 장원은 36개다. 36개의 고전장원 가운데 30개의 장원에 농민보유지가 최초 보유자의 신분이 자유인이었음을 표시하는 자유인망스(mansus ingenuilis)들이 존재하고, 최초 보유자의 신분이 노예였음을 표시하는 노예망스(mansus servilis)는 1개의 장원(제XII장)에만 자유인망스들과 함께 존재한다. 나머지 6개 장원에는 종류미상의 망스들이 존재한다.

36개의 고전장원에서 농민보유지의 종류가 명시되어 있든 그렇지 않든 간에, 그리고 자유인망스든 노예망스든지 간에, 대체로 농민보유지에는 2jr 크기의 영주직영지를 할당받아 경작하는 정적부역, 연간 2회 정도의 코르베, 추수밭과 수도원에서 각각 연간 1회씩 15일간의 부역, 농경지와 영주저택의 울타리 치기, 수송부역, 파수(把守) 등의 부역노동이 부과된다. 현물로는 일정량의 땔감이나 지붕널(scindula) 및 닭과 계란을 바친다. 그 밖에 횃불을 바치거나 돼지방목세(pastio) 명목으로 흔히 1md의 보리를 공납하거나 또는 군역세로 흔히 2~4솔리두스(solidus)의[4] 금전을 바치는 장원들이 가끔 있을 뿐이다. 노예망스

4　'solidus'는 카롤링시대의 금화로, 은화인 데나리우스(denarius)〔이하 이 책에서는 중세의 단위화폐인 데나리우스와 솔리두스라는 말이 길므로, 각각 과거 프랑스의 화폐단

의 경우에는 공납 부담이 더 작다. 따라서 이 영지에서도 세 등의 명목으로 된 현물이나 화폐 형태의 공납을 제외하면 농노가 영주에게 지불하는 엄격한 의미의 지대는 노동지대였다고 할 수 있다.

이와 같이 생베르탱 수도원과 몽티에랑데르 수도원의 영지명세장에 의하면 고전장원의 지대는 부역노동 형태의 노동지대였다. 여기서 자세히 살펴볼 수는 없지만, 장원들 사이에 농민의 의무내용이 다소 상이한 영지의 고전장원들에서도 이 두 영지처럼 지대는 노동지대였다고 할 수 있다.

그렇지만 이와 같은 영지들과는 달리 영주에 대한 농노의 부담 중 현물 부담이 커서 지대가 마치 생산물지대처럼 보이는 영지가 있다. 에노 지방에 위치한 로브(Lobbes) 수도원의 영지가 그런 경우라고 할 수 있다. 이 영지의 명세장은 그 일부가 889년과 960-965년경에 작성되었지만 그 대부분은 868-869년간에 작성되었다.[5] 장(章)이 표시되어 있지 않은 현존의 이 영지명세장에 의하면 27개 장원(villa)의 토지가 영주직영지와 망스들로 구성되어 있다. 따라서 이들 27개 장원은 고전장원제의 구조적 특징 중의 하나인 이분적 공간구조를 취하고 있다고 할 수 있다.[6] 그러나 몇몇 장원을 제외하고는 대다수의 장

위 이름인 '드니에(denier)'와 '수(sou)'로 대체해서 쓰도록 함]와 함께 계산화폐로 사용되었다. 1수=12드니에이고, 20수=1리브라(libra)였다.

5   이 책에서 참고하는 로브 수도원의 영지명세장은 J. Warichez, ed., "Une ≪Descriptio villarum≫ de l'abbaye de Lobbes à l'époque carolingienne", *Bulletin de la Commission Royale d'Histoire*, 78(1909), pp. 249~267(이하 J. Warichez, ed., "Polyp. de Lobbes"로 줄여 씀)과 J.-P. Devroey, édition critique, *Le polyptyque et les listes de biens de l'abbaye Saint-Pierre de Lobbes(IXᵉ-XIᵉ siècles)*(Bruxelles: Palais des Académie, 1986)(이하 J.-P. Devroey, ed., *Polyp. de Lobbes*로 줄여 씀) pp. 3~28이다. 이하 이 책에서 단순히 로브 수도원의 영지명세장 일반을 가리킬 경우에는 "Polyp. de Lobbes"로 줄여 쓰겠다. 이 영지명세장의 작성연대에 관해서는 특히 J.-P. Devroey, ed., *Polyp. de Lobbes*, pp. LXIII~LXXII, 3~28 참조.

원에 관한 기록에서 망스 보유자들의 경작부역에 관한 언급이 없다.[7] 게다가 다수의 장원에서 농민보유지들에 부과되는 현물 형태의 부담이 여타 영지들보다 훨씬 많은 듯이 보이기도 한다.[8] 매년 장원농노의 다수는 망스당 영주에게 스펠트밀을 주로 하고 가끔 보리가 포함된 12~30md의 곡물을 바치며, 이 외에도 20~50가락[紡錘, fusa]의 아마실[亞麻絲]과 2~3년마다 숫양이나 돼지와 같은 가축 1두를 상납해야 한다.

이와 같이 이 명세장에는 다수의 장원에서 토지보유자의 부역노동에 관한 언급이 없는 데다 현물공납 부담량이 다른 영지들에 비해 많은 듯하여, 드브루아와 같은 연구자는 이 영지에서는 9세기 중엽 이후 지대가 노동지대로 되어 있었던 것이 아니라 현물지대가 지배적이었던 것으로 보인다는 요지의 견해를 피력했다.[9] 로브 수도원의 현존 영지명세장에 따른 이와 같은 외관상의 장원구조와 많은 현물공납은 카롤링시대의 영지들 가운데서는 이례적인 현상이다. 그러나 기록상으로 장원의 토지가 영주직영지와 농민보유지들로 구성되고 전자는 후자 보유자들의 부역노동으로 경작되는 고전장원제적 토지소유 구조를 분명히 갖추고도 무거운 부역노동 부담과 더불어 공납의 부담이 많은 것처럼 보이는 영지와 장원은 적지 않다. 그렇기 때문에 로브 수도원영지의 장원들에서 현물지대가 우세했는지 아니면 노동지대가 지배

6   19번째에 기재되어 있는 티신가베임(Tisingabeim) 장원은 영주직영지가 없고 망스 보유자의 지대는 화폐지대와 생산물지대로 되어 있다. 따라서 이 장원은 고전장원적 공간구조를 가진 27개의 장원에 포함되지 않는다.

7   5, 15, 16, 17, 21, 25, 27번째에 기록된 장원들의 농민보유지들 전체나 일부에 관해서만 경작부역이 명기되어 있다.

8   현물이 많이 부과되는 듯이 보이는 농민보유지들은 자유인망스들과, 종류미상이지만 자유인망스들로 추측되는 망스들이다. 노예망스의 경우에는 현물 부담이 크지 않다.

9   J.-P. Devroey, ed., *Polyp. de Lobbes*, pp. XCIV~CI, CIX~CXXV 참조.

적이었는지를 규명하는 것은 고전장원의 지대가 무엇이었는지를 명확히 하는 데 있어 중요한 연구과제라고 할 수 있다. 그래서 로브 수도원 영지에서 과연 장원농민들의 현물공납 부담이 현물지대가 지배적이었다고 할 만큼 다른 영지들에 비해 컸는지 엄밀히 따져 볼 필요가 있다. 농경사회의 토지소유관계에서 현물지대의 핵심을 이루는 곡물류의 공납 문제는 많은 논의가 필요하므로 뒤로 미루고, 먼저 아마실 및 가축 공납부터 살펴보도록 하자.

로브 수도원의 영지명세장에 의하면 아마실을 공납할 의무가 있는 장원은 18개다. 그렇지만 같은 장원 안에서도 농민보유지의 종류나 그 밖의 사정에 따라서 아마실의 공납량이 상이한 장원이 2개(3, 15번째 장원)가 존재한다. 이런 경우까지 고려하면, 아마실 공납량이 상이한 집단은 20개에 이른다. 20개 집단 가운데 50가락의 아마실 공납집단이 1개, 40가락의 공납집단이 5개, 30가락 공납집단이 6개, 15~24가락 공납집단이 8개다. 따라서 20개 집단 가운데 40가락 이상의 공납집단은 30%인 6개이고, 30가락 이하의 공납집단은 70%인 14개가 되는 셈이다.

가락 단위의 이런 아마실 공납량을 비교할 수 있는 자료는 아이펠 고원 소재 프륌 수도원의 영지명세장에 일부 기록되어 있다. 이 명세장에 의하면 농민보유지별로 아마실 공납이 흔히 'libra'라는 무게 단위로 부과되지만, 로브 수도원영지처럼 '가락(fusa)' 단위로 부과되는 장원도 5개가 존재한다.[10] 가락 단위로 아마실의 공납량이 부과되는 프륌 수도원영지의 5개 장원에서 망스당 아마실 공납량은 20가락에서 60가락까지다. 그렇지만 세부적으로는 5개 장원 가운데 1개 장원에서

10　제XXXX, XLV~XLVII, LXXX장에 기재되어 있는 장원들.

는 60가락, 3개 장원에서는 40가락, 1개 장원에서는 20가락의 아마실을 공납한다. 따라서 전체의 75%인 4개 장원에서 40가락 이상의 아마실을 공납하고, 단 1개의 장원에서만 20가락을 공납하는 셈이다. 이런 프륌 수도원영지의 아마실 공납량과 비교할 때, 로브 수도원영지의 아마실 공납량은 대체로 훨씬 적은 것이다.[11] 더욱이 로브 수도원영지에는 아마실 공납이 전혀 부과되지 않음이 명백한 집단도 8개나 존재한다.

로브 수도원영지에서 농민보유지별로 2~3년에 1두의 양이나 돼지를 공납함도 다른 영지들과 비교할 때 상당히 적은 분량이다. 바이센부르크, 프륌, 생르미, 생모르, 생제르맹, 생타망 등 여타의 다수 수도원의 영지명세장들에서 흔히 장원농민은 매년 양이나 돼지 1두 정도를 공납하기 때문이다. 따라서 로브 수도원영지에서 농민보유지별 가축 공납량은 다른 영지들의 $\frac{1}{3}$ 내지 $\frac{1}{2}$ 수준에 지나지 않을 정도로 적다고 할 수 있다.

이제 곡물의 공납과 관련하여 그 분량이 참으로 커서 현물지대가 지배적이었다고 할 수 있는 수준이었는지 살펴보자. 'modius'라는 용량 단위는 곳과 때에 따라 달랐고 연구자의 추산에 따라서도 다르지만, 제2장의 각주 14에서 보듯이 대체로 50리터 전후에서 68리터 사이라고 추정되고 있다. 이를 더욱 단순화하여 1md의 크기를

11 현존 프륌 수도원의 영지명세장에는 다수의 장원에서 아마실 공납이 가락 단위로 부과되지 않고 'libra'라는 무게 단위로 부과된다. 이런 단위로 부과되는 대다수의 장원에서 농민보유지당 공납량은 1리브라다. 1리브라의 아마실 공납은 여러 장원에서 화폐로도 대납되었다. 그 화폐가격은 12드니에인 경우가 가장 많다(이 명세장 제LXIIII, LXV, LXXXVI, XCVI장). 이에 비해 아마실 40가락의 대납가격은 8드니에였다(같은 명세장 제XLVI, XLVII장). 이와 같은 화폐가격으로 환산한 1리브라의 아마실 공납량은 가락 수로는 60가락이 된다. 이런 면에서도 프륌 수도원영지의 많은 장원에서 농민보유지당 아마실 공납량은 로브 수도원영지에서보다 훨씬 많았다고 할 수 있다.

60리터라고 보면, 로브 수도원영지에서 농민보유지별 곡물 공납량 12~30md는 720~1,800리터가 된다.[12] 9세기에 장원농민의 농민보유지별 연간 총 곡물 수확량이 2,855리터에서 6,142리터 사이였던 것으로 추산되므로,[13] 이런 공납량은 농민보유지별 전체 곡물 수확량의 최저 12%에서 최대 63%를 차지할 만큼 많은 분량이다. 이것은 영주에 대한 곡물 공납량이 많은 경우 농가당 전체 곡물수확량의 절반 이상을 차지하는 셈이 되므로, 지대가 노동지대가 아니라 생산물지대 내지 현물지대라고 볼 만한 근거가 될 수 있다.

그러나 로브 수도원영지에서 농민보유지당 12~30md의 곡물을 공납한다는 기록을 좀더 자세히 들여다보면 다수의 장원에서는 그렇지도 않다. 현존 로브 수도원의 영지명세장에서 영주직영지와 농민보유지들로 구성된 27개의 장원 가운데 곡물의 공납량을 표기한 수치가 탈자(脫字)되거나 망스 보유자의 의무내용 그 자체에 관한 기록이 전혀 없는 장원은 6개다. 이런 6개 장원을 제외한 21개 장원 가운데 곡물공납이 전혀 부과되지 않는 장원은 29%인 6개이고, 엿기름을 포함한 곡물의 공납 의무가 있는 장원이 71%인 15개다. 그런데 곡물이 공납되는 15개 장원 가운데 24md 이상 30md에 이르는 비교적 많은 분량의 곡물을 공납하는 장원은 3개(2, 14, 26번째 장원)이고, 20md의 곡물을 공납하는 장원이 1개(5번째 장원)다. 이들 4개 장원을 제외한 11개 장원이 15md 전후의 곡물을 공납한다. 그것도 11개 장원 중 곡물의 공납량이 17md 이상인 장원은 3개인 데 비해 15md인 장원이 3개이고 12~14md인 장원이 5개로, 15md 이하인 장원이 훨씬 많다.

12   1리터=0.554354되=0.055435말이므로, 이는 우리나라의 말 수로는 40~100말에 이르는 분량이다.
13   저자의 논문 「고전장원제하 농민의 생활수준」, 『서양사론』, 45(1995), 4~12쪽 참조.

따라서 로브 수도원영지에서 망스 보유자의 곡물공납 여부와 그 분량을 알 수 있는 전체 21개 장원 가운데 아무런 곡물공납 의무가 없는 장원이 6개로 29%를, 15md 이하의 곡물을 공납하는 장원이 8개로 38%를, 17md 이상의 곡물을 공납하는 장원이 7개로 33%를 차지하는 셈이다.

1md를 60리터로 보면, 15md의 곡물 공납량은 900리터이다. 900리터는 9세기 장원농민의 농민보유지별 연간 총 곡물수확량 2,855~6,142리터의 15%에서 32% 사이를 차지하는 것으로, 전체 수확량의 $\frac{1}{3}$에도 미치지 못하는 수준이다. 결국 9세기 후반 로브 수도원영지에서는 전체 21개 장원 수의 $\frac{2}{3}$ 정도에서는 장원농민의 곡물공납이 전혀 없거나 농가당 수확량의 $\frac{1}{3}$ 수준에도 훨씬 못 미치는 곡물을 공납했다고 할 수 있다. 다만 전체 장원 수의 $\frac{1}{3}$인 7개 장원에서만 곡물 공납량이 전체 수확량의 $\frac{1}{3}$이나 절반 수준에 이르렀을 가능성이 있다고 하겠다. 그렇지만 중세 후기 이후 생산물지대가 일반적으로 전체 수확량의 절반이었던 점을 감안할 때,[14] 이런 7개 장원 가운데서도

---

14 중세 후기 이후의 순수장원제에서나 프랑스 대혁명 무렵의 소작제에서 생산물지대는 지대율이 50%쯤 되는 병작반수제[竝作半收制, 또는 절반소작제(折半小作制), Métayage, Mezzadria, Halbpacht]가 일반적이었다. 지역과 시대에 따라 지대율이 다양했으나, 병작¼수제 같은 낮은 지대율은 주로 척박한 토지에 적용되었다. M. Bloch, 『프랑스 농촌사의 기본성격』, 327~331쪽; B. H. Slicher van Bath, 『서유럽 농업사』, 247~250쪽; G. Lefebvre, *Quatre-vingt-neuf*(Paris: Éditions sociales, 1939), 민석홍 옮김, 『프랑스혁명』(을유문화사, 1983), 215~219쪽; A. Soboul, *Précis d'histoire de la Révolution française*(Paris: Gallimard, 1995), 최갑수 옮김, 『프랑스 혁명사』(교양인, 2018), 68~69쪽; G. Sivéry, "Les tenures à part de fruits et le métayage dans le Nord de la France et les Pays-Bas(Jusqu'au début du XVIe siècle)", *Les revenus de la terre, complant, champart, métayage en Europe occidentale, IXe-XVIIIe s.*(Auch: Centre culturel de l'abbaye de Flaran, 1987), pp. 27~42, 특히 p. 39 이하; M. Le Mené, "Les redevances à part de fruits dans l'ouest de la France au Moyen Âge", 같은 책, pp. 9~25, 특히 p. 15 이하; G. Piccinni, "*Mezzadria et mez-*

공납량이 빠듯하게나마 카롤링시대의 농민보유지당 연간 총 수확량 2,855~6,142리터의 절반에 도달했을 장원은 기껏해야 24md(=1,440 리터) 이상 30md(=1800리터)의 곡물을 공납하는 9세기 후반의 상기 3개 장원[15] 정도에 지나지 않는다. 이 세 장원에서는 확실한 것은 아니지만 지대가 노동지대가 아니라 생산물지대일 가능성이 있다고 하겠다. 그러나 이와 같은 곡물공납 상황에서 곡물 공납량만으로는 9세기 후반 로브 수도원영지에서 전체적으로 현물지대가 지배적이었다고 말하기는 어렵다.

　로브 수도원영지의 곡물 공납량은 다른 영지에 비해 많은 것이었을까? 드브루아는 이 영지의 곡물공납 부담이 다른 영지들보다 훨씬 크다는 사례로 샹파뉴 지방의 랭스 소재 생르미 수도원영지를 들고 있다.[16] 장원들에 관한 기록은 9세기 초엽에서 10세기 말엽까지 작성되었으나 이 가운데 $\frac{2}{3}$가량은 861년 이전에 작성된 생르미 수도원의 영지명세장에 의하면, 이 명세장에 기재된 21개의 고전장원 가운데 12개 장원에서 망스라는 농민보유지별로 스펠트밀 위주의 곡물공납이 1~12$\frac{1}{2}$md씩 부과되었다.[17] 따라서 평균적인 곡물 공납량은 6md쯤

zadri en Italie Centrale et Septentrionale(XIIIe-XVe s.)", 같은 책, pp. 93~105; P.- J. Jones, "From Manor to mezzadria: a Tuscan Case-Study in the Medieval Origins of Modern Agrarian Society", N. Rubinstein, ed., *Florentine Studies: Politics and Society in Renaissance Florence*(London: Faber, 1968), pp. 199, 202, 222~241; W. Abel, *Geschichte der deutschen Landwirtschaft vom frühen Mittelalter bis zum 19. Jahrhundert*(Stuttgart: Eugen Ulmer, 1967), pp. 96~98 참조.

15　이들 3개 장원 중 2, 14번째 장원에 관한 명세서는 868-869년에, 26번째 장원의 명세서는 889년경에 작성되었다.

16　J.-P. Devroey, ed., *Polyp. de Lobbes*, p. CXIII.

17　*Polyp. de St. Remi*, 제II, IX~XII, XV, XVII~XX, XXII, XXVIII장. 10세기 마지막 4반세기에 작성된 제VII장의 장원은 절반 이상의 자유인망스들이 각각 10md의 스펠트밀을 공납할 의무가 있지만, 여러 가지 부역을 수행하면서도 핵심적인 부역인 경작부역이 결여되어 있다. 게다가 나머지 자유인망스들의 지대가 포도주로 된 생산물지대로 되어

되었다고 할 수 있을 것이다. 이와 비교할 때, 로브 수도원영지에서 농민보유지별로 흔히 15md 전후의 곡물을 공납한 분량은 2.5배가량 많았던 것이 사실이라고 할 수 있다.

드브루아는 이처럼 로브 수도원영지에서 곡물 공납량이 많았던 것은 9세기 중엽에 이 수도원이 약탈로 인해 수입이 크게 감소하고 10세기 후반까지 정규의 수도원장이 부재한 상황에서 식량 확보가 최우선 과제가 되었기 때문이라고 설명한다.[18] 그러나 이 수도원영지에서 곡물공납이 다른 영지들보다 특별히 많았던 것은 이 같은 사정 때문이라기보다는, 장원들이 위치한 자연지리적 조건상 곡물 이외 포도주와 같은 현물의 생산이 어려웠던 사정에서 기인하는 것으로 봐야 할 것이다.

이 영지명세장에 기재된 장원들 가운데 단 1개의 장원을 제외한 절대다수의 장원은 벨기에 중서부의 에노 지방 탱(Thuin) 군 로브 코뮌(북위 50° 35′)에 소재한 이 수도원으로부터 반경 50km 범위 내에 분포한다.[19] 따라서 이들 장원은 포도재배의 북방 한계선으로 알려진 북위 50도 선에[20] 위치하여 양질의 포도주 생산이 어렵다. 카롤링시대에 이들 장원에서 포도가 재배되기 어려웠다는 것은 이들 장원의 영주직영지에 관한 영지명세장 기록에서 포도밭이 보이지 않는다는 점에서 확인된다. 이들 장원과는 달리 이 수도원으로부터 멀리 남서쪽

있다. 따라서 이 장원의 경우에는 고전장원으로 보기 어렵다고 하겠다.

18   J.-P. Devroey, ed., *Polyp. de Lobbes*, pp. CXXII ~ CXXIII 참조.

19   로브 수도원의 명세장에 기재된 장원들의 위치에 관해서는 J. Warichez, ed., "Polyp. de Lobbes", pp. 249~267과 J.-P. Devroey, ed., *Polyp. de Lobbes*, pp. XXIX~XXXVII, XLII~LIII, 3~78 참조.

20   포도재배의 북방 한계선에 대해서는 *SchulAtlas Alexander*(Gotha: Klett-Perthes, 2002), p. 47 참조.

90km쯤 떨어진 오늘날 프랑스 피카르디 지방 엔(Aisne) 도 랑(Laon) 군 시손(Sissone) 캉통의 생테름(Saint-Erme) 마을에 해당하는 6번째의 에르클리아쿠스(Ercliacus) 장원에서는 유일하게 영주직영지에 큰 규모의 포도밭이 존재하며, 농민보유지들에 곡물공납 의무가 부과되지 않고 다른 종류의 현물공납들과 함께 1md씩의 포도주 공납 의무가 부과된다. 이 장원은 현재의 행정구역상으로는 위와 같은 곳에 위치하지만, 예로부터 포도주 산지로 유명한 샹파뉴 지방의 서쪽 인근에 소재한다.[21] 이런 사실로 미뤄 볼 때, 로브 수도원영지의 다른 장원들에서 곡물 공납량이 많은 것은 곡물보다 값이 훨씬 비쌌던 포도주가[22] 생

21 샹파뉴 지방뿐만 아니라 랑 시 주변을 비롯한 피카르디 지방은 중세에 포도주 산지로서, 양질의 포도주가 생산되지 않는 벨기에의 많은 교회기관들이 포도밭을 소유한 곳들 중 하나다. H. van Werveke, "Comment les établissements religieux belges se procuraient-ils du vin au haut Moyen Âge?", H. van Werveke, *Miscellanea mediaevalia. Verspreide opstellen over economische en sociale geschiedenis van de Middeleeuwen*(Gent: E. Story-Scientia, 1968), pp. 12~21 참조.

22 프랑크왕국의 칙령집인 *Capitularia*, no. 28 "Synodus Franconofurtensis"의 제4조(p. 74)에 의하면, 794년 프랑크푸르트 공의회에서 카롤루스 대제가 규정한 평상시 곡물 1md의 상한가격은 보리가 2드니에였고 호밀이 3드니에였다. 그렇지만 여기에는 스펠트밀의 상한가격에 관해서는 언급이 없다. 이에 비해 *Capitularia*, no. 46 "Capitulare missorum niumagae datum"의 제18조(p. 132) 및 no. 183 "Ansegisi capitularium liber primus"의 제126조(p. 411)에 의하면 806년의 기근 상황에서 정부가 정한 곡물의 상한가격은 스펠트밀과 보리가 1md당 3드니에로서 같으며, 호밀 가격은 4드니에였다. 또 망스 보유자가 군역세로 '4드니에 또는 호밀 2md'를 지불한다고 한 프륌 수도원의 영지명세장 제LIII~LIIII장의 기록에 따르면 호밀 1md의 가격은 2드니에가 된다. 이와 같이 카롤링시대에 곡물가격은 곡물의 종류에 따라 그리고 평상시와 기근시절에 따라 또 곳에 따라 달랐으나, 곡물의 종류별 전반적 가격동향을 볼 때 로브 수도원영지에서 장원 농민들이 영주에게 많이 공납한 스펠트밀과 보리의 평상시 가격은 1md당 2드니에쯤 되었다고 할 수 있을 것이다. 한편 바이센부르크 수도원의 영지명세장 제VIII장에서는 망스 보유자는 매년 '돼지 1두나 5수 또는 포도주 15situla 또는 30드니에'를 바친다고 되어 있다. 앞에서 본 것처럼 1수=12드니에이다. 그리고 B. Guérard, *Prolégomènes*, p. 197에 의하면 1situla는 카롤링시대에 26.1리터 내지 34리터였으므로, 1situla=½md가 된다. 따라서 포도주 1md의 가격은 4드니에 내지 8드니에가 되는 셈이다. 결국 카롤링시대에 포도주 가격은 곡물가격에 비해 보통 2배 내지 4배가량 비쌌다고 볼 수 있다. 농

산되지 않는 지리적 조건이 크게 작용했다고 할 수 있을 것이다.

이것이 사실일 것임은 바로 앞에서 곡물공납의 비교대상이 된 생르미 수도원의 영지를 구성하는 장원들의 현물공납 내용으로 봐서도 방증된다. 생르미 수도원의 장원들은 포도주 산지인 샹파뉴 지방의 랭스를 중심으로 분포한다.[23] 그래서 그런지 이 영지에서는 포도주 공납이 비교적 흔한 편이다. 그런데 전술한 곡물공납 의무가 부과된 12개 장원 가운데 망스당 10~12md쯤의 많은 곡물을 공납하는 5개 장원에서는 포도주 공납이 없는 데 비해,[24] 나머지 7개 장원 중 곡물의 공납량이 1~3md 정도로 적은 5개 장원에서는 1개 장원을 제외하고는 1~9md씩의 포도주가 공납된다.[25] 다만 7개 장원 중 제XII장의 장원에서는 곡물 공납량이 $12\frac{1}{2}$md일 정도로 많은 동시에 포도주의 공납량도 1md와 '(전체 생산)포도주의 $\frac{1}{10}$(decima de vino)'이나 된다. 나머지 1개 장원(제XVII장)에서는 현물의 내용물이 곡물인지 아니면 포도주인지 알 수 없지만, 인두세 명목으로 1md가 공납된다. 따라서 대체로 생르미 수도원영지의 장원들에서 포도주 공납이 있는 경우에는

산물 가격은 때와 곳에 따라 달랐지만, 포도가 절대다수의 장원들에서 재배되기 어려운 로브 수도원의 영지에서는 포도주가 곡물에 비해 2배 내지 4배 정도 더 비쌌을 가능성이 높다.

23 생르미 수도원의 장원들의 위치에 관해서는 J.-P. Devroey, ed., *Polyp. de St. Remi*, pp. 3~147; B. Lützow, "Studien zum Reimser Polyptychum Sancti Remigii", *Francia*, 7(1979), pp. 25~28, 57 및 B. Guérard, ed., *Polyp. de St. Remi*, pp. 133~143 참조.

24 이런 장원은 제XI, XVIII, XX, XXII, XXVIII장에 기재된 장원들이다. 이들 5개 장원 가운데 앞의 4개 장원은 망스당 곡물의 공납량이 12md다. 역시 포도주의 공납 없이 곡물만 공납되는 마지막 제XXVIII장의 장원에서도 망스당 곡물 공납량이 1md 분량의 돼지 방목세와 '농산물의 $\frac{1}{10}$'("… decimam de omni conlaboratu, …")이라고 함으로써, 그 분량을 정확히 알 수 없지만 상당히 많은 분량의 곡식을 공납한 것으로 추측된다.

25 제II, IX, XV, XIX장의 장원들. 앞의 3개 장원에서는 포도주가 1~2md씩, 맨 뒤의 장원에서는 9md씩 공납된다. 제X장의 장원에서는 방목세로 1md의 스펠트밀을 공납하면서도 포도주 공납이 없다.

곡물공납이 적지만 포도주 공납이 없는 경우에는 곡물 공납량이 많다
고 할 수 있을 것이다. 한편 장원들의 절대 다수가 포도주 산지인 파
리 지역에 분포한 생제르맹 수도원영지나 생모르 수도원영지의 대다
수 장원들에서 망스 보유자들에게 주로 방목세 명목으로 2md 정도의
포도주 공납이 부과되는 경우에는 곡물 형태의 현물이 거의 공납되지
않는다는 사실도 로브 수도원영지에서 곡물 공납량이 많았던 것은 포
도주가 생산되지 않는 지리적 환경 요인이 크게 작용했다는 반증일 수
있다.

　이와 같은 사실들에 비춰 볼 때, 로브 수도원영지에서 일반적으로
곡물의 공납량이 비교적 많았던 것은 대다수의 장원에서 포도주가 생
산되지 않아 곡물 위주로 현물이 공납될 수밖에 없었던 사정 때문이라
고 할 수 있을 것이다. 맥주와 더불어 포도주는 석회수가 많아 식수가
좋지 않은 유럽의 자연환경에서 일상적 음료수였을 뿐만 아니라, 특히
미사를 비롯한 수도원의 종교생활에서 없어서는 안 되는 필수품이었
다. 그러나 로브 수도원영지는 입지조건상 대다수의 장원들에서 양질
의 포도주가 생산되지 않아 멀리 떨어진 포도주 산지에 포도주를 공납
하는 별도의 장원을 두어 포도주를 조달하는 한편,[26] 그러고도 부족한

26　일찍이 E. Lesne은 상업 발달이 저조한 중세 초기의 경제상황에서 북부 갈리아에 소재
　　한 수도원들이 원격지에 장원을 둔 것은 자체 소비를 위해 포도주를 비롯한 올리브유,
　　소금 따위와 같은 남방산 식품을 확보하기 위해서였다고 한다. E. Lesne, *Histoire de
　　la propriété ecclésiastique en France*, Vol. I(Lille: R. Girard; Paris: H. Champion,
　　1910), pp. 218~219 참조. 그렇지만 근래 연구자들은 먼 포도재배 지역에 위치한 장원
　　과 시장과의 밀접한 관계를 강조하고 '장원시장(Villamarkt)'이 이미 9세기에 널리 존
　　재했을 것이라고 주장한다. F. Irsigler, "Viticulture, vinification et commerce du vin
　　en Allemagne occidentale des origines au XVIe s.", *Le vigneron, la viticulture et la
　　vinification en Europe occidentale au moyen-âge et à l'époque moderne*(Abbaye
　　de Flaran, 11, Auch: 1991)[Open Edition Books(https://books.openedition.org/
　　pumi/22862)], pp. 7~8/29 참조. 그러나 영주가 큰 규모로 시장에 내다판 물품은 애

포도주를 시장에서 구입하기 위해 포도주가 생산되지 않는 장원들의 농민들로부터는 금전이나 곡물을 공납케 했던 것으로 추측된다.[27] 그렇지만 이 수도원영지에서 장원농민들의 곡물 공납량이 비교적 많았던 것은 드브루아가 지적하듯이 9세기 중엽 이후의 바이킹의 약탈활동으로[28] 식량을 우선적으로 확보해야 했던 상황도 부차적이기는 하지만 영향을 미쳤을 가능성이 있다.

요컨대 여타 영지들과 비교할 때, 로브 수도원영지에서 아마실이

초에 시장판매를 목표로 해서 생산된 것이 아니라 잉여농산물이다. 고전장원제는 기본적으로 자급자족 체제이며 시장경제적 부분은 부차적이고 보조적이었던 것으로 평가된다. 장원과 시장과의 관계를 강조하는 연구자들조차 고전장원제가 기본적으로 자급자족적임을 부정하지 않는다. 이 점에 관해서는 Y. Morimoto, "Aperçu critique des recherches sur l'histoire rurale du haut Moyen Âge: vers une synthèse équilibrée(1993-2004)", p. 155 참조. L. Musset, "Signification et destinée des domaines excentriques pour les abbayes de la moitié septentrionale de la Gaule jusqu'au XIᵉ s.", *Sous la règle de saint Benoît: structures monastiques et sociétés en France, du Moyen Âge à l'époque moderne*(Genève-Paris: Droz, 1982), pp. 167~182에 의하면 7-9세기에 많았던 원격지 장원은 바이킹과 마자르족의 침입, 언어적 경계선과 민족의식의 강화, 인근 세력가에 의한 불법점유 등으로 인해 11세기 중엽 이후 거의 사라진다.

27 로브 수도원의 현존 영지명세장에 기재된 27개 장원의 59%인 16개 장원에서 농민보유지 보유자들은 일정 액수의 금전을 영주에게 지불해야 한다. 그러나 지불금액을 파악할 수 있는 14개 장원 가운데 64%인 9개 장원에서 지불금액은 농민보유지당 매년 2~6드니에 정도로 다른 영지들에 비해 그리 많은 것이 아니며, 그 지불도 많은 경우 군역세 명목임이 명기되어 있다. 다만 5개 장원에서는 농민보유지당 지불금액이 매년 12드니에 이상이며, 특히 23번째의 베르메리아카스(Bermeriacas) 장원에서는 매년 군역세 명목의 10드니에를 지불하는 외에 해마다 12드니에와 6드니에를 번갈아 가며 추가로 지불해야 할 만큼 지불금액이 많다.

28 로브 수도원과 그 장원들의 다수는 에스코강의 지류인 상브르(Sambre)천 주변에 위치한다. 9세기 에스코강 유역 일대에 대한 바이킹의 파괴와 약탈에 관해서는 J. C. H. Blom/E. Lamberts/J. C. Kennedy, *History of the Low Countries*(New York: Berghahn Books, 1999), p. 16; F. D. Logan, *The Vikings in History*(2nd edition, London: Routledge, 1991), p. 128; J. Brøndsted/K. Skov, *The Vikings*(Harmondsworth: Penguin Books, 1965), pp. 50~51; T. D. Kendrick, *A History of the Vikings*(New York: Charles Scribner's Sons, 1930), pp. 205, 214, 219 참조.

나 가축의 공납분량은 적었으며 그 대신 곡물의 공납분량이 많은 편이었다고 할 수 있다. 그렇기 때문에 이 영지에서 현물지대가 지배적이었다고 할 만큼 전체적으로 현물공납이 많았다고 보기는 어렵다. 그렇지만 다른 영지들과는 달리 비교적 많은 곡물공납이 아마실 및 가축의 공납과 동시에 부과됨으로써 전체적인 현물공납이 매우 많았을 것이라고 생각할 수도 있을 것이다. 그래서 다른 영지들에서도 주요 현물의 공납이 이처럼 동시에 부과됨으로써 현물공납이 많았는지 살펴볼 필요가 있다고 하겠다.

그러나 현존하는 영지명세장들에 따르면 부역노동과 현물공납의 구성내용 및 부과방식은 영지에 따라 상당한 차이가 난다. 예컨대, 앞에서 본 것처럼 농노의 부역노동 부담이 큰 생베르탱 수도원영지나 몽티에랑데르 수도원영지에서는 공납의 종류가 적고 그 부담도 아주 작은 데 비해, 로브 수도원영지에서는 공납의 부담이 상대적으로 큰 편이다. 또 일반적으로 자유인보유지의 경우에는 상대적으로 공납의 종류가 많고 그 부담이 큰 데 비해, 노예보유지의 경우에는 잡역의 부담이 큰 반면에 공납의 종류가 적고 부담이 작다. 로브 수도원영지의 현물공납 부담의 크기를 가늠하기 위해 이와 같이 다양하고 복잡한 부과체계와 내용을 가진 영지들과 일일이 비교할 수는 없다. 또한 그럴 필요도 없을 것이다. 그래서 여기서는 로브 수도원영지의 현물공납 부담을, 앞에서 곡물공납의 비교대상이 된 생르미 수도원영지와 아마실 공납의 비교대상이 된 프륌 수도원영지의 해당 장원들에 국한해서 비교해 보자.

로브 수도원영지에서보다 장원농노들에게 적은 분량의 곡물공납이 부과된 생르미 수도원영지의 12개 장원들에 관한 기록에는 아마실이나 아마 또는 아마포의 공납이 없고 아마포 짜기 부역노동도 보이지 않는다. 그러나 이들 장원의 대다수에서 자유인망스에 전술한 곡물공납 외에 매년 보통 1~2md씩의 포도주와 양이나 돼지 1두씩의 공납이 부과된다. 말하자면, 이들 장원에서는 망스별로 아마실 공납이 없는 대신 로브 수도원영지에서는 부과되지 않는 포도주를 공납하고 이 영지보다 2~3배 많은 가축을 공납하고 있는 것이다. 이런 공납상황에 비춰 볼 때, 전체적으로 로브 수도원영지의 장원농민의 현물공납 부담이 생르미 수도원영지에서보다 더 컸다고 보기는 어렵다. 생르미 수도원영지의 이들 대다수 장원에서는 이런 현물공납 부담에도 불구하고 망스 보유자들은 상당한 면적의 정적부역, 코르베, 수송부역, 땔나무하기, 손일(manopera) 등 각종 경작부역과 수송부역 및 잡역을 많이 수행하고 있다. 따라서 이들 12개 장원에서는 영주직영지가 주로 농민보유지 보유자들의 부역노동으로 경작되고 경영되었다고 할 수 있다.[29] 이것은 노동지대가 이 영지에서 지배적이었음을 뜻하는 것으로, 드브루아조차도 부정하지 않는 바다.

로브 수도원영지의 가락 단위의 아마실 공납량과 비교대상이 된 프륌 수도원영지의 장원은 5개다. 그중 제XXXX장에 기재된 토지에서는 20가락의 아마실을 공납한다고 되어 있지만, 영주직영지가 존재하지 않고 단 1개의 망스만 존재한다. 게다가 이 1개 망스는 20가락의 아마실 공납 외에 20드니에의 화폐를 지불한다는 것이 의무의 전부다. 따라서 제XXXX장은 현물공납의 전체 크기를 비교하는 대상이 될 수 없다. 이런 제XXXX장을 제외한 제XLV~XLVII, LXXX장에 기재된 장원들은 각각 12개 이상의 자유인망스나 종류미상의 '망스'들과 단 1개

---

29 앞에서 말한 바 있듯이, 생르미 수도원영지와 곧 뒤에서 논하게 될 프륌 수도원영지를 비롯한 여러 영지의 고전장원들에서 농민보유지 보유자들의 부역노동으로 경작되는 영주직영지의 실제 면적은 전체 영주직영지 면적의 숭정도를 차지했다.

장원을 제외하고 영주직영지로 구성되며,[30] 여러 가지 종류의 부역과 공납 의무가 부과된다. 이들 4개 장원 중 제XLV~XLVII장의 3개 장원에서는 장원에 따라 현물의 종류와 공납량에 꽤 차이가 나기도 하지만, 대체로 망스별로 40가락 내지 60가락의 아마실 공납 외에 매년 2두 정도의 큰 돼지나 양과 1~2md의 곡물공납 의무가 있다. 이들 현물은 화폐나 송어로 대납될 수도 있다. 제LXXX장의 장원에서는 망스별로 40가락의 아마실 공납 외에, 매년 큰 돼지 1두 정도와 앞의 3개 장원과 로브 수도원영지에서는 부과되지 않는 100개의 지붕널을 바쳐야 한다. 따라서 로브 수도원영지와 비교할 때, 프륌 수도원의 장원들에서는 곡물의 공납량이 훨씬 적거나 아예 전혀 없는 경우도 있지만 아마실 공납이 다소 더 많은 가운데 가축의 공납량이 4~6배나 많다고 할 수 있다. 곡물의 공납이 없는 한 장원에서도 그 대신 상당한 분량의 지붕널이 공납되고 있다. 따라서 프륌 수도원영지의 이와 같은 공납부담은 로브 수도원영지보다 작다고 말하기 어렵다. 이들 4개 장원의 농노들은 이와 같은 공납을 부담함에도 불구하고 상당한 면적의 정적부역과 매주 3일간의 주부역, 코르베, 연 15일 작업, 수송부역, 울타리 작업, 음식 마련 등의 여러 가지 부역노동을 수행해야 한다. 따라서 이들 프륌 수도원의 장원들 역시 영주직영지는 농민보유지 보유자들의 부역노동으로 경작되거나 경영되고 있으므로, 이 영지에서도 지대는 노동지대였다고 할 수 있다.

로브 수도원의 장원들에서 현물지대가 지배적이지 않았음은 비단 이와 같은 다른 영지들과의 현물공납 부담의 크기 비교에서만 확인

---

30 영주직영지가 보이지 않는 장원은 제LXXX장의 장원이다. 그러나 이 장원의 망스들에는 여러 가지 경작부역 의무가 부과되고 있기 때문에, 실제로는 영주직영지가 존재했으나 기록상 누락되었다고 봐야 할 것이다.

되는 것은 아니다. 정작 이 수도원의 영지명세장에는 곡물공납이 본래 지대가 아니라 세의 일종임이 명시되어 있다. 이 명세장의 22번째 기슬레로(Gislero) 장원과 24번째 카스틸리온(Castilion) 장원 및 28번째 하그나(Hagna) 장원에서 망스 보유자들에게 많은 분량의 곡물공납이 부과되지만, 그 명목은 지대가 아니라 '돼지방목세(pastus, pastio)' 임이 명기되어 있다. 돼지방목세는 농노들이 가을철에 도토리 따위의 열매가 열리는 장원의 숲에서 돼지를 방목하여 살찌우는 데 대해[31] 영주가 부과하는 일종의 조세였다. 장원 숲의 대부분은 영주의 사유지가 아니라 주민 전체의 공유지였지만, 영주는 장원의 지배자로 군림하여 장원농민의 돼지방목에 대해 곡식이나 포도주 따위로 조세를 징수했던 것이다. 앞에서 비교대상이 된 생르미 수도원의 영지명세장에서도 일정량의 곡물공납이 대부분 돼지방목세임이 적지 않게 명시되어 있다.[32] 뿐만 아니라 로브 수도원의 영지명세장에 기재된 16번째의 시굴피 빌라(Sigulfi Villa) 장원과 21번째의 고시니아카스(Gosiniacas) 장원에서는 망스 보유자가 곡물과 아마실을 바칠 의무를 지고 있음에도 불구하고, 이런 공납 의무와는 별도로 매주 3일의 손일과 2일의 황소 지참 부역을 수행해야 할 의무가 명기되어 있다. 이런 기록은 이 두 장원에서 좁은 의미의 진정한 지대는 부역노동 형태의 노동지대였지, 곡식과 아마실과 같은 생산물로 된 현물지대가 아니었음에 대한 단적인 증거라고 할 수 있다.

그러므로 9세기 후반 무렵 로브 수도원영지의 다수 장원에서 곡

---

31 B. Guérard, *Prolégomènes*, pp. 686~689에 따르면 돼지는 10월부터 12월까지 도토리와 너도밤나무의 열매 및 기타 단단한 열매들이 열려 있는 숲 속에서 방목되었다.

32 B. Guérard, ed., *Polyp. de St. Remi*, 제IX장 제2, 4, 5항, 제X장 제6항, 제XIX장 제2, 9항, 제XXVIII장 제2항 참조.

물의 공납분량이 다른 영지들에 비해 상대적으로 많기는 하지만, 그것
은 몇몇 장원을 제외하고 지대가 아니라 조세의 일종인 돼지방목세라
고 봐야 할 것이다. 절대 다수의 장원이 영주직영지와 망스라는 농민
보유지들로 이분된 고전장원제적 공간구조를 취하고 있는 가운데 장
원들의 일부에서 영주직영지에 대한 망스 보유자의 경작부역 의무가
명시되어 있는 것으로 볼 때, 이 영지에서 좁은 의미의 본래 지대는 실
제로는 부역노동 형태의 노동지대였으나 많은 경우 생략되었다고 봐
야 할 것이다.[33] 물론 뒤의 제2절에서도 언급되듯이 각종 세의 이름으
로 징수되는 현물 및 화폐 형태의 공납도 장원농민들의 잉여노동에 의
해 생산된 잉여가치가 토지소유자인 영주에게 수취되는 것에 다름 아
니므로, 장원농민이 돼지방목세라는 명목으로 영주에게 지불하는 곡
물 따위의 현물도 넓은 의미에서는 지대에 포함된다고 봐야 할 것이
다. 더욱이 돼지방목세는 임야라는 토지의 이용에 대한 대가로도 볼
수 있기 때문이다. 그러나 이처럼 돼지방목세로 영주에게 수취되는 현
물을 넓은 의미에서 지대로 볼 수는 있지만, 그것은 농민보유지의 대
부분을 차지하고 가장 중요하면서도 기초적인 생산수단을 이루는 농
경지에 대한 지대가 아니라 비농경지인 돼지방목장으로 사용되는 임
야에 대한 지대일 뿐이다. 따라서 그것은 지대의 핵심을 형성한다고
볼 수는 없다.

　　9세기 후반 로브 수도원영지에서 농민보유지의 보유자들이 영주
에게 노동지대를 지불하지 않고 현물지대를 지불했으리라는 드브루아

33　로브 수도원의 영지명세장에서 망스 보유 농민의 부역노동이 실제로 존재하지 않았는지
　　아니면 실제로는 존재했음에도 불구하고 기록상 생략되었는지에 관한 드브루아와 한스
　　호프(F. L. Ganshof)의 논쟁과 이에 대한 보다 자세한 비판적 고찰에 관해서는 저자의
　　논문 「고전장원제하 영주직영지와 농민보유지의 지역별 크기관계―파리 분지 동북부
　　지역을 중심으로―」, 『역사와 경계』, 88(2013), 267~271쪽 참조.

의 견해는 영주직영지의 경작노동력이라는 측면에서도 중대한 문제를 안고 있다. 그의 주장대로 지대가 현물지대였다면, 이 영지에 장원마다 농민보유지들과 더불어 빠짐없이 존재하는 제법 큰 면적의 영주직영지를[34] 경작할 만한 노동력이 농민보유지 보유자들을 제외하고 존재했느냐 하는 문제가 생긴다. 그는 영주직영지에 거주하는 솔거노예(率居奴隸)와 'haistaldus'라는 예속민의 노동이나 'sessus'라는 소규모 농민보유지를 보유한 영세농민들의 임금노동으로 경작되었을 것이라고 추측한다.[35]

그러나 이 명세장에는 노예와 노예노동에 관한 언급이 전혀 없다.[36] 이에 비해 haistaldus는 다수의 장원에 제법 많이 존재한다. 그렇지만 이 집단은 영주로부터 의복과 식사 및 노동도구를 제공받아 영주

---

34   로브 수도원의 현존 영지명세장에서 정상적인 고전장원제적 공간구조를 갖추고 영주직영지의 면적이 산출될 수 있는 18개 장원의 평균적인 영주직영지 면적은 104.9헥타르쯤 되는 것으로 추산된다. 이것은 임야와 같은 비농경지는 제외하고 곡물경작지를 중심으로 한 농경지만의 면적이기 때문에, 영주직영지의 규모가 상당히 컸다고 할 수 있다. 저자의 논문, 「고전장원제하 영주직영지와 농민보유지의 지역별 크기관계—파리 분지 동북부 지역을 중심으로—」, 271~276쪽 참조.

35   J.-P. Devroey, ed., *Polyp. de Saint-Pierre de Lobbes*, p. CXXI.

36   로브 수도원의 현존 영지명세장에 노예에 관한 언급이 없지만, 노예가 실재했을 가능성은 있다. 카롤링시대의 다른 문헌기록들에서는 노예가 제법 존재함을 볼 수 있기 때문이다. 심지어 두아르트 등 일부 연구자는 카롤링시대에 고전장원제로 조직된 영지를 비롯한 농촌사회의 토지경작에서 노예의 노동 비중이 컸다고 주장한다. R. Doehaerd, *The Early Middle Ages in the West*, pp. 43, 112~114; G. Duby, *L'économie rurale*, pp. 100~102; 같은 저자, *Guerriers et paysans VIIᵉ-XIIᵉ siècle. Premier essor de l'économie européenne*(Paris: Gallimard, 1973), pp. 100~101 참조. 그렇지만 그들은 영주직영지를 경작하는 노동력의 종류별 상대적 비중을 산출하지 않고 재산기증 문서 등에 나타나는 노예 수를 예로 들어 노예노동의 역할이 컸다고 강조한다. 그러나 솔거노예들이 많이 나타나는 생베르탱 수도원의 영지명세장을 비롯한 여러 영지명세장을 구체적으로 분석해 보면, 영주직영지 경작에서 노예노동의 역할은 기껏해야 25% 정도에 지나지 않으며 ⅔ 이상은 농민보유지 보유자들이 담당했다. 저자의 논문들인 「9세기 생베르탱 수도원영지의 경작노동력 구성」, 401~414쪽 및 「고전장원제하의 농업노동력」, 55~74쪽 참조.

의 일상적 집안일과 기껏해야 텃밭 정도를 가꾸는 단기간의 간단한 부역노동을 수행했을 뿐인 데다,[37] 여성도 다수 포함하고 있다. 또 몇몇 장원에 다소간에 존재하는 sessus, 'sessiculus', mansellus 따위의 소규모 농민보유지에는 주로 현물지대가 부과되거나 기타 화폐지대 또는 부분적 부역노동이 부과되는 등 장원에 따라 일정하게 정해진 의무가 명확하게 규정되어 있다. 이와 같은 사정을 고려할 때, 이들이 장원마다 존재하는 상당히 큰 면적의 영주직영지를 경작하는 충분한 노동력을 안정적으로 공급했을지는 의문이다. 게다가 로브 수도원의 현존 영지명세장에 의하면 고전적 공간구조를 가진 총 27개 장원 가운데 haistaldus와 같은 토지 미보유 예속민도 부재하고 소규모 농민보유지도 없는 장원이 7개나 존재한다.[38] 특히 이 중 이 명세장에서 6번째로 기록되어 있는 에르클리아쿠스 장원과 18번째의 티겔로데(Tigelrode) 장원은 각각 수도원으로부터 직선거리로(이하 거리 표시는 모두 직선거리임) 남서쪽 90km와 북동쪽 97km쯤 멀리 동떨어져 있다. 이렇게 동떨어진 장원의 영주직영지는 누가 경작했을까? 로브 수도원영지의 다른 장원 소속 예속민이나 소토지보유자들이 경작하기는 어렵다. 왜냐하면 이들은 긴 농사철 동안 많은 노동을 지속적으로 필요로 하는 소속 장원의 영주직영지를 경작하는 데도 바빴을 터인 데다, 이들 두 장원은 너무나 멀리 떨어져 있었기 때문이다. 그러므로 로브 수도원영지에서 장원당 평균 18.6개꼴로 존재하는 망스를[39] 보유한 농노들의 부역노동으로 영주직영지들이 경작될 수밖에 없었다고 하겠다.

37　haistaldus 집단에 관해서는 저자의 논문 「고전장원제하의 농업노동력」, 49~52쪽 참조.
38　6, 8, 11, 18, 21, 27, 28번째에 기재된 장원들.
39　장원별 망스 수에 관해서는 필자의 논문, 「고전장원제하 영주직영지와 농민보유지의 지역별 크기관계─파리 분지 동북부 지역을 중심으로─」, 271~276쪽 참조.

이상에서 살펴본 바와 같이 중세 전기에 장원의 농경지가 영주직
영지와 농민보유지들로 이분된 고전장원제적 공간구조에서 일반적 지
대는 부역노동 형태의 노동지대였다고 할 것이다. 다만 같은 영지 안
에서도 지대가 노동지대가 아니라 생산물지대나 화폐지대가 지배적
인 장원이 일부 존재한다. 그렇지만 이런 장원들의 대다수는 곡물경작
지 중심의 영주직영지와 표준적이고 정상적인 농민보유지들로 구성된
고전장원제적 공간구조를 갖추고 있지 못하다. 이를테면 앞에서 거론
된 몽티에랑데르 수도원영지에서는 11세기 초엽 이후 추가된 것으로
추정되는 제XXXVIII~XLIV장에 기재된 영주직영지가 없는 장원들
이, 생르미 수도원영지에서는 영주직영지에 곡물경작지가 없거나 아
주 작고 농민보유지가 망스로 되어 있지 않고 작은 땅 조각이나 '아콜
라(accola)'라는 소규모 농민보유지 몇 개로 구성되어 포도주로 된 생
산물지대나 화폐지대를 지불하는 제IV, XXIII, XXIV장의 장원들이,[40]
프륌 수도원영지에서는 화폐지대나 생산물지대를 지불하는 아르덴고
원 소재 제XXXIIII~XXXV장의 장원들과 마스강 중류 소재 제XLIV장
의 장원 및 라인강 하류 지역 소재 제XCVIII~CIII장의 장원들 등 고
지대나 강의 중·하류 유역과 같은 특수한 지형조건에 위치한 장원들
이[41] 그렇다고 할 수 있다.[42] 부역노동에 관한 기록이 적고 곡물 형태의
현물공납이 많은 로브 수도원영지에서도 앞에서 언급한 3개 정도의
장원에서는 현물지대가 우세했을 가능성을 배제할 수 없지만, 대다수

---

40 제VII장의 장원도 자유인망스의 절반이 포도주로 된 생산물지대를 지불한다.

41 프륌 수도원의 영지명세장 제XXVII~XXIX장에 기재된 장원들에서는 망스 보유자들의
    영주직영지 경작부역 의무에 관한 기록이 보이지 않는다. 생략되었을 가능성이 높지만
    확실하지 않다.

42 L. Kuchenbuch, "Probleme der Rentenentwicklung", pp. 158~160에서는 지대가 화
    폐지대로 된 장원은 인근에 형성된 시장과 밀접한 관계가 있다고 지적되고 있다.

의 장원에서는 노동지대 중심의 고전장원제로 조직되어 경영되었음이
틀림없어 보인다. 또 같은 고전장원 안에서도 가끔 농민보유지에 따라
서는 지대가 생산물지대나 화폐지대인 경우도 있다. 이런 농민보유지
는 영주직영지로부터 멀리 외따로 떨어져 있거나 온전한 정상적 농민
보유지를 이루지 못하는 쪼가리 농민보유지이거나 또는 농민보유지로
성립된 지 얼마 안 되는 것들이다. 그러므로 중세 전기에 갈리아 북부
지역을 중심으로 수도원을 비롯한 대지주들의 영지가 지대가 모두 노
동지대인 고전장원들로 구성된 것은 아니고 심지어 고전장원 안에도
간혹 생산물이나 화폐지대를 지불하는 농민보유지가 존재하기도 했지
만, 일반적으로 토지의 대부분은 고전장원들로 조직되고 고전장원의
지대는 노동지대였다고 할 수 있다.

2. 노동지대의 구성내용

고전장원에서 지대가 부역노동 위주의 노동지대였다고 할지라도, 농
노들이 수행한 부역노동은 단일한 동일노동으로 구성되었던 것이 아
니다. 영지명세장을 비롯한 당시의 문헌기록에서 부역노동은 그 용도
와 수행방식에 따라 경작부역, 수송부역(carropera), 흔히 '손일(man-
opera)'이라고 불린 잡역,[43] 추가적 집단 갈이질부역이라고 할 수 있는

---

43 '손일(manopera)'은 반드시 잡역을 지칭했던 것은 아니다. 경우에 따라서는 쟁기의 사
용 없이 수행하는 경작부역을 가리키기도 했다. 생모르 수도원의 영지명세장에서는 일
부 장원의 농민보유지가 '쟁기부역망스(mansus carroperarius)'와 '손부역망스(man-
sus manoperarius)'로 구분되어 그 의무가 기록되고 있다. 이 경우 후자 망스의 손일이
란 쟁기를 사용하지 않고 행하는 경작부역이라고 할 수 있다. 또 생르미 수도원의 영지
명세장 제XXIII장 제2항에서 '아콜라(accola)'라는 소규모 농민보유지를 보유한 사람

코르베 등의 다양한 범주로 구분되었다. 그러나 고전장원제적 토지소
유 구조 속에서 농노들이 수행한 여러 가지 범주의 부역노동과 수많은
일들 가운데서도 중심을 이루고 가장 중요한 것은 영주직영지의 농경
지를 경작하는 넓은 의미의 경작부역이었다. 넓은 의미의 경작부역이
라 함은 단순히 영주직영지의 곡물경작지를 쟁기로 갈이질하는 것만
이 아니라, 곡물경작지의 여타 농사일은 물론 초지 및 포도밭과 같은
여타 농지의 부역노동까지 포함하는 것이다.

앞에서 살펴본 바 있듯이, 봉건적 부역노동제도의 원초적 형태가
기록되어 있는 740년대 집성의 바바리아법 제I조 제13항에 따르면 토
지보유자는 영주직영지 중 일정 면적의 곡물경작지 곧 '정적부역지
(andecena, andecinga)'에 대해 갈이질하고, 파종하고, 울타리를 치
고, 곡식을 수확하여 운반하고 저장해야 한다. 그리고 일정 면적의 초
지에 울타리를 치고 풀을 베고 건초를 모아 운반해야 한다. 또한 포도
밭에 포도나무를 심고, 구덩이를 파고, 접붙이고, 가지치기를 하며, 포
도 따기를 해야 한다. 이와 같이 토지보유자가 할당받은 일정 면적의
농경지에서 곡물과 건초 및 포도 생산과 관련된 일련의 모든 농사일을
했음은 9세기 초 이후 성립된 고전장원제 아래서도 마찬가지였다. 다
만 고전장원제 아래서는 영지와 장원에 따라 토양학적·기후학적 특수
한 입지조건으로 말미암아 경작부역이 곡물경작지의 경작이나 포도재

에게 부과되는 의무의 하나로서 "그리고 초지나 추수밭에서 또는 필요한 곳에서는 어디
서나 손일을 수행한다.(facitque manopera in prato, in messe, vel ubicumque neces-
sitas fuerit.)"라고 할 경우의 손일 역시 쟁기 없이 수행하는 경작부역의 일종이라고 할
수 있다. 그러나 같은 생르미 수도원영지의 여타 장원들이나 몽티에랑데르 수도원영지
의 대다수 장원에 관한 기록에서 장원의 망스 보유자들에게 일정한 크기의 갈이질부역
과 코르베가 부과되는 동시에 흔히 영주의 뜰 및 밭의 울타리 작업이나 땔나무 작업 등
과 같은 잡역이 부과되면서 '(지시받는 어디서나 무제한적) 손일(manopera)을 한다.'
고 할 경우의 손일이란 잡역의 의미를 지닌다고 하겠다.

배에 집중되어 있거나 아니면 포도재배 부역이 결여되어 있다든가, 경작부역이 여러 가지 작업으로 파편화하여 곡식 및 포도의 수확이나 건초의 수집 및 반입과 같은 특정 부분의 부역이 별도로 부과되는 경우가 자주 있다는 차이 정도가 존재할 뿐이다.

곡물경작지와 초지 및 포도밭을 대상으로 한 이와 같은 경작부역 외에 전술한 코르베도, 기본적인 갈이질에 더해 농노들이 3~4명씩 조를 짜서 수행한다는 차이가 있기는 하지만, 경작부역 가운데서도 기초적이고 가장 핵심적인 갈이질부역에 다름 아니다. 또한 수송부역도 그 대부분이 장원에서 거름이나 포도나무 받침목과 같은 농자재를 밭으로 실어 낸다든가 생산된 곡물이나 포도주와 같은 농산물을 영주의 소재지나 그 밖의 지정장소로 운반한다는 점에서 경작부역의 연장이라고 볼 수 있기 때문에, 넓은 의미의 경작부역에 속한다고 할 수 있을 것이다. 따라서 고전장원에서 경작부역은 영주를 위해 농노가 수행하지 않으면 안 되는 부역노동 가운데 가장 중요하면서도 광범위하고 농노로서는 가장 무거운 부담이 되는 부역노동으로서, 전체 부역노동의 근간을 이룬다고 할 수 있다.

영지명세장들 가운데는 농노들이 연중 부역노동을 얼마나 수행하고 그 가운데서도 경작부역이 얼마나 큰 비중을 차지하는지를 비교적 간단명료하게 보여 주는 명세장이 있다. 그것은 장원을 비롯한 토지들이 로렌과 자르 및 라인프로이센에 분포한 오늘날 자르 지방의 메틀라흐 시 소재 메틀라흐 수도원의 영지명세장이다. 이 명세장에는 이 수도원에 대한 토지나 인신 투탁에 관한 기록이 제법 많다. 이를 제외하고 토지소유 현황과 장원농민들의 의무를 기록한 본래 의미의 영지명세장에는 월별로나 주요 축일별로 토지보유 농민의 의무내용이 17개의 장원에 걸쳐 기재되어 있다. 이런 영지명세장 가운데 주로 11세기에 추가 작성된 것으로 추정되는 8개의 장원에서는 화폐지대나 현물지대가 지배적이고, 10세기 중엽에 각각의 명세서들이 작성된 9개 장원에서는 노동지대가 우세하다. 그러나 후자의 장원들에 관한 기록에는 대부분 부역노동의 구체적 내용이 무엇인지 알 수 없게끔 막연히 몇 주간 부역노동을 한다고만 되어 있다. 그런 가운데 이례적으로 영주직영지와 더불어 43개 자유인망스의 의무가 기재되어 있는 제3장의 로렌 지방 소재 발라모나스테리움 장원과 $16\frac{1}{2}$개 노예망스의 의무가 기재되어 있는 제18장의 자르 지방 소재 로스마 장원에 관해서는 월별이나 축일별 또는 철별로 부역노동의 종류와 수행기간이 명기되어 있다. 이 두 장원은 영주직영지와 농민보유지들로 구성되고 후자 보유자들의 부역노동으로 경작되는 고전장원들이다.

　이들 두 장원에 관한 기록에 의하면 대체로 농민보유지의 종류와 장원에 관계없이 망스 보유자는 5월을 제외하고 3월부터 10월 말이나 11월 초순까지 7개월 이상 갈이질을 비롯한 경작부역을 수행한다. 5월과 2월 또는 가을철에는 수송부역을 수행한다. 이런 수송부역까지 포함하면, 넓은 의미의 경작부역 기간은 연간 9개월 이상이 되는 셈이다. 나머지 달들에도 망스 보유자들은 월별로 구체적 작업내용이 명시되지 않은 일정 기간의 부역을 수행한다. 그러나 이런 시기는 농한기이므로, 농한기에 수행하는 부역노동은 대부분 잡역일 가능성이 크다. 고전장원에서 부역노동은 용도와 수행방식에 따라 여러 가지 범주로 구분되지만, 이들 두 장원의 기록은 그 가운데서도 경작부역이 부역노동의 골간을 형성하고 영주의 입장에서는 가장 긴요하고 농민의 입장에서는 가장 큰 부담이 되는 부역노동이었음을 잘 보여 준다고 하겠다. 따라서 노동지대는 기본적으로 부역노동으로 구성되지만, 부역노동 가운데서도 경작부역이 그 주요 부분을 차지한다고 할 수 있다.

그러나 고전장원의 농노는 경작부역만 수행했던 것이 아니다. 그들은 농업생산과 농자재나 농산물의 수송과 관련된 부역 외에도 잡역이라고 할 수 있는 여러 가지 부역노동을 수행해야 했다. 농노에게는 밀가루 빻기와 체질, 빵 굽기, 버터나 치즈 만들기, 엿기름 제조, 포도주나 맥주와 같은 각종 술 담그기, 아마나 양모를 사용한 방적과 방직, 의복의 제조와 바느질 및 세탁, 영주저택과 그 부속건물의 건축 및 수리, 이엉 이기, 영주 저택의 뜰과 외양간 및 양어장 주변의 울타리 치기, 외양간 짚 깔기, 영주저택의 취사용과 난방용 땔나무 하기, 물 길어 주기, 야경이나 파수, 영주저택의 화단 가꾸기 등 의식주생활과 관련된 온갖 잡다한 일들을 할 것이 요구되었다. 영주의 집안일과 관련된 이런 유의 잡역은 원래 노예제 시절에 솔거노예들이 수행했던 일들로, 8세기 초반에 성립된 원초적 형태의 봉건적 부역노동제도에서는 토지를 보유한 노예들이 매주 3일씩 부과되는 주부역 중 1일간 수행했던 것으로 추측된다.[44]

그러나 신분에 따라 부역노동의 부과방식이 상이했던 원초적 형태의 봉건적 부역노동제도가 해체되고 9세기 초에 고전장원제가 성립하는 것을 계기로 하여 형성된 고전적 형태의 봉건적 부역노동제도 아래서는, 노예보유지뿐만 아니라 자유인보유지에도 이런 잡역이 부과된다. 카롤링시대의 영지명세장들을 살펴보면, 전체적으로 노예보유

---

44 원초적 형태의 봉건적 부역노동제도에서 매주 3일씩의 주부역에 1일간의 잡역이 포함되어 있었음에 대해서는 저자의 저서 『고전장원제와 봉건적 부역노동제도의 형성』, 268~271쪽 참조. 고전장원제가 성립한 후에도 아직 장원농민으로 성장하지 못한 장원 잔존 솔거노예들이 영주의 의식주와 관련된 일들을 하고 있었음을 볼 수 있다. 이를테면, 생제르맹 수도원의 영지명세장 제XIII장 제109, 110항, 제XV장 제70, 78항, 제XX장 제38항, 제XXIII장 제27항, 제XXV장 제6항, 부록 II의 제6항에서 여자노예들에게 아마포나 모직물을 짜야 할 의무가 부과되고 있는 것이 그런 사례다.

지를 보유한 농민―반드시 노예인 것은 아니다―이나 자유인보유지를 보유한 노예 신분이 잡다한 일들을 상대적으로 많이 수행하는 경향이 상존하는 듯이 보인다. 그렇지만 원초적 형태의 봉건적 부역노동제도에서는 이런 유의 잡역이 부과되지 않던 자유인보유지를 보유한 자유인 신분들도 점차 농민보유지의 종류와 보유자의 신분이 불일치하게 되는 추세가 나타나는 가운데 잡역을 수행하였다. 영지와 장원에 따라 그리고 가끔은 같은 장원 안에서도 농민보유지에 따라 토지보유 농노에게 부과되는 잡역의 종류와 크기가 다른 경향이 있기는 하나, 고전장원에서 정상적이고 표준적인 농민보유지인 망스나 후페(Hufe)라는 농민보유지는 그 종류를 불문하고 잡역이 부과되지 않는 경우는 드문 편이다.[45] 잡역에 관한 언급이 없이 매주 3일 정도의 주부역만 부과되는 장원이 극소수 존재하기는 하지만,[46] 그런 경우에는 원초적 형태에서처럼 주부역에 잡역이 포함되어 수행되었다고 할 수 있을 것이다. 그러나 프륌, 생베르탱, 바이센부르크 등의 수도원영지에서 보는 것처럼 고전장원제 아래서는 주부역이 부과되더라도 이와는 별도로 여러 가지 잡역이 부과되는 장원이 많다. 영지와 장원에 따라서는 장원의 농노가 '손일'로 표현된 잡역을 흔히 수송부역 등과 더불어 '지시

45 특히 869-878년에 작성된 생모르 수도원의 영지명세장에는 제10장 플로리아쿰(Floria-cum) 장원의 7개 노예망스를 제외하고는, 고전장원들임에도 불구하고 자유인망스들에는 물론 노예망스들에도 주부역이 부과되지 않는데도 잡역이 부과되지 않고 있다. 이 명세장에 기재된 15개의 고전장원 가운데 5개의 장원에 존재하는 이 영지 특유의 '쟁기부역망스' 및 '손부역망스'에도, 그리고 2개의 장원에 존재하는 종류미상의 망스들에도 잡역이 부과되지 않기는 마찬가지다. 이런 현상은 기록상 누락된 것인지 아니면 실제로도 잡역의 부과가 없었는지 정확히 알 수는 없지만, 전자일 가능성이 높다.

46 예컨대, "Polyp. de Lobbes", 15번째 두키아(Ducia) 장원의 13개 노예망스와 동, 27번째 베르케이아스(Berceias) 장원의 7개 종류미상 망스; "Polyp. der Prüm", 제CVII장의 노예망스들; "Polyp. von Wizenburg", 제XXVI장의 24개 종류미상 망스와 제CXCIII장의 4개 망스; Polyp. de St. Germain, 제XXV장 제24~27항의 4개 자유인망스.

받는 곳에서(ubi ei injungitur)' 또는 '지시받는 만큼(quantum ei injungitur)' 또는 '필요한 때와 곳에서는 언제 어디서나(quandocumque et ubicumque necesse fuerit)' 손일들을 수행한다(Facit …, manoperas, …)'고 하여 무제한적으로 수행하기도 한다. 생제르맹 수도원영지의 경우에는 이런 무제한적 잡역이 노예망스보다 오히려 자유인망스에 부과되는 경우가 훨씬 많다. 이와 같이 고전장원에서 잡역이 농민보유지의 종류를 불문하고 거의 모든 농민보유지에 부과되었다는 것은 고전장원제가 성립한 후 잡역이 장원농민이 영주로부터 토지를 분양받아 이용하는 데 대한 당연한 의무가 되었음을 뜻한다고 할 수 있다. 따라서 고전장원에서는 잡역 형태의 부역노동이 봉건지대의 보편적 구성요소 중의 하나가 되었다고 할 수 있을 것이다.

장원의 농노가 영주를 위해 수행한 부역노동 가운데 넓은 의미의 경작부역을 제외한 나머지 부역노동을 잡역이라고 할 때, 농노의 잡역 수행은 영주의 일상생활에만 국한되지 않았다. 고전장원제 아래서 토지보유 농노는 영주를 위한 수공업적 생산과 관련된 작업들도 부역노동으로 수행해야 했다. 토지보유 농노들이 수행한 전술의 잡역 가운데 밀가루 빻기와 체질, 옷 세탁, 울타리 치기, 외양간의 짚 깔기, 땔나무 하기, 물 길어 주기, 야경이나 파수, 화단 가꾸기 등은 누구나 쉽게 할 수 있는 단순노동이라고 할 수 있다. 이런 일들에 비해 버터나 치즈와 같은 식품 제조, 여러 가지 술의 양조, 길쌈과 재봉, 건물의 건축과 보수[47] 등과 같은 작업은 어느 정도의 기술과 숙련이 필요한 수공업적 작

---

47   물론 장원별로 존재하는 영주의 저택을 건축하고 수리함에 있어 높은 수준의 기술과 기능을 요하는 작업은 전문적 기술을 가진 장인들이 수행하고 일반 농민들은 헛간이나 축사(畜舍) 따위와 같은 부속건물의 건축 및 수리, 이엉 이기 등 그보다 낮은 수준의 일들을 했을 것이다.

업이라고 할 수 있다. 이와 같은 수공업적 부역노동은 어느 영지에서
나 대다수의 장원농노들에게 부과되었다.

그렇지만 장원에 따라서는 영주의 의식주생활과 관련된 이런 수
공업적 부역노동보다 기술수준이 더 높고 지역적 특성을 반영한다고
할 수 있는 선박 건조, 포도주통 제작 등의 수공업적 제조부역을 농
노들이 수행해야 했다. 이런 특수한 수공업적 부역은 대다수의 장원
에는 부과되지 않고 일부 장원에 국한하여 부과되었다. 이를테면, 프
륌 수도원의 영지명세장 제XXIV장과 제XXXII장에 각각 기재되어
있는 메렝케 장원과 비메스하임(wimesheym) 장원에서는 망스 보유
자들이 "배를 만들어야 한다."고[48] 하며, 바이센부르크 수도원의 영지
명세장 제XVII장에 기재된 베스트호벤(Westhoven) 장원에서는 후
페 보유자들이 "가을에 포도주통을 준비해야 한다."[49] 프륌 수도원의
장원들 가운데 농노들에게 선박 건조의 의무가 부과된 메렝케 장원
과 비메스하임 장원은 각각 모젤강변에 위치한 오늘날의 메링 시와,
라인강 상류의 북단부 좌측에 있는 한 지류인 나에(Nahe)강변에 위
치한 오늘날의 봐인스하임(Weinsheim) 시에 해당한다.[50] 바이센부
르크 수도원의 베스트호벤 장원은 라인강 상류의 보름스 시 북서쪽
10km 거리에 위치한 오늘날의 베스트호펜(Westhofen) 시의 모체가
되는 곳으로,[51] 이 도시의 경제적 기초는 포도주 생산이다.[52]

---

48 "Navigium facit."

49 "… debent … et in autumno vascula parare ad vinum."

50 이들 장원의 위치에 관해서는 I. Schwab, ed., *Prümer Urbar*, pp. 63, 75 및 별첨 "Ge-
    schichtlicher Atlas der Rheinlande", VII. 1. "Besitzungen der Abtei Prüm im 9. Jahr-
    hundert"와 Ch.-E. Perrin, *Recherches sur la seigneurie rurale*, p. 47; L. Kuchenbuch,
    Grundherrschaft im früheren Mittelalter(Idstein: Schulz-Kirchner, 1991), p. 168 참조.

51 이 장원의 위치에 관해서는 Ch. Dette, ed. & comment., *Liber possessionum Wizen-
    burgensis*, pp. 49, 173, 183 참조.

전술한 수공업적 부역노동의 다수는 'gynaeca'라고 불린 직조소 (織造所)처럼 영주직영지 내에 설치된 특별한 시설이나 작업장에서 수행되었다. 그러나 일부 부역노동은 농노의 집에서 이뤄져 그 생산제품을 영주에게 바치기도 했다. 그런 것들에는 쇠,[53] 수레,[54] 기와,[55] 통[56]

52　베스트호펜 시가 속한 라인강 중류 좌측의 라인헤센 지방은 독일의 주요 포도재배 지역들 중의 하나다. 라인헤센 지방의 포도주 생산에 관해서는 H. Johnson/J. Robinson, *The World Atlas of Wine*(6th Edition, London: Mitchell Beazley, 2007), 세종서적 편집부 옮김, 『휴 존슨·잰시스 로빈슨의 와인 아틀라스』(2009, 세종서적), 240~241쪽 참조.

53　*Polyp. de St. Germain*, 제XIII장 제64~68, 72, 81~83, 85~87, 89항에서 노예보유지를 보유한 노예 신분들은 경작부역을 비롯한 여러 가지 부역과 공납을 수행하는 동시에 보유지별로 100리브라의 쇠를 바쳐야 한다. 쇠의 생산은 고도의 기술과 복잡한 공정을 요하는 일이어서 농민이 생산하기 어렵기 때문에 생산자로부터 구입해서 바쳤다고 생각할 수도 있을 것이다. 그러나 쇠의 공납 의무를 가진 농민들이 단 1명의 공동보유자가 노예 출신일 가능성이 큰 반자유인인 경우를 제외하고 모두 노예망스를 보유한 노예 신분 출신이고, 그 의무가 부과되는 노예망스도 13개―이 수치에는 6개의 반쪽짜리 노예망스와 정상적인 농민보유지를 이루지 못한 1개의 부분보유지(pars)가 포함된다―가 될 정도로 많으며, 2명 이상의 농민이 공동 보유하는 노예망스도 7개나 되어 이들 공동보유자까지 포함하면, 망스 보유자의 수가 총 25명에 이를 만큼 많다. 이런 사실들로 미뤄 볼 때, 노예망스를 보유한 이들 노예 출신 농노가 토지보유 이전의 그야말로 노예 시절부터 쇠를 생산하던 일을 장원의 농노로 변모한 이후에도 계속해서 공동의 부역노동으로 쇠를 생산하여 영주에게 바쳤을 가능성이 크다고 하겠다. 같은 장의 제108항에 기재되어 있는 31명의 남자노예가 일정량의 홉 및 횃불과 더불어 일정 무게의 쇠를 바친다고 하는 것은 노예들이 토지를 보유한 농노로 변모하기 전에 쇠를 생산하는 일에 종사했다는 방증이라고 하겠다. 노예 출신의 쇠 생산은, 물론 어느 장원에서나 볼 수 있는 일반적 현상이 아니고 이 제XIII장에 기재되어 있는 북시둠(Buxidum) 장원과 같은 철 생산지역에 국한된 현상이다. 북시둠 장원이 위치한 페르쉬(Perche) 지방은 고대 후기부터 철 생산지였다. 이 지방의 철 생산에 관해서는 K. Elmshäuser/A. Hedwig, *Studien zum Polyptychon von Saint-Germain-des-Prés*(Köln: Böhlau, 1993), pp. 196~199 참조. A. 페르휠스트는 이들 쇠 공납 농민이 페르쉬 지방의 숲속에 별도의 쇠 제련공 공동체를 구성하고 있었을 가능성을 지적한다. A. Verhulst, "Economic organization", *NCMH*, vol. II: R. McKitterick, ed., *c. 700-c. 900*(Cambridge: Cambridge Univ. Press, 1995), p. 501 참조.

54　*Polyp. de St. Germain*, 제IX장 빌라밀트(Villamilt) 장원에 관한 명세서의 제299항에서 5개의 망스 보유자들은 일정 면적의 갈이질부역과 매주 2일간의 주부역 및 몇 가지 공납과 더불어 "손일 대신에 2통들이 수레를 1대 바친다.(… pro ipsa manopera solvit carrum .I. cum duobus tonnis.)"고 하고, 같은 명세장 제XIII장의 북시둠 장원에 관한

등이 있었지만, 대표적인 제품은 여러 영지에서 다수의 농노들이 자신의 집에서 짜서 영주에게 바치는 일정 크기의 아마포나 모직물이었다. 바이센부르크 수도원의 영지명세장 제CCXCIV장에서 "그들 가운데 영주직영지에서의 작업을 통해 1개의 모직물을 (짜는) 21명의 (망스 보유자의) 아내들이 있으며, 그 밖에 각자 스스로의 작업으로 길이 8완척(腕尺), 폭 4완척의 아마포를 바치는 아내가 9명 있다."고[57] 한 기록은 베짜기부역이 영주직영지에서 이뤄지기도 하고 경우에 따라서는 농가에서 행해지기도 했음을 증언하는 것이다. 장원농노들이 이와 같은 수공업 제품을 영주직영지에서 부역노동을 통해 생산하지 않고 자신의 집에서 생산하여 영주에게 바친다는 면에서, 장원농노의 이런 제

명세서 중 이 장원에 속한 농민보유지들의 종류별 총수와 여러 가지 수입의 총량이 기록되어 있는 제99항에는 '총 81개의 망스' 중 여러 가지 경작부역과 잡역 및 공납을 수행하면서 "수레를 제작하는 망스가 32½개가 있다.(Sunt mansi, …, qui faciunt carra, XXXII et dimidius, …)"고 되어 있다.

55 *Polyp. von Wizenburg*, 제II장에서 44개의 후폐 보유자들은 각자 여러 가지 경작부역과 잡역 및 공납을 수행하는 동시에 50개 내지 100개씩의 기와(tegula)를 바쳐야 했다. 여기의 기와 공납도 장원농노들이 전문적인 기와 제작자로부터 구입하여 바쳤을 가능성이 없는 것은 아니지만, 이런 공납 의무를 진 후폐 수가 많은 것을 볼 때 공동으로 제작했을 가능성이 더 크다고 하겠다.

56 "Polyp. der Prüm", 제XXIV, XXV, LXV장에 각각 기재되어 있는 메렝케, 수아이게(súeyghe), 아르빌레(arwilre) 장원에서는 망스별로 대체로 여러 가지 경작부역과 잡역 및 공납 의무가 부과되는 가운데 1개씩의 통(tonna)을 바치도록 되어 있다. 이 통은 포도주통임이 틀림없다. 왜냐하면 앞의 두 장원은 독일에서 가장 이른 기원후 1세기부터 포도가 재배되어 오늘날까지도 포도주 산지로 유명한 모젤강변의 '로마 포도주도로(Römische Weinstraße)' 지역에 위치한 현재의 메링과 슈봐이히(Schweich)이고, 마지막 장원도 라인강 중류의 한 지류인 아르(Ahr)강변의 역시 오래된 포도주 산지인 아르봐일러(Ahrweiler)이기 때문이다. 이들 장원들이 위치한 지역들이 오늘날에도 유명한 포도주 산지임에 관해서는 『휴 존슨·잰시스 로빈슨의 와인 아틀라스』, 225~234쪽 참조.

57 "…; ex his sunt .XXI. mulieres eorum sarcile .I. ex dominico opere; alie sunt .VII-II., que persolvunt unaqueque camisile .I. longitudine cubitorum .VIII., latitudine .IIII. ex proprio opere;"

품 생산노동이 부역노동이 아니라고 할지 모른다. 그러나 영주에게 바치는 제품의 생산노동이 비록 농가에서 행해지기는 하지만, 그 노동은 영주에게 필요한 제품을 생산하기 위해 무보수로 수행하지 않으면 안 되는 강제성을 띤 노동이라는 점에서 본질적으로 부역노동이라고 하겠다. 장원에 따라서는 이와 같은 수공업적 부역노동이 무제한적으로 부과되는 경우도 없지 않았던 것으로 보인다.[58] 이처럼 고전장원제 아래서 수공업적 부역노동은 기술수준에 차이가 있기는 하지만, 절대다수의 농노들에게 부과되는 의무의 일부로 되어 있었기 때문에 노동지대의 일반적 구성부분이라고 할 수 있다.

고전장원제 아래서 농노가 수행하는 수공업적 부역노동이 이처럼 노동지대의 일부를 구성하는 것과는 달리 특별히 노동지대 전체를 구성하는 경우도 있었다. 당대에 최고 수준의 전문적 기술이 사용되었다고 할 수 있는 철제품 제작의 경우가 흔히 그랬다. 생제르맹 수도원의 영지명세장에는 토지보유자가 일체의 다른 부역노동과 공납 의무는 면제받는 대신 지대로 오로지 창(槍)이나 쵬쇠를 만들거나 대장간 일을 수행한다는 기록이 더러 나타난다. 이 명세장 제IX장 제150항에서 1개의 반쪽 망스를 보유한 사람은 다른 의무는 수행함이 없이 '6개의 창을 만든다.'고[59] 하고, 제XIII장 제103항에서도 역시 1개의 반쪽 망스를 보유한 대장장이(faber)가 다른 의무는 수행함이 없이 '6개의 창'을 만들어 바칠 의무를 지고 있다.[60] 이 명세장 제XIII장 제102항

---

58 망스 보유 농민들이 포도주통과 같은 제품 생산에 필요한 '테나 목재 등 무엇이든 지시받는 대로 만들어야 한다.'("… faciunt circulos et materiamen. et quicquid eis precipitur. quod ad illud opus pertinet.")고 한 프림 수도원의 영지명세장 제CXV장의 뷜레(wilre) 장원에 관한 기록은 이를 시사한다.

59 "… Facit inde blasos .VI."

60 "Ermenulfus faber medietatem mansi de .VI. lanceis."

에서도 1개의 반쪽 망스를 보유한 사람은 '여섯 개의 창을 바친다.'고[61] 한다. 이 경우에도, 같은 항의 고지기[庫直]가 틀림없이 구입했을 것으로 보이는 1개의 받침쇠를 바치는 것과는 달리, 창을 직접 제작하여 바쳤을 것으로 추측된다. 같은 명세장 제IX장 제211항과 제244항에서는 농노가 일정 크기의 토지를 보유한 대가로 "죔쇠를 만든다."[62] 또 같은 장의 제104항에서는 대장장이가 1개의 반쪽 망스를 보유한 대가로 '대장간의 일을 수행한다.'[63] 이와 같은 철제품 제작 외에도 녹로(轆轤)를 사용한 세공품 제작의 경우에도 수공업적 제작 부역이 지대 전체를 구성했다. 생제르맹 수도원의 영지명세장 제I장 제34항에서 작은 면적의 토지를 보유한 농노는 그 대가로 오직 '녹로 세공품을 만든다.'[64]

한편 지대로 철제품을 제작하는 부역노동을 수행하는 농노도 장원에 따라 한두 명이 아니라 상당수에 이르는 경우도 있었다. 이를테면, 바이센부르크 수도원의 영지명세장 제II장에 기재되어 있는 오래된 빌라라는 뜻의 'Vetus villa' 장원에서는[65] 전체 44개의 후페가 존재하는 가운데 14명 이상의 농노가 합계 15개 이상의 보습을 제조하여

---

61 "Antoinus prosolvit medietatem mansi de sex blasis."
62 "Facit inde buculas."
63 "Hado faber prosolvit medietatem mansi de fabricina sua."
64 "…; inde facit tonatura."
65 명세장의 기록에는 이 장원에 영주직영지가 존재하지 않는다. 그러나 '후페(huoba)'라는 44개의 농민보유지에는 영주직영지의 포도재배와 관련된 여러 가지 부역과 건초 베기 및 수집 부역이 부과되고 곡물의 수확작업이 부과되고 있다. 이로 미뤄 볼 때, 이 장원은 영주직영지가 분명히 존재한 고전장원이라고 하겠다. Ch. 데테의 설명에 따르면 이 제II장의 장원은 수도원장이 평상시 머무는 수도원의 소재지인 바이센부르크와는 불과 12km밖에 떨어져 있지 않았기 때문에, 영주저택이 존재할 필요가 없었고 이에 따라 영주직영지가 언급되지 않았다. Ch. Dette, ed. & comment., *Liber possessionum Wizenburgensis*, p. 53 참조.

영주에게 바쳤으며, 이런 농노들 가운데 맨 앞의 2명은 도끼와 망치까지 제조하여 바쳐야 했다. 이들은 '후페'라는 농민보유지를 보유하면서도 다른 의무는 일체 수행하지 않고 'fabrica'라는 제작소에서[66] 오로지 보습과 같은 철제품을 제작하는 일만을 수행했던 것으로 보인다. 그렇지만 고전장원제 아래서 이처럼 노동지대 전체가 수공업적 부역노동으로 구성되는 것은 예외적 현상이라고 하겠다.

이와 같이 영주의 일상생활과 관련된 허드렛일 성격의 잡역뿐만 아니라 기술과 숙련이 필요한 수공업적 성격의 잡역까지 노동지대의 일부나 전부를 구성한다는 것은 중세 전기 봉건사회의 중요한 특징이라고 할 수 있을 것이다. 고전장원제 아래서 나타나는 노동지대의 이런 특성은 노예들이 수공업생산의 주요 부분을 담당했던 고대 로마사회의 소작제에서 나타나는 화폐나 현물 위주의 지대에서는 보기 어려운 것이고, 수공업이 도시를 중심으로 분화·발전해 간 중세 후기 이후의 서유럽 농촌사회의 순수장원제 내지 소작제에서 볼 수 있는 지대와도 구별되는 점이라고 하겠다. 물론 고전장원제하의 노동지대의 이런 특성은 수공업생산이 농업생산과 분리되지 않고 농민경영에 내포되거나 결합되어 이루어진 중세 전기의 자연경제적 상황과 관련되어 있다. 고전장원제 아래서 농노는 일반적으로 농업생산자이자 수공업생산자였다고 할 수 있다. 특히 노동지대가 오로지 특정의 수공업적 부역노동으로만 구성되었다는 것은 중세 전기에 수공업이 장원체제에 편입되어 있었고 장인들이 영주의 지시와 감독 아래 장원에 필요한 수공업제품을 생산하되 보수로 토지를 분급받아 경작해 먹고사는 농민으로

---

66 기록상 이 제작소가 영주의 소유인지 농노 자신의 소유인지는 불분명하지만, 당시 물레방아, 포도압착기 등의 주요 시설물이 영주의 독점적 소유였듯이 영주의 소유였을 가능성이 크다.

존재했음을 뜻한다.[67]

영지명세장을 비롯한 중세 전기의 장원 관련 문헌기록들에 의하면 토지를 보유한 장원의 농노들은 영주에게 전술한 갖가지 부역노동을 수행해야 했을 뿐만 아니라 여러 가지 현물 형태의 공납을 하고 가끔 얼마간의 금전을 지불해야 했다. 그들은 영주에게 농지세, 포도주세, 방목세, 산림세, 가축세, 군역세 등 공공성을 띤 여러 세와 인두세, 상속세, 외혼세 따위의 신분세를 곡식, 포도주, 가축 따위의 현물이나 현금 형태로 바쳐야 했다.[68] 그리고 장원농노는 누구나 거의 예외 없이 영주에게 일종의 '공경'의 표시로서 매년 3~5마리의 닭과 10~20개의 계란을 영주에게 바쳐야 했다. 때로 농노들 가운데 노예 신분 출신인 경우에는 앞에서 본 바와 같이 일정한 크기의 쇠나 직물을 공납하거나 베짜기와 같은 수공업적 잡역을 수행해야 했으며, 반자유인(lidus, litus) 출신의 경우에는 '신공(身貢, litimonium)'이라는 이름으로 일정 액수의 금전을 바쳐야 하기도 했다.[69]

이와 같은 현물 또는 금전 형태의 공납 의무는 이런 의무 부과의 명분과 배경이 되는 세목(稅目)과 신분관계가 분명히 말해 주듯이, 영

---

67 그러나 S. Tange는 이런 장인농민층이 영주에게 예속되어 있기만 한 것이 아니고 오히려 고도의 독립성과 자율성을 누렸다는 가설을 제시한다. 영주는 주변의 농민들을 그의 지배 아래 통합하려고 했지만, 때로 예속민들의 '자치'를 방치하거나 묵인했다. 그 좋은 사례가 농업과 수공업을 겸업한 생제르맹 수도원의 장인들이며, 생계유지가 어려울 만큼 작은 토지를 보유한 이들 장인이 가진 자율성의 경제적 기초는 임산물의 이용과 수공업 제품의 지방시장 판매라고 한다. S. Tange, "La paysannerie indépendante et autonome à côté du grand domaine carolingien", *Revue belge de philologie et d'histoire*, 90(2012), pp. 347~360 및 같은 필자, "Le grand domaine carolingien comme nœud social", A. Dierkens 외, eds., *Penser la paysannerie médiévale*, pp. 147~160 참조.

68 장원농민의 각종 세 부담에 관해서는 필자의 논문, 「고전장원제하의 농민의 의무와 부담」, 『백현 나종일박사 정년기념논총』(교학사, 1992), 28~41쪽 참조.

69 반자유인 출신의 신공 공납 사례로는 *Polyp. de St. Germain*, 제III장 제44항, 제VI장 제36항, 제XI장 제14항 참조.

주와 농노 사이의 토지소유관계에서 기인하는 것이 아니라 지배예속
관계에서 기인한다. 영주는 단순한 장원토지의 소유자가 아니었다. 그
는 영지 내에서 재판권, 치안권, 징세권, 행정권, 군사권 등의 공권력
을 사적으로 점유하여 행사하고 장원농민들에 대해 인간으로서의 기
본적인 자유와 권리를 부정하거나 제한하는 신분제도를 통해 그들을
지배하는 권력자이기도 했다.[70] 영주는 이런 경제외적 강제력에 근거
하여 장원농민들을 예속시켜 지배하는 동시에 그들로부터 각종 명목
의 세와 잡부금을 징수했던 것이다. 이와 같이 고전장원에서 영주에
대한 농노의 현물이나 금전 공납이 근본적으로 장원농민에 대한 영주
의 경제외적 강제에서 기인하기 때문에, 공납은 지대에 속하지 않고
조세와 같은 다른 범주에 속한다고 할 수 있을 것이다.

　　그러나 공납의 수령자는 국가가 아니었다. 군역세 정도를 제외하
면 공납의 수령자는 사적 토지소유자로서의 영주였다. 군역세조차도
카롤루스 대제 사후 카롤링왕조의 국가권력이 약화되는 반면에 영주
의 사적 권력이 급성장하면서 결국 영주의 개인적 수입으로 되고 만
다. 본래 고전장원제라는 봉건적 토지소유 형태에서는 토지의 소유와
경제외적 강제는 불가분하게 결합되어 있었으며, 토지소유자와 농민
을 지배하는 권력자가 분리되어 있지 않고 영주로 통합되어 있었다.
독자적인 가족생활을 영위하고 농기구와 역축을 소유하며 토지를 점
유함으로써 자립의 가능성을 가진 농노로부터 지주가 토지소유관계에
서 비롯되는 좁은 의미의 지대를 수취하기 위해서는 사점된 공권력과
신분규정으로 구성된 경제외적 강제가 필수적으로 요구될 수밖에 없

70　영주가 장원농민을 지배하는 권력의 구성내용에 대해서는 필자의 논문, 「고전장원제에
　　서의 영주권과 농민―영주권의 구성과 성격을 중심으로―」, 『역사학보』, 151(1996. 9),
　　281~321쪽 참조.

었기 때문이다.

따라서 경제외적 강제에서 유래하는 농노의 영주에 대한 공납을 세와 같은 다른 범주의 부담으로 분류할 수도 있지만, 고전장원제 아래서 토지소유와 경제외적 강제는 불가분하게 결합되어 있었으므로 영주의 경제외적 강제로부터 유래하는 농노의 공납도 넓은 의미에서는 지대에 속한다고 볼 수도 있을 것이다. 무엇보다도 공납을 지대에 포함시킬 수 있는 것은 봉건지대의 개념을 영주에게 전적으로 귀속되는 장원농민의 잉여노동 또는 잉여가치로 규정할 때, 공납도 고전장원에서 장원농민의 잉여노동에 의해 생산된 잉여가치의 일부가 현물이나 화폐 형태로 토지소유자인 영주에게 수취되는 것에 지나지 않기 때문이다. 게다가 공납의 명목으로 작용한 농지세, 방목세, 산림세 따위의 몇몇 조세는 토지에 대해 부과되는 세이다. 농지세는 장원농민이 영주의 소유인 토지를 분양받은 농민보유지에서 생산되는 농산물의 $\frac{1}{10}$이 부과되는 것이었으므로, 그야말로 지대 곧 생산물지대에 속한다고 할 수 있다. 이에 비해 방목세나 산림세는 비농경지인 방목장과 임야를 이용하는 데 대해 부과되는 세들이었으므로 지대 본래의 성격이 농지세보다는 약하다. 그렇지만 이들 세도 생산물지대적 성격을 지니고 있음을 부정할 수는 없다. 이와 같은 이유들로, 고전장원제 단계의 봉건지대인 노동지대에는 현물이나 화폐 형태의 공납도 포함된다고 봐도 좋을 것이다.

요컨대, 고전장원의 지대는 현물지대나 화폐지대가 아니라 부역노동 형태의 노동지대였다고 할 수 있다. 그러나 그렇다고 해서 고전장원의 영주직영지가 온통 농민보유지 보유자들의 부역노동으로만 경작되었다든가, 노동지대가 전적으로 부역노동 형태로만 구성되었다든가 한 것은 아니다. 농민보유지 보유자의 부역노동이 영주직영지 경작노동력의 근간을 이루고 부역노동이 노동지대의 중심을 형성했지만, 영주직영지 경작에 노예노동과 같은 다른 형태의 노동도 일부 사용되고 현물이나 화폐 형태의 공납도 넓은 의미에서 지대의 일부를 구성했다. 그러므로 보통 고전장원제 단계의 지대가 노동지대였다고 함은 실제로 지대가 온통 부역노동으로 구성되었다는 뜻이 아니라 부역노동 형태의 노동지대가 지배적이었음을 뜻한다고 할 수 있다. 부역노동도 영주직영지를 경작하기 위한 농사 관련 부역만으로 구성된 것은 아니었다. 분명히 농자재와 농산물을 운반하는 수송부역까지 포함한 넓은 의미의 경작부역은 부역노동의 기초와 골간을 형성했다. 그러나 고전장원제적 토지소유 구조에서 영주로부터 토지를 분양받아 보유하는 농노들은 경작부역 외에 영주의 일상적 의식주 생활과 관련된 여러 가지 잡역도 수행했다. 뿐만 아니라 농노들은 농업과 공업이 사회적으로 미분화된 상태에서 수공업적 부역노동까지 수행해야 했다. 따라서 일상적 잡역과 수공업적 부역노동도 경작부역만큼 중요했던 것은 아니지만 분명히 노동지대의 구성요소였다고 할 수 있다. 이와는 달리 고전장원에서 토지를 보유한 농노들 가운데는 심지어 노동지대 전체가 오로지 철제품 제조와 같은 고도의 전문적 기술이 요구되는 수공업적 부역노동으로만 구성되는 농노도 존재했다. 물론 이런 농노는 아주 소수였다. 그러나 이처럼 특별한 종류의 수공업적 부역이 지대 전부를 구성하는 현상은 이례적이기는 하지만 고전장원제 단계의 봉건지대인 노동지대의 또 하나의 특징이라고 할 수 있다.

기본 출전: 이기영, 「고전장원과 노동지대」, 『프랑스사 연구』, 33(2015), 131~163쪽.

제5장 파리 분지 중심부 영지들의 부역노동제도

장원의 토지가 영주직영지와 농민보유지들로 이분되고 전자는 농민보유지 보유 농노들의 부역노동으로 경작되는 고전장원제에서 부역노동제도는 중요한 문제다. 왜냐하면 부역노동이 일정 면적을 할당받아 수행하는 정적부역 방식으로 부과되는지, 매주 3일쯤 수행하는 주부역 형태의 정기부역 방식으로 부과되는지, 또는 정기부역 가운데서도 주부역 외에 매월 며칠씩의 월부역이나 연간 며칠씩의 연부역 또는 무제한적 부역 등의 방식으로 부과되는지, 아니면 정적부역과 정기부역이 혼합된 방식으로 부과되는지, 그리고 어떤 종류의 잡역이 얼마나 부과되는지 등에 따라 농노노동의 수탈 크기는 크게 달라지며 영주에 대한 농노의 종속 수준과 자율성도 큰 영향을 받기 때문이다. 소련의 역사가 폴리얀스키(F. Y. Polyanskii)는 1950년대 봉건사회의 기본법칙에 관한 토론에서 '부역제도는 봉건적 착취의 고전적 형태이고, 봉건제의 기본 경제법칙은 영주가 농노의 부역노동을 통해 잉여생산물을 생산

하고 획득하는 것'이라며[1] 봉건사회에서 지니는 부역제도의 중요성을
역설했다.

　서유럽의 중세사학계에서 일찍이 봉건적 부역노동제도의 중요성
을 인식하고 고전장원들에서 부역노동 부과의 '일반적 원리'가 작용하
고 있음에 주목한 학자는 프랑스의 페랭이다. 그는 1920년대의 한 논문
에서 메로빙시대 말기부터 콜로누스 신분의 토지보유와 연관된 '도급
(都給)부역(Corvée à la tâche)' 방식과 노예 신분의 토지보유와 관련
된 '날품부역(Corvée à la journée)' 방식이 서로 대조를 이루며 병존
하다가 카롤링시대부터 뒤섞이게 되었다고 주장했다.[2] 그는 1930년대
의 다른 한 논문에서는 9세기 말경 프륌 수도원의 고전장원들에서 실
시된 부역노동 방식과 메로빙시대 부역방식의 유사성과 상이성을 분석
하여 고전장원들에서의 부역노동 부과 원리와 특성을 밝히려고 했다.[3]

　페랭에 뒤이어 독일의 쿠헨부흐는 지대라는 개념을 중심으로 프
륌 수도원의 영지명세장에 기록된 장원별 농민의 의무를 면밀히 분석
하여 노동지대를 비롯한 지대의 지역적 다양성과 차이를 분명하게 드
러내고, 토지보유 농민의 신분에 따라 달랐던 부역노동 방식이 카롤링
시대에 유사해진다는 페랭이 구명한 의미 있는 현상이 왜 일정 지역들
에서만 나타나는지 그 원인을 규명코자 했다. 그는 지역적 차이를 가
져온 요인으로 영주와 장원농민 사이와 농민들 사이의 사회적 역학관
계, 장원농민의 법적·사회적 지위, 지역별 물적 조건 등을 들고 있다.[4]

1　山岡亮一, 木原正雄 편, 김석민 옮김, 『봉건사회의 기본법칙』(아침, 1987), 169쪽 참조.

2　Ch.-E. Perrin, "De la condition des terres dites 《ancingae》", *Mélanges d'histoire du Moyen Âge offerts à M. Ferdinand Lot*(Paris: Ancienne Édouard Champion, 1925), pp. 619~640.

3　Ch.-E. Perrin, "Une étape de la seigneurie", pp. 450~466.

4　L. Kuchenbuch, "Probleme der Rentenentwicklung", pp. 132~172 참조.

독일의 괴츠는 쿠헨부흐의 이런 설명에서 중요한 것은 지역의 관습이라고 보고, 파리 지역의 생제르맹 수도원영지에서 장원농민에게 부과되는 부역과 공납의 공간적 분포를 분석하여 지역관습의 영향력과 작용범위를 파악코자 했다. 그 결과 그는 부역을 비롯한 장원농민의 의무를 규정하는 결정적 요인은 영주직영지의 크기나 농민보유지의 수 또는 영지 중심지로부터의 거리 등과 같은 장원조직상의 경제적 조건이 아니라, 지역관습이라고 단언한다.[5] 괴츠의 이런 견해는 중세 사학계에서 고전장원제의 위상과 형성에 관해 널리 받아들여지는 학설을 제시한 벨기에의 페르휠스트의 인정과 지지를 받았다.[6]

그러나 여기서 보다시피 카롤링시대의 영지명세장 분석에 의거한 고전장원제하의 부역노동제도에 대한 지금까지의 연구는 그리 많지 않고 일부 영지에 국한되었다. 주로 프륌 수도원영지에 집중되었다.[7]

5   H.-W. Goetz, "Bäuerliche Arbeit und regionale Gewohnheit im Pariser Raum im frühen 9. Jahrhundert. Beobachtungen zur Grundherrschaft von Saint-Germain-des-Prés", H. Atsma, éd., *La Neustrie. Les pays au nord de la Loire de 650 à 850*(Sigmaringen: Jan Thorbecke, 1989), pp. 505~522 참조. Goetz는 장원의 공간 조직에 미치는 영향도 관습이 영주권력보다 더 크다고 한다. H.-W. Goetz, "Herrschaft und Raum in der frühmittelalterlichen Grundherrschaft", *Annalen des Historischen Vereins für den Niederrhein*, 190(1987), pp. 7~33 참조.

6   A. Verhulst, *The Carolingian Economy*, pp. 46~47 참조.

7   생제르맹 수도원의 영지명세장 못지않게 프륌 수도원의 영지명세장과 이 명세장에 나타나는 여러 가지 현상에 대한 연구가 많다. 이 명세장은 분량은 그리 많은 편이 아니지만, 고전적 형태의 봉건적 토지소유와 당시 사회에 관한 정보자료가 풍부하기 때문이다. 이런 점은 이 책에서도 이 명세장이 많이 인용되고 있는 것만 봐도 짐작될 것이다. 프륌 수도원의 영지명세장에 기초한 연구의 일부 사례로는 J.-P. Devroey, "Les services de transport à l'abbaye de Prüm au IXᵉ s.", J.-P. Devroey, *Études sur le grand domaine carolingien*(Aldershot: Variorum, 1993), pp. 543~569; V. Henn, "Zur Bedeutung von 'Mansus' im Prümer Urbar", *Verführung zur Geschichte. Festschrift zum 500 Jahrestag der Eröffnung einer Universität in Trier*(Trier, 1973), pp. 35~45; Ch.-E. Perrin, "Le manse dans le polyptyque de l'abbaye de Prüm à la fin du IXᵉ siècle", *Études historiques à la mémoire de N. Didier*(Paris: Montchrestien,

다만 괴츠 같은 학자의 연구는 한층 확대되어 생제르맹 수도원영지를 대상으로 한다. 그렇지만 그의 생제르맹 수도원영지 분석은 장원농민의 의무와 지역관습과의 관계라는 특별한 문제를 해명하기 위한 일종의 사례연구로서 행해졌을 뿐, 부역노동 부과제도 자체를 다룬 것은 아니다. 따라서 서양의 중세사학계에서 고전적 형태의 봉건적 부역노동제도에 대한 연구는 아직도 극히 일부 영지와 특정 요인 분석에 국한된 수준을 벗어나지 못하고 있다고 하겠다.

저자도 얼마 전에 몇몇 영지명세장을 분석하여 봉건적 부역노동제도의 고전적 형태를 추출하여 「봉건적 부역노동제도의 고전적 형태와 그 형성」이라는 제목의 논문을 쓴 적이 있다.[8] 그러나 이 논문에서 연구의 주목적은 어디까지나 봉건적 부역노동제도가 원초적 형태로부터 고전적 형태로 이행해 간 과정과 계기를 살펴보는 것이었다. 그렇기 때문에 봉건적 부역노동제도의 고전적 형태는 이런 고찰을 위한 전제 내지 작업지침으로서 몇몇 영지에 한정해서 최소한의 범위 안에서 개략적 요지 정도만 파악한 것이다. 더욱이 이것은 봉건적 부역노동제도의 고전적 형태가 원초적 형태와 다른 점이 무엇인지에 초점을 맞춘 것이다. 이에 따라 봉건적 부역노동제도의 고전적 형태도 고전장원들의 노예보유지와 자유인보유지에 국한하여 살펴봤다. 영지에 따라 다소간에 존재한 반자유인보유지나 종류미상의 농민보유지뿐만 아니라, 부역노동제도의 공간적·시간적 양상이나 봉건적 부역노동을 구성하

1960), pp. 245~258; 전술한 같은 필자의 "Une étape de la seigneurie"; Y. Morimoto, "Considérations nouvelles sur les villes et campagnes dans le domaine de Prüm au haut moyen-âge", Y. Morimoto, *Études sur l'économie rurale*, pp. 309~328 등 참조. 얼마 전에 작고한 일본의 Y. Morimoto는 프륌 수도원의 영지명세장을 집중 연구하여 무려 8편 이상에 이르는 논문을 썼다. 그의 이런 논문들은 앞에서 인용된 바 있는 Y. Morimoto, *Études sur l'économie rurale du haut Moyen Âge*에 수록되어 있다.

8   『고전장원제와 봉건적 부역노동제도의 형성』, 제2부 제IV장(294~336쪽) 참조.

는 그 밖의 여러 가지 부역노동 등은 고찰에서 아예 제외하거나 깊이 있게 다루지 못했다.

이와 같은 지금까지의 연구로는 영지별 부역노동제도의 정확한 실태는 물론, 영지들 사이에 존재하는 봉건적 부역노동의 일반적 부과제도와 지역별 부과제도의 특징적 양태 및 시간적 변화추이 등이 어떠했는지를 알기 어렵다. 따라서 고전적 형태의 봉건적 부역노동제도와 관련된 여러 양상을 전체적·일반적 수준에서 파악하기 위해서는 고전장원제의 발상지이자 전형적 발달지역이었던 루아르강과 라인강 사이 지역을 중심으로 이 지역과 그 주변에서 작성된 현존의 주요 영지명세장들을 두루 분석할 필요가 있다고 하겠다. 대부분 카롤링시대에 작성되었던 영지명세장들에는 고전장원들의 부역노동제도가 영지가 분포한 지역별로 잘 표현되어 있는 데다,[9] 개별 영지들의 구체적 분석을 토대로 해서만 부역노동제도의 일반적 모습이나 지역적 특성을 말할 수 있기 때문이다.

고전장원제 아래서 시행된 부역노동제도의 고전적 형태를 파악하기 위한 영지별 분석에서는 봉건적 부역노동제도의 원초적 형태와 관련된 개념들과 제도들이 사용되어야 할 것이다. 이를테면, 원초적 형

---

9   J.-P. Devroey는 2009년 브뤼셀에서 개최된 고대 지중해 지역 역사와 수량화에 관한 학술회의에서 발표한 논문(Conference Paper presented at Long-Term Quantification in Ancient Mediterranean History, At Brussels on October 2009)인 "Ordering, Measuring, and Counting: Carolingian Rule, Cultural Capital and the Economic Performance in Western Europe(750–900)"(https://difusion.ulb.ac.be/vufind/Record/ULB-DIPOT:oai:dipot.ulb.ac.be:2013/124981/Holdings)에서, 카롤링왕조는 군사적 팽창과 강력한 국가 건설을 위한 핵심적 농촌경제 정책으로 부역노동과 공납의 강화를 통해 지배층의 수입을 증대시킬 수 있는 이분장원제(二分莊園制, the bi-partite manorial system) 즉 고전장원제의 실시를 추진했으며, 장원을 효율적으로 경영하기 위해서는 'polyptychum'이라고 불린 영지명세장 작성과 읽고 쓰고 계산하는 능력이 필요하다고 보고 지배층의 명세장 작성과 지적 능력 배양 정책을 시행했다고 한다.

태에서 노예와 자유인의 토지보유와 각각 관련된 정기부역과 정적부역과 같은 기본 개념과 그 부과방식, 노예 출신의 의무에는 잡역이 많이 포함된 데 비해 자유인 출신의 의무로는 공납이 많이 부과된 제도상의 특성 등이 분석도구로 사용될 필요가 있다. 왜냐하면 봉건적 부역노동제도의 고전적 형태라고 하더라도 순수하고 단순한 모습을 지닌 원초적 형태의 발전과 변형에 지나지 않을 것이기 때문이다. 특히 원초적 형태와 관련된 개념들과 제도들은 고전장원에서 농민보유지들이 흔히 자유인보유지와 노예보유지로 구분되어 부역노동이 부과되는 영지명세장들의 분석에 아주 적합하다고 할 것이다. 또한 그것들은 농민보유지의 종류가 고대적 신분에 따라 구분되어 있지 않고 그냥 '망스(mansus)' 또는 '후페(haba)'라고만 기재되어 있는 영지명세장들의 부역노동제도에 관한 검토에도 유용한 분석도구가 될 것이다.

영지별 분석에서는 또한 봉건적 부역노동제도의 기본 틀을 형성하는 이런 원초적 형태와는 별개로 생겨났으면서도 고전장원제 아래서 봉건적 부역노동의 중요한 한 축을 구성하는 코르베 현상도 당연히 살펴봐야 할 것이다. 이미 앞의 제3장에서 살펴봤듯이, 코르베란 고전장원에서 토지보유 농민들이 일정 면적의 영주직영지를 경작하는 정적부역 외에, 주로 파종기에 농민 스스로 갈이질 수단을 지참하여 영주직영지에서 집단으로 수행한 추가적 갈이질부역이다. 코르베 역시 기본적인 봉건적 부역노동제도의 원초적 형태가 형성되던 시기인 8세기 초반에 형성된 것으로 추정된다. 코르베는 생성 초기에는 토지보유 외거노예가 주인으로부터 갈이질 수단과 음식을 제공받으면서 지주의 정중한 부탁을 받고 수행했다.[10] 그러나 9세기 초 고전장원제가 성립

10　코르베제도의 생성과 초기 형태에 관해서는 저자의 저서 『고전장원제와 봉건적 부역노동제도의 형성』, 제2부 제V장(337~376쪽) 참조.

한 이후 코르베는 앞의 제3장에서 봤듯이 노예보유지뿐만 아니라 자유인보유지에도 부과되었으며, 토지보유자가 기본적인 음식제공도 받지 못한 채 스스로 갈이질 도구를 갖추어 대체로 정적부역에 의한 갈이질 면적보다 몇 배 더 큰 면적의 토지를 갈이질하는 일이 흔했다. 따라서 장원농민에게 큰 부담이 된 부역노동인 코르베에 대해서도 영지별로 코르베가 존재했는지, 존재했다면 코르베제도의 원초적 형태와 비교하여 그 부과방식과 관련된 변화양상은 어떠했는지가 검토되어야 할 것이다.

봉건적 부역노동제도의 고전적 형태를 파악하기 위한 분석대상 영지는 고전장원제의 전형적 발달지역이었던 루아르강과 라인강 사이 지역에 분포하고 장원토지의 소유와 경영 현황에 관한 기록을 남긴 영지들이다. 이런 영지들은 크게 파리 분지의 중심부와 그 주변부로 나눠 고찰할 필요가 있다. 나눠 고찰하는 것은 무엇보다 이 지역에 이런 요건을 갖춘 영지가 10여 개에 이를 만큼 비교적 많기 때문이다. 또한 한편으로는 파리 분지의 서부지역에서보다 동부와 그 너머로 갈수록 전체 농민보유지 가운데 노예보유지의 비율이 높았던 경향을 고려할 때,[11] 부역노동제도의 상당한 지역적 차이가 존재할 수도 있다는 가능성 때문이기도 하다. 먼저, 파리 분지의 중심부에 위치하면서 분석대상이 될 만한 요건을 갖춘 영지로는 생제르맹, 생모르, 몽티에랑데르, 생르미 등의 수도원영지가 있다.

---

11 저자의 논문 「고전장원제하의 농민보유지 제도」, 393쪽 참조.

1. 생제르맹데프레 수도원영지의 부역제도

카롤링시대에 토지소유 현황에 관한 명세장을 남긴 파리 분지 중심부의 영지들 가운데서도 가장 서쪽에 위치한 것은 현 파리 시의 도심에 소재한 생제르맹 수도원의 영지다. 이 수도원이 소유한 장원들의 대다수는 현 파리 시의 도심을 중심으로 그 주변 일대에 분포해 있었지만, 파리 분지의 서부에 해당하는 센강 서쪽 지역에 위치한다. 이 수도원의 영지명세장은 다른 영지명세장들보다 비교적 이른 823-829년 무렵에 작성된 것으로 추정되고 있다. 이 명세장은 현존 영지명세장들 가운데서 가장 상세하고 정확한 것으로 정평이 나 있다. 그래서 우리는 봉건적 부역노동제도에 관해서도 이 명세장에서 많은 정보를 얻을 수 있다.

절반 이상이 18세기에 수도원의 화재로 소실되고 일부만 현존하는 이 명세장에는[12] 말미에 첨부된 은대지(beneficium) 형태의 2개 장원에 관한 단편적인 기록인 "Fragmenta" I과 II까지 포함해서 모두 27곳의 토지에 관한 기록이 존재한다. 이 가운데 기증토지에 관한 기록인 제XII장을 제외하면, 모두 26곳의 장원이 기록되어 있으며 모두가 고전장원 체제로 조직되어 있다. 이 영지의 장원 수는 다른 영지명

---

12 이 영지명세장의 소실에 관해서는 B. Guérard, *Prolégomènes*, pp. 28, 34~38, 902; A. Longnon, ed., *Polyp. de St. Germain*, Vol. 1. *Introduction*, pp. 9~10; F. Lot, "Conjectures démographiques sur la France au IXe siècle", *Le Moyen Âge*, 32(1921), pp. 8~9, 주석 5; M. de la Motte-Collas, "Les possessions territoriales de l'abbaye de Saint-Germain-des-Prés du début du IXe au début du XIIe siècle", *Revue d'histoire de l'Église de France*, 43(1957), p.52; N. J. G. Pounds, "Northwest Europe in the Ninth Century: Its Geography in Light of the Polyptyques", *Annals of the Association of American Geographers*, 57(1967), p. 442; E. Perroy, *Le monde carolingien*(Paris: C.D.U. & SEDES, 1974), p. 13 참조.

세장들에 비해 많은 것은 아니지만, 장원당 평균 농민보유지의 수는 근 70개로 여타 영지들의 장원당 평균 농민보유지 수의 보통 3배가 넘을 정도로 많다. 심지어 100개를 상회하는 장원도 더러 있으며, 200개가 넘는 장원도 있다. 이런 대형 장원은 여러 거주지와 마을들로 구성되어 있어, 같은 장원 안에서도 농민보유지들 사이에 의무가 상이한 경우가 적지 않다. 그리고 이 명세장은 카롤링시대에 작성된 영지명세장들 가운데서도 유례가 없을 만큼 각각의 농민보유지에 대해 자유인보유지인지 노예보유지인지 또는 반자유인보유지인지 종류별로 구분하여 그 의무를 소상히 기록하고 있다. 그래서 농민보유지의 종류별로 부역노동의 부과방식을 알 수 있는 소중한 가치를 지니고 있다. 이와 같은 이유들로 이 영지의 부역노동제도에 관해서는 농민보유지의 종류별로 살펴보되, 장원 단위보다는 표준적이고 정상적인 농민보유지인 망스(mansus) 단위로 고찰하는 것이 효과적이라고 할 수 있다.

기록상 모호한 부분이 더러 있기 때문에 정확한 산출은 어렵지만, 생제르맹 수도원의 영지명세장에는 대략 174개의 노예망스와 1,310개의 자유인망스에 관한 부역노동 의무가 기록되어 있다. 따라서 부역노동 의무가 기재된 총 1,484개의 망스 중 노예망스는 12%를 차지하고 자유인망스는 88%를 차지하는 셈이다. 전체 망스의 12%를 차지하는 174개의 노예망스 가운데 순전히 매주 3일씩의 주부역 의무만 부과되는 경우는 전혀 없는 반면에, 모든 노예망스에는 모조리 일정 면적의 정적부역이 부과된다. 오로지 정적부역만 부과되는 노예망스가 52개나 되고, 정적부역에다 코르베가 1~3회 정도 추가된 노예망스가 92개에 이르며, 정적부역에다 매주 1~3일씩의 주부역이 부과되는 노예망스가 30개다. 이처럼 이 영지에서는 노예망스에 관한 부역노동 부과제도가 원초적 형태의 주부역 방식은 거의 사라지고 정적부역 위주로 바뀌어 실시되고 있다. 그렇지만 노예망스의 정적부역은 곡물경작지보다도 포도밭에 대해 수행되는 경우가 훨씬 많고, 자유인망스에 비해 포도밭에 대한 부역 면적이 훨씬 크다.[13] 이런 현상은 노예망스의 부역노동 부과방식이 정적부역화되고 있음에도 불구하고, 한편에서는 고대 로마시대부터 대규모 상업적 포도원 경영에 노예노동이 많이 사용된 노예제적 농업경영 전통이 잔존함을 보여 주는 것이다.

생제르맹 수도원영지의 고전장원들에서 노예망스의 부역노동제도가 원초적 부역노동 방식을 거의 상실하고 정적부역화한 것과는 달리, 자유인망스와 관련된 부역노동제도는 원초적 형태가 유지되는 경향이 강하다. 전체 1,310개의 자유인망스 가운데 오로지 매주 3일씩의 주부역이 부과되는 경우는 4개뿐인 데 반해, 52%에 해당하는 686개의 자유인망스는 여전히 아무런 정기부역 없이 정적부역만 부과된다. 또 정적부역과 매주 1~3일씩의 코르베 관련 주부역이[14] 함께 부과되는 자유인망스가 전체의 47%에 해당하는 612개가 되지만, 정적부역이 오로지 포도밭에만 부과되는 것은 2개에 불과하고 압도적인 다수를 차지하는 521개에서 곡물경작지에 대해서만 정적부역이 부과된다. 물론 극소수이기는 하지만 오직 주부역만 부과되거나 정적부역이 오로지 포도밭에만 부과되는 자유인망스가 존재할 뿐만 아니라, 전체 자유인망스의 47%가 정적부역과 동시에 코르베와 관련하여 매주 1~3일씩의 주부역이 부과되고 275개라는 적지 않은 수의 자유인망스에 곡물경작지와 더불어 포도밭에 대한 정적부역이 부과되는 등의 변화

---

13 포도밭에 대한 노예망스의 자세한 정적부역 내용에 관해서는 저자의 저서, 『고전장원제와 봉건적 부역노동제도의 형성』, 301~302쪽 참조.
14 매주 1~3일씩의 주부역은 그 절대다수가 코르베와 관련되어 부과된다. 코르베와 관계없는 주부역은 매우 드물다.

도 나타난다. 또한 잡역과 관련해서도 원래 '지시받는 곳에서 수송부역이나 손일을 한다.(carroperas, manoperas, ubi ei injungitur.)'는 토지보유 노예 특유의 무제한적 잡역도 거의 노예망스 못지않게 자유인망스에도 많이 부과된다.[15] 그러나 이와 같이 9세기 초엽 생제르맹 수도원영지의 고전장원들에서 자유인망스들의 부역노동 부과방식이 토지보유 노예의 원초적 부역노동 방식에 영향을 받아 상당한 변화를 보이고 있음에도 불구하고, 자유인망스의 경우에는 정적부역 방식의 원초적 부역노동제도가 기본적으로 유지되고 있다고 할 수 있을 것이다.

생제르맹 수도원의 현존 영지명세장에 기록되어 있는 26개의 고전장원들 중 제X장은 농민보유지 부분에 관한 기록이 완전히 생략되어 있다. 코르베는 이 장원을 제외한 25개의 장원 가운데 제I장의 장원과 제XIX장의 장원에서만 부과되지 않는다. 따라서 25개의 고전장원 가운데 '망스(mansus)'라는 이름의 표준적인 농민보유지에 코르베가 부과되는 장원은 23개로, 전체 고전장원의 절대적 다수인 92%를 차지한다. 앞의 제3장 제3절에서 봤듯이 이 영지에서 코르베는 ptc나 jr 단위의 면적으로 부과되는 제XXIII장의 장원이 하나 있기는 하지만, 대부분의 코르베가 수행 횟수로 부과된다. 역시 앞의 제3장 제3절에서 보듯이 영지명세장들에서 코르베의 수행 횟수는 곧 날수를 가리키므로, 대체로 코르베는 고전적 코르베제도가 처음 생겨날 때처럼 일

---

15 자유인망스들의 자세한 경작부역과 잡역 수행방식에 관해서는 저자의 저서, 『고전장원제와 봉건적 부역노동제도의 형성』, 302~304쪽 참조. 다만 저자가 이 책에서 무제한적 잡역의 의무가 "노예망스보다 자유인망스에 대해 명기되어 있는 장원이 훨씬 더 많다."고 한 것은 착오이므로, "거의 노예망스 못지않게 자유인망스에 대해 명기되어 있는 장원도 많다."로 수정한다. 저자의 논문 「고전장원 농민의 잡역과 공납 실태」, 『역사교육논집』, 62(2017), 217~218쪽 참조. 이 후자의 논문에 의하면 무제한적 잡역은 자유인망스가 존재하는 이들 24개 고전장원 가운데 15개 즉 62.5%의 장원에서 부과되는 데 비해 노예망스가 존재한 17개 고전장원 가운데 12개 즉 70.6%의 장원에서 부과된다.

154

종의 정기부역 방식으로 부과된 셈이다.

횟수로 부과되는 방식은 횟수가 구체적으로 명시되는지 명시되지 않는지, 횟수가 얼마만한 기간에 부과되는 것을 말하는 것인지, 또는 무엇을 기준으로 삼는지 등에 따라 다양한 형태를 띤다. 수행횟수 형태의 여러 가지 코르베 부과방식은 다음과 같지만, 이와 관련된 다음의 장원 수에 관한 통계는 정확한 것이 아님을 염두에 둘 필요가 있다. 왜냐하면 같은 장원 안에서도 망스의 종류에 따라 코르베의 부과방식이 상이하고 같은 종류의 망스들끼리도 같은 장원 안에서 그룹별로 부과방식이 다른 경우들이 제법 있어 장원의 수가 중복되는 경우들이 있기 때문이다.

수행횟수 형태의 코르베 부과방식들 중 하나는 '매주 1~3회의 코르베를 수행한다.'든가 '파종기마다 3회의 코르베를 수행한다.'는 식의 주 단위나 파종기 단위로 부과되는 것이다. 이런 방식의 코르베가 부과되는 장원이 각각 5개와 1개쯤 된다.[16] 다른 하나는 '역축을 가졌을 경우에는 2회의 코르베를, 갖지 않았을 경우에는 1회의 코르베를 수행한다.'는 방식으로 갈이질에 사용할 역축의 지참 여부에 따라 코르베의 횟수가 달리 명시되기도 한다.[17] 또 '파종기마다 매주 2회의 코르베를 수행한다.'거나 '파종기마다 1~2두의 역축을 지참하고 매주 1~3회의 코르베를 수행한다.'는 식의 파종기와 주 단위 또는 이런 유의 것들과 역축의 지참 두수 등이 결합된 복합적 방식으로 코르베가 부과되는 경우도 있다. 이런 유의 장원은 3개쯤 된다.[18] 이와 같은 방식들과는 달리 주 단위나 파종기와 같은 기간의 명시 없이 막연히 몇 회의 코

16 파종기 단위로 코르베의 횟수가 표기된 경우는 제XIII장의 자유인망스들이다.
17 제XX장의 자유인망스들.
18 제XXII, XXIV, XXV장의 장원들.

르베를 수행한다거나 심지어 횟수 명시 없이 막연히 '코르베들을 수행한다.'는 식으로 코르베 의무가 기록된 장원도 6개쯤 존재한다. 그러나 코르베의 부과방식으로 가장 많은 것은 '지시받는 만큼 코르베를 수행한다.'든가 '필요한 만큼 또는 충분한 만큼 코르베를 수행한다.'는 부과방식이다. 이런 무제한적 코르베가 부과되는 장원이 12개쯤이나 된다.

생제르맹 수도원영지에서 코르베는 노예망스보다는 자유인망스에 부과되는 경우가 많다. 코르베가 부과되는 23개의 고전장원 가운데 제XI장의 장원은 종류미상의 망스들만 기재되어 있다. 따라서 망스의 종류가 명시된 장원은 22개가 된다. 자유인망스는 22개의 장원 모두에 다수 존재하며, 22개의 장원 모두에서 대다수의 자유인망스에 코르베가 부과된다. 이에 비해 노예망스는 22개의 장원 중 15개에 존재하며,[19] 이 가운데 코르베가 부과되는 망스가 하나라도 존재하는 장원은 12개뿐이고 나머지 3개 장원은[20] 노예망스들이 존재함에도 불구하고 코르베가 부과되는 노예망스는 하나도 없다. 그리고 코르베가 부과되는 12개 장원 중에서도 제II장의 장원에서는 $5\frac{1}{4}$개의 노예망스 중 단 1개에만 코르베가 부과되고 있을 뿐이다. 더욱이 '지시받는 만큼 코르베를 수행한다.'는 식의 명시적인 말로 무제한적 코르베의 수행을 의무로 기록한 장원이 노예망스의 경우에는 42%인 5개인 데 비해 자유인망스의 경우에는 55%인 12개로, 자유인망스의 경우에 더 높은 비율을 보인다. 따라서 9세기 초엽의 생제르맹 수도원영지에서 코르베는 대다수의 장원에서 8세기 전반에 처음 생겨날 때처럼 정기부역 방식

---

19 노예망스가 전혀 존재하지 않는 장원은 제III, XVIII, XX, XXIII. XXV장과 "Fragmenta" I 및 II에 기록된 장원들이다.

20 제V, VI, XV장의 장원.

으로 부과되고 있으나, 초기 형성단계의 코르베와는 달리 노예보유지
보다 자유인보유지에 부과되는 경우가 훨씬 더 많을 뿐만 아니라 무제
한적으로 부과되는 비율도 더 높다고 하겠다.

현존 생제르맹 수도원의 영지명세장 제XIII장에 $25\frac{1}{2}$개가 나타나
는 반자유인망스의 의무는 같은 장원 안의 자유인망스와 거의 같으며,
코르베를 포함한 부역노동제도와 부역 부담량도 동일하다. 한편 생제
르맹 수도원의 영지명세장에는 신분에 기준을 둔 농민보유지의 종류
가 표시되지 않고 그냥 '망스(mansus)'라고 기록된 종류미상의 망스
가 9개 장원에 걸쳐 대략 40여 개 존재한다.[21] 고전장원에 관한 카롤
링시대의 많은 기록에서 흔히 종류미상의 망스는 고대적 신분구분 기
준에 따라 형성된 자유인망스와 노예망스 그리고 반자유인망스가 서
로 의무가 비슷해지고 동질화됨에 따라 나타난다. 따라서 종류미상
의 망스는 시간이 지날수록 많아지는 추세를 보인다. 생제르맹 수도
원의 영지명세장에 나타나는 소수의 종류미상 망스도 이런 추세에 따
라 나타난 것인지 아니면 단순히 명세장 기록자의 부주의로 인해 종류
가 표시되지 않은 것인지 분명치 않다. 그렇지만 현존의 기록에 보이
는 종류미상 망스의 보유자가 이 명세장의 제XXII장과 제XXIV장에서

---

21 이와 같이 9개 장원에 40여 개의 종류미상 망스가 존재한다는 것은, 저자의 논문「고
    전장원제하 농민보유지의 종류별 크기와 영주직영지와의 크기관계」,『역사와 경계』,
    69(2008), 347~349쪽에 저자가 작성한 〈표 1〉'생제르맹 수도원영지의 장원별 영주직
    영지와 농민보유지 면적'에는 종류미상의 'mansus'가 제IX장과 제XI장의 장원에만 도
    합 $22\frac{1}{2}$개 나타난다고 한 것과는 상당한 차이가 난다. 이런 차이는 이 영지명세장의 일
    부 기록이 모호하여 〈표 1〉의 망스종류별 수나 종류미상 망스의 수는 이 명세장의 최초
    편찬자인 게라르(B. Guérard)의 추산을 따랐던 데 비해, 이 논문에서 종류미상 망스 수
    는 저자가 영지명세장에 기록되어 있는 그대로 산출한 데서 기인한다. 즉 게라르는 망스
    의 종류 표시 없이 그냥 'mansus'라고 기록되어 있는 것을 문맥에 따라 그 대부분을 자
    유인망스로 간주했다고 한다면, 본 저자는 자유인망스로 분류하지 않고 그냥 'mansus'
    로 봤기 때문이다.

처럼 장원관리인(major)이거나 장원의 치안담당자(decanus) 또는 사
제(presbyter)이든가 아니면 제IX장의 몇몇 망스 보유자들이 기마(騎
馬)를 갖고 영주의 명령을 수행하거나 수도원장이나 부수도원장(副修
道院長, praepositus)의 밭을 경작하는 것과 같은 특별히 지정된 임무
를 수행하는 보유자인 경우를 제외하고는, 종류미상 망스 보유자들의
코르베를 포함한 부역노동과 기타의 의무는 대체로 같은 장원 안이나
여타 장원들의 자유인망스 보유자들의 의무와 비슷하다. 이를테면, 제
XXI장의 만툴라(Mantula) 장원에 비교적 많이 보이는 6개의 종류미
상 망스의 경작부역을 비롯한 의무는 같은 장원 안의 여타 자유인망스
들의 의무와 거의 같다. 또 종류가 명시된 망스는 전혀 없고 종류미상
의 망스만 $6\frac{1}{2}$개가 기록된 제XI장의 누빌리아쿠스(Nuviliacus) 장원
에서 이들 종류미상 망스의 경작부역을 비롯한 의무는 여타 장원들의
일반 자유인망스들과 별반 차이가 없다. 그러므로 9세기 초엽의 생제
르맹 수도원영지에서는 종류미상의 농민보유지에 관련된 부역노동의
의무내용과 부과방식이 대체로 일반 자유인망스와 비슷하다고 할 수
있다. 이런 점에서 보면, 이 명세장의 종류미상 망스는 게라르의 판단
처럼 자유인망스일 가능성이 높다고 하겠다.

　생제르맹 수도원영지의 장원들은 그 대부분이 이 수도원이 위치
한 오늘날 파리 시의 도심으로부터 50km 이내의 일드프랑스 지방에
분포하지만, 일부는 다른 지방과의 경계지역이나 그 너머에 소재하기
도 한다.[22] 그러나 수도원으로부터 멀리 떨어진 장원들에서도 코르베

22　이 영지의 장원들의 구체적 분포와 위치에 대해서는 저자의 논문 「고전장원제하 농민
　　보유지의 종류별 크기와 영주직영지와의 크기관계」, 347~349쪽 참조. 단, 이 논문에서
　　제XIX장의 악만투스(Acmantus) 장원은 수도원으로부터의 거리가 130km라고 했으나,
　　75km로 수정한다. 저자의 논문 「고전장원제하 농민보유지의 지역별 크기」, 『프랑스사
　　연구』, 20(2009), 9쪽 참조.

를 포함한 부역노동 부과제도는 수도원에 인접한 장원들의 경우와 기본적으로 비슷하다. 이를테면, 수도원으로부터 동쪽으로 75km쯤 떨어져 오늘날 행정구역상으로는 피카르디 지방의 엔(Aisne) 도(道)에 속하지만 실제로는 이 지방과 일드프랑스 지방 및 샹파뉴 지방의 경계지점에 위치한 제VIII장의 노비겐툼(Novigentum) 장원의 자유인망스나 노예망스와 남쪽으로 75km 정도 떨어져 현재의 행정구역상으로는 일드프랑스 지방에 속하면서도 부르고뉴 지방과의 경계지점에 위치한 제XIX장 악만투스(Acmantus) 장원의 자유인망스의 부역노동 방식은 파리 시 일원을 중심으로 한 이 영지 전체의 망스종류별 일반 부역노동 방식과 유사하다. 단지 악만투스 장원에서는 보기 드물게 코르베가 부과되지 않을 뿐이다.

그리고 수도원으로부터 서쪽 80~90km 떨어져 오늘날 행정구역상으로는 상트르(Centre) 레지옹 외레루아르(Eure-et-Loir) 도 드뢰(Dreux) 군(郡)에 속하지만 지리적으로는 페르슈(Perche) 지방의 보카주(bocage) 지대 초입에 위치한 제IX장의 빌라밀트(Villamilt) 장원에 있는 자유인망스나 노예망스의 부역노동 방식도 역시 수도원 인근 소재 장원들의 부역방식과 유사하다. 다만 이 장원에 있는 27개 노예망스의 대다수를 차지하는 23개가 곡물경작지에 대한 경작부역 없이 포도밭에 대한 정적부역과 코르베가 부과된다는 점이 약간의 특이점이라고 할 수 있다. 또 100km 이상 떨어진 장원들도 비슷한 양상을 보인다. 수도원으로부터 서쪽 120여km 거리에 있는 제XIII장의 북시둠(Buxidum) 장원에[23] 있는 자유인망스나 노예망스의 부역방식 역시

23 북시둠 장원은 B. Guérard, *Prolégomènes*, p. 856과 B. Guérard, ed., *Polyp. de St. Germain*, p. 107의 a번 각주에 의하면 빌라밀트로부터 서쪽으로 6km쯤 떨어져 있는 오늘날의 부아시앙드루에(Boissy-en-Drouais)이지만, A. Longnon, ed., *Polyp. de St.*

수도원 인근 소재 장원들의 부역방식과 유사하다. 수도원으로부터 서쪽 멀리 120km 이상 떨어져 있었을 가능성이 큰 제XI장의 누빌리아쿠스(Nuviliacus) 장원에는[24] 다른 종류의 망스는 없이 종류미상의 망스만 $6\frac{1}{2}$개가 존재한다. 그러나 이들 망스에 대한 부역노동 부과방식은 여타 장원의 자유인망스들의 부역노동 방식과 같다.[25] 다만 서쪽 멀리 위치한 누빌리아쿠스, 빌라밀트, 북시둠 등의 장원들에 있는 자유인망스들에는 포도밭에 대한 부역노동이 부과되지 않는다는 것이 특징이다. 그렇지만 포도밭에 대한 부역노동 결여는 이들 지방의 대부분이 비교적 바다에 가까운 습윤한 기후로 인해 포도밭 자체가 드물었기 때문일 것이다.[26] 그러므로 9세기 초엽에 생제르맹 수도원영지의 고전장원들이 분포한 파리 분지의 서쪽 경계로부터 일드프랑스의 동쪽 경계에 이르는 파리 분지의 서부에서는 부역노동의 부과제도가 거리에 관계없이 비슷했다고 하겠다.

　　요컨대, 장원들이 주로 센강 서쪽에 위치한 생제르맹 수도원영지

<hr/>

Germain, p. 140의 1번 각주와 D. Hägermann, ed., Polyp. von St. Germain, p. 224 및 K. Elmshäuser/A. Hedwig, Studien zum Polyp. von St. Germain, p. 179에 의하면 노르망디 레지옹 오른(Orne) 도 모르타뉴[Hägermann의 경우에는 모르타뉴오페르쉬(Mortagne-au-Perche)] 군 레말라르(Rémalard) 캉통 내의 부아시모지(Boissy-Maugis) 코뮌에 해당한다. 북시둠은 뒤의 제13장 장원의 주 소재지다.

24　누빌리아쿠스 장원의 위치에 대해서는 의견이 크게 엇갈린다. 그렇지만 수도원에서 서쪽으로 120km 떨어져 있었을 가능성이 높다. 이 장원의 위치에 관한 엇갈리는 비정에 대해서는 이르미노 엮음, 이기영 옮김, 『생제르맹 수도원의 영지명세장』(한국문화사, 2014), 255쪽의 각주 1 참조.

25　제X장의 비트리아쿠스(Vitriacus) 장원도 생제르맹 수도원으로부터 남쪽 200km 거리에 있는 니베르네 지방에 위치하지만, 농민보유지에 관한 기록이 전무해서 부역노동제도에 관해서는 아무것도 알 수 없다.

26　누빌리아쿠스 장원과 북시둠 장원의 영주직영지에는 포도밭이 존재하지 않으며, 빌라밀트 장원에만 영주직영지 전체의 규모에 비해 그리 크지 않은 포도밭이 부분적으로 존재할 뿐이다.

에서는 장원의 위치와 거리에 관계없이 자유인망스의 다수가 부분적으로 정기부역화하고 무제한적 잡역이 부과됨에도 불구하고 봉건적 부역노동제도의 원초적 형태인 정적부역 방식을 기본적으로 유지하는 데 비해, 노예망스의 대다수는 원초적 부역노동 방식을 거의 상실하고 정적부역화하는 경향을 보인다고 할 수 있다. 그러나 코르베의 경우에는 이와는 대조적으로 노예보유지보다 자유인보유지에 정기부역 방식으로 부과되는 경우가 훨씬 많고 무제한적으로 부과되는 비율도 더 높다.

2. 생모르데포세 수도원영지의 부역제도

생모르 수도원의 영지명세장은 기록내용이 비교적 짧고 간단하면서도 봉건적 부역노동제도에 관한 정보가 풍부하다. 이 수도원은 오늘날 행정구역상으로는 일드프랑스 레지옹 발드마른(Val-de-Marne) 도 크레테이(Créteil) 군 생모르데포세 코뮌에 소재한다. 이곳은 생제르맹 수도원이 소재한 파리 도심으로부터 남동쪽으로 11.7km밖에 떨어져 있지 않을 만큼 후자의 수도원과 아주 가깝다. 이 수도원의 장원들 역시 그 대다수가 생제르맹 수도원영지와 마찬가지로 파리 지역에 분포한다. 그러나 후자의 장원들 대부분이 센강 서쪽에 산재하는 데 비해, 생모르 수도원의 장원들 대다수는 오늘날 파리의 도심을 통과하는 센강의 동쪽 근교에 위치한 수도원을 중심으로 그 주변 일대에 분포한다는 차이가 있다. 또 생제르맹 수도원의 영지명세장이 828년 이전의 9세기 초엽에 작성된 것으로 추정되는 데 비해, 생모르 수도원의 영지명세장은 이보다 사오십 년 뒤인 869-878년에 작성되었다는 작성연대상의 차이도 존재한다. 생모르 수도원의 현존 영지명세장에 기록되어 있는 장원 수는 16개다. 이 가운데 호스피키움이라고 불린 소규모 농민보유지의 존재와 그 의무만 기록되어 있는 제4장의 장원을 제외한 15개의 장원이 고전장원제로 조직되어 있다. 노예망스는 제2, 8, 10, 11, 12, 15장의 장원들에 합계 48개가 존재하며, 자유인망스는 제10, 14, 16장의 장원들에 모두 32개가 존재한다. 따라서 최초 보유자의 신분에 따라 구분되어 그 종류가 명시된 망스는 이 영지의 전체 망스 총수 311개의 26%인 80개이며, 그 가운데 노예망스가 자유인망스보다 상당히 더 많은 셈이다. 이 영지의 나머지 고전장원들은 이례적으로 쟁기와 역축을 가지고 가서 부역노동을 수행해야 하는지의 여부에 따라 구분된 '쟁기부역망스(mansus carroperarius)'와 '손부역망스(mansus manoperarius)'로 표기된 망스들이거나 종류미상의 망스들로 구성되어 있다.

노예망스들에 대해서는 제10장의 장원을 제외한 나머지 5개 장원에서 제14장의 장원에 속하는 12개의 자유인망스들과 마찬가지로 일정 면적의 동곡지와 하곡지를 갈이질하는 부역이 부과되며, 이런 정적부역 외에 주부역과 같은 정기부역은 부과되지 않는다. 다만 제14장의 자유인망스들은 갈이질부역 면적이 노예망스들에 비해 훨씬 클 뿐이다. 따라서 노예망스들이 존재하는 이들 5개 장원의 노예망스와 관련된 부역노동제도는 원초적 형태의 주부역 방식에서 완전히 탈피하여 자유인망스의 원초적 부역형태인 정적부역 방식으로 전면적으로 바뀐 반면에, 제14장의 자유인망스는 원초적 형태의 부역노동 방식을 고스란히 유지하고 있는 셈이다. 그렇지만 제14장의 자유인망스와는 달리, 제16장의 장원에 있는 8개의 자유인망스는 '연중 매달 3일(in unoquoque mense per totum annum tres dies)'의 정기부역과 수송부역이 부과된다. 따라서 이 장원의 경우에는 자유인망스가 원초적 형태의 정적부역 방식을 상실했지만, 그렇다고 해서 노예망스의 원초적 부역 방식인 주부역제로 옮아간 것은 아니고 주부역의 해체 형태 가운데 하나라고 할 수 있는 월부역 형태의 정기부역 방식으로 부역이 부과되는 변천을 겪었다고 할 수 있을 것이다. 노예망스가 존재하는 제11장의 투르기아쿰(Turgiacum) 장원과 제12장의 벨사(Belsa) 장원의 위치는 확인되지 않고 있지만, 제2장의 노비겐툼(Novigentum) 장원과 제8장의 데렌티아쿠스(Derentiacus) 장원은 파리 동쪽 근교에 위치하고, 제15장의 에쿠아(Equa) 장원은 파리 서남쪽 50km 거리의 이벌린(Yvelines) 군 랑부예(Rambouillet) 캉통에 소재하며, 자유인망스들만 존재하는 제14장의 몬테 하이리아쿠스(Monte Hayriacus) 장원은 파리 동쪽 45km 거리에 있는 모(Meaux) 군에 위치한다. 그리고 제16장의 파바리아스(Fabarias) 장원은 파리 남동쪽 35km 거리의 믈렝(Melun) 군 투르낭브리(Tournan-en-Brie) 캉통에 위치한다.[27] 이와 같이 대체로 파리 동쪽 주변지역에서 고전장원제하 자유인망스의 부역노동 부과제도는 한편으로는 부역기간이 대폭 단축된 정기부역으로 바뀌는 경우가 없는 것은 아니지만 원초적 형태의 정적부역 방식이 유지되는 경향성이 강하며, 노예망스의 부역노동제도는 자유인망스처럼 정적부역 방식으로 완전히 바뀌었다고 할 수 있다. 따라서 전체적으로 파리 동쪽 인근지역에서는 부역제도가 서쪽 주변지역에 비해 주부역과 같은 정기부역 방식과 결합되지 않고 정적부역화하는 추세가 강했다고 할 수 있을 것이다.

---

27 이하 생모르 수도원영지의 장원들의 위치에 대해서는 D. Hägermann, ed., *Polyp. von St. Maur*, pp. 41~47, 121~125 및 L. Kuchenbuch, *Grundherrschaft im früheren Mittelalter*, p. 158 참조.

12개의 자유인망스와 7개의 노예망스로 구성된 제10장의 플로리 아쿰(Floriacum) 장원에서는 이런 두 종류의 망스 다 기본적으로 일정 면적의 정적부역과 매주 5일의 주부역이 동시에 부과된다. 이것은 각 각 자유인망스와 노예망스의 원초적 부역노동 방식인 정적부역과 주 부역의 결합을 보여 주는 것이지만, 주부역이 매주 3일이 아니라 5일 로 되어 있다는 것은 부역노동의 정기부역형 부과방식이 정적부역 방 식에 비해 상대적으로 크게 증강되었음을 뜻한다고 하겠다. 그렇지 만 자유인망스의 정적부역 대상은 곡물경작지인 것으로 보이는 데 비 해 노예망스의 경우에는 포도밭이며, 공납의 종류와 부담량이 비교적 많은 자유인망스와는 달리 노예망스는 공납의 부담이 적고 영주 저택 의 파수와 외양간 관련 일 및 '무슨 일이든 다 한다.'는 등 노예망스 고 유의 원초적 잡역을 수행한다는 차이가 존재한다. 이런 차이점들 역 시 기본적인 부역노동 방식과 마찬가지로 자유인 출신과 노예 출신 토 지보유자들 사이의 상이한 원초적 형태의 부역노동 부과방식이 아직 그대로 존속하면서도 노예 출신 특유의 잡역 특성이 강력히 잔존했음 을 보여 주는 것이다. 따라서 이 장원에서는 두 가지의 원초적 부역부 과 방식이 나란히 결합했지만 부역노동의 부과제도가 노예 출신의 부 역노동 방식으로 다소 기우는 경향이 있다고 할 수 있을 것이다. 이 플 로리아쿰 장원이 지리적으로 파리의 생모르 수도원으로부터 동쪽으로 110km쯤이나 멀리 떨어진 마른 도 랭스 군 내에 위치한다는 점은 주 목된다. 뒤에서 보겠지만, 랭스 군은 현 랭스 시에 소재한 생르미 수도 원의 소유 장원들이 다수 분포하는 곳이다.

생모르 수도원의 영지명세장에는 제1, 2, 3, 5, 6장 등 5개 장원에 걸쳐 합계 154개에 이르는 전술한 쟁기부역망스와 손부역망스가 기 재되어 있다. 총 154개 중 쟁기부역망스는 $127\frac{1}{2}$개이고 손부역망스는

$26\frac{1}{2}$개로, 각각 83%와 17%를 차지한다. 총 154개에 이르는 이들 망스는 전체 망스 총수 311개의 49%를 차지할 만큼 많다. 쟁기부역망스의 경작부역 의무는 앞에서 논한 바 있는 제14장의 자유인망스와 마찬가지로 주부역과 같은 정기부역과 결합됨이 없이 일정 면적의 동·하곡지를 갈이질하는 정적부역 방식으로만 부과된다. 이에 비해 손부역망스의 부역노동에 관해서는 제1, 2, 6장에는 기록이 없거나 모호하지만, 분명하게 기록되어 있는 제3장의 토르티아쿰(Tortiacum) 장원과 제5장의 북시둠(Buxidum) 장원에서는 부역노동이 쟁기부역망스들과 제14장의 자유인망스들과 마찬가지로 역시 정기부역이 부과되지 않고 동·하곡지에 대한 정적부역 방식으로만 부과된다. 그러나 손부역망스의 갈이질 면적은 대체로 쟁기부역망스들과 자유인망스들에 비해서는 훨씬 작다. 흔히 쟁기와 역축을 갖지 못하고 경작부역을 수행하는 손부역망스의 경우에는 이런 갈이질 도구를 가진 쟁기부역망스에 비해 경작부역의 의무부담이 가벼울 수밖에 없었을 것이다. 손부역망스의 경작부역에 관한 기록이 모호한 제2장에는 이런 종류의 망스들과 함께 노예망스가 $6\frac{1}{2}$개 존재한다. 이들 노예망스의 경작부역은 제3장과 제5장의 손부역망스처럼 그리 크지 않은 같은 면적의 동·하곡지에 대해 정적부역 방식으로 부과된다. 이로 봐서 손부역망스의 경작부역 방식은 이 영지의 노예망스와 같았던 것으로 짐작된다. 따라서 대체로 쟁기부역망스는 상대적으로 경제적 여유가 있었을 자유인망스에 다름 아니고 손부역망스는 망스의 규모도 작고[28] 보다 빈궁했을 노예망스에 다름 아니라고 할 수 있을 것이다. 다만 두 종류의 농민

---

28   노예망스의 크기는 자유인망스의 71% 수준에 지나지 않는다. 바꿔 말하면, 자유인망스가 노예망스보다 1.4배 정도 더 크다. 저자의 논문 「고전장원제하의 농민보유지 제도」, 402쪽 참조.

보유지 사이에 경작부역의 면적 차이가 크기 때문에, 경작면적 차의 원인이 되는 쟁기를 가지고 있느냐의 여부에 따라 특별히 이런 이름들로 불렸던 것으로 추측된다. 이들 특수한 이름의 망스들이 기록된 제1장의 브레나(Vrena), 제2장의 노비겐툼, 제3장의 토르티아쿰, 제5장의 북시둠, 제6장의 페라리아이(Ferrariae) 등의 장원은 모두 파리 도심으로부터 동쪽으로 10~26km 떨어진 거리에 있으며 생모르 수도원 가까이 위치한다. 따라서 쟁기부역망스와 손부역망스의 경작부역 부과방식으로 봐서도 파리 지역에서는 고전장원제 아래서 정적부역 방식이 지배적이었으며, 단지 파리 서부지역과는 달리 동부지역에서는 정기부역과 결합되지 않은 정적부역 위주의 부역노동제도가 지배적이었다고 하겠다.

현존하는 생모르 수도원의 영지명세장에 기록된 15개의 고전장원 가운데, 망스라는 표준적 농민보유지에 '코르베(corbada)'라는 명시적 이름으로든 그런 이름이 없든 간에 코르베가 실질적으로 부과되는 것으로 판단되는 장원은 12개다. 이는 전체 장원 수의 80%를 차지하는 것으로, 대다수의 장원에 코르베가 부과된 셈이다. 코르베의 부과방식은 앞의 생제르맹 수도원영지처럼 다양했다. 그러나 두 영지 사이의 코르베 부과방식은 비슷하면서도 다른 점이 있다. 비슷한 점은 생모르 수도원영지에서도 코르베가 부과되는 12개의 장원 중 이의 수행 횟수 즉 날수로 부과되는 장원이 8개로 다수를 차지한다는 사실이다. 8개 장원 중 4개는 매주 또는 3주마다 주 단위로 몇 회씩 부과되고, 주 단위의 기간 명시 없이 몇 회씩 부과되는 장원은 8개다. 주 단위의 기간 명시가 없는 8개 장원 가운데는 동곡지와 하곡지로 구분하여 몇 회씩 부과되는 장원이 5개로 가장 많고, 코르베 수행 시 지참해야 할 황소의 두수를 2두나 6두로 구분하여 두수별 횟수로 부과되는 장원은

1개이며,[29] 나머지 2개 장원에서는 기록상 기간이든 동·하곡지든 또는 두수든 아무런 기준 없이 막연히 '몇 회의 코르베를 수행한다.'는[30] 방식으로 부과된다.

그러나 코르베의 부과방식과 관련하여 869-878년 무렵의 이 영지에서는 반세기 전쯤인 9세기 초엽의 생제르맹 수도원영지와는 뚜렷이 다른 현상들이 더러 나타난다. 한 가지 차이는 이 영지에서는 위와 같이 수행 횟수로 부과되는 장원이 다수이지만, 면적 단위로 코르베가 부과되는 장원의 수가 생제르맹 수도원영지에 비해 상대적으로 훨씬 많다는 것이다. 면적 단위의 코르베 부과 장원이 후자의 영지에서는 코르베가 부과되는 전체 23개 장원 중 4%에 지나지 않는 1개인 데 비해, 이 영지에서는 코르베가 부과되는 12개 장원의 33%인 4개나 될 정도로 훨씬 많다. 또 하나 주목되는 차이점은 생모르 수도원영지에서는 무제한적 코르베 부과가 보이지 않는다는 것이다. 생제르맹 수도원영지에서는 코르베가 부과되는 전체 23개 장원의 52%인 12개에서 '지시받는 만큼 코르베를 수행한다.'는 식의 무제한적 코르베 수행이 많았으나, 이 영지에서는 전혀 없다. 이와 같이 9세기 후반에 이르러 코르베가 수행횟수가 아니라 일정 면적으로 부과되는 장원이 증가하고 무제한적으로 부과되지도 않는다는 것은, 농민의 코르베 부담이 대폭 경감되고 코르베의 부과와 수행에서 영주의 자의성(恣意性)이 제거되며 장원농민의 자율성이 높아지는 획기적 변화가 불과 반세기만에 일어났음을 시사한다고 할 수 있다.

---

29 제10장의 고전장원에서 그렇다. 이 장원에서 자유인망스의 보유자는 6두의 황소를 지참해서 2회의 코르베를, 2두의 황소를 지참해서 1회의 코르베를 수행하고, 노예망스 보유자는 2두의 황소를 갖고 가서 1회의 코르베를 수행한다고 되어 있다.

30 예컨대, "Facit corbada .III."(제3장)이라고 기록되어 있다.

농민보유지의 종류에 따라 코르베의 부과비율과 부담크기에는 얼마간의 차이가 존재한다. 자유인망스들이 존재하는 3개의 장원 모두에 코르베가 빠짐없이 부과되는 데 비해, 노예망스들이 존재하는 6개의 장원 중에는 4개의 장원에서만 부과되고 2개의 장원에서는 부과되지 않는다. 코르베의 부담크기는 두 종류의 망스가 서로 비슷하면서도, 자유인망스의 경우에 노예망스보다 지참 황소의 두수가 좀더 많다든가 코르베 수행기간이 보다 긴 등 약간 더 컸던 것으로 보인다. 한편 앞에서 각각 자유인망스와 노예망스에 다름 아니라고 한 쟁기부역망스와 손부역망스 사이에는 코르베 부과에 더욱 확연한 차이가 난다. 이런 특이한 이름의 두 망스가 장원별로 병존하는 5개의 장원에서 쟁기부역망스에 '코르베(corbada)'라는 명시적인 말로 코르베가 부과되는 장원은 3개이고, 나머지 2개 장원에서도 이런 말의 명기는 없지만 '2개 또는 3개의 망스끼리 매주 또는 3주마다 일정 면적을 갈이질한다.'고 함으로써 코르베가 실질적으로 부과된 것으로 짐작된다. 이에 비해 장원에 따라 손부역망스에 관한 기록이 모호한 경우들이 있기는 하지만, 손부역망스에 코르베가 명기되든 그렇지 않든 부과되는 장원은 하나도 없다. 따라서 생모르 수도원영지에서 코르베가 노예망스에 부과되는 경우가 적은 것은 아니지만, 8세기 초반에 생겨날 때와는 달리 노예망스보다는 황소 및 쟁기와 같은 갈이질 수단을 소유했을 가능성이 훨씬 큰 자유인망스에 부과되는 경우가 다소간에 더 많았다고 할 수 있다.

생모르 수도원의 영지명세장에는 3개의 장원에 걸쳐 이 영지 전체의 망스 총수 311개의 25%를 차지하는 77개의 종류미상 망스가 기록되어 있다. 종류미상의 망스에 대해 오늘날 파리 시내의 동북부에 위치한 제7장의 사베기아이(Savegiae) 장원에서는 경작부역이 동곡파종을 위한 갈이질 의무만 부과되고, 생모르 수도원에서 서남쪽으로 250km가량 떨어져 있는 메네루아르(Maine-et-Loire) 도 사그레(Sagré) 군에 소재한 제9장의 마이리아쿠스(Mairiacus) 장원에서는 '영주의 밭에 울타리를 친 후 자신의 곡식으로 파종하고 일정 크기의[31] 포도밭 구덩이를 파며',[32] 수도원으로부터 동북쪽 20여km 떨어진 모 군 라니(Lagny) 캉통에 위치한 것으로 추정되는 제13장의 비틀레나(Vitlena) 장원에서는 일정 면적의 동·하곡지 갈이질부역과 4회의 코르베가 부과된다. 이와 같이 경작부역이 장원에 따라 다양한 형태로 부과되고 코르베가 부과되는 장원이 3개 장원 가운데 단 1개로 부과비율이 낮기는 하지만, 부역노동이 기본적으로 정적부역 방식으로 부과된다는 점에서는 공통적이다. 따라서 종류미상의 많은 망스의 경작부역 부과방식은 자유인망스의 원초적 형태와 같다고 할 수 있을 것이다.

요컨대, 9세기 후반의 생모르 수도원의 영지명세장에 의하면 이 수도원의 대다수 고전장원들이 분포한 센강 동쪽을 중심으로 한 파리 지역에서 지배적인 부역노동 부과제도는 장원들이 주로 센강 서쪽에 위치한 생제르맹 수도원영지에서와 마찬가지로 정적부역 방식이었다고 할 수 있을 것이다. 이 영지의 고전장원들에서 자유인망스의 경우에 일부 정기부역화하기도 했지만 기본적으로 원초적 형태의 정적부역 방식이 유지되었고, 노예망스의 부역노동 부과방식도 정적부역 방식으로 탈바꿈했다. 정적부역 방식이 지배적이었음은 쟁기부역망스와

---

31 여기서 일정 크기라고 한 것은 라틴어 원문의 'iuctus'를 가리키는 것으로, 1iuctus는 12.64아르 크기의 아르팡(aripennus)과 같은 크기다.

32 "Facit pecturam in cultura dominicata et seminat ibi de suo tritico modios .II. ⋯ Fodit unusquisque iuctum .I. in vinea dominicata."

손부역망스의 경작부역 부과방식으로 봐서나 다수의 종류미상 망스들로 봐서도 마찬가지다. 다만 이 수도원의 영지 가운데 동쪽 멀리 랭스지역에 떨어져 있는 고전장원에서는 부역노동의 부과방식이 정기부역방식으로 다소 기우는 경향이 있었다고 할 수 있다. 코르베도 생제르맹 수도원영지만큼 높지는 않지만 역시 노예망스보다는 자유인망스에 부과되는 비율이 더 높다. 그러나 9세기 초엽의 생제르맹 수도원영지에 비해 정적부역 방식의 코르베 부과가 증가하고 무제한적 코르베 부과가 사라짐으로써 장원농민의 부담이 줄고 자율성이 높아졌다고 할 수 있다.

3. 몽티에랑데르 수도원영지의 부역제도

대부분의 장원들이 파리 분지의 중심부 가운데서도 파리를 중심으로 한 서부지역에 분포한 앞의 두 영지와는 달리 동부지역의 샹파뉴 지방에 분포하면서 장원토지의 소유현황을 명세장으로 남긴 영지가 둘 있다. 그중의 하나가 마른강과 오브(Aube)강 사이의 습윤한 하부 샹파뉴 지방에 위치한 몽티에랑데르 수도원영지다. 9~11세기에 걸쳐 작성되고 보충된 것으로 추정되는 이 영지의 명세장에는 총 57장에 걸쳐 토지를 중심으로 한 수도원의 재산이 기록되어 있다. 그렇지만 이 가운데 11세기 초엽 이후 추가된 것으로 추정되는 제XXXVIII~XLIV장에[33] 기재된 토지는 망스 보유자들이 현물지대나 화폐지대를 지불하는 이른바 순수장원들이며, 제XLV~LVII장에 기록된 토지들은 프레카리

---

33 추가문서의 작성 시기에 관해서는 C. B. Bouchard, ed., *Cartulary of Montiér-en-Der*, pp. 28~29, 328~329 참조.

아(precaria)³⁴ 형태의 양도토지다. 이들 토지를 제외하고 장원의 토지가 영주직영지와 농민보유지로 이분되고 영주직영지는 농민보유지 보유자들의 부역노동으로 경작되는 고전장원들로 추정되는 장원은 36개로, 제I장과 제XXXVII장 사이에 기록되어 있다.³⁵

36개의 고전장원들 가운데 최초 보유자의 신분에 기준을 두고 구분된 농민보유지의 종류가 명시되어 있는 장원은 30개다. 30개의 장원에서 정상적이고 표준적인 농민보유지인 망스는 제XII장의 장원을 제외하고는 어느 장원에서나 자유인망스들로만 되어 있다. 다만 제XII장의 장원에는 26개의 자유인망스와 함께 8개의 노예망스가 존재한다.³⁶ 30개의 고전장원들에 기재되어 있는 자유인망스는 정규의 항구적 보유자가 없는 망스를 뜻하는 81개의 'mansus ingenuilis apsus'

---

34 프레카리아란 형식상으로는 기증자가 '간청'을 통해 자신의 토지 소유권을 권력자에게 양도하고 그의 당대 또는 처자식의 일생 동안 일정액의 화폐나 현물을 지세(地貰)로 지불하면서 그 토지를 경작·이용하는 토지제도다. 그러나 실제로는 세력가들이 권력을 이용해서 중소농민으로부터 토지를 탈취하고 예속적 소작농으로 전락시키는 과정에서 일시적으로 존재하는 토지제도일 뿐이다.

35 37개의 장에 걸쳐 기록된 장원들 가운데 제XXIX장의 장원은 영주직영지와 부역노동을 비롯한 망스 보유자들의 의무에 관한 기록이 전무하고 정규의 항구적 보유자가 없는 망스를 뜻하는 'mansus apsus'만 3개가 존재하므로, 분명히 고전장원이 아니다. 그러나 제XV~XVII장의 장원들은 망스 보유자들의 경작부역에 관한 언급이 없고 제XXXI장의 장원은 영주직영지에 관한 언급이 없지만, 이런 것들이 실수로 기재되지 않았을 뿐 실질적으로는 존재한 고전장원들로 보인다. 왜냐하면 앞의 장원들에서는 영주직영지와 자유인망스들이 존재하고 경작부역 외의 의무는 다른 장원들의 자유인망스들과 비슷하며, 뒤의 장원에는 적은 수이기는 하지만 망스가 존재하고 경작부역과 코르베 의무가 존재하기 때문이다. 그리고 제X장과 제XXXII장의 장원들에서는 영주직영지의 곡물경작지에 관한 기록이 보이지 않지만, 직영지에는 초지가 존재하고 망스 보유자들은 정적부역과 코르베를 수행할 의무가 명시되어 있다. 이로 미뤄 볼 때, 이 두 장원도 실질적으로는 직영지의 곡물경작지가 존재한 고전장원들이라고 하겠다.

36 제XII장의 장원에는 26개의 자유인망스와 8개의 노예망스 외에, 정규의 항구적 보유자가 없어 농민보유지로서 정상적인 기능 즉 의무수행을 하지 못하는 망스들인 'mansus ingenuilis apsus'와 'mansus servilis apsus'가 각각 11개와 2개씩 존재한다.

를 제외하면 379개이고, 이를 포함하면 460개다.[37] 이에 비해 30개의 고전장원들 가운데 제12장에만 존재하는 노예망스는 2개의 'mansus servilis apsus'를 제외하면 8개이고 이를 포함하면 10개다. 따라서 이 영지에서는 망스의 종류가 구분된 전체 망스 중 'mansus apsus'를 제외하든 포함하든 간에 98%라는 압도적 다수가 자유인망스였던 셈이다.

자유인망스는 대체로 2jr 크기의 영주직영지를 갈이질하는 정적 부역과 연간 2회 정도의 코르베 및 추수밭과 수도원에서 각각 연간 1회씩 행하는 15일간의 부역이 부과된다. 그리고 경작부역의 연장으로서 농경지의 울타리 치기와 수송부역이 부과되며, 원래 노예의 일들이었던 영주 저택의 울타리 치기나 파수(把守)와 같은 잡역 의무도 진다. 공납과 관련해서는 땔감, 지붕널(scindula), 닭과 계란—때로는 횃불—의 공납은 물론, 방목세(pastio)나 군역세(hostaticus) 명목으로 곡물이나 현금을 바칠 의무를 진다. 그러므로 9세기 중엽의 몽티에랑데르 수도원영지에서 자유인망스의 부역노동 수행방식은 8세기 전반에 토지보유 노예에게 부과되었던 주부역의 퇴화 형태라고 할 수 있는 연부역이 부과되고 노예 신분 고유의 일부 잡역이 부과되고는 있지만, 기본적인 면에서는 토지보유 자유인의 원초적 형태인 정적부역 방식이 유지되고 있다고 할 수 있을 것이다.

제XII장의 사투르니아쿠스(Saturniacus) 장원에만 기록되어 있는 8개의 노예망스는 부역노동이 주부역 형태의 정기부역 방식으로 부과되지 않는다. 오히려 이 장원 안의 자유인망스들과 여타 장원들의 자

---

37 이와 같은 통계는 저자의 저서 『고전장원제와 봉건적 부역노동제도의 형성』, 307쪽에서 30개의 고전장원들에서 'mansus apsus'가 75½개이고 정규의 항구적 보유자가 있다는 의미의 'mansus vestitus'가 377½개이며 이들 망스의 합계가 453개라고 한 것과 다르다. 전에 말한 통계를 이번 것으로 수정한다.

유인망스들처럼 정적부역 위주로 부과된다. 노예망스는 자유인망스와 마찬가지로 비슷한 면적의 정적부역과 더불어 연간 2회의 코르베와 2회의 15일간 부역이 부과되며, 수송부역과 기타의 잡역 의무도 자유인망스와 비슷하다. 심지어 원래 자유인이 부담하던 방목세와 같은 공납 의무도 진다. 그렇지만 노예망스와 관련하여 '노예들은 6일 동안 일한다.'("Servi faciunt diebus VI.")는 말이 정확하게 얼마만한 기간의 6일을 가리키는지 이해하기 어렵지만, 노예망스를 보유한 노예 신분의 경우에는 6일의 부역노동을 더 수행한다. 그리고 노예망스 보유자들은 원래 노예의 일들이었던 요리와 양조(釀造) 작업을 수행하고 공납 부담이 좀더 가볍다. 노예망스가 단 하나의 장원에만 나타나기 때문에 일반화해서 말하기는 어렵지만, 이런 차이에도 불구하고 몽티에랑데르 수도원영지에서 노예망스는 자유인망스의 부역노동 부과방식에 기본적으로 동화되고 있었다고 할 수 있을 것이다. 그러나 이 사투르니아쿠스 장원의 정확한 위치는 확인되지 않고 있으며, 혹시 루아르강 건너편에 소재한 것은 아닐까 짐작만 되고 있을 뿐이다.[38] 그러므로 이런 동화 현상이 수도원 주변의 샹파뉴 지방에서 일어났는지 아니면 몽티에랑데르 수도원으로부터 적어도 서남쪽 180km 이상 멀리 떨어진 루아르강 너머의 다른 지방에서 일어난 것인지는 확실치 않다.

---

38 이 장원의 위치에 관해서는 Ch. Lalore, ed., *Polyp. de Montiérender*[Tiré à deux cent cinquante exemplaires numérotés], pp. 27, 37 및 C. B. Bouchard, ed., *The Cartulary of Montiér-en-Der*, pp. 320, 402 참조. 제XII장의 사투르니아쿠스 장원에서 26개 자유인망스의 의무는 다른 고전장원들의 의무와 기본적으로 비슷하면서도 코르베가 2회가 아니라 5회가 부과된다든가, 다른 장원들에서는 연간 2회씩 부과되는 15일간의 부역이 없다든가, 농경지와 영주 저택의 울타리 치기와 같은 잡역이 결여되어 있다든가 하는 등의 차이가 있다. 이런 차이점들로 봐서는 이 장원이 샹파뉴 지방에 소재한 이 수도원의 주변 일대에 분포한 대다수의 다른 장원들과는 달리 아주 멀리 떨어진 루아르강 너머에 위치했을 가능성이 있다고 하겠다.

몽티에랑데르 수도원의 현존 영지명세장에 의하면 이 영지에 반자유인망스는 없으며, 그냥 'mansus'라고만 기록된 종류미상의 망스가 $1\frac{1}{2}$개의 'mansus apsus'까지 포함해서 고전장원들로 판단되는 7개의 장원에 걸쳐 $32\frac{1}{2}$개 존재한다. 이들 망스의 의무는 장원들에 따라 약간의 차이는 있지만, 연 2회씩의 15일간 부역이 모두 결여되어 있다는 공통점 정도를 제외하고는 그 의무가 대체로 자유인망스들과 비슷하다. 따라서 이들 종류미상의 망스는 원래 자유인망스인 것을 기록상의 착오나 실수로 종류를 밝히지 않은 채 그냥 망스라고만 한 것은 아닌가 한다. 실제로 이런 망스가 기록된 7개의 장원 중 2개에서 영주직영지의 곡물경작지에 관한 기록이 없거나 직영지 자체에 관한 기록이 보이지 않는다는 점으로 봐서도 기록상의 착오나 실수일 가능성이 있다고 하겠다.

몽티에랑데르 수도원영지의 36개 고전장원들 가운데 그 위치가 현재까지 확인되지 않는 장원은 제12장의 사투르니아쿠스 장원과 제33장의 베르티노몬스(Bertinomons) 장원이다. 이들 2개의 장원을 제외한 34개 장원의 94%인 32개가 수도원 소재지로부터 반경 45km 이내의 샹파뉴 지방에 위치한다. 나머지 2개 장원 중 하나는 수도원 북쪽 60km 지점에 위치한 제10장의 브라이스(Brais) 장원으로, 현재는 샹파뉴 레지옹 마른 도 생트머누(Sainte-Menehould) 군 및 캉통에 속하는 브로생러미(Braux-St.-Remy) 마을이다. 다른 하나는 수도원 남쪽 70km 지점에 위치한 제32장의 베누에리아스(Venuerias) 장원으로, 오늘날 행정구역상으로는 부르고뉴 레지옹 코트도르 도 몽바르(Montbard) 군 샤티옹쉬르센(Châtillon-sur-Seine) 캉통 내의 방베(Vanvey) 마을에 해당한다.[39] 수도원으로부터 멀리 떨어져 있는 이 두 장원 모두 농민보유지는 종류미상의 망스들로 구성되어 있다. 다른 장

174

원들에 소속된 종류미상의 망스들과 비교할 때, 샹파뉴 지방에 위치한
앞의 브라이스 장원에서는 망스 보유자의 잡역과 공납의 종류가 보다
적으며 따라서 이런 부담이 상대적으로 가볍다. 특히 부르고뉴 지방에
위치한 뒤의 베누에리아스 장원에서는 정적부역 면적이 보다 큰 경우
가 더 많고, 코르베가 존재하기는 하지만 2회로 명시되어 있지 않고,
울타리 치기 부역이 부과되지 않는 대신 타작부역이 추가되는 등의 차
이가 존재한다. 그러나 이 두 장원에서 종류미상의 망스에 대한 부역
노동 부과방식은 여타 장원의 종류미상 망스들처럼 정적부역 방식으
로 되어 있으며, 따라서 이 영지의 자유인망스들과 기본적으로 유사하
다고 할 수 있다.

　　몽티에랑데르 수도원영지에서 코르베는 36개의 고전장원들 가운
데 86%를 차지하는 31개에서 부과되고 있다. 자유인망스들이 존재하
는 30개의 고전장원 가운데서는 4개를 제외하고 87%라는 압도적 다
수인 26개의 장원에서 자유인망스에 코르베가 부과된다. 자유인망스
의 코르베는 대부분 2회씩 부과된다. 제XII장에만 존재하는 노예망스
에도 자유인망스들처럼 2회의 코르베가 부과된다. 그렇지만 이 제XII
장에서 자유인망스의 경우에는 코르베가 이보다 훨씬 많은 5회가 부
과된다. 따라서 이 영지에서는 코르베가 어느 종류의 망스에 더 많이
부과되는지 정확히 파악할 수는 없지만, 코르베제도가 처음 생겨날 때
와는 달리 아마도 노예망스보다 자유인망스에 대한 코르베 부과가 실
제로는 더 잦고 그 부담도 더 컸을 것으로 짐작된다. 종류미상의 망스

39　몽티에랑데르 수도원영지의 장원들의 지리적 위치에 관해서는 Ch. Lalore, ed.,
　　Polyp. de Montiérender〔Tiré à deux cent cinquante exemplaires numérotés〕, pp.
　　25~38 및 C. B. Bouchard, ed., *Cartulary of Montiér-en-Der*, pp. 4, 27, 315~333,
　　395~404 참조.

가 존재하는 7개의 고전장원 가운데서 코르베는 2개를 제외하고 71%
인 5개 장원에서 부과되며, 그중의 다수 장원에서 자유인망스나 노예
망스들처럼 2회씩의 코르베가 부과된다. 이 수도원의 영지명세장에서
코르베는 단순히 'corvada II'라는 식으로 대부분 코르베의 횟수만 기
록되거나 가끔 '코르베를 한다.'는 식으로 모호하게 기록되어 있어, 얼
마만한 기간에 2회가 부과되는지 이 영지명세장 자체로는 정확히 알
수 없다. 그러나 앞의 제3장 제3절에서 봤듯이, '2회의 코르베'란 카롤
링시대의 다른 자료들과의 비교연구를 통해 동곡과 하곡의 파종기에
각각 2일간 수행하거나 각각의 파종기에 매주 2일씩 수행하는 것이라
고 할 수 있다.

　요컨대, 9세기 중엽의 몽티에랑데르 수도원영지에서는 압도적으
로 많은 자유인망스나 소수로 존재하는 노예망스나 또는 종류미상의
망스나 모두 멀고 가까운 거리에 관계없이 부역노동이 정적부역 방식
중심으로 부과되고 있다고 하겠다. 원래 토지보유 노예와 관련되어 있
던 주부역의 해체 형태인 연부역과 일부 잡역이 자유인망스에 추가되
기는 하지만, 자유인망스는 토지보유 자유인의 원초적 부역부과제도
인 정적부역 방식을 유지하고 있다. 노예망스의 경우에도 토지보유 노
예 고유의 특징적 부역노동 현상이 일부 남아 있기는 하지만, 노예망
스에 대한 기본적인 부역노동 부과방식은 자유인망스의 부역부과 방
식과 유사해지고 있다. 코르베의 경우에는 노예망스와 마찬가지로 대
다수의 자유인망스들에 부과되고 그 부담도 코르베제도의 생성단계에
서보다 자유인망스에서 다소 늘어난 것으로 보인다.

4. 생르미 수도원영지의 부역제도

파리 분지의 동부지역에 해당한다고 볼 수 있는 샹파뉴 지방에 대다수
의 장원들이 분포하고 카롤링시대에 토지소유 현황을 명세장으로 남
긴 영지들 가운데 다른 하나는 상부 샹파뉴의 랭스 소재 생르미 수도
원의 영지다. 이 수도원의 현존 영지명세장은 주로 금납과 물납 형태
의 수입에 관해 12세기 후반에 작성된 일부 기록을 제외하면 대부분은
9세기 초엽부터 10세기 말엽 사이에 작성되었으며, 그 가운데서도 $\frac{2}{3}$
가량은 861년 이전의 9세기에 작성되었다. 이 명세장에는 모두 29개
의 장에 걸쳐 토지소유와 수입의 현황이 기록되어 있다. 그러나 이 중
제XIII장과 제XXIX장은 성 르미의 날을 비롯한 축제일 등에 수취되는
화폐 및 현물 형태의 각종 수입에 관한 기록이고, 제XXV장은 그 앞에
기재된 전체 장원들의 재산과 수입을 총합계하여 기재한 것이다. 이런
3개의 장을 제외하면 26개의 장들에 걸쳐 토지소유 상황이 기록되어
있는 셈이다. 그렇지만 그 가운데 제IV장과 제XXIV장은 지대가 생산
물지대나 화폐지대로 되어 있고, 제XXVI장은 '은대지(beneficium)'
형태로 양도된 토지들이 기재되어 있다. 따라서 23곳의 토지가 각각
영주직영지와 농민보유지들로 구성되고 영주직영지는 기본적으로 농
민보유지 보유자들의 부역노동으로 경작되는 고전장원 체제를 갖추고
있다고 할 수 있다. 그렇지만 제XXIII장과 제XXVII장의 장원들은 고
전장원제적 구조를·취하고 있지만, 농민보유지가 정상적이고 표준적
인 농민보유지인 망스들로 구성된 것이 아니라 소규모 농민보유지인
아콜라(accola)로 구성되어 있다. 또 그 수도 각각 4개와 5개로 적으
며, 더욱이 제XXIII장의 장원에서는 아콜라 보유자들이 영주의 포도
밭을 포도주 형태의 생산물지대를 지불하면서 소작하고 있다. 그러므

로 이 영지에서 진정한 의미의 고전장원은 21개밖에 되지 않는다고 할
수 있다.

21개의 고전장원 가운데 그냥 '망스(mansus)'라고만 불린 종류미
상의 망스가 기재된 제X장의 인술라수페르수피아(Insula super Sup-
pia) 장원을 제외한 20개의 고전장원에서 망스는 자유인망스와 노예
망스로 구분되어 기재되어 있다. 그러나 제V장의 장원에 관한 기록에
서는 제2항의 첫 번째 자유인망스의 의무에 관한 기록의 말미쯤부터
낙장(落張)되었으며, 그 밖의 기록도 모호한 경우가 더러 있다. 그렇기
때문에 망스의 종류별로 정확한 통계를 산출하기는 어려운 실정이지
만, 대략 노예망스는 13개 장원에 걸쳐 240개쯤 되고, 자유인망스는
노예망스에는 없는 4개의 'mansus ingenuilis apsus'까지[40] 포함해서
총 18개 장원에 $416\frac{1}{6}$개가량 된다. 따라서 현존 생르미 수도원의 영지
명세장에 나타나는 고전장원들에서 망스의 종류가 명시된 총 $656\frac{1}{6}$개
의 63%가 자유인망스이고 나머지 37%가 노예망스인 셈이다. 자유인
망스가 역시 훨씬 많기는 하지만, 이와 같은 노예망스의 비중은 이 책
에서 고찰하는 파리 분지 중심부 소재 영지들 가운데 가장 높다고 할
수 있다.

노예망스들 가운데 부역노동이 매주 3일씩의 원초적 형태로 부
과되는 경우는 없다. 노예망스들의 대다수는 경작부역이 주부역 방식
으로 부과되지 않고 자유인망스처럼 정적부역 방식으로 부과된다. 대
체로 동곡지와 하곡지에 각각 1mp(mappa)[41] 정도씩의 갈이질부역

40　정규의 항구적 보유자가 없는 망스를 뜻하는 이런 망스는 제VI장에 3개, 제XXVIII장에
　　1개가 보인다.
41　1mappa의 넓이는 0.61헥타르쯤 되었다. 저자의 논문 「고전장원제하 농민보유지의 종
　　류별 크기와 영주직영지와의 크기관계」, 355~356쪽 참조.

이 부과된다. 이런 정적부역 방식의 경작부역이 부과되는 노예망스는 모두 11개 고전장원에 걸쳐 218개다.[42] 이는 장원의 수로 봐서는 노예망스가 존재하는 전체 13개 고전장원의 85%, 망스의 수로 보면 전체 240개 노예망스의 91%라는 압도적 비중을 차지하는 것이다. 그러므로 9세기 중엽 생르미 수도원영지에서는 노예망스의 대다수가 원초적 형태의 경작부역 방식을 잃고 토지보유 자유인의 원초적 부역노동제도인 정적부역 방식으로 바뀌었다고 할 수 있다. 뿐만 아니라 일부 기록은 이 영지에서 경작부역을 비롯한 노예망스의 의무가 자유인망스와 동일함을 명기하고 있다. 생르미 수도원의 영지명세장 제XXII장 제9항에서 1개의 노예망스를 공동 보유한 2명의 자유인은 "위의 자유인망스들처럼 갈이질한다."고[43] 한다. 제9항 앞의 제2~8항에는 자유인망스들이 일정 면적의 동곡지와 하곡지를 갈이질한다고 기재되어 있다. 제XX장 제10항에서도 노예망스 보유자는 "스펠트밀과 돼지를 제외하고는 위 의무의 절반을 수행하고 공납한다."고[44] 한다. 여기에는 '위의 자유인망스들'이라는 명시가 없지만, 그 앞의 제2~9항에는 정적부역을 비롯한 자유인망스들의 의무가 기재되어 있다. 이런 기록들은 9세기 후반 이 영지에서는 노예망스의 경작부역 부과방식이 관행상 자유인망스의 것과 동일시되는 지경에까지 이르렀음을 증언하는 것이라고 하겠다.

그럼에도 불구하고 한편에서는 토지보유 노예의 원초적 부역노동제도가 꽤 잔존하기도 했다. 우선, 원초적 형태의 주부역 방식이 오히

---

42 이런 수치는 저자의 저서 『고전장원제와 봉건적 부역노동제도의 형성』, 309쪽에서 11개 장원에 184개라고 한 것과는 차이가 있다. 이 번 책의 통계치로 수정한다.

43 "Arant similiter ut supra ingenuiles mansi."

44 "Facit et donat medietatem census ut supra, praeter speltam et soalem."

려 증강되어 잔존한 경우들이 있다. 노예망스가 기록되어 있는 이 영지의 13개 고전장원 가운데 15%인 2개 고전장원에서 주부역이 1일 늘어나서 매주 4일씩의 주부역이 실시되고 있는 것이다. 그중의 하나는 제XXVIII장의 장원에서다. 이 장원에 관한 기록 중 제20~21항에서 2개 노예망스는 "7일마다 4일을 작업하고 명령받는 모든 천역(賤役)을 한다."고[45] 기록되어 있다. 다른 하나는 제VI장의 장원에서다. 여기에 기재된 18개의 노예망스 보유자는 "닭과 계란을 공납하고 4일을 일한다."고[46] 한다. 여기서 4일을 일한다는 것이 얼마만의 기간에 한다는 것인지가 명시되어 있지 않지만, 매주 4일의 주부역을 지칭하는 것으로 추측된다. 그리고 제VIII장의 장원에 있는 13개의 노예망스들은 연간 2mp의 정적부역이 부과됨과 더불어 성 요한의 날(6월 24일)로부터 성 르미의 날(10월 1일)까지는 매주 4일씩의 주부역이 부과된다. 다른 한편 제XV장의 고전장원에 있는 17개의 노예망스는 정적부역이 영주의 곡물경작지를 대상으로 해서 부과되지 않고 고대 로마사회에서 노예들이 전담하다시피 했던 영주의 포도밭에 대해 부과된다. 또 제XXVIII장의 제31~32항에 기록된 2개 노예망스는 "엿기름 만들기와 파수 그리고 명령받는 모든 천역을 수행한다."고[47] 한다. 이 경우에는 노예망스에 주부역도 정적부역도 부과되지 않고 있지만, 노예망스의 부역방식이 자유인 신분 출신 토지보유자의 부역노동 부과방식에 전혀 영향을 받음이 없이 노예 신분 고유의 잡역과 무제한적 부역노동이 부과되고 있다. 이와 같은 현상들은 토지보유 노예와 관련된 원초

---

45 "Facit in unaquaque septimana dies IIII, et opere servile quicquid ei injunctum fuerit."(제20항)

46 "Solvit in censum pullos III, ova XV. Facit dies IIII."(제9항)

47 "Facit brazium et waitas, et opere servili quicquid sibi injunctum fuerit."(제31항)

적 형태의 부역노동제도가 경작부역을 중심으로 생르미 수도원영지에 적지 않게 남아 있었음을 보여 주는 것이라고 하겠다.

잡역과 공납에 있어서도 노예망스는 그 부담의 종류와 크기가 자유인망스와 비슷해지는 면이 있으면서도 노예 신분 출신 고유의 특성이 강하게 남아 있음을 볼 수 있다. 제XVII장에 기록된 장원의 노예망스들과 제XX장의 장원에 있는 일부 노예망스들은 잡역의 종류와 부담이 대체로 자유인망스와 유사하다. 그러나 다수의 장원에서 노예망스의 잡역은 자유인망스에 대한 잡역 부과방식의 특징인 작업의 과제와 부담량의 구체적 명시가 없다. 그 대신 노예망스는 자유인망스에는 부과되지 않는 파수(wacta), 야경(vigilia), 엿기름 만들기 따위와 같은 노예 본래의 잡역이 부과되는 경우가 종종 있고, 대체로 주부역이 부과되지 않는 경우에는 '무엇이든 명령받는 일은 다한다.'는 무제한적 부역노동이 부과되는 것이 특징이다. 공납과 관련해서는 자유인망스처럼 노예망스에 방목세나 군역세와 같은 자유인 신분 출신 고유의 세가 부과되는 장원이 제법 있다.[48] 그러나 노예망스는 약간의 닭과 계란만을 공납하는 경우도 꽤 있고,[49] 기껏해야 여기에다 횃불이나 땔나무 또는 지붕널 정도가 약간 추가되는 경우가 더러 있는[50] 등 공납의 종류가 적고 부담이 크지 않다.

생르미 수도원영지에서 자유인망스의 부역노동은 거의 모두 보통 2mp씩의 영주직영지를 할당받아 경작하는 정적부역 방식으로 부과된다. 가끔 자유인망스의 지대가 화폐지대 내지 생산물지대인 경우나[51]

---

48 제XI, XV, XVII, XIX, XX, XXII장에 기록된 장원들.
49 제III, VIII, XI, XVIII장.
50 제XII, XIV, XV, XVII, XX, XXII장.
51 3개의 'mansus ingenuilis apsus'를 포함한 제VI장의 4개 자유인망스는 화폐지대를 지불하고, 제VII장의 5개 자유인망스는 지대가 포도주로 된 생산물지대이다.

기록누락인지는 정확히 알 수 없으나 정적부역이 아예 보이지 않는 경우가[52] 있기는 하지만, 부역노동이 주부역 형태의 정기부역 방식으로 부과되는 자유인망스는 없다. 경작부역을 비롯한 자유인망스의 부역노동은 거의 예외 없이 정적부역 방식으로 부과되고 있는 것이다. 상당수의 장원에서 정적부역 방식의 경작부역 외에 노예망스이건 자유인망스이건 간에 망스의 종류에 상관없이 영주직영지에서 건초작업이나 포도수확 작업 또는 탈곡작업 등 넓은 의미의 경작과 관련된 부역이 3일 내지 15일간 부과된다.[53] 이런 방식의 부역은 작업과제별로 비교적 짧은 작업기간이 명시되어 부과된다는 점에서 자유인 출신 농노의 부역노동 방식에 걸맞은 것이라고 하겠다.

자유인망스의 잡역은 수송부역이나 농경지의 울타리 작업처럼 경작부역과 밀접한 관련을 갖는 잡역이 부과되는 경우가 노예망스보다 잦다. 그리고 자유인망스에는 파수, 야경, 엿기름 만들기와 같은 노예신분 특유의 작업이었던 잡역의 부과가 보이지 않는다. 또 자유인망스의 잡역은 노예망스처럼 무제한적으로 부과되지도 않는다. 작업의 과제와 부담량이 구체적으로 명시되어 있다. 그러나 자유인망스에도 영주 저택의 뜰과 외양간의 울타리 작업, 건축작업(maceria), 이엉 이기 작업, 나무베기(caplim) 작업 등과 같이 원래 노예 출신이 수행했던 잡역이 종종 부과되기도 한다. 따라서 자유인망스의 잡역과 노예망스의 잡역은 서로 특성상 아직도 구분되고 있으면서도 한편으로는 유사해지는 면이 있었다고 할 수 있을 것이다. 자유인망스의 공납은 노예망스보다 그 종류가 많고 부담도 더 무겁다. 자유인망스는 돼지방목세

52　영주직영지를 일정 면적으로 할당받아 경작하는 정적부역이 보이지 않는 자유인망스는 제VII장과 제IX장에 각각 4½개와 2개가 있다.

53　제V, XI, XIV, XVII, XVIII, XX, XXII장의 장원들.

(pastio), 포도주세(vinaticum) 따위의 명목으로 일정량의 농산물이나 가축을 바치고 군역세(hostelitia)로 일정액의 현금을 바치는 등 세 부담이 컸으며, 닭과 계란은 물론, 땔나무, 지붕널, 포도나무 받침목, 소금, 통이나 통 제조용 목재, 심지어 홍색 염료 등 선물 성격을 띠는 공납의 종류와 분량이 많다. 그러나 앞에서 본 것처럼 노예망스도 심지어 방목세나 군역세와 같은 세를 바치는 장원이 꽤 있는 것으로 볼 때, 공납의 의무도 서로 비슷해지는 추세가 일고 있었던 것으로 추측된다.

생르미 수도원의 영지명세장에 의하면 이 영지의 21개 고전장원 모두에 코르베(corvada 또는 corrogata)가 부과된다. 망스의 종류별로는 자유인망스들이 존재하는 18개 장원 모두에서 코르베가 부과된다. 이에 비해 노예망스가 존재하는 13개 고전장원 가운데서는 이의 69%인 9개 장원에서만 코르베가 부과된다. 코르베는 흔히 연간 일정 횟수로, 또는 몇몇 장원의 경우에는 동곡지와 하곡지별 횟수로 부과된다. 코르베가 부과되는 연간 횟수는 2~9차례이지만, 노예망스보다는 자유인망스에 부과되는 횟수가 비교적 많은 경향을 보인다. 자유인망스의 경우에는 연간 9회씩 부과되는 장원이 7개이고 5회 이상 9회까지 부과되는 장원이 13개로, 코르베가 5회 이상씩 부과되는 장원은 전체 18개 장원의 72%를 차지한다. 이에 비해 노예망스의 경우에는 코르베가 부과되는 9개의 장원에서 수 미상의 코르베가 부과되는 1개 장원을 제외한 8개 가운데 5회 이상 부과되는 장원은 4개로, 50%에 지나지 않는다. 따라서 생르미 수도원영지에서 코르베제도가 생성되던 초기와는 달리 코르베는 노예망스에 부과되는 경우는 대폭 줄어든 반면에 자유인망스에는 100% 부과되며, 코르베의 부담량도 노예망스보다 자유인망스에서 더 컸다고 하겠다.

생르미 수도원의 영지명세장에서는 반자유인망스는 찾아볼 수 없고, 종류미상의 망스만 유일하게 제X장의 장원에서만 14개 보인다. 앞에서 봤듯이 이 명세장의 21개 고전장원에서 종류가 명시된 망스의 총수는 $656\frac{1}{6}$개이므로, 이것은 전체 망스 수 $670\frac{1}{6}$개의 2%를 차지할 정도로 적은 셈이다. 따라서 이 영지에서 종류미상의 망스 수의 비중은 매우 낮았다고 할 수 있다. 이런 망스는 이 영지의 자유인망스나 노예망스처럼 영주직영지의 동곡지와 하곡지에 각각 1mp씩의 갈이질부역을 수행하고, 연간 4회씩 코르베를 수행하며, 그 밖의 의무는 대체로 자유인망스와 비슷하다.

생르미 수도원영지의 21개 고전장원 가운데 81%인 17개 장원이 수도원으로부터 반경 30km 이내에 분포한다. 나머지 4개 장원은 35km 이상의 거리에 위치한다.[54] 그러나 비교적 멀리 떨어져 있는 4개 장원의 경작부역 부과방식이나 그 부담의 크기 및 기타의 의무 내용은 수도원에 가까이 위치한 다수의 고전장원들의 의무내용과 비교할 때, 자유인망스에 수송부역이 빠짐없이 부과되고 그 부담이 상대적으로 큰 경향을 보인다는 점 외에는 특별한 차이를 발견하기 어렵다. 그것은 이 영지에서 멀리 떨어진 것처럼 보이는 장원들도 기껏해야 55km 이내의 비교적 멀지 않은 거리에 위치했기 때문으로 보인다. 4개의 장원 중 수도원에 가장 가까이 위치한 것은 북동쪽 36km 거리에 있는 제XXI장의 게르소(Gerso) 장원이다. 이 장원은 아르덴 도 레틸(Rhétel) 군 레틸 캉통 내의 오늘날엔 황폐화된 마을인 제르송(Gerson)에 해당한다. 제XX장의 비쿠스(Vicus) 장원도 게르소 장원과 같

---

54 이하 생르미 수도원 소속 장원들의 위치에 대해서는 J.-P. Devroey, ed., *Polyp. de St. Remi*, pp. LIX, LXIV, LXXV, LXXXI, 3~147; B. Lützow, "Studien zum Reimser Polyptychum Sancti Remigii", pp. 25~28, 57과 B. Guérard, ed., *Polyp. de St. Remi*, pp. 133~143을 참조했다. 이들 연구자 사이에 비정이 일치하지 않을 경우에는 가장 최근에 연구된 J.-P. Devroey의 견해를 따랐다.

은 레털 군에 속하는 노비옹포르시앙(Novion-Porcien) 캉통의 비엘
생러미(Viel-Saint-Remy) 코뮌으로, 앞의 장원보다 조금 더 먼 북동쪽
51km 거리에 위치한다. 또한 제XIX장의 베코니스빌라(Beconisvilla)
장원은 같은 레털 군은 아니지만 같은 아르덴 도에 속하는 부지에
(Vouziers) 군 몽투아(Monthois) 캉통의 부콘빌(Bouconville) 코뮌으
로, 그 거리는 동쪽으로 53km에 불과하다. 아르덴 도에 위치한 이들 3
개 장원과는 달리 제XVII장의 쿠르티스아구티오르(Curtis Agutior) 장
원은 수도원으로부터 남동쪽 46km쯤 떨어진 마른(Marne) 도 샬롱앙
샹파뉴(Châlons-en-Champagne) 군 마르종(marson) 캉통의 쿠르티
졸(Courtisols) 코뮌에 해당한다. 이 장원이 소재한 마른 도 역시 아르
덴 도와 마찬가지로 현 행정구역상으로는 샹파뉴아르덴 레지용에 속
한다. 이와 같이 9세기 중엽 생르미 수도원의 고전장원들은 다른 영지
들의 장원들에 비해 비교적 수도원에 가까운 좁은 범위에 분포함으로
써 부역노동의 부과방식이나 의무내용에 동질성이 강했다고 할 수 있
을 것이다.

　　요컨대, 생르미 수도원의 영지명세장에 의하면 이 영지에서 경작
부역을 비롯한 자유인망스의 부역노동은 거의 전적으로 정적부역 방
식으로 부과되고 대다수 노예망스의 부역노동도 원초적 형태의 주부
역 방식을 잃고 정적부역 방식으로 부과된다고 할 수 있다. 그렇지만
고전장원들에서 종류가 명시된 망스의 $\frac{1}{3}$ 이상을 차지할 정도로 노예
망스의 비중이 비교적 높은 이 영지에서 노예망스들에 부역노동이 매
주 4일씩의 주부역 방식으로 부과되는 장원들이 존재하는가 하면, 정
적부역 수행이 포도밭을 대상으로 한다든가, 잡역과 공납에 있어서도
노예망스와 자유인망스 사이에는 그 부담의 종류와 크기가 비슷해지
면서도 노예망스의 경우 노예 신분 고유의 잡역과 무제한적 부역노동

이 부과되는 등 토지보유 노예의 원초적 부역노동제도가 제법 잔존한
다. 이 영지에서는 고전장원들이 수도원을 중심으로 비교적 좁은 범
위에 분포함으로써 거리에 따른 부역노동의 부과방식이나 의무내용의
차이가 나타나지 않으며, 종류미상 망스의 부역노동 부과방식이나 의
무내용도 자유인망스와 비슷하다. 다만, 지금까지 고찰한 다른 영지들
과 마찬가지로, 이 영지에서도 코르베는 생성 초기와는 달리 노예망스
에 부과되는 경우는 크게 줄어든 반면에 자유인망스에는 빠짐없이 부
과되며 부담량도 더 컸다.

5. 부역노동제도의 일반적 경향성과 영지 간 차이

파리 분지 중심부의 4개 영지명세장을 분석한 결과, 어느 영지에서나
고전장원의 지배적인 부역노동 부과방식은 농민보유지의 종류를 불문
하고 영주직영지의 일정 면적을 할당받아 경작부역을 수행하는 정적
부역 방식이었다. 자유인망스는 물론이고 노예망스까지 정적부역 방
식이 대세였으며, 그 밖의 반자유인망스, 쟁기부역망스, 손부역망스,
종류미상의 망스 등 여러 가지 농민보유지들의 경우에도 예외가 아니
었다. 이것은 자유인망스의 경우에는 고전장원 체제가 형성되던 초기
단계인 8세기 전반에 볼 수 있는 자유인 출신 토지보유자 고유의 원초
적 정적부역 방식이 9세기 초 고전장원제가 성립한 이후에도 꾸준히
유지되었음을 뜻한다. 반면에 노예망스의 경우에는 노예 출신 토지보
유자의 원초적 부역방식이었던 매주 3일씩의 정기부역이 원래 자유인
출신의 부역방식이었던 정적부역으로 전환되고, 이에 따라 고전장원
에서 노예 신분과 관련된 부역노동이 자유인 신분처럼 일정 면적의 토

지를 배정받아 경작하는 자율적 책임경영으로 바뀌었음을 뜻한다. 부역노동을 무제한으로 수행하던 노예 신분은 토지를 보유함에 따라 8세기 전반 무렵에 매주 3일씩의 주부역을 수행하게 됨으로써 부역노동이 절반으로 준 데 이어, 9세기 초 고전장원제가 성립한 이후 또다시 정적부역 방식으로 부역노동을 수행하게 됨으로써 부역노동이 크게 경감되고 자율적 부역노동 수행자로 재탄생하는 계기를 맞이했다고 할 것이다. 결국 고전장원제 아래서 장원의 농노 전체로서도 정적부역 방식의 부역노동이 일반화함에 따라 부역노동의 부담이 줄고 부역노동 수행에 자율성이 확대되는 추세를 맞게 되었다고 할 수 있을 것이다.

그러나 고전장원제에서 정적부역이 지배적이었다고 해서 농노의 부역노동이 오로지 순수한 형태의 정적부역 방식으로만 부과되어 수행되었던 것은 아니다. 자유인망스의 경우에 정적부역과 더불어 매주 3일 전후의 주부역이나 매월 3일 정도의 월부역 또는 매년 2회씩 보름간 수행되는 연부역 형태의 정기부역이 동시에 부과되거나 정적부역의 대상토지가 곡물경작지와 함께 원래 고대 로마사회에서 노예노동이 많이 사용되었던 포도밭이 되는 등 혼합적 형태의 부역방식이 적지 않다. 이와 같은 혼합적 부역방식은 대체로 원초적 부역방식보다 경작부역의 부담을 크게 증가시킨다. 특히 정적부역과 주부역이 동시에 부과되는 자유인망스의 경우에는 부역노동 부담이 대폭 증가한다. 게다가 고전장원제의 성립 후 다수의 자유인망스에 원래 노예가 수행하던 영주의 의식주 생활과 관련된 여러 잡역이 부과됨으로써 자유인망스의 부역노동 부담은 한층 가중된다. 자유인망스들 가운데 일부는 심지어 정적부역 없이 주부역과 같은 정기부역만 부과되거나 정적부역이 오직 포도밭을 대상으로 해서만 부과되기도 한다. 이런 경우에도 자유인망스의 부역노동 부담은 증가될 수 있다. 이와는 달리 자유인망스의 지대가 예외적이기는 하지만 화폐나 생산물 형태를 띤 경우도 가끔 존재한다. 노예망스의 경우에도 고전장원들에서 그 다수가 정기부역 없이 정적부역만 부과되기는 하지만, 한편으로는 적지 않은 수의 노예망스가 정적부역에다 주부역과 같은 정기부역이 부과되거나 정적부역도 곡물경작지와 함께 포도밭을 대상으로 하거나 또는 오로지 포도밭만을 대상으로 하고 있기도 한다. 심지어 매주 3일씩 행하던 원초적 형태의 주부역이 오히려 늘어나서 매주 4일씩의 주부역이 시행되기도 했다.

예컨대, 파리 분지의 중심부에 위치한 영지들 가운데 명세장의 기록이 가장 소상하고 비교적 이른 9세기 초엽에 작성된 생제르맹 수도원영지를 보자. 앞에서 보았듯이 현존 이 영지명세장에 부역노동 의무가 기록되어 있는 전체 1,310여 개의 자유인망스 가운데 52%를 차지하는 686개의 자유인망스가 주부역과 같은 아무런 정기부역 없이 정적부역만 부과된다. 그렇지만 47%에 이를 정도로 결코 적지 않은 612개의 자유인망스가 정적부역과 더불어 매주 1~3일씩의 코르베 관련 주부역이 부과되고, 21%를 차지하는 275개의 자유인망스가 곡물경작지와 더불어 포도밭에 대한 정적부역이 부과되며, 심지어 4개의 자유인망스가 정적부역 없이 오직 매주 3일씩의 주부역만 부과된다. 더욱이 원래 노예노동 고유의 특성이었던 무제한적 잡역도 자유인망스에 부과되는 경우가 노예망스보다 더 많다. 한편 부역노동 의무가 기록되어 있는 174개의 노예망스 가운데서는 83%를 차지하는 144개가 주부역이 전혀 부과되지 않고 정적부역만 부과되기는 하지만, 17%인 30개의 노예망스가 정적부역에다 매주 1~3일씩의 주부역이 부과되고, 노예망스의 정적부역은 곡물경작지보다도 포도밭을 대상으로 수행되는 경우가 훨씬 많다.

그러므로 고전장원들에서 기본적인 부역노동제도는 혼합적 형태를 띠면서도 전체적으로 자유인 출신 토지보유자의 원초적 부역방식이었던 정적부역이 우세했다고 할 수 있을 것이다. 이와는 반대로 원래 토지보유 노예에게 부과되던 추가적 갈이질부역이었던 코르베는 고전장원제 아래서 대부분의 장원농노들에게 부과되면서도 노예망스들보다는 자유인망스들에 부과되는 경우가 훨씬 많으며 그 부담도 더 큰 경향을 띤다. 이런 현상은 자유인망스 보유자들이 노예망스 보유자들보다 쟁기와 역축을 갖출 능력이 더 컸기 때문이겠지만, 코르베로 인해서도 자유인망스의 부역노동 부담은 노예망스에 비해 더 증가했다고 할 것이다.

그러나 파리 분지의 중심부에서 경작부역, 잡역, 코르베 등으로 구성된 부역노동의 일반적 제도는 이와 같다고 말할 수 있지만, 영지에 따라 상당한 차이도 존재했다. 9세기 초엽의 생제르맹 수도원 영지에서는 정적부역 형태의 부역노동제도가 지배적이면서도, 총 1,310개 중 612개라는 거의 절반에 가까운 자유인망스와 총 174개 중 30개라는 적지 않은 수의 노예망스에서 부역부과 방식이 정적부역과 주부역이 결합된 혼합적 형태를 취하고 있다. 두 종류의 망스를 합계하면 총 1,484개의 망스 가운데 43%를 차지하는 642개가 정적부역과 주부역이 결합된 혼합적 부역방식을 취하고 있는 셈이다. 그리고 노예망스보다는 오히려 자유인망스에 무제한적 잡역과 코르베가 부과되는 비율도 더 높다. 이와 같은 현상은 농민보유지 가운데 자유인망스의 수가 압도적으로 많은 이 영지에서 부역노동제도가 농민보유지의 종류를 불문하고 정적부역을 주축으로 함에도 불구하고, 자유인망스의 부역방식이 노예망스의 원초적 부역방식에 큰 영향을 받아 상당히 높은 수준으로 혼합되고 변질되었음을 뜻하는 것이다. 이에 따라 자유인망스를 보유한 농노를 위시한 장원 전체 농노의 부역노동 부담은 평균적으로 폭증했다고 할 수 있다.

이와는 달리 869-878년의 생모르 수도원영지에서는 대다수의 자유인망스가 주부역과 결합됨이 없이 순전히 정적부역만 부과되며, 대다수의 노예망스도 주부역과 같은 정기부역이 부과됨이 없이 오로지 정적부역만 부과된다. 이 영지에서만 보이는 쟁기부역망스와 손부역망스도 정적부역만 부과되기는 마찬가지다. 코르베도 생제르맹 수도원영지처럼 노예망스보다는 자유인망스에 부과되는 비율이 더 높기는 하지만, 생제르맹 수도원영지에서는 정적부역 방식으로 코르베가 부과되는 장원의 비율이 4%이고 코르베가 부과되는 장원들의 절반 이상에서 무제한적 코르베가 부과되는 데 비해, 이 영지에서는 정적부역 방식의 코르베 부과 장원이 33%로 상당히 높고 무제한적 코르베 부과 장원은 찾아볼 수 없다. 이와 같은 현상은 장원농민의 부역노동 부담이 시간이 지나면서 가벼워졌으며, 특히 노예망스의 경우에는 격감했음을 뜻하는 것이다.

여기 제5장에서 고찰한 파리 분지의 중심부에 소재한 영지들 가운데 자유인망스가 전체 망스 수의 98%를 차지할 만큼 가장 높은 비율을 차지하는 9세기 중엽의 몽티에랑데르 수도원영지에서, 자유인망스와 노예망스 사이에는 잡역과 공납의 종류 및 부담 크기 면에서 전혀 차이가 없는 것이 아니다. 그러나 두 종류의 망스 모두에서 대체로 부역노동제도의 기본 축은 정적부역을 중심으로 연간 2회씩의 15일간 부역이 추가되는 방식으로 구성된다는 점에서는 공통된다. 이 영지의 부역노동제도는 주부역이 자유인망스에는 물론 노예망스에도 부과되지 않고 정적부역을 주축으로 해서 부역기간이 대폭 축소된 연부역이 결합된 방식을 취하고 있다. 따라서 이 영지의 부역노동제도는 생제르맹 수도원영지보다는 생모르 수도원영지에 더 가깝다고 할 수 있다. 그렇지만 정적부역에다 연부역이 추가됨으로써 장원농민의 부역노동 부담이 후자의 영지에서보다 다소 더 큰 셈이다. 이 영지에서 코르베는 보통 연간 2회씩 부과되며, 생모르 수도원영지에서처럼 무제한적 코르베 부과는 없어졌다.

전체 망스의 37%를 차지할 정도로 노예망스의 비중이 비교적 큰 9세기 중엽의 생르미 수도원영지에서도 대다수의 자유인망스와 노예망스에서 경작부역을 비롯한 부역노동이 거의 전적으로 정적부역 방식으로 부과된다. 그리고 상당수의 고전장원에서 정적부역 방식의 경작부역에다 건초작업이나 포도수확 작업 또는 탈곡작업 등과 같은 경작과 관련된 특별한 과제부역이 3일 내지 15일간 추가된다. 그러나 이 영지의 두드러진 특징은 토지보유 노예 고유의 원초적 부역노동제도가 강하게 잔존함을 보인다는 점이다. 노예망스들에 원초적 형태보다 늘어난 매주 4일씩의 주부역이 부과되는 장원이 2개가 있고, 정적부역과 매주 4일씩의 주부역이 결합된 장원이 1개가 존재하며, 정적부역 수행이 포도밭을 대상으로 하는 장원이 있는가 하면, 노예망스에 노예 신분 고유의 잡역과 무제한적 부역노동이 부과되는 장원들이 제법 많다.

4개의 영지 모두에서 정적부역이 부역노동의 주축을 이루지만, 그 가운데서 생제르맹 수도원영지에서는 일정 면적의 정적부역과 매주 1~3일씩의 주부역이 결합되어 농노의 부역노동 부담이 대폭 증가한 비율이 상당히 높다. 이 영지에 비하면 생모르와 생르미 수도원영지에서는 농노의 기본 부역이 정적부역으로만 되어 있어 그 부담이 훨씬 가볍다. 몽티에랑데르 수도원영지에서도 15일간 2회씩 이뤄지는 연부역이 부가되기는 하지만 그 부담은 그리 큰 것이 아니고 경작부역이 정적부역 위주로 부과된다. 그러므로 일반적으로 센강을 경계로 하여 그 서쪽에 위치한 영지와 그 동쪽에 분포한 영지들 사이에는 부역노동의 부과제도와 이에 따른 부역부담에 확연한 차이가 존재했다고 할 수 있다.

이와 같은 차이가 생겨난 까닭은 무엇일까? 센강이 강 양쪽의 교류관계를 방해하는 일종의 장애요인으로 작용했을 가능성이 없는 것은 아니지만, 단순히 지리적 공간의 차이만으로는 설명되기 어렵다. 왜냐하면 생모르 수도원영지의 경우 장원의 대부분이 센강 동쪽에 위치하기는 하지만, 센강 서쪽에 주로 위치한 생제르맹 수도원영지와는 인접해 있기 때문이다. 그 주요 원인의 단서는 생제르맹 수도원영지의 명세장은 9세기 초엽에 작성된 데 비해 센강 동쪽에 분포한 생모르 수도원의 영지명세장을 비롯한 나머지 3개 영지명세장의 대다수 장원에 관한 기록은 9세기 중엽이나 후반에 작성되었다는 사실에서 찾아야 할 것이다. 작성연대의 간격은 시간상의 변화를 반영한다고 볼 수 있기 때문이다. 이 기간에 파리 분지의 중심부에서 주부역은 사라지거나 약화되고 정적부역 위주의 부역방식이 강화되어 장원농민의 부역노동 부담이 가벼워지는 추세가 이어졌다고 봐야 할 것이다.

실제로 우리는 작성연대의 순서에 따라 이런 변화의 추이를 볼 수 있다. 전술한 바와 같이 생제르맹 수도원영지에서는 정적부역과 주부역이 결합된 혼합적 부역방식을 취하는 망스가 전체 망스의 43%를 차지할 만큼 많았으며, 코르베는 정적부역 방식으로 부과되는 장원의 비율이 4%뿐으로 대다수의 장원들에서 몇 회씩의 정기부역 방식으로 부과되고 코르베 수행 장원들의 절반 이상에서 무제한적 코르베가 부과되었다. 그러던 것이 9세기 중엽에 명세장이 작성된 몽티에랑데르 수도원영지에서는 기본적인 노동제도가 정적부역과 부역 일수가 격감한 연간 2회씩의 15일간 부역으로 구성되고, 코르베의 무제한적 부과도 사라진다. 다수의 장원에 관한 명세서들이 비슷한 시기에 작성된 생르미 수도원영지에서는 나아가 경작부역이 사실상 정적부역 방식으로만 부과되고, 역시 무제한적 코르베 부과는 없어진다. 더욱이 이들 두 명세장보다 대체로 거의 한 세대가량 늦게 작성된 생모르 수도원영지에서는 경작부역이 오로지 정적부역 방식으로만 부과되고 코르베도 무제한적 부과가 없을 뿐만 아니라, 코르베가 정적부역 방식으로 부과되는 장원의 비율이 33%로 크게 증가한다. 이와 같이 파리 분지의 중심부에서 9세기 초엽의 생제르맹 수도원영지와 9세기 중엽 이후의 영지들 사이에는 부역노동의 부과방식과 부담에 뚜렷한 변화추세가 나타난다. 특히 앞의 영지와 4개 영지 중 가장 늦게 명세장이 작성된 생모르 수도원영지 사이에는 가장 큰 차이와 변화가 발생했다고 할 수 있다.[55]

그렇지만 우리는 다른 한편으로 생제르맹 수도원영지와 생르미 수도원영지 사이에도 또 다른 차원에서 부역노동제도와 관련된 대조적 현상을 볼 수 있다. 앞의 영지에서는 노예망스의 경우에 오직 주부역만 부과되는 망스는 전무하며 83%가 순전히 정적부역만 부과되고 나머지 17%만 정적부역과 매주 1~3일씩의 주부역이 동시에 부과되지만, 자유인망스의 경우에는 오로지 정적부역만 부과되는 비율이 52%로 노예망스보다 오히려 훨씬 낮고 나머지 절반에 가까운 47%가 정적부역과 코르베 관련 주부역이 결합되어 부과되며, 오직 주부역만

---

55   A. Verhulst는 그의 저서 *The Carolingian Economy*, pp. 46~48에서 부역노동의 부과 방식과 부담크기의 차이를 이와 같은 시간적 변화를 고려하지 않고 지역별 차이라는 차원에서만 설명하고 있다.

부과되는 자유인망스도 소수이지만 4개가 존재한다. 또한 무제한적 잡역과 코르베가 부과되는 비율도 노예망스보다 자유인망스에서 더 높다. 이와는 반대로 생르미 수도원영지에서는 자유인망스의 경우에 부역방식이 순전히 정적부역으로만 되어 있고 무제한적 부역노동이 부과되는 장원이 거의 없지만, 노예망스의 경우에는 다수의 장원에서 기본적 부역노동이 정적부역 방식으로 부과되면서도 부역방식이 매주 4일씩의 주부역 형태를 취하거나 정적부역과 매주 4일씩의 주부역이 결합된 형태를 취하는 장원이 3개로 노예망스가 존재하는 전체 13개 장원의 23%를 차지하며, 제법 많은 장원에서 노예망스에 노예 신분 고유의 잡역과 무제한적 부역노동이 부과된다. 요컨대 생제르맹 수도원영지에서는 노예망스의 정적부역 방식으로의 전환 비율이 높은 반면에 오히려 적지 않은 수의 자유인망스가 주부역과 결합되고 무제한적 잡역과 코르베가 부과되는 등 노예 신분과 관련되었었던 원초적 부역방식화가 크게 진전되었다고 한다면, 생르미 수도원영지에서는 자유인망스가 토지보유 노예의 원초적 부역방식에 전혀 영향을 받지 않은 반면에 노예망스에 노예 출신 농노 특유의 원초적 부역노동제도의 특징이 비교적 많이 남아 있는 후진성을 보인다고 할 수 있다.

　　대다수 고전장원들의 명세서들이 9세기 중엽 무렵에 작성된 생르미 수도원영지에서 보는 이와 같은 노예망스의 부역노동제도상의 후진적 현상은 엇비슷한 시기에 명세장들이 작성된 생모르 수도원영지나 몽티에랑데르 수도원영지에서는 발견되지 않는다. 그러므로 이런 특징적 현상이 시간의 흐름에 따라 생겨났다고는 볼 수 없다. 그런데 수도원이 소재한 상부 샹파뉴 지방을 중심으로 장원들이 분포한 생르미 수도원영지에서 나타나는 노예망스의 이런 부역노동제도상의 후진적 특성은 9세기 후엽의 생모르 수도원영지에 속하는 장원들 중 랭스 지역에 소재한 플로리아쿰 장원에서도 볼 수 있다. 앞에서 보았듯이 이 장원에서 12개의 자유인망스와 7개의 노예망스는 정적부역과 매주 5일씩의 주부역이 동시에 부과되고, 노예망스의 경우 자유인망스에 비해 공납의 종류와 부담량은 적은 반면에 무제한적 잡역과 노예 출신 고유의 잡역들이 부과되는 등 노예 출신 농노의 원초적 부역노동제도의 특성이 짙게 남아 있다. 따라서 랭스 중심의 상부 샹파뉴 지방에서는 토지보유 노예의 원초적 부역 특성이 상당한 시간을 두고 지속되었다고 할 수 있다. 이런 사실들로 미뤄 볼 때, 생르미 수도원영지에서 볼 수 있는 노예망스의 후진성의 원인은 파리 분지의 4개 영지 가운데 노예망스의 비율이 가장 높고 옛 게르마니아 지역에 비교적 가까운 이 영지의 지리적 위치와 조건에서 찾아야 할 것이다.

일반적으로 같은 영지 안의 고전장원들에서는 거리의 멀고 가까움에 관계없이 부역노동제도와 농노의 의무가 비슷했다고 할 수 있다. 그렇지만 반드시 그랬던 것은 아니다. 생모르 수도원영지의 장원들 중 랭스 지역에 소재한 플로리아쿰 장원의 사례는 멀리 상부 샹파뉴와 같은 이질적인 특수 지역에 위치한 장원의 경우에는 부역방식이 다를 수도 있음을 보여 준다. 그러므로 오직 생제르맹 수도원영지만을 연구대상으로 삼아 농민의 의무는 수도원으로부터의 거리와는 무관하다는 괴츠의 주장은[56] 성립되지 않는다고 하겠다.

여기에서 고전장원의 부역노동제도와 관련하여 밝혀진 사실들은 이와 같지만, 아직도 명확하지 않거나 모르는 것들이 많다. 옛 게르마니아 지역에 가까우면 노예망스의 후진적 특성이 강한 것인지, 같은 샹파뉴 지방에서 생르미 수도원영지와 인접해 있는 몽티에랑데르 수

56   H.-W. Goetz, "Bäuerliche Arbeit und regionale Gewohnheit", p. 520.

도원영지에서는 왜 노예망스의 후진적 특성이 나타나지 않는지, 노예 출신 농노와 관련된 원초적 부역노동제도의 특징이 센강 서쪽 지역의 자유인망스들에는 왜 일찍 영향을 미쳤는지 등 여러 의문이 풀리지 않고 있다. 그렇기 때문에 고전장원의 부역노동제도와 관련된 여러 양상을 정확히 이해하고 설명하기 위해서라도 파리 분지의 주변부에 위치한 영지들로 확대하여 부역노동제도를 고찰할 필요가 있다고 하겠다.

기본 출전: 이기영, 「고전적 형태의 봉건적 부역노동 부과방식 ─파리 분지의 중심부 영지들을 중심으로─」, 『서양중세사 연구』, 32(2013), 1~51쪽.

제6장 파리 분지 주변부 영지들의 부역노동제도

고전적 형태의 봉건적 부역노동제도 연구의 주요 사료는 카롤링시대
에 루아르강과 라인강 사이지역을 중심으로 제법 많이 작성된 영지명
세장들이다. 서유럽 대륙부에서 작성된 영지명세장은 현재 30개쯤 전
해지고 있다. 그중에서도 루아르강과 라인강 사이지역에서 부역노동
제도를 고찰할 만한 명세장을 남긴 영지가 파리 분지의 중심부에서
는 4개였지만, 파리 분지의 주변부에서는 프랑스 북단부에 위치한 생
베르탱 수도원과 생타망 수도원, 벨기에 에노 지방의 로브 수도원, 독
일 자르 지방 소재 메틀라흐 수도원, 아이펠고원의 프륌 수도원, 알자
스 지방과 라인란트팔츠 지방의 경계에 소재한 바이센부르크 수도원
등의 영지로 더 많다.[1] 그래서 명세장을 남긴 영지들을 지역별로 몇 개

---

1   라인강 상류 북단부 연변 소재 로르슈(Lorsch) 수도원의 문서 가운데 830년과 850년 사
    이에 작성된 것으로 추정되는 왕령지의 장원들에 관한 명세서들도 6개의 장원이 고전장원
    제로 조직되어 있어 고찰의 대상이 될 수도 있다. 그러나 로르슈 수도원이 라인강 동쪽에

권역으로 묶어 고찰할 필요가 있다. 특히 앞의 세 영지의 장원들은 프랑스와 벨기에에 걸쳐 분포하기 때문에, 크게 프랑스-벨기에 권역과 독일 권역으로 구분할 수 있다.

　그렇지만 독일 권역에 속하는 메틀라흐 수도원의 영지명세장은 부역노동제도와 관련된 고찰대상에서는 제외하고자 한다. 이 영지명세장은 서유럽에서 고전장원제가 유행한 9~11세기 가운데서도 가장 고전적인 형태로 나타나는 9세기의 장원에 관한 기록이 없기 때문이다. 여기에 기재된 17개의 장원 중 11세기에 작성된 8개는 영주직영지가 존재하지 않고 지대가 화폐지대나 현물지대로 되어 있으며, 10세기 중엽에 작성된 것으로 추정되는 나머지 9개 장원 가운데서도 4개 장원은 농민의 부역노동 부담이 줄고 화폐나 현물 형태의 부담이 증가하는 현상이 나타난다. 따라서 노동지대 위주의 전형적인 고전장원 체제를 갖춘 장원은 5개뿐이어서, 영지 전체적으로 봉건적 부역노동제도의 고전적 형태를 말하기 어렵다. 독일 권역의 고찰대상으로 메틀라흐 수도원의 영지명세장을 제외하는 대신 바이에른 지방 소재 아우크스부르크 주교좌의 영지에 관해 9세기 초에 작성된 명세장을 추가하고자 한다. 비록 이 영지는 라인강으로부터 동쪽 멀리 떨어져 있지만, 전술한 바와 같이 740년대에 자유인과 노예 출신의 농노에 대한 원초적 형태의 부역노동제도가 규정된 바바리아법이 직접 적용되던 바이에른 지역에 위치한다. 따라서 이 영지의 명세장을 통해 동일 지역에

소재하는 데다 왕령지의 6개 장원 중 절반인 3개가 라인강 동쪽에 위치해 있어 고찰의 대상에서 제외한다. 로르슈 수도원에 관한 참고문서는 K. Glöckner, ed., *Codex Lauresha-mensis*, Vol. 3. *Kopialbuch*, Teil 2: *Die übrigen fränkischen und die schwäbischen Gaue, Güterlisten, späte Schenkungen und Zinslisten, Gesamtregister*(Darmstadt: Selbstverl. der Hessischen Historischen Kommission, 1936)이며, 이 가운데 왕령지의 장원들에 관한 기록은 no. 3671~3676(pp. 173~176)에 나타난다.

서 봉건적 부역노동제도의 원초적 형태와 고전적 형태가 비교될 수 있
다. 한편 뒤에서 보게 되듯이 바이센부르크 수도원의 영지명세장은 여
타의 대다수 명세장들처럼 9세기의 어느 특정 시점에 작성된 것이 아
니고 이례적으로 9세기 초부터 적어도 고전장원제가 쇠퇴하는 11세기
말까지 장기간에 걸친 장원조직을 기술하고 있다. 따라서 이 명세장은
시간이 흐르면서 고전장원제하의 부역노동제도가 변화했는지, 변화했
다면 어떻게 변했는지를 알아볼 수 있는 소중한 자료라고 할 수 있다.
그래서 바이센부르크 수도원의 영지에 관해서는 고전장원제가 성립한
직후이고 여타의 많은 영지명세장들이 작성된 시기인 9세기와 그렇지
않은 10세기 이후로 구분하여 고찰하고자 한다.

1. 프랑스 및 벨기에 권역 영지들의 부역제도

프랑스 및 벨기에 권역에 속하는 상기의 세 영지 가운데 영지명세장이
비교적 먼저 작성되고 파리 분지의 최북단에 해당하는 아르투아 지방
을 중심으로 장원들이 분포하는 생베르탱 수도원영지의 부역노동제도
부터 살펴보자. 아르투아 지방의 북쪽 끝자락에 위치한 오늘날 생토메
르 시 소재 생베르탱 수도원의 현존 영지명세장은 전술한 것처럼 844-
859년간에 작성되었다. 이 명세장에는 모두 20곳에 걸쳐 이 수도원의
토지소유 현황이 기록되어 있다. 그렇지만 그 가운데 12곳의 토지만
이 영주직영지와 농민보유지들로 구성되고 전자는 후자로부터 제공되
는 부역노동으로 경작되는 고전장원이라고 할 수 있다. 12개의 고전
장원 중 11개는 아르투아 지방의 구릉지대에 분포하고 나머지 1개는
벨기에의 서부 플랑드르 지방에 소재한다.[2] 12개의 고전장원에는 모두

$222\frac{1}{2}$개의 망스가 존재한다. 여타의 영지명세장들과는 달리 이 영지명세장에서는 망스의 종류가 명시되지 않고 망스 보유자의 신분이 노예(servus)인가 자유인인가에 따라 의무에 차이가 난다. 그러므로 농민보유지가 자유인망스와 노예망스로 아직 구분되지 않고 있지만, 망스의 종류가 사실상 망스 보유자의 신분에 따라 구분되고 있다고 볼 수 있다. 이런 방식의 농민보유지 구분은 원시적인 구분법이라고 하겠다. 12개 고전장원의 망스 보유자는 자유인이 총 125명이고 노예가 100명이다.[3] 자유인이 더 많기는 하지만 노예의 망스 보유 비율이 다른 영지들에 비하면 44.4%로 아주 높은 편이다.

생베르탱 수도원의 영지에서 망스를 보유한 모든 노예 신분은 매주 3일씩의 주부역을 수행한다. 다만 제XXXI장의 장원에서는 망스를 보유한 5명의 노예가 매주 2일씩의 주부역을 수행한다고 되어 있다. 그렇지만 이것은 기록상의 착오일 뿐 이 장원에서도 망스 보유 노예는 실제로는 매주 3일씩의 주부역을 수행했던 것으로 추측된다. 이 영지에서 무엇보다 특징적인 것은 망스를 보유한 자유인에 대해서도 정적 부역이 부과되지 않고 노예 신분보다 부역 일수가 1주일에 하루가 적은 2일씩의 주부역이 부과된다는 사실이다. 그러면서 노예고 자유인이고 간에 망스를 보유한 농민은 모두 이런 주부역 외에 신분에 관계없이 똑같이 대체로 수송부역이나 밀가루 빻기 또는 엿기름 만들기와

2   장원의 지리적 분포에 관해서는 F. L. Ganshof, ed., *Polyp. de St. Bertin*, pp. 27~120 및 저자의 논문 「고전장원제하 농민보유지의 종류별 크기와 영주직영지와의 크기관계」, 364~366쪽 참조.

3   각 고전장원의 신분별 망스 보유자 수와 전체 합계 수에 관해서는 저자의 논문 「고전장원제하 농민보유지의 종류별 크기와 영주직영지와의 크기관계」, 365~366쪽 참조. 전의 이 논문에서 자유인 보유자의 합계 수가 131명이라고 한 것은 오산이므로, 125명으로 수정한다.

같은 잡역이 부과되며, 역시 신분과는 무관하게 군대의 군수품 수송부
역이나 화폐 형태의 군역세를 부담하고 일정 수의 닭과 계란을 공납한
다. 다만 절대 다수의 장원에서 여성의 베짜기부역 크기는 망스 보유
자들의 아내들임이 틀림없는 여성의 신분이 자유인인 경우에는 노예
신분 여성의 직조 분량의 절반이라는 차이가 난다. 생베르탱 수도원
영지에서는 추가적 갈이질부역인 코르베는 보이지 않는다. 이 영지 안
에서는 유일하게 벨기에의 서부 플랑드르 지방에 위치한 푸푸르닝가
(Pupurninga) 장원에서 보듯이, 부역노동의 부과방식과 잡역 및 공납
의 종류와 부담량이 장원의 지형적 조건과 수도원으로부터의 거리와
는 상관없이 대체로 같다.

　　그러므로 9세기 중엽 파리 분지의 북쪽 끝에 위치한 고전장원들
에서는 부역노동제도가 농민보유지의 종류에 관계없이 모두 주부역으
로 되어 있고, 주부역의 일수는 보유자의 신분이 자유인이냐 아니냐에
따라 차이가 나며, 농민보유지는 아직도 자유인망스와 노예망스로 구
분되지 않는 등 노예 위주의 고대적·신분제적 성격이 매우 강했다고
할 수 있다.[4] 다만 잡역과 공납에 있어서는 상이한 신분적 유래를 갖는

4　A. Verhulst는 그의 논문 "Die Grundherrschaftsentwicklung im ostfränkischen
　　Raum, pp. 43~44에서 라인강 동부에서는 농민보유지의 종류와 보유자의 신분이 보통
　　일치하는 고대적 특성을 보이는 것과는 대조적으로, 파리 주변을 비롯한 라인강 서부에
　　서는 양자의 불일치가 심하고 농민보유지가 신분에 기준을 둔 자유인망스나 노예망스
　　로 구분되지 않는 선진적 모습을 보인다고 한다. 그러면서 그는 생베르탱 수도원영지에
　　서 농민보유지의 종류가 구분되지 않고 '보유자의 부역 및 공납 부담이 보유자의 신분에
　　따라 결정되는' 상황을 라인강 서부의 이런 선진적 현상의 대표적 사례로 들고 있다. 그
　　러나 생베르탱 수도원의 이런 양상은 파리 주변에서와 같은 선진적 현상이 아니라 라인
　　강 동부에서처럼 후진적 현상이라고 보아야 마땅하다. 왜냐하면 생베르탱 수도원영지에
　　서 농민보유지의 종류가 구분되지 않고 농민보유지에 부과되는 의무는 보유자의 신분에
　　따라 결정적 차이가 나는 현상은 이미 농민보유지 종류와 보유자 신분의 불일치가 심하
　　여 농민보유지의 구분이 무의미해진 데서 생기는 생제르맹 수도원영지에서와 같은 선진
　　적 양상이 아니라 8세기의 일부 게르만 부족법들에서 보는 바와 같은 원초적 형태의 농

부담이 서로 뒤섞여 신분과 상관없이 같은 종류의 의무를 대부분 같은 크기로 부담하는 진보적 성격이 상대적으로 강했다고 하겠다.

생베르탱 수도원과 마찬가지로 역시 파리 분지의 북쪽 가장자리에 위치하지만 이 수도원의 남동쪽에 자리한 생타망 수도원의[5] 영지에 관한 명세장이 872년 이전에 작성되어 단편적으로 전해지고 있다. 여기에는 이 수도원이 은대지로 분양한 4개 장원의 토지소유 구조와 농노의 의무가 기록되어 있다. 4개 장원은 모두 영주직영지와 적어도 6개 이상의 농민보유지들로 구성되고 직영지는 후자 보유자들의 부역노동으로 경작되는 고전장원들이다. 이들 4개 장원 중 1개 장원의 이름은 명시되어 있지 않다. 장원 이름이 명기된 나머지 3개 장원은 수도원 소재지인 생타망레조(Saint-Amand-les-Eaux)로부터 서쪽 또는 북서쪽 24km 이내의 오늘날 프랑스와 벨기에에 분포한다.[6] 4개 장원 가운데 농민보유지의 종류가 명기된 것은 제4장의 이름미상 장원에 24개의 종류미상 망스와 함께 존재하는 2개의 노예망스뿐이다. 이들 2개 노예망스의 의무에 관해서는 고전장원제하의 통상적인 농민보유지들과는 달리 단지 "명령받는 어디에서나 부역노동을 수행한다."고만[7] 할 뿐이다. 이처럼 언제 어디서나 영주의 지시에 따라 무제한으로 부역노동을

민보유지 제도의 특징으로 보아야 할 것이기 때문이다. 또한 부역노동의 부과방식이 파리 분지의 중심부에서는 이 책의 앞 장에서 봤듯이 정적부역이 우세했던 데 반해, 주부역 형태의 부역노동 부과방식은 생베르탱 수도원영지와 더불어 곧 보게 되는 파리 분지 북동쪽 주변부의 생타망, 로브, 프륌 등의 수도원영지에서도 일반적이었으며 페르휠스트 스스로 그의 이 논문에서 밝히는 바와 같이 라인강 동부지역에서도 보편적 부역방식이었기 때문이다.

5 생타망 수도원은 생베르탱 수도원이 소재한 생토메르 시로부터 남동쪽으로 90km쯤 떨어져 있다. 프랑스 북부의 중심도시인 릴(Lille) 시로부터는 남동쪽 34km 거리에 위치한다.

6 장원의 분포에 관해서는 D. Hägermann, ed., *Polyp. von St. Maur*, pp. 82, 126 참조.

7 "Serviunt ubicumque eis injungitur."

수행한다는 것은 토지를 보유한 노예 출신 농노의 의무가 8세기 초반의 매주 3일씩의 원초적 주부역 수준으로도 아직 발전하지 못한, 그야말로 고대적 노예제 상태에 머물러 있는 드문 사례라고 하겠다.

나머지 대다수의 종류미상 망스들은 장원에 따라 다소간 차이가 있고 일부 기록은 모호하기는 하지만, 대체로 매주 2일은 '황소들'을 가지고 가서 부역노동을 수행하고 1일은 손으로 부역노동을 수행한 것으로 판단된다.[8] 4개 장원 모두에서 종류미상의 망스들에는 원래 자유민 출신의 의무인 군역세 및 여러 가지 공납 부담과 수송부역 의무가 부과되는 동시에 다수의 장원에서 본래 노예 출신 예속농민의 고유 의무였던 파수(wagta)나 아마포 짜기와 같은 잡역이 부과된다. 그리고 특징적인 것은 상당 부분의 잡역과 공납이 화폐로 대납될 수도 있다는 점이다. 말하자면, 이들 4개 장원의 종류미상 망스들의 주요 부역노동 부과방식은 노예 출신 농노의 원초적 부역노동 부과방식인 매주 3일씩의 주부역으로 되어 있으면서도 잡역과 공납은 상이한 유래를 가진 의무가 뒤섞이고 상당 부분 금납화되는 양상을 보인다고 할 수 있다. 그러므로 생타망 수도원영지의 잔존 4개 장원에 관한 기록으로 미뤄 볼 때, 9세기 후반의 이 영지에서는 비록 망스 보유자의 잡역과 공납은 혼합적이고 일정 부분 금납화하기는 하지만, 경작부역을 비롯한 주요 부역의 부과방식은 노예 출신 농노의 원초적 부역노동제도인 주부역 방식이 지배적이며, 심지어 일부 노예망스에서는 고대 노예

---

8   제2장의 장원에서는 이렇게 구성되는 매주 3일씩의 주부역이 부과된다. 제4장의 장원은 겨울철에는 매주 2일을, 여름철에는 매주 3일을 일한다고 되어 있다. 제3장의 장원은 주부역이 '황소들을 갖고 매주 2일 일한다.'고만 되어 있고, 제5장의 장원에서는 단순히 "부역노동을 한다(Serviunt)."고만 되어 있다. 그렇지만 앞의 두 장원에 비춰 보면, 뒤의 두 장원에서는 매주 1일씩의 손일 기록이나 부역노동의 구체적 구성내용 기록이 생략되거나 누락되었다고 봐야 할 것이다.

제적 특성이 온존한다고 할 수 있을 것이다. 이 영지의 현존 명세장에 따르면 코르베는 부과되지 않으며, 장원의 소재지가 프랑스이든 벨기에이든 간에 종류미상 망스의 부역노동 수행방식과 의무는 비슷하다.

생타망 수도원으로부터 동남쪽 61km 떨어져 있는 벨기에 에노 지방 소재 로브 수도원의[9] 영지명세장은 그 대부분(1~19번째의 장원 기록)이 868-869년간에 작성되고 일부(22~28번째의 장원 기록)는 889년에, 그리고 아주 일부(20~21번째의 장원 기록)는 960-965년경에 추가 작성되었다.[10] 이 명세장의 기록에 의하면 이 영지에는 총 751개의 망스가 존재하고, 그 가운데 노예망스는 34개로서 4.5%를, 자유인망스는 142개로 18.9%를, 반자유인망스는 4개로 0.5%를 차지한다. 전체의 76.0%를 차지하는 나머지 571개는 종류미상의 망스다. 따라서 종류미상 망스의 비중이 압도적으로 높으나, 종류가 밝혀진 망스들만 두고 볼 때는 자유인망스가 종류명시 망스의 78.9%를 차지하고 노예망스가 18.9%를 차지한다. 자유인망스의 비율이 노예망스보다 4배 이상 높지만, 노예망스의 비율도 파리 분지의 서부 소재 생제르맹 수도원영지에서의 비율 12%보다는 높은 셈이다. 이 명세장에서 대부분 'villa'라고 표기된 28개의 장원은 전술한 바 있듯이 수도원을 중심으로 대체로 반경 50km 이내에 분포한다. 그중 27개가 영주직영지와 농민보유지들로 구성되어 있어,[11] 단순히 공간적인 측면에서만 볼 때는 고전장원적 구조를 갖추고 있다. 그러나 대다수의 장원에서 경작

9   로브 수도원의 정확한 위치는 에노 지방 탱(Thuin) 군의 로브 코뮌이다. 로브 코뮌은 로브 수도원을 중심으로 발전한 자치체로, 최근 인구는 5,800여 명이다.
10   J.-P. Devroey, ed., *Polyp. de Lobbes*, pp. LXIII~LXXII, 3~28 참조.
11   장(章)이 표시되어 있지 않은 이 영지명세장에서 나머지 1개 장원은 앞에서도 언급했듯이 19번째에 기재되어 있는 티신가베임 장원으로, 영주직영지가 존재하지 않고 4개의 망스만 존재하면서 지대가 화폐지대와 현물지대의 혼합으로 되어 있다.

부역에 관한 기록이 없으며, 농민보유지의 종류가 명기되어 있지 않
고 그냥 'mansus'라고 기록되어 있다. 다수의 장원에서 영주직영지에
대한 농민보유지의 경작부역 의무 기록이 없는 것이 실제로 경작부역
의무가 없었기 때문인지 아니면 경작부역이 실재하는 데도 기록상 생
략된 때문인지 논란이 있지만, 여러 가지 증거로 봐서 생략되었을 가
능성이 크다.[12] 그러나 경작부역의 실재 여부가 어떠하든 간에 여기
에서 파악하고자 하는 것은 고전장원들에서 경작부역을 중심으로 한
부역노동제도이므로, 명기된 경작부역을 위주로 하여 고찰할 수밖에
없다.

　　이 영지명세장에는 농민보유지의 종류가 구분되어 기재된 장원이
몇몇 존재하지만, 종류가 구분된 농민보유지에 기록상 경작부역이 부
과되는 것은 사실상 15번째에 기재되어 있는 두키아 장원의 노예망스
뿐이다. 이 장원에는 17개의 종류미상 망스와 함께 13개의 노예망스
가 존재한다. 이들 노예망스는 매주 3일씩의 주부역이 부과되며 그 밖
에 아마포 1장을 바치는 것 외에는 다른 의무는 없다. 따라서 노예망
스에 대한 부역노동 부과방식은 거의 원초적 부역방식 그대로라고 할
수 있다. 5번째로 기재되어 있는 스트라타(Strata) 장원의 25개 자유인
망스에 대해 "5월에 봄 파종을 한다."고[13] 하지만, '봄 파종'을 영주직영
지의 경작부역으로 보기는 어렵다. 따라서 자유인망스의 부역노동 방
식이 어떠했는지는 알 수 없다고 하겠다.

　　로브 수도원의 영지명세장에는 종류미상의 망스가 존재하는 장원
들이 많지만, 그중에 경작부역이 기록되어 있는 장원은 4개다. 4개 장

12　이 책의 제4장 제1절과 저자의 논문 「고전장원제하 영주직영지와 농민보유지의 지역별
　　크기관계」, 269~271쪽 참조.

13　"Sunt alii mansi ingenuiles XXV. ⋯ et seminant ad trimensium in mense maio."

원 중 3개 장원〔16번째의 시굴푸스 장원, 17번째의 알로스트(Alost)
장원, 960-965년쯤 기록된 21번째의 고시니아카스 장원〕에서는 매주
3일씩의 손부역과 황소들을 지참한 2일씩의 부역으로 구성되는 5일씩
의 주부역이 부과된다.[14] 나머지 1개 장원(889년의 27번째 베르케이아
스 장원)에서는 종류미상 망스들에 매주 3일씩의 주부역이 부과된다.
따라서 로브 수도원의 영지에서는 9세기 후반과 10세기 후반에 걸쳐
노예망스뿐만 아니라 종류미상 망스들에서도 부역노동제도가 주부역
방식이었으며, 많은 경우 주부역 일수가 5일로 노예의 토지보유와 관
련된 원초적 주부역 일수 3일보다 대폭 증가했다고 할 수 있다. 비록
25번째의 켈라(Cella) 장원에서 소규모 농민보유지인 'sessiculus' 보
유자들에게 동곡과 하곡 파종을 위해 각각 1bun(bunarius)씩의[15] 갈
이질부역이 부과되고 있지만 이와 함께 성 마르틴의 날로부터 3월까
지 매주 1일씩의 주부역이 부과되므로, 9세기와 10세기에 이 영지에
서 전체적으로 주부역 형태의 부역노동 부과방식이 지배적이었음은
변함이 없다고 하겠다.

이 영지명세장에서 농민보유지의 경작부역 의무에 관한 기록은
보이지 않으면서도 농민보유지의 종류별로 잡역과 공납의 의무가 명
기된 장원은 9개가 존재한다. 이런 장원의 기록에 의하면 대체로 노예
망스는 다른 영지들에서는 보기 드물게 잡역이 거의 부과되지 않으며,
공납물의 종류와 부담량이 적다. 이에 비해 자유인망스는 잡역이 거

---

14 2개의 장원에서는 손일의 일수와 황소를 지참한 일수의 수자가 탈자(脫字)되어 있다.
　　그러나 다른 1개 장원에는 일수가 탈자되지 않고 각각 3일과 2일로 되어 있다.
15 1 bunarius의 크기는 B. Guérard, *Prolégomènes*, pp. 169~171, 197에 의하면 1.2833
　　헥타르이고, F. Ganshof ed., *Polyp. de St. Bertin*, pp. 10~11과 P. Guilhiermoz, "De
　　l'équivalence des anciennes mesures. A propos d'une publication récente", *Biblio-
　　thèque de l'École des Chartes*, 74(1913), p. 306에 의하면 1.3850헥타르다.

의 부과되지 않는다는 점에서는 노예망스와 같지만, 수송부역과 군역
세가 부과되고 공납물의 종류와 분량이 노예망스보다 더 많다. 종류미
상 망스들의 잡역과 공납 의무는 자유인망스들과 비슷하다.[16] 10번째
로 기록되어 있는 레데르나(Lederna) 장원에만 4개가 존재하고 부역
에 관한 기록은 없는 반자유인망스 역시 공납의 종류와 분량은 자유인
망스와 엇비슷하다.

명세장의 기록이 온전치 않아 확언하기는 어렵지만, 로브 수도원
의 영지에서는 농민보유지 보유자들의 코르베 의무가 보이지 않는다.
그리고 이 영지에서 시간상의 의무 차이는 보이지 않는다. 앞에서 일
부 보았듯이, 960년대에 기록된 21번째의 고시니아카스 장원에 존재
하는 종류미상 망스의 매주 5일씩의 주부역 의무는 860년대에 작성된
16, 17번째 장원의 종류미상 망스의 주부역 내용과 같다. 960년대에
작성된 20번째 기미아쿠스(Gimiacus) 장원의 전체 90개 종류미상 망
스 중 60개와 21번째의 고시니아카스 장원의 15개 종류미상 망스 전
부의 공납부담은 9세기에 작성된 다른 장원들의 것과 별 차이가 없다.
그렇지만 거리에 따라서는 지대의 차이가 일부 존재했던 것으로 보인
다. 이를테면, 이 영지에서 수도원으로부터 90km가량 멀리 떨어져 있
는 6번째의 에르클리아쿠스 장원에서 16개의 종류미상 망스는 기록이
명확한 것은 아니지만 지대가 화폐지대와 생산물지대로 되어 있을 가
능성이 높기 때문이다. 이 영지에서 4개 이상의 망스에 화폐지대나 생
산물지대가 부과되는 장원은 이 장원 외에 19번째의 티신가베임 장원
의 4개 망스 전부와 20번째의 기미아쿠스 장원의 90개 망스 중 8개 망
스 정도다. 이 영지에서는 잡역이나 공납의 금납화도 거의 없다.

---

16 이로 봐서는 종류미상 망스들이 원래는 자유인망스들이었을 가능성이 있다고 하겠다.

2. 독일 권역 영지들의 부역제도

제6장의 머리말에서 말한 이유로 바이센부르크 수도원영지를 뒤의 별도의 절들에서 다루게 되면, 제2절에서 분석할 독일 권역의 영지는 프림 수도원과 아우크스부르크 주교좌의 영지다. 이 두 영지 가운데, 비록 파리 분지로부터 동쪽 멀리 떨어져 있지만 먼저 살펴볼 것은 후자다. 왜냐하면 이 주교좌 영지의 명세장은 프림 수도원의 영지명세장보다 80년 이상 빠른 810년경에 작성되었기 때문이다.

아우크스부르크 주교좌의 영지명세장은 다른 명세장들과는 다른 독특성을 지니고 있다. 첫째, 이 명세장은 대다수의 명세장이 대수도원들의 것인 데 비해 주교좌의 영지에 관한 것이라는 점이다. 둘째, 이 것은 740년대에 자유인과 노예 출신의 토지보유자에 대한 원초적 형태의 부역노동 부과방식을 규정한 바바리아법이 적용되던 바이에른 지역에 속하는 한 주교좌의 영지명세장이라는 것이다. 따라서 이 명세장은 동일 지역에서 원초적 부역부과 방식과 고전장원제 성립 직후의 부역방식을 비교할 수 있다는 중요한 의의를 지닌다. 셋째, 이 명세장은 해당 주교좌 자체가 작성한 것이라기보다, 카롤루스 대제가 교회영지와 왕령지 명세장 작성의 모범적 사례로서 반포한 'Brevium exempla ad describendas res ecclesiasticas et fiscales'라는 이름의 칙령[17] 형태로 반포한 것(이하 '영지명세장 작성의 모범적 사례 칙령'이라고 칭한다)이라는 사실이다. 마지막으로, 이 명세장은 이 주교좌의 영지 전체의 내용을 상세히 기술한 것은 아니라는 점이다. 이 칙령의 제9조에 따르면 이 주교좌 교회의 영지는 8개의 장원(curtis)으로 구성되어 있

---

17   *Capitularia*, no. 128(pp. 250~256).

다. 그러나 장원의 토지소유 현황이 자세히 기술된 것은 알프스산맥 인근 소재 슈타펠제(Stafelsee) 장원뿐이다.

전술한 칙령의 제7~8조 기록에 의하면 이 장원은 상당히 큰 규모 의 영주직영지와, 이 직영지에 경작부역을 수행할 의무를 지는 19개 의 노예망스와 23개의 자유인망스로 구성되는 고전장원이다. 19개 노 예망스의 주요 부역노동 부과방식은 매주 3일씩의 주부역과 반쪽의 정적부역지(dimidia aratura) 갈이질이라는 정적부역이 결합된 혼합적 형태를 취한다. 여기에다 돼지사육이라는 과제부역이 추가된다. 23개 의 자유인망스 가운데 1개는 의무 기록이 보이지 않으며, 5개의 자유 인망스에 관한 기록에는 경작부역에 관한 언급이 없다. 그러나 압도 적 다수인 나머지 17개 자유망스는 모두 매년 상당한 크기의 영주직 영지를 갈이질할 정적부역 의무가 부과된다. 이런 정적부역에다 연간 2~6주 정도의 연부역과 망스에 따라 건초수확과 거름주기와 같은 특 정 과제부역이 추가된다.

노예망스에는 가벼운 수송부역을 뜻하는 'scara'의[18] 수행, 베짜 기, 음식요리 등의 잡역이 부과되고, 얼마간의 공납 의무가 부과된다. 자유인망스는 아무런 공납 없이 수송부역이나 전령(傳令) 업무와 같은 넓은 의미의 잡역만 수행하거나, 잡역 없이 여러 가지 또는 한 종류의 현물 공납만을 하거나, 또는 파발마(parafredum)를 제공한다. 특히

---

18 'scara'는 연어나 아마포와 같은 가벼운 물품을 도보나 말등(horseback) 또는 선박으 로 비교적 가까운 거리를 수송하는 부역인 데 비해, 전술한 바바리아법을 비롯한 여러 사료에 자주 나타나는 'angaria'는 소가 끄는 수레(우차)로 곡물, 포도주, 소금과 같은 보다 크고 무거운 식품을 수송하는 매우 힘든 부역이다. J.-P. Devroey, "Les services de transport", pp. 544~546; Y. Morimoto, "Considérations nouvelles sur les villes et campagnes dans le domaine de Prüm au haut moyen-âge", Y. Morimoto, *Études sur l'économie rurale*, pp. 319~321; Th. Kohl, "Peasants' Landholdings and Move-ment", pp, 158~159 참조.

눈에 띄는 것은 11개라는 적지 않은 수의 자유인망스에 군대출정 대신 황소 1~2두를 제공할 의무가 부과된다는 점이다. 이 고전장원에서는 노예망스에고 자유인망스에고 간에 코르베가 부과된다는 기록이 없다.

요컨대, 9세기 초 바이에른 지방의 스타펠제 장원에서는 8세기 초반 알레만법과 바바리아법에 규정된 원초적 형태의 부역노동제도가 적어도 자유인망스의 경우에는 기본적으로 유지되고 있다고 할 수 있을 것이다. 자유인망스의 경우에 연부역과 과제부역이 추가되기는 하지만, 경작부역이 정적부역 방식의 기조를 유지하고 있다. 잡역과 공납도 8세기 초반의 원초적 형태 그대로이거나, 자유인 신분 본래의 의무였던 군역과 관련된 것이다. 노예망스의 경작부역 방식은 원초적 형태와는 달리 매주 3일씩의 주부역과 정적부역이 혼합된 형태를 취하고 과제부역이 추가된다. 따라서 노예망스의 경우에는 부역노동 부담이 크게 증가한 셈이다. 그렇지만 잡역과 공납은 주인의 의식주와 관련된 노예 신분 고유의 잡역이 유지되는 바탕 위에 다른 것들이 일부 추가되고 있다.

893년에 작성된 독일의 아이펠고원 소재 프륌 수도원의 영지명세장에는 모두 118개 장(章)에 걸쳐 이 수도원의 재산이 기재되어 있다. 이 가운데 제XLI장은 주택, 여인숙, 노새 따위의 재산과 그 수입에 관한 기록이다. 따라서 소유토지가 기록된 것은 모두 117개 장인 셈이다. 이들 토지는 아이펠고원과 라인강 중류 사이지역을 중심으로 집중 분포하면서도 오늘날 독일은 물론이고 프랑스, 룩셈부르크, 벨기에, 네덜란드 등 그 주변 일대에 걸쳐 광범하게 산재한다.[19] 117개의 장 가

19 프륌 수도원 소유토지의 지리적 분포에 관해서는 I. Schwab, ed., *Prümer Urbar*, pp. 43~155, 328~345 및 별첨 "Geschichtlicher Atlas der Rheinlande", VII. 1. "Besitzungen der Abtei Prüm im 9. Jahrhundert"; Ch.-E. Perrin, *Recherches sur la seigneurie*

운데는 곳에 따라 상이한 종류의 농민보유지나 종류미상의 보유지 또
는 '정규의 항구적 보유자가 없는(absus)' 농민보유지가 병기되어 있
는 장들이 제법 있다. 이런 보유지들 가운데 정규의 항구적 보유자가
없는 농민보유지를 제외하고 보유자 있는 농민보유지들을 중심으로
해서 보면, 노예망스는 28개의 장에 331개가 존재하고, 자유인망스는
2개의 장에 64개가, 반자유인망스는 13개의 장에 208개가, 종류미상
의 망스는 107개의 장에 1,159개가 기재되어 있다.[20] 따라서 노예망스
는 전체 망스 수 1,762개의 18.8%를, 자유인망스는 3.6%를, 반자유인
망스는 11.8%를, 종류미상의 망스는 65.8%를 차지하는 셈이 된다. 이
와 같이 종류미상의 망스가 최다수를 차지하지만, 종류가 명시된 농민
보유지들 가운데서는 노예망스가 자유인망스보다 5배 이상 많다. 생
제르맹 수도원의 영지를 제외하고 다른 영지들에서는 거의 보이지 않
는 반자유인망스도 자유인망스보다는 3배 이상 많다. 따라서 프륌 수
도원의 영지에서는 자유인망스보다도 부자유인 신분의 토지보유로
생성된 노예망스와 반자유인망스가 훨씬 많다는 것이 특징이라고 하
겠다. 그렇지만 종류미상의 망스가 실제로는 자유인망스일 가능성이
크기 때문에 그렇지만도 않다고 하겠다.

117개의 장에 걸쳐 기록된 토지 가운데 98곳의 토지가 영주직영
지와 4개 이상의 농민보유지들로 이분되고 직영지는 농민보유지 보유
자들의 부역노동으로 경작되는 고전장원제로 조직되어 있다. 비록 영
지명세장에 영주직영지에 관한 기록이 없을지라도 직영지에 관한 농

rurale, pp. 29~30, 46~49, 85~90; L. Kuchenbuch, "Probleme der Rentenentwick-
lung", pp. 143~149; N. J. G. Pounds, "Northwest Europe in the Ninth Century", pp.
442, 446~447 참조.

20   한 장원 안에 종류가 상이하거나 종류미상인 농민보유지가 병존하는 경우가 자주 있다.

민보유지들의 경작부역 의무가 명시된 경우에는 직영지가 존재한 것으로 볼 수 있으므로, 98개의 고전장원이라 함은 이런 장원의 수가 포함된 것이다. 98개 고전장원 가운데 노예망스라고 명기된 농민보유지가 존재하는 장원은 25개다. 이런 노예망스들 가운데 다른 의무는 일체 부과되지 않고 8세기 초반 토지보유 노예의 원초적 부역방식처럼 오로지 매주 3일씩의 주부역만 부과되는 망스는 제CVII장 장원의 12개 노예망스뿐이다. 그렇지만 제CXIIII장의 장원도 기록이 분명치는 않지만 노예망스들에 매주 3일씩의 주부역이 부과된 것으로 판단된다. 이 장원의 노예망스들에는 추수나 건초 작업과 같은 특정의 과제부역이 추가되며, 여러 가지 잡역과 공납 의무도 부과된다. 제CVII장 장원의 다른 7개 노예망스는 여타의 의무는 부과되지 않지만 주부역 일수가 매주 4일씩으로 원초적 형태의 주부역보다 1일이 더 많다. 기록이 분명하지는 않지만 제CVIII~CX장의 3개 장원에 다른 종류의 망스들과 함께 존재하는 노예망스들에도 매주 4일씩의 주부역이 부과되는 것으로 보인다. 따라서 3일 내지 4일씩의 주부역 방식으로 부역노동이 부과되는 장원은 5개인 셈이다. 그렇지만 이들 장원 가운데 노예망스에 부역노동이 매주 3일씩 부과되는 원초적 형태의 부역방식이 고스란히 유지되는 장원은 1개뿐이다. 대다수의 장원에서 주부역의 일수가 하루씩 늘어나 있거나 다른 부역과 공납의 부담이 추가되고 있는 것이다.

이와는 반대로 제XLVI, LXV, LXXII, LXXXIII, CXVI, CXVII장 등에 기재된 6개 장원에 존재하는 노예망스들에는 노예보유지의 원초적 형태와는 딴판으로 주부역이 부과되지 않고 일정 면적의 영주직영지를 할당받아 경작하는 정적부역이 부과된다.[21] 다만 제XLVI장의 장

---

21 제XLVI장의 노예망스에는 면적이 명시되어 있지 않고 "… facit araturam."이라고만 되어 있다. 그렇지만 여기의 'aratura'는 일정 면적을 할당받아 경작하는 정적부역지를 뜻

원을 제외하고 나머지 5개 장원의 노예망스들에는 곡식과 건초의 수집 및 운반, 거름운반, 밭의 울타리 설치 등과 같은 과제부역이나 연간 3회씩의 14일 내지 15일 작업이 추가된다. 제XLVI장 장원의 노예망스들에는 정적부역 외에 "명령받는 모든 부역을 수행한다."는[22] 무제한적 부역이 부과된다. 이들 6개 장원에 존재하는 노예망스들의 잡역과 공납은 대체로 여러 가지 공납 의무와 더불어 원래 자유인의 의무였던 군역세 지불 및 수송부역과 노예 신분 고유의 의무였던 음식요리, 파수, 직물공납 따위가 뒤섞여 있다. 따라서 이들 망스의 잡역과 공납 역시 혼합형이다.

이와 같은 11개 장원의 노예망스를 제외하면, 노예망스가 존재하는 전체 25개 고전장원의 56%를 차지하는 14개 장원에서 부역노동 부과방식은 매주 3일씩의 주부역과 정적부역이 결합된 혼합형이고 장원에 따라 15일간의 연부역이나 과제부역이 추가된다. 잡역과 공납은 다수의 장원에서 각종 공납에다 노예 신분 고유의 음식요리 및 파수 또는 베짜기부역과 자유인 신분 고유의 의무였던 황소 따위의 군대 공출(供出) 및 수송부역이 혼합되어 있다. 코르베는 노예망스가 존재하는 전체 25개 고전장원의 36%에서 보통 연간 2~3회 정도 부과된다.

98개의 고전장원 가운데 종류가 명시된 자유인망스는 제XLV장과 제XLVII장의 장원에만 각각 47개와 17개가 존재한다. 이들 자유인망스의 주요 부역노동 부과방식도 정적부역만으로 되어 있지 않고 다수의 노예망스와 마찬가지로 정적부역과 매주 3일씩의 주부역의 결합형이며, 여기에다 15일간의 연부역이 2회 추가된다. 두 장원 다 자유인망스들에 각각 2~5회와 3회의 코르베가 부과되지만, 잡역과 공납

한다고 볼 수 있다. J. F. Niermeyer, *Mediae Latinitatis Lexicon Minus*, p. 55 참조.

22 "··· facit. ··· omne servitium. quicquid ei iubetur."

에 있어서는 수송부역과 군역세 지불 및 각종 공납 의무가 부과될 뿐 노예 신분 고유의 의무와 연관된 부담은 보이지 않는다. 요컨대, 자유 인망스들의 경작부역 부과방식은 본래의 정적부역에다 노예 출신 농 노의 원초적 부역방식인 주부역이 더해진 혼합형이고 노예 출신 농노 에게 원래 요구되었던 코르베가 빠짐없이 부과되고 있지만, 잡역과 공 납에 있어서는 자유인 신분다운 본래의 특성이 간직되고 있다고 할 수 있다.

98개의 고전장원 가운데 반자유인망스라고 명시된 농민보유지들 이 존재하는 장원은 13개다. 13개 장원 중 반자유인망스의 부역부과 방식이 매주 2일씩이나 3일씩의 주부역과 정적부역이 결합된 혼합형 인 장원은 전체의 69%를 차지하는 9개다. 이들 9개 장원 모두에서 반 자유인망스들에는 주부역과 정적부역 외에 연간 2~3회씩의 14일 내 지 15일 부역이나 특정 과제부역이 추가된다. 또한 이들 9개 장원의 반자유인망스에는 빠짐없이 코르베가 3회가량 부과되며, 잡역과 공납 은 황소의 군대공출, 수송부역, 음식요리 등이 뒤섞인 양상을 보인다. 반자유인망스가 존재하는 나머지 4개 장원 가운데서는 정적부역에 과 제부역이 추가된 장원이 2개이고, 매주 2일씩의 주부역이 부과되는 장 원이 1개이며, 연간 2회의 14일 부역이 부과되는 장원이 1개다. 이들 4개 장원에서는 코르베가 부과되지 않는다. 따라서 프륌 수도원영지 에서 다수의 반자유인망스들은 주요 부역노동의 부과방식이 혼합형인 비율이 노예망스들보다 더 높고 코르베가 빠짐없이 부과된다는 점에 서는 자유인망스들의 부역부과 방식에 가깝지만, 잡역과 공납 면에서 는 노예망스들에 가깝다고 하겠다.

현존 프륌 수도원의 영지명세장에 보이는 98개의 고전장원 가운 데 종류미상의 망스가 존재하는 장원은 58개다. 58개의 고전장원 중

에 종류미상의 망스에 정적부역 방식으로 부역노동이 부과되는 장원
은 모두 32개로, 전체의 55%를 차지한다. 그 다음에 정적부역과 주부
역이 결합된 혼합적 부역노동 부과방식이 적용되는 장원이 20개로,
34%를 차지한다.[23] 제XXXII장의 고전장원에서는 종류미상 망스의 보
유자는 '매일 영주직영지에서 일하고, 일정 면적의 텃밭에서 작업한
다.'고[24] 한다. 이 기록에서 보는 부역방식은 주부역과 영주직영지의
곡물경작지에 대한 정적부역의 결합은 아니지만, 정기부역과 정적부
역의 혼합형으로 볼 수 있다. 이런 장원까지 포함하면, 부역노동이 혼
합식으로 부과되는 장원은 모두 21개이고 전체의 36%를 차지하는 셈
이 된다. 부역부과제도가 정적부역 방식이든 혼합식이든 간에 절대 다
수의 장원에서 이런 주요 부역 외에 15일 또는 14일씩의 연부역이나
특정 과제부역이 추가된다. 종류미상 망스의 부역방식이 주부역인 장
원은 제XXV장의 장원뿐이다.

　　주요 부역방식이 정적부역 형태든 혼합형이든 주부역 형태든 간
에 잡역과 공납은 대다수의 장원에서 여러 가지 공납에다 음식요리나
파수 또는 베짜기와 같은 노예 신분 본래의 의무와 군역세 또는 군대
공출이나 수송부역과 같은 자유인 고유의 의무가 혼합되어 있다. 기
타 제XXXIII장과 제XXXVII장 및 제XXXVIII장의 장원에서는 지대
가 경작부역 중심의 노동지대와 화폐지대 및 현물지대의 혼합 형태를

23　제XLII장의 장원에서는 종류미상의 망스에 정적부역과 더불어 '매주 3일씩의 주부역은
　　부과되지 않고 지시받는 것은 무엇이든 일한다.("… tres dies in ebdomada non facit.
　　sed quicquid ei precipitur opratur.")'고 한다. 이 경우에도 정적부역과 주부역의 혼합
　　형인 것으로 간주했다. 주부역 일수는 매주 3일이 가장 많지만, 제LXXXIII장에서는 주
　　부역 일수가 매주 2일씩이다. 이와는 대조적으로 제X~XIV, XVI장에서는 주부역 일수
　　가 명기되지 않고 "매주 명령받는 것은 무엇이든 일한다.(In ebdomada operatur quic-
　　quit precipitur ei.)"고 되어 있다.

24　"Cotidie operatur in dominico. Mensuram facit in curtem."

띠며, 제XXXV장의 장원에서는 지대가 화폐지대와 현물지대가 혼합되어 있다. 그렇지만 맨 뒤 제XXXV장의 장원도 이처럼 화폐지대와 현물지대로 되어 있음에도 불구하고 장원이 상당히 큰 규모의 영주직영지와 12개에 이르는 많은 망스로 구성되어 있어, 실제로 경작부역을 비롯한 노동지대가 존재하지 않았는지는 의심스럽다. 코르베는 종류미상의 망스가 존재하는 전체 58개의 고전장원 가운데 74%인 43개 장원에서 부과된다. 부역노동이 주부역 방식으로 부과되는 제XXV장의 수아이게 장원에서는 코르베가 부과되지 않는다.

한편 오늘날 독일과의 국경에 가까운 중동부 네덜란드와 라인강 하류 연안의 네덜란드 땅에 소재한 제IC, C, CII장 등의 3개 장원에서는, 영주직영지가 존재하지 않고 따라서 고전장원적 공간구조가 결여된 채 지대가 화폐지대로만 되어 있다. 또한 바로 앞에서 봤듯이 제XXXIIII, XXXV, XXXVII, XXXVIII장 등의 장원에서도 지대가 부분적으로 화폐지대로 되어 있다. 이들 장원은 아르덴고원의 남부에 위치한다. 화폐지대의 지불은 인구가 희박하고 농경이 어려운 라인강 하류의 늪지대나 아르덴고원 지대와 같은 특수한 지형에 위치한 장원들에서 나타난다고 할 수 있을 것이다. 또한 이 영지에서는 한 장원 내에서 외따로 1~2개씩 멀리 떨어져 있는 것으로 보이는 망스들에도 화폐지대가 부과되는 경우가 잦으며, 장원에 따라서는 일부 잡역과 공납이 금납화하는 경우도 자주 보인다. 쿠헨부흐에 의하면 지대의 금납화는 단순히 시간이 흐르면서 생긴 것은 아니고, 인구성장 및 마스(Maas)강 유역, 라인강 하류 지역, 네덜란드 등지의 원거리 무역항 인근에서 형성된 지방시장과 연관되어 나타난 현상이라고 한다.[25]

이와 같이 9세기 말 노예망스와 반자유인망스의 비율이 자유인망스보다 훨씬 높았던 프륌 수도원의 영지에서는, 노예망스든 자유인망스든 또는 반자유인망스든 주요 부역노동의 부과방식은 주부역과 정적부역이 결합된 혼합형이 이들 종류명시 망스가 존재하는 합계 40개 고전장원 중 62.5%를 차지하는 25개로 우세하다. 이것은 출신신분별로 달랐던 원초적 부역노동제도가 대부분 유지되지 못하고 서로 혼합되었음을 의미한다. 이와는 달리 종류미상 망스의 경우에는 부역노동이 혼합식보다 정적부역 방식으로 부과되는 경우가 상당히 많다. 혼합식은 종류미상 망스가 존재하는 전체 58개 고전장원 중 36%를 차지하는 21개인 데 비해, 정적부역 방식은 55%를 차지하는 32개로 전체의 절반 이상을 차지한다. 그렇지만 종류명시 망스든 종류미상 망스든 망스 전체를 통틀어 볼 때는, 총 98개 고전장원 가운데 혼합형 부역방식이 적용되는 장원은 47%인 46개로 가장 많다. 부역방식이 정적부역인 장원이 전체의 40%를 차지하는 39개로 그다음 많고, 주부역인 장원은 7%인 7개로 적으며, 기타 지대가 화폐지대이거나 연부역 등인 장원이 6개로 6%를 차지한다. 잡역과 공납은 자유인망스에서는 자유인 출신 농노 고유의 특성이 유지되고 있지만, 노예망스나 반자유인망스 및 종류미상 망스의 경우에는 혼합형이다. 코르베가 부과되는 비율은 노예망스가 36%, 자유인망스가 100%, 반자유인망스가 69%, 종류미상 망스가 74%다. 따라서 코르베는 노예망스보다는 다른 종류의 망스나 종류미상의 망스에 부과되는 비율이 훨씬 높은 셈이다. 프륌 수도원영지에서는 부역노동제도가 수도원으로부터의 거리와는 무관하다고 할 수 있지만, 장원들이 다양한 지역에 워낙 광범하게 분포해 있었기 때문에 지역에 따라 제법 차이가 존재했던 것으로 파악된다.[26]

25   L. Kuchenbuch, "Probleme der Rentenentwicklung", pp. 156~160 참조.
26   프륌 수도원영지의 지역별 부역부과 방식의 차이에 대해서는 L. Kuchenbuch, "Probleme der Rentenentwicklung", pp. 142~151 참조.

3. 9세기 바이센부르크 수도원영지의 부역제도

바이센부르크 수도원의 영지명세장에는 9세기 초부터 에델린(Edelin)
이라는 수도원장의 재임기간(1262~1293)까지 토지를 비롯한 수도원
의 재산과 수입 현황이 무려 총 300여 개의 장(章)에 걸쳐 기록되어 있
다. 그러나 이 명세장에 기재된 상당수의 토지가 영주직영지나 농민보
유지 또는 농민의 의무가 기록되어 있지 않거나, 영주직영지와 농민보
유지는 존재함에도 불구하고 농민의 의무에 관해서는 아무런 기록이
없거나, 경작부역에 관한 언급은 없이 농민의 특정 의무만 기재되어
있기도 하다. 심지어 곳에 따라서는 극히 단편적인 작은 땅뙈기나 그
수입, 또는 단순히 물레방아나 교회와 같은 시설물과 그 수입에 관해서
만 기술한 경우도 적지 않다. 그래서 실상 영주직영지와 농민보유지가
병존하여 공간구조 면에서 고전적 장원 형태를 띠는 토지는 137곳 정
도에 지나지 않는다. 137곳의 토지 가운데서도 영주직영지와 농민보
유지들로 이분되어 있으면서 영주직영지에 부역노동을 제공할 의무가
농민보유지에 부과됨을 명시한 장원은 99개에 불과하다.

　　더욱이 이 영지명세장에는 농민보유지들의 대부분이 노예망스
나 자유인망스로 구분되어 표기되어 있지 않다. 다수의 농민보유지
는 정규의 항구적 보유자가 있는가의 유무에 따라 'mansus vestitus',
'huobe possesse', 'mansus absus' 등으로 구분되어 있거나, 아무런
수식어 없이 그냥 '망스(mansus)'나 '후페(huobe)'라고 하여 단순히
농민보유지임을 표시하거나, 또는 농민보유지의 황폐화 상태나 특정
용도에 따라 'mansus devastatus', 'huobe desorte', 'mansus ferialis'
따위로도 가끔 표기되어 있다.[27] 이 때문에 '노예망스(mansus servi-
lis)'라고 명기되어 있는 장원은 47개로 그리 많은 것이 아니며, 더욱

이 자유인망스라고 명시된 장원은 제VI장에서만 단 하나가 보일 뿐이
다. 노예망스라고 명시된 농민보유지가 존재하는 47개 장원 가운데

27 'mansus vestitus'는 토지를 경작하는 정규의 항구적 보유자가 존재하는 농민보유지를
의미하며, 'mansus absus'는 그와 반대로 토지를 항구적으로 경작할 보유자가 없는 농
민보유지를 뜻한다. 'huobe possesse'는 'mansus vestitus'처럼 보유자가 있는 농민보
유지를 뜻하는 것으로 추측된다. 'mansus devastatus'와 'huobe desorte'는 노르만족,
마자르족 등 외세의 침략으로 황폐화된 농민보유지를, 'mansus ferialis'는 교회기관의
축제일에 행사비용 조달용으로 쓰이는 농민보유지를 뜻한다. 저자의 논문, 「고전장원제
하의 농업노동력」, 21~26쪽 및 「고전장원제하의 농민보유지 제도」, 398쪽 참조. 중세
의 다른 기록들에서는 huoba, huba, hoba, hova, huva 등의 형태로도 쓰였던 후페라
는 말은 중세 초기에 프랑크왕국의 서부지역 문헌기록에서는 보이지 않고 동부지역에서
만 망스라는 말과 함께 자주 나타난다.
  바이센부르크 수도원의 영지명세장에서 일부 병용되고 있는 망스와 후페라는 말
은 적어도 이 영지에 관한 한 농민보유지를 가리키는 같은 뜻의 용어다. 바이센부르
크 수도원에 대한 토지기증 문서들을 면밀하게 분석한 W. 슐레징거는 이들 문서에
서 각각 7세기와 8세기 초부터 나타나는 망스라는 말과 후페라는 말은 처음에는 그 뜻
이 달랐지만, 이미 8세기 말 무렵부터는 동의어로 사용된다고 한다. W. Schlesinger,
"Hufe und Mansus im Liber Donationum des Klosters Weißenburg", *Beiträge zur
Wirtschafts- und Sozialgeschichte des Mittelalters. Festschrift für H. Helbig zum
65. Geburtstag*(Köln/Wien: Böhlau, 1976), pp. 33~85 참조. 바이센부르크 수도원
영지에 비교적 가까운 스위스 동북부에 위치한 장크트갈렌(St. Gallen) 수도원의 토지
관련 문서들에서도 두 말은 같은 뜻으로 사용되었다고 한다. A. zur Nieden, *Der Alltag
der Mönche: Studien zum Klosterplan von St. Gallen*(Hamburg: Diplomica, 2008),
p. 100 참조. 그러나 대체로 독일 중부의 수도원영지 관련 문서들에서는 두 말의 뜻이
달랐다고 한다. 이들 문서에서 망스는 고전장원 체제에 편입되어 직영지에 대해 부역과
공납의 의무를 지는 예속적 농민보유지였던 데 비해, 후페는 이런 장원체제에서 벗어나
부역 의무를 지지 않고 공납 의무만 지는 은대지나 자유차지(自由借地)를 뜻한다고 한
다. F. Lütge, "Hufe und Mansus in den mitteldeutschen Quellen der Karolingerzeit,
im besonderen in dem Brevarium St. Lulli", *VSWG*, 30(1937), pp. 105~128; D.
Hägermann, "Quellenkritische Bemerkungen zu den karolingerzeitlichen Urbaren
und Güterverzeichnissen", W. Rösener, ed., *Strukturen der Grundherrschaft*,
pp. 65~67; H. Th. Hoederath, "Hufe, Manse und Mark in der Quellen der Gross-
grundherrschaft Werden am Ausgang der Karolingerzeit. Eine wirtschaftliche Un-
tersuchung", *Zeitschrift der Savigny-Stiftung für Rechtsgeschichte: Germanistische
Abteilung*, 68(1951), pp. 211~233; U. Weidinger, "Untersuchungen zur Grund-
herrschaft des Klosters Fulda in der Karolingerzeit", W. Rösener, ed., *Strukturen der
Grundherrschaft*, p. 249 참조.

영주직영지와 농민보유지들로 구성되고 직영지에 대한 경작부역 수행 의무가 주부역 방식으로든 정적부역 방식으로든 농민보유지에 명확하게 요구되는 고전장원은 13개다.[28] 그리고 영주직영지에 대한 언급은 없지만 농민보유지가 존재하고 농민보유지에 주부역이 부과되는 제XLVI장 장원도 주부역에 내포된 경작부역이 영주직영지의 존재를 전제로 한다는 점에서 실제로는 영주직영지가 존재했다고 볼 수 있다. 따라서 이 장원을 포함하여 바이센부르크 수도원의 영지명세장에서 노예망스와 관련된 부역노동제도를 확실하게 파악할 수 있는 장원은 14개인 셈이다. 농민보유지의 종류가 명시된 이런 장원 수로 미뤄 볼 때, 이 영지에서는 노예보유지가 자유인보유지보다 압도적으로 많았을 것으로 짐작된다.

그런데 바이센부르크 수도원의 영지명세장은 9세기 초부터 13세기 후반까지 장기간에 걸친 기록이고, 작성시기도 똑같지 않다. 이 명세장에서 작성연대가 가장 빠른 부분은 제I~XXV장의 명세서들로, 9세기 초반에 작성되었다. 제CCXVI~CCLIX장도 10세기의 문서이기는 하지만, 9세기 출처의 원본을 기초로 한 것이기 때문에 그 실질적 기술내용은 9세기의 것이라고 볼 수 있다. 제XXVI~CV장과 제CX~CCXV장은 10세기 초에 작성되었으며, 나머지 장들의 기록은 10세기 중엽 이후 11세기 초엽에 걸쳐 작성된 것으로 추정되고 있

---

28 같은 장원 안에서도 노예망스에 따라 영주직영지의 경작과 관련된 부역이 명기되어 있는 경우도 있고 그렇지 않은 경우도 있는 등 경작부역을 비롯한 의무가 달리 표기되어 있는 경우가 가끔 있다. 노예망스의 의무가 상이하게 표기된 장원이라고 하더라도 경작부역이 부과되는 노예망스들이 존재하는 경우에는 경작부역을 비롯한 부역노동의 부과제도를 알 수 있다는 점에서 여기서는 경작부역이 명시된 장원으로 간주하도록 하겠다. 그리고 제LXIX장의 라딩가(radinga)라는 곳에서는 3개의 노예망스가 "여타의 것들처럼 부역한다(… sicut ceteri seruiunt)."고 하고 있으나, 여타의 노예망스에 관한 기록이 보이지 않아 의무 내용이 무엇인지 알 수 없다.

다.[29] 따라서 이 영지명세장은 보기 드물게 한 영지 내에서 봉건적 부역노동제도의 추이를 제한적으로나마 추적할 수 있는 자료라고 할 수 있다. 이런 점에서 이 명세장의 부역부과 방식에 대해서는 앞에서 말했듯이 9세기와 10세기 이후로 구분하여 고찰하겠다. 제I~XXV장과 제CCXVI~CCLIX장의 기록은 9세기의 부역노동제도를 분석할 수 있는 자료이고, 나머지 장들의 기록은 10세기 이후의 부역노동제도를 검토할 수 있는 자료라고 할 수 있다.

제I~XXV장의 명세서들은 이 명세장에서 비교적 가장 이른 9세기 초반에 작성되었을 뿐만 아니라, 장원에 관한 기술내용도 가장 상세하다. 또한 이 명세서들은 제II장을 제외하고[30] 24개의 장원이 영주직영지와 농민보유지들로 구성되고 농민보유지들에는 영주직영지에 대해 경작부역을 비롯한 부역 의무가 부과된다.[31] 따라서 이들 24개

29 이 영지명세장을 구성하는 여러 부분의 작성시기에 관해서는 Ch. Dette, ed., *Liber possessionum Wizenb.*, pp. 32~50, 72, 171; 같은 필자, "Die Grundherrschaft Weißenburg im 9. und 10. Jahrhundert im Spiegel ihrer Herrenhöfe", W. Rösener, ed., *Strukturen der Grundherrschaft*, pp. 181~182 참조. 그렇지만 제1~25장의 작성시점을 Ch. 데테는 대체로 818-819년이라고 하면서도 한편 9세기 중엽이라고도 하고(Ch. Dette, ed., *Liber possessionum Wizenb.*, p. 171 참조), A. 페르휠스트는 818-819년 이전으로 추정하며(A. Verhulst, *The Carolingian Economy*, p. 37 참조), L. 쿠헨부흐는 855-860년이라고 한다(L. Kuchenbuch, "Probleme der Rentenentwicklung", p. 148 참조). 이와 같이 제I~XXV장의 작성시점은 연구자들 사이에 다르고 같은 연구자라고 하더라도 그 추정시기에 일관성이 없지만, 대략 9세기 초반이라고 보면 될 것이다. 이렇게 보더라도 제1~25장은 이 영지명세장에서 가장 일찍 작성되었다고 할 수 있다.

30 제II장의 기록에는 영주직영지가 없고 직영지를 대상으로 한 경작부역에 관한 언급도 없다. 그러나 44개의 농민보유지(huobe)가 존재하여 포도재배와 건초 장만을 위한 부역을 수행하거나 금전으로 대납하며, 농민보유지를 보유한 농노들 중 일부는 도끼나 쟁기 또는 석공용 망치를 제조하거나 바쳐야 한다. 이와 같은 의무내용으로 볼 때, 제II장의 장원은 영주직영지의 곡물경작지에 대한 경작부역이 없는 특수한 형태의 장원이라고 할 수 있을 것이다.

31 다만 제XXIII장의 기록에는 농민보유지가 없다. 그러나 토지보유자들은 영주직영지에 매주 3일씩의 주부역을 수행하고 직영지와 보유지를 반반씩 갈이질하는 등 여러 가지

장원은 전형적인 고전장원이라고 할 수 있다. 그렇지만 단 하나를 제외하고 모든 장원에서 농민보유지의 종류가 구분되지 않고 그냥 '후페(huobe, hobe)'라고만 기록되어 있다. 농민보유지의 종류가 구별되어 기재되어 있는 것은 라인란트팔츠 남동쪽 끝자락의 라인강변에 위치한 제VI장의 포르자(Porza) 장원뿐이다.[32] 제VI장에는 "72개의 후페 중 33개의 후페 즉 33개의 정규의 보유자 있는 자유인망스에는 자유인들이 거주하고, … 39개의 후페에는 노예들이 거주한다."고[33] 쓰여 있다. 여기에서 '거주하다(sedeo)'는 말은 보유하다는 뜻이라고 할 수 있다. 따라서 이 기록에서 자유인들이 보유하는 33개 후페는 자유인망스임을 분명히 하고 있듯이, 뒤의 노예들이 보유하는 39개 후페는 노예망스라고 봐도 좋을 것이다.

　　제VI장 포르자 장원의 자유인망스들에는 3jr 크기의 경작부역을 수행하는 동시에 수도원에서 연간 14일간의 작업을 1회 수행하고 3일간 풀베기 작업을 해야 할 부역노동 의무가 부과된다. 잡역과 관련해서는 자유인망스 보유자들은 왕을 위해 파발마로 매년 2회의 전령 임무를 수행하지만, "그들의 아내들은 아무 것도 수행하지 않는다."고[34] 한다. 이와 같은 자유인망스의 부역노동 의무는 자유인 출신 농노의 원초적 부역노동 의무와 기본적으로 동일하다. 다만 14일간의 연부역

부역과 공납을 이행할 의무가 부과되는 것으로 볼 때, 농민보유지 기록이 누락되었음이 틀림없다고 하겠다.

32　'Porza' 장원은 근대의 '포르츠(Pfortz)' 시에 해당한다. 이에 대해서는 Ch. Dette, ed., *Liber possessionum Wizenb.*, pp. 49, 181 참조. '포르츠' 시는 1938년 이후 개명되어 '막시밀리안사우(Maximiliansau)'라고 불리고 있다. 이곳은 수도원이 소재한 바이센부르크로부터 동쪽 24km 거리에 위치하며 카를스루에 시의 라인강 서쪽 건너편에 위치한다.

33　"…, LXXII. in huobis .XXXIII. liberi homines sedent mansi ingenuales vestiti .XXXIII. … In huobis .XXXVIIII. sedent servi …."

34　"…, et eorum femine nichil seruiunt."

이 추가되고 있을 뿐이다. 그리고 원래 자유인 출신의 여성들은 영주의 의식주 생활과 관련된 일들을 하지 않았던 것처럼, 여기서도 자유인망스 보유자들의 아내들은 그런 잡역을 수행하지 않는다. 이 포르자 장원의 자유인망스 보유자들은 자유인 신분 출신의 농노답게 여러 가지 공납을 하고 황소 및 말의 군대공출 의무를 진다.

이와 같은 자유인망스의 의무와는 대조적으로 제VI장 포르자 장원의 노예망스에는 매주 3일씩의 주부역이 부과된다. 주부역 외에 노예망스에는 "명령에 따라(per ordinem)" 야경(vigilia)을 서고, 엿기름과 빵을 제조할 의무가 부과되며, 그들의 아내들은 "일이 있을 때 명령에 따라(quando opus est per ordinem)" 길이 10완척,[35] 폭 4완척인 아마포를 짜야 한다. 이와 같은 야경과 음식준비 및 베짜기는 원래 노예 신분 고유의 일들이며, 더욱이 명령에 따라 무제한으로 일을 하는 것은 노예노동의 속성이다. 그러므로 제VI장의 포르자 장원에서는 자유인망스와 노예망스의 부역노동 부과방식이 각기 봉건적 부역노동제도의 원초적 형태를 고스란히 간직하고 있다고 할 수 있다.

그러나 이처럼 제VI장 포르자 장원에서는 농민보유지의 종류별로 부역노동의 부과방식이 원초적 형태를 유지하고 있지만, 마찬가지로 9세기 초반에 작성되고 고전장원제로 조직된 나머지 23개 장원의 대다수에서는 그렇지 않다. 농민보유지의 종류가 구분되어 있지 않은 이들 23개 고전장원 중 74%인 17개의 장원이 매주 3일 또는 1일의 주부역과[36] 일정 면적의 영주직영지를 할당받아 경작하는 정적부역이 결

---

35 여기서 완척(腕尺)이란 라틴어 원문의 'cubitum'을 옮긴 말로, 팔꿈치로부터 가운데 손가락 끝까지의 길이를 가리킨다. 1완척은 46~56cm이므로, 대략 평균적으로 50cm라고 볼 수 있다.

36 17개의 장원 중 14개에서는 주부역 일수가 매주 3일씩이고 3개는 1일씩이다. 주부역이 매주 3일씩인 14개 장원 중 제XXI장 장원에서는 전체 8개 후페 가운데 5개는 매주 3일

합된 혼합적 방식으로 부역이 부과된다. 나머지 5개 장원의 부역방식
은 정적부역으로 되어 있으면서 연간 1~2회의 14일 작업이 추가된다.
잡역 및 공납은 주요 부역의 부과방식이 혼합형이든 정적부역 형태든
다수의 장원에서 원래 자유인 출신 농노의 고유 의무인 수송부역과 군
수물자의 공납이나 운반 의무가 노예 출신 농노의 원초적 잡역인 의식
주 관련 부역과 뒤섞여 있거나, 이런 잡역과 자유인 출신 농노의 원초
적 의무의 특징인 여러 가지 공납이 뒤섞여 있다. 특히 주목되는 것은
원래 자유인의 고유 의무인 군역이 무려 16개 장원에서 부과된다는 점
이다. 그리고 이들 22개 장원 중 제I장과 제XIX장의 장원을 제외하고
는 압도적 다수의 장원에서 비록 코르베라는 용어는 사용되지 않지만,
'바퀴달린 쟁기를 갖고 연간 1~3회나 또는 명령에 따라 수행한다.'고
함으로써 실제로는 코르베를 수행했던 것으로 보인다.[37]

영주직영지에 관한 기록이 없고 직영지의 곡물경작지를 대상으로
한 경작부역에 관한 언급이 없는 제II장을 제외하면, 제I~XXV장에
종류미상의 농민보유들이 기재된 고전장원은 23개다. 이 가운데 경작
부역이 매주 3일씩의 주부역 방식으로 부과되는 장원은 제XII장의 무
오스바흐(Muosbach) 장원 하나뿐이다. 그 밖에 제XVIII장 장원의 전
체 21개 후페 가운데 8개에도 매주 3일씩의 주부역이 부과된다. 다만
이 8개의 후페에는 주부역 외에 일정 기간의 과제부역이 추가된다. 부
역노동제도가 주부역으로 된 제XII장의 장원에서는 잡역과 공납이 여

___

의 주부역과 정적부역이 결합되어 있고, 나머지 3개 장원의 주요 부역은 정적부역으로
되어 있으면서 연간 2회의 14일 작업이 추가된다.

37 이 명세장의 제I~XXV장에서 농민보유지의 절대 다수가 종류가 명시되지 않고 그냥
'후페(huobe)'라고만 기재되어 있는 것은 바로 이와 같이 상이한 성격의 경작부역과 잡
역 및 공납이 서로 뒤섞여 있었기 때문일지도 모른다. 제I~XXV장과는 달리 여타 장들
의 절대 다수에서는 농민보유지가 '망스(mansus)'로 표기되어 있다.

러 가지 종류의 공납과 심부름 및 노예 출신 농노의 본래 일인 베짜기가 뒤섞여 있지만, 뒤의 8개 후폐에는 잡역이 부과되지 않고 두 가지 공납만 부과된다. 주부역이 부과되는 이들 장원의 후폐 모두에는 코르베라고 볼 수 있는 부역 의무가 부과되지 않는다. 코르베는 부역노동이 주부역 방식으로 부과되는 제VI장 포르자 장원의 노예보유지들에도 원초적 단계에서와는 달리 부과되지 않는다.

요컨대, 9세기 초반에 바이센부르크 수도원의 영지에서 원초적 형태의 봉건적 부역노동제도가 유지되는 장원은 매우 드물고 전체적으로 혼합적 방식이 압도적이었다고 할 수 있을 것이다. 24개 전형적 고전장원들의 71%인 17개에서 혼합적 부역방식이 사용되고 있기 때문이다. 게다가 다른 5개 장원의 부역방식도 정적부역에다 주부역의 퇴화 형태라고 할 수 있는 14일씩의 연부역이 추가되고 있으므로, 크게 보면 혼합적 부역방식이라고 볼 수 있을 것이다. 부역노동이 혼합적이지 않고 원초적 방식으로 부과되는 장원은 제VI장의 포르자 장원과 제XII장의 무오스바하 장원 등 2개 정도다. 뿐만 아니라 잡역 및 공납도 주요 부역노동의 부과방식이 혼합형이든 정적부역 형태이든 또는 주부역 형태이든 대다수의 장원에서 출신신분에 따라 원래는 달랐던 부담들이 혼합되어 있다. 코르베도 원초적 단계에서와는 달리 노예보유지나 주부역 방식이 적용되는 장원에서는 부과되지 않고 오히려 혼합적 부역방식이 사용되는 장원들에서 주로 부과되고 있다.

10세기에 작성되기는 했지만 9세기의 원본을 바탕으로 했기 때문에 9세기의 토지소유 상황을 보여 준다고 볼 수 있는 제CCXVI~CCLIX장에 기록된 장원들 가운데 노예망스가 존재하는 장원은 12개다. 노예망스가 존재하면서도 부역노동에 관한 언급이 없는 장원은 3개(제CCXXVIII, CCXXXI, CCXL장)다. 이런 3개 장원을 제외한 9개 장원 중

부역노동제도가 주부역 방식으로 부과되는 장원은 2개뿐이다. 2개 가운데 제CCXLIX장의 쿠오첸후젠(Kuotzenhuzen) 장원에서는 부역노동이 오로지 매주 3일씩의 주부역이 부과된다. 다른 1개의 장원(제CCXXX장)도 부역이 매주 3일씩의 주부역 방식으로 부과되지만, 곡식 및 건초 수집과 같은 과제부역이 추가된다. 나머지 7개 장원 중 부역노동제도가 주부역과 정적부역의 혼합형으로 된 장원이 2개(제 CCXXIX, CCXXXVI장)이고, 아예 정적부역 방식으로만 되어 있는 장원이 3개(제CCXXXV, CCLVII, CCLIX장)다. 다만 제CCLVII장의 장원에서는 정적부역 외에 계절별로 몇 주간이나 월별로 며칠간씩 행하는 정기부역이 추가된다. 영주직영지의 경작과 관련된 부역이 곡식 및 건초 수집과 같은 약간의 과제부역 형태로 부과되는 장원이 2개(제 CCXXXIII, CCXXXIV장)다. 따라서 9세기의 원본에 바탕을 둔 10세기의 명세서들인 제CCXVI~CCLIX장의 기록에서도 노예망스들의 경작부역부과 방식은 9세기 초반에 작성된 제I~XXV장과 마찬가지로 원초적 형태의 주부역 방식이 유지되는 경우는 적은 편이다. 그렇다고 해서 제I~XXV장처럼 혼합적 부역방식이 지배적인 것은 아니지만, 오히려 자유인보유지의 원초적 부역방식인 정적부역이나 자유인 신분 출신에 어울리는 과제부역이 우세한 편이다. 잡역과 공납도 절대 다수의 장원에서 군역과 관련된 부담과 음식요리나 공납이 혼재하거나 수송부역과 베짜기나 직물 공납이 뒤섞인 혼합형으로 되어 있다.

9세기의 원본에 기초해서 10세기에 작성된 제CCXVI~CCLIX장에서 종류미상의 망스들이 기재되어 있는 장원들 가운데 토지가 영주직영지와 4개 이상의 농민보유지들로 구성되고 전자는 후자 보유자들의 부역노동으로 경작되는 고전장원은 3개(제CCXXXII, CCXLI, CCL장)다. 이들 3개 장원 모두 부역노동제도는 매주 3일씩의 주부역과 정적부역의 혼합형으로 되어 있다. 잡역과 공납도 혼합형이다. 그렇지만 한편으로는 일부 화폐지대화하는 현상도 나타난다. 영주직영지와 14개의 망스로 구성된 제CCXXXVIII장의 베스트호벤(Westhoven) 장원에서는 망스 보유자들에게 일정 면적의 경작부역이 부과되면서도 'census'로 7.5운키아(uncia)라는[38] 큰 금액의 수입이 생긴다고 함으로써, 지대의 일부가 화폐지대로 바뀌고 있었던 것으로 판단된다. 또 직영지와 각각 20개와 10개의 망스로 구성된 제CCXLVII, CCXLVIII장 등 2개 장원도 14일의 연부역과 각각 1개 농민보유지당 9드니에와 7드니에의 수입이 생긴다고 함으로써 부역노동이 일부 금납화되었을 가능성이 있다. 아마도 이와 같은 화폐지대화 현상은 9세기 후반에 일어난 변화일 가능성이 있다. 결국 10세기에 작성되기는 했지만 9세기의 토지소유 현황을 보여 준다고 볼 수 있는 장원들의 종류미상 망스들과 관련해서는 전체적으로 부역노동제도가 혼합적 성격이 강하고 아마도 9세기 후반으로 추정되는 시기에는 금납화 현상이 더러 나타난다고 할 수 있을 것이다.

9세기의 바이센부르크 수도원영지에서 부역노동의 부과방식은 수도원으로부터의 거리와는 상관이 없다. 이를테면, 제I~XXV장에 기재된 9세기 초반의 대다수 장원에서 부역방식이 정적부역과 주부역의 혼합형인 것과는 달리 2개의 장원에서 원초적 형태의 부역노동제도가 유지되고 있지만, 이들 2개의 장원이 공간상으로 특별히 동떨어져 있는 것은 아니다. 부역이 주부역 방식으로 부과된 제XII장의 무오스바하 장원은 바이센부르크 수도원의 소재지로부터 북동쪽 약 40km 가량 떨어져 있고 슈파이어(Speyer) 시로부터는 서북서쪽 19km 거리

---

38 카롤링시대의 화폐제도에서 1운키아=1/12리브라였고, 1리브라=20수였으며, 1수=12 드니에였다.

에 위치한 오늘날의 무쓰바하(Mußbach)라는 곳에 해당한다. 이 장원
과 유일하게 자유인망스와 노예망스의 원초적 부역노동제도가 유지된
전술한 위치의 포르자 장원은 이 명세장의 제I~XXV장에 기록된 여타
의 장원들과 인접해 있는 등 지리적인 면에서는 특이점이 보이지 않는
다. 그리고 수도원의 소재지에 위치한 제I장의 바이센부르크 장원이나
수도원으로부터 라인강 건너 동남쪽으로 77km 멀리 떨어진 곳에 위
치한 제XXV장의 란팅겐(Raantingen) 장원도[39] 똑같이 매주 3일씩의
주부역과 정적부역의 혼합에다 14일간의 연부역이 추가되는 방식으
로 부역노동이 부과된다. 또 부역노동이 주부역 방식으로 부과되는 제
CCXLIX장의 쿠오첸후젠 장원도[40] 수도원으로부터 남남서쪽 13km 거
리밖에 떨어져 있지 않다. 심지어 지대의 일부가 화폐지대화하고 있는
것으로 보이는 제CCXXXVIII장의 베스트호벤 장원도[41] 혼합적 부역
방식이 사용된 제I~XXV장의 여러 장원들과 인접해 있다.

4. 10세기 초 이후 바이센부르크 수도원영지의 부역제도

바이센부르크 수도원의 영지명세장에서 10세기 초에 작성된 제
XXVI~CV장과 제CX~CCXV장에 기재된 장원들 중 노예망스가 존

---

39 이 장원은 카를스루에 시로부터는 동남쪽 47km, 슈투트가르트 시로부터는 서쪽 18km
    거리의 렌닝겐(Renningen) 시에 해당한다.
40 쿠오첸후젠 장원은 오늘날 행정구역상으로는 알자스 지방 바랭(Bas-Rhin) 도 위상부
    르(Wissembourg) 군 술쯔수포레(Soultz-sous-Forêts) 캉통의 쿠첸하우젠(Kutzen-
    hausen)이다.
41 베스트호벤 장원은 수도원 소재지로부터 북동쪽 78km 떨어진 거리에 위치하며, 오늘날
    보름스 시 북서쪽 11km 거리에 위치한 베스트호펜(Westhofen) 마을이다.

재하는 장원은 25개다. 그러나 25개 장원의 다수에서 노예망스가 정규의 항구적 보유자가 없는 'mansus servilis absus'이거나 황폐지여서 의무에 관한 언급이 전혀 없거나, 공납과 같은 다른 일부 의무에 관한 기록은 있으면서도 부역노동에 관한 언급은 없다. 전체 25개 장원 중 지대가 부역노동 형태로든 화폐 형태로든 기재된 장원은 불과 6개밖에 되지 않는다. 이 가운데 온전히 부역노동 부과방식이 주부역으로 되어 있는 장원은 제CXXIIII장 장원의 15개 노예망스 중 10개와[42] 제CXCIII장 장원의 14개 망스 중 4개[43] 등 2개 장원이다. 그리고 제 CXCVIII장의 장원에 있는 전체 18개의 노예망스 중 2개도 매주 3일씩의 주부역으로 되어 있으나, 4개는 주부역이나 정적부역 없이 14일간의 연부역만 2회 부과되며 나머지 12개는 '정규의 항구적 보유자 없는 (absus)' 노예망스들이다. 또 제XLVI장의 장원도 주부역으로 되어 있지만, 주부역 외에 14일간의 연부역 3회와 곡식 및 건초 수집의 과제부역이 추가된다. 이들 노예망스의 잡역과 공납은 대체로 여러 종류의 공납과 아마포 공납이나 제빵 작업 및 군역세 납부나 군수물자 공출 의무가 뒤섞여 있다. 지대의 내용이 기재된 6개 장원 중 나머지 2개 장원 즉 제CXXIX장과 제CCIX장의 장원에서는 노예망스에 화폐지대가 부과된다. 그러므로 10세기 초의 장원별 일부 명세서들로 봐서는 비록 잡역과 공납은 혼합적 양상을 보이지만 노예망스들의 부역이 주부역 방식으로 부과되는 경우가 크게 우세하며, 다른 한편으로는 이와는 반대로 지대의 화폐지대화도 상당한 수준으로 진척되고 있었다고 할 수 있을 것이다.

아마도 10세기 초를 지나 10세기 중에 작성되었을 것으로 보이는

---

[42] 다른 5개는 정규의 항구적 보유자가 없는(absus) 노예망스다.

[43] 다수인 나머지 10개는 정규의 항구적 보유자가 없는(absus) 노예망스다.

제CCLXII~CCLXXXI장의 장원들 가운데 노예망스가 존재하는 장원은 6개다. 그러나 2개의 장원에서는 노예망스의 의무에 관해 아무런 언급이 없다. 이런 2개 장원을 제외한 4개 장원에서 온전히 매주 3일씩의 주부역 방식으로 부역이 부과되는 장원은 제CCLXXI장의 장원뿐이다.[44] 이 장원에서 노예망스에는 아마포 공납과 엿기름 및 빵 제조 부역과 함께 군역세 납부와 수송부역 의무가 부과된다. 제CCLXXXI장 장원에서는 총 30개의 노예망스 가운데 15개는 '정규의 항구적 보유자가 없는' 망스이고, 15개는 큰 면적의 정적부역에다 14일간의 연부역과 수확 관련 과제부역이 부과된다. 여기의 노예망스 보유자들도 잡역과 공납에 있어서는 혼합적 내용의 의무를 진다. 나머지 제CCLXX장과 제CCLXXIII장의 장원에서는 지대가 화폐지대로 되어 있다. 따라서 10세기 초 이후에는 노예망스의 지대가 화폐지대인 장원의 비율이 앞에서 본 10세기 초보다도 더 높으며, 다른 한편으로는 10세기 초처럼 부역노동제도가 주부역 방식으로 되어 있으면서 잡역과 공납에 있어서는 혼합적인 장원도 여전히 존재하는 양상이 나타난다고 할 수 있을 것이다.

바이센부르크 수도원의 영지명세장에서 11세기 초엽에 기록된 장원들 중 노예망스가 존재하는 장원은 3개다. 이 가운데 의무에 관해서든 의무 중 부역노동에 관해서든 아무런 언급이 없는 장원이 2개다. 나머지 1개 장원인 제CCLXXXVI장 장원의 30개 노예망스 중 26개는 '정규의 항구적 보유자가 없는 노예망스(mansus servilis absus)'이고, 나머지 4개에만 매주 3일씩의 주부역에다 14일간의 연부역이 추가된

---

44 이 장원은 이름이 '스봐프빌라레(Swabwilare)'인 것으로 봐서나 의무내용으로 봐서나 전술한 제CXXIII장의 '수아프뷘라레(Suabwinlare)' 장원과 동일한 장원으로 보인다.

다. 잡역과 공납은 혼합형이다.[45] 따라서 이로 봐서는 11세기에 이르러
서도 비록 연부역이 추가되고 공납의무가 혼합적으로 되어 있으면서도
원초적 형태의 주부역 방식이 기본적으로 유지된다고 할 수 있다.

비록 노예망스의 부역노동제도가 어떠했는지를 파악할 수 있는
자료가 적어서 확언하기는 어렵지만, 노예망스의 부역노동제도가 주
부역 형태인 장원이 9세기와는 달리 10세기 초에 압도적이며 정적부
역 방식이나 정적부역과 주부역이 혼합된 방식보다 주부역 방식이 우
세한 상황은 11세기 초반까지도 유지된 것으로 짐작된다. 그렇지만 경
작부역의 부과방식은 이처럼 주부역형이 우세함에도 불구하고 잡역과
공납은 어느 때나 대체로 혼합형이다. 한편 노예망스의 원초적 부역방
식인 주부역이 이처럼 11세기까지 우세한 것과는 반대로, 10세기 초 이
후 지대의 화폐지대화가 점점 증가한 것으로 보인다.

다음에는 바이센부르크 수도원의 영지명세장에 많이 나타나는 종
류미상의 농민보유지들에 대한 부역노동제도가 10세기 초 이후 어떻
게 되었는지 그 추이를 살펴보자. 그러나 이런 고찰은 어디까지나 고
전장원의 틀 안에서 살펴보는 것이므로, 다음과 같은 장원은 고찰의
대상에서 제외되어야 할 것이다. 이를테면, 장원이 기록상 영주직영지
와 농민보유지들로 구성되어 있지 않다든가, 고전장원은 다수의 농민
보유지들로 구성되는 상당히 큰 규모의 소유지라는 점에서 농민보유
지의 수가 3개 이하라든가, 농민보유지에 정적부역이나 주부역이 부
과되지 않고 14일간의 연부역이나 일부 과제부역만 부과됨으로써 영

---

45 이 제CCLXXXVI장의 장원도 제CXCVIII장의 장원과 이름이 '오뷔네스하임(Owi-
    nesheim)'으로서 같고 의무내용도 비슷하다. 그렇지만 망스 수와 의무내용에는 약간의
    차이가 난다. 그래서 실제로 동일 장원인지, 아니면 같은 장원 안에서 약간의 차이가 나
    는 것인지 정확하게 알기 어렵다.

주직영지가 농민보유지 보유자들의 부역노동으로 경작되었다고 볼 수 없다든가 하는 장원들이다. 다만 시간이 지나면서 부역노동의 금납화나 지대의 화폐지대화가 진행되는 경우에는 부역노동 자체가 축소되거나 사라지고 이에 따라 장원의 구조가 근본적으로 변화하는 것이므로, 화폐지대와 관련된 부분에 대해서는 언급해야 할 것이다.

바이센부르크 수도원의 영지명세장에서 10세기 초에 작성된 제 XXVI~CV장과 제CX~CCXV장에 기재된 종류미상의 농민보유지들이 존재하는 장원들 가운데 토지가 영주직영지와 4개 이상의 농민보유지들로 구성되고 직영지가 농민보유지 보유자들의 부역노동으로 경작되는 고전장원은 30개다. 이런 30개의 장원 중 3개는 같은 장원 안에서 부역노동의 부과방식이 상이한 2개 그룹으로 구분된다. 이 때문에 다음의 통계에서 제시되는 장원 수의 합계는 30개보다 많다. 그리고 30개 장원 가운데 같은 장원 안에서 '정규의 항구적 보유자가 없는 (absus)' 망스들이 직영지에 대한 경작부역 의무를 지는 망스들과 병존하는 장원이 무려 13개나 된다. 이런 장원에서 직영지에 대한 경작부역 의무가 4개 이상의 망스에 부과되는 경우에는 항구적 보유자 없는 망스들은 무시하고 경작부역을 수행하는 망스들을 중심으로 하여 해당 장원의 부역노동제도를 논해도 좋을 것이다.

10세기 초의 토지소유 현황을 보여 주는 30개 장원 가운데 원초적 형태의 부역노동제도가 고스란히 유지되는 장원은 제XXVI장과 제CXLVI장의 장원이다. 이들 2개 장원에서는 매주 3일씩의 주부역 방식으로 부역이 부과된다. 앞의 장원에서는 닭과 계란을 바치고 성탄절 등의 축일에 일정 금액의 화폐를 지불하는 것 외에는 잡역과 다른 공납이 없다. 뒤의 장원에서는 잡역과 공납이 여러 가지 공납과 아마포 공납 및 군역세 납부가 뒤섞인 혼합형이다. 비록 연부역이 추가되기는

하지만, 부역방식이 주부역 형태로 된 장원은 이들 2개 장원 외에 3개가
더 있다. 제LVII장과 제CII장의 장원은 매주 3일씩의 주부역에다 14일
씩의 연부역이 2~3회 추가된다. 뒤의 장원에서는 연부역이 금납될 수
있다. 제CXXII장의 종류미상 망스들도 7~8월에 수행하는 매주 3일씩
의 주부역에다 연 2회의 14일 부역이 추가된다. 이들 3개 장원의 잡역
과 공납 역시 혼합형이다. 따라서 부역노동제도가 주부역 방식으로 된
장원은 모두 5개이고, 이들 장원의 압도적 다수에서 잡역과 공납은 혼
합형이라고 할 수 있다.

　　10세기 초의 고전장원들 중 종류미상의 농민보유지에 8세기 초반
의 자유인 출신의 농노처럼 오로지 정적부역만 수행하는 장원은 하나
도 없다. 그렇지만 일정 면적의 경작부역에다 과제부역이 추가된 장원
이 2개(제XLI, CLXVII장)가 존재하며, 제CCVIII장의 장원에서 18개의
망스 중 5개에도 정적부역에다 과제부역이 추가된다.[46] 이들 3개 장원
모두에서 대체로 상이한 성격의 잡역과 공납이 혼재되어 있다.

　　이와 같이 10세기 초에 종류미상 망스들이 존재하는 30개의 고전
장원들 가운데 부역노동제도가 주부역이나 정적부역 방식으로 된 장
원은 각각 5개와 3개뿐으로, 적은 편이다. 나머지 대대수 장원의 부역
방식은 주부역 방식과 정적부역 방식의 혼합형이다. 매주 3일씩의 주
부역과 일정 면적의 경작부역으로만 결합된 부역부과 방식이 적용된
장원이 4개이며, 제CXLVII장 장원의 $14\frac{1}{2}$개의 종류미상 망스 중 $6\frac{1}{2}$
개와 제CCX장 장원의 4개 종류미상 망스 중 3개에 대한 부과방식도
이런 혼합형이다. 그리고 다른 8개의 장원에서는 이런 매주 3일씩의
주부역과 정적부역이 결합된 바탕 위에 연간 1~3회의 14일 부역이나

46　나머지 15개 망스에 대해서는 경작부역과 잡역에 관한 언급 없이 공납 의무만 기재되어
　　있다.

과제부역이 추가되거나 또는 연부역과 과제부역이 동시에 추가되는 혼합형이며, 제CLXV장의 16개 망스 중 6개에 대한 부역방식도 이런 혼합형이다. 또 제LXI장과 제LXVIII장의 장원에 존재하는 종류미상 망스들도 주부역이 7~8월에만 매주 3일씩 부과되거나 봄철에만 매주 1일씩 부과되지만, 부역방식이 정적부역과 결합된 혼합형이다. 따라서 30개 장원의 과반인 17개 장원에서 매주 3일씩의 주부역과 정적부역이 결합된 부역노동제도가 실시된 셈이다. 한편 비록 정적부역이 주부역과 결합된 것은 아니지만, 주부역에서 파생된 정기부역의 한 형태라고 할 수 있는 연간 1~4회씩의 14일 작업이라는 연부역과 결합된 부역방식이 사용된 장원이 6개이고, 제CLXV장의 전체 16개의 종류미상 망스 중 10개에도 정적부역이 연부역과 결합되어 있다. 이와 같이 정적부역이 주부역의 퇴화 형태라고 할 수 있는 연부역과 결합된 장원까지 포함하면, 정기부역과 정적부역이 혼합된 방식으로 부역노동이 부과되는 장원은 모두 24개로, 전체 고전장원의 압도적 다수를 차지하게 된다. 잡역과 공납도 이들 24개 장원 가운데 제CCX장 장원의 3개 종류미상 망스 정도를 제외하면[47] 거의 모든 장원에서 신분에 따라 상이했던 원초적 부담이 혼재된 양태를 띤다.

　10세기 초의 장원들 중 지대가 화폐지대인 것으로 판단되는 장원은 제XXVIII장의 장원이다. 이 장원은 영주직영지와 12개의 망스들로 구성된 고전장원적 공간구조를 취하면서도 지대가 화폐지대로 되어 있다. 그리고 제CLV장의 장원도 영주직영지가 존재함에도 불구하

47　제CCX장 장원의 정규의 항구적 보유자 있는 전체 4개 종류미상 망스 중 3개는 부역노동이 매주 3일씩의 주부역과 2jr 크기의 경작부역이 결합된 혼합식으로 부과되며, 일정 수량의 닭과 계란을 바치는 동시에 일정 크기의 아마포를 직조하고 엿기름과 빵을 만들며, 야경을 서는 등의 잡역을 수행해야 한다.

고 4개 망스의 지대가 화폐지대다. 다만 이 장원에서는 지대를 화폐
로 지불하지 않을 경우에는 그 바로 앞의 CLIIII장 장원처럼 정적부역
에다 연부역과 과제부역이 추가된 경작부역을 수행하고 여러 가지 잡
역과 공납의 의무를 진다고 기록되어 있다. 또 영주직영지 없이 9개의
종류미상 망스가 존재하는 제XXXIII장의 장원에서는 9개 망스 중 5개
는 지대가 생산물지대이고, 4개는 화폐지대로 되어 있다. 그러므로 바
이센부르크 수도원의 영지명세장에 의하면 10세기 초 고전장원들에
서 다수의 종류미상 농민보유지에 대한 부역노동 부과방식은 주부역
과 정적부역이 결합된 혼합식이며, 그런 가운데 화폐지대와 생산물지
대도 이따금 발견된다고 하겠다.

　아마도 10세기 초 이후 10세기 중에 작성된 것으로 보이는 제
CCLXII~CCLXXXI장의 기록에는 종류미상의 농민보유지들이 존재하
더라도 적지 않은 곳에서 영주직영지에 관한 언급이 없거나 의무에 관
한 일체의 언급이 없다. 다만 제CCLXIII~CCLXVIII장의 기록에서 영
주직영지가 없이 존재하는 종류미상 망스의 지대는 제CCLXVII장에서
생산물지대인 것을 제외하고 모두 화폐지대다. 그렇지만 제CCLXIII장
에서 망스가 4개인 것을 제외하면, 장별로 기록된 망스 수는 모두 3개
이하다. 이처럼 이들 장에서 지대가 노동지대가 아니라 화폐지대나 생
산물지대로 된 것은 영주직영지가 없고 농민보유지의 수가 매우 적기
때문일 가능성이 높다고 하겠다.

　11세기 초엽에 작성된 제CCLXXXIIII~CCXCVIII장에 기재된 장
원 중에 토지가 영주직영지와 4개 이상의 종류미상 망스들로 구성되
고 전자가 후자의 부역노동으로 경작되는 장원은 2개(제CCXCI장과 제
CCXCIV장)다. 이들 고전장원에서는 각각 33개와 54개나 될 만큼 많은
종류미상의 망스들에 대한 부역부과 방식이 매주 3일씩의 주부역과 일

정 면적의 경작부역이 결합된 혼합적 형태를 띤다. 다만 뒤의 장원에서는 주부역이 봄철에 한해서는 매주 1일씩이며, 주부역과 정적부역 외에 14일간의 연부역이 추가되지만 이는 금납될 수 있다. 이들 두 고전장원에서는 잡역과 공납이 혼합형이다. 그러나 이와는 달리 영주직영지가 없이 9개의 종류미상 망스만 존재하는 제CCXCV장의 장원에서는 5개가 생산물지대를 지불하고 4개는 화폐지대를 지불한다. 따라서 바이센부르크 수도원의 영지에서는 11세기 초엽에도 혼합형 부역방식이 사용된 장원이 꽤 존재했지만, 한편으로는 지대가 생산물이나 화폐 형태를 띠는 장원도 어느 정도 존재했다고 할 수 있을 것이다.

11세기 말 내지 12세기 초에 작성된 제CCXCIX~CCCII장의 기록 중에 장원의 토지소유에 관한 기록이라고 볼 수 있는 장원은 오직 제CCXCIX장에 기록된 장원뿐이다. 이 장원에는 영주직영지가 존재하지 않고 $15\frac{1}{2}$개 후페의 의무만 기재되어 있다. 이 중 10개는 아무런 부역이나 공납 없이 오직 화폐 형태의 지대를 지불하며, 나머지 $5\frac{1}{2}$개의 후페는 오로지 곡식으로 된 생산물지대만을 지불한다.

요컨대, 10세기에 종류미상 망스의 부역부과 방식은 9세기만큼 혼합형의 비율이 높지는 않으며, 9세기와는 달리 지대가 화폐지대나 생산물지대인 경우가 이따금 나타난다고 할 수 있다. 그렇지만 부역방식이 10세기에도 여전히 혼합형인 경우가 많으며 잡역과 공납도 혼합형이다. 11세 초엽 이후에도 부역방식이 혼합형인 경우가 제법 존재했지만, 지대가 화폐지대나 생산물지대인 장원이 증가하는 추세를 보인다.

5. 부역노동제도의 일반적 경향성과 영지 간 차이

여기에서 고찰한 9세기 파리 분지의 북쪽과 동쪽 주변부 소재 영지들을 구성하는 고전장원들에서 전체 농민보유지 가운데 노예망스의 비율은 대체로 파리 분지의 중심부에 비해 높은 편이다. 현존 영지명세장들에 따르면 이런 주변부 영지들 가운데 파리 분지의 북쪽 주변에 위치한 생베르탱 수도원영지, 생타망 수도원영지, 로브 수도원영지 등 오늘날의 프랑스-벨기에 권역에 속하는 영지들에서는 부역노동제도가 전적으로 주부역 방식으로 되어 있다. 3개 영지 모두에서 노예망스든 종류미상의 망스든 부역방식은 주부역 형태였다. 3개 영지 중 유일하게 자유인보유지의 부역방식을 알 수 있는 생베르탱 수도원영지의 고전장원들에서 자유인 보유의 망스들조차도 모두 주부역 방식으로 부역노동이 부과된다. 다만 자유인 보유 망스의 주부역 일수는 노예 보유 망스보다 매주 1일이 적은 매주 2일씩일 뿐이다. 생타망 수도원의 영지명세장에서 소수의 노예망스에는 심지어 무제한 부역노동이 부과되기까지 한다. 따라서 9세기 후반 파리 분지의 북쪽 주변부에서는 노예 출신 농노의 원초적 부역노동제도와 고대 노예제적 부역노동 방식이 고전장원 전체의 부역노동제도를 규정할 정도로 영향이 절대적이었다고 할 수 있을 것이다. 잡역과 공납 부담은 이런 부역노동제도와는 반대인 경향이 강하다. 생베르탱 수도원과 생타망 수도원의 영지에서는 잡역과 공납이 출신신분별로 상이한 유래를 갖는 여러 부담들이 뒤섞인 혼합형이다. 그렇지만 로브 수도원영지에서는 노예망스와 자유인망스의 잡역 및 공납이 각기 원초적 성격을 거의 그대로 간직하고 있다. 이들 파리 분지 북쪽 주변부에서는 기록상으로는 코르베가 보이지 않는다.

238

　파리 분지의 동쪽 주변부를 형성한다고 할 수 있는 독일 권역의 9세기 영지들에서는 부역노동제도가 앞의 북쪽 주변부와는 대조적이다. 고전장원제가 성립한 직후쯤에 명세서가 작성된 아우크스부르크 주교좌 소유의 한 장원에서 자유인망스들의 경작부역 수행방식과 잡역 및 공납 부담은 8세기 초반 자유인 출신 농노의 원초적 형태를 거의 그대로 유지하고 있다. 그러나 노예망스의 부역노동 부과방식은 주부역과 정적부역의 혼합형이다. 다만 노예망스의 잡역과 공납은 노예 출신 농노의 원초적 부담의 것과 거의 같다. 9세기 말의 프륌 수도원 영지에서는 부역방식이 노예망스, 자유인망스, 반자유인망스 등 종류 명시 망스의 경우에는 혼합형인 고전장원이 압도적 다수를 차지하지만, 종류명시 망스보다 그 수가 더 많은 종류미상 망스의 경우에는 부역방식이 혼합형보다 정적부역 형태인 장원이 더 많다. 그러나 전체적으로는 혼합식인 장원이 정적부역 방식인 장원보다 다소 더 많다. 잡역과 공납은 자유인망스의 경우에는 자유인 출신 농노의 고유한 특성이 유지되지만, 다른 종류의 망스들이나 종류미상 망스의 경우에는 혼합형이다. 코르베는 노예망스보다는 다른 종류의 망스나 종류미상의 망스에 부과되는 비율이 훨씬 높다. 9세기 바이센부르크 수도원영지에서는 원초적 부역방식이 유지되는 장원들이 없는 것은 아니지만, 전체 고전장원들 가운데 절대다수에 존재하는 종류미상 농민보유지의 부역방식은 주부역 중심의 정기부역과 정적부역이 결합된 혼합형이다. 잡역과 공납도 압도적 다수의 고전장원들에서 혼합형이다. 장원에 따라 제법 존재하는 노예망스의 경우에는 원초적 형태의 주부역 방식이 유지되는 장원이 소수 존재하기는 하지만, 다수의 장원에서 부역방식이 오히려 정적부역이나 과제부역으로 되어 있고 잡역과 공납은 대다수의 경우 혼합형이다. 코르베로 보이는 특별한 부역노동이 종류미상의 망스가 존재하는 대다수의 장원에서 부과되지만, 노예망스나 자유인망스에는 부과되지 않는다.

　요컨대, 9세기 파리 분지 동쪽 주변부의 독일 권역에서는 혼합적 부역부과 방식이 우세하며, 특히 자유인망스보다 노예망스에서 혼합형이 많은 경향이 있다고 할 수 있다. 노예망스의 경우에는 부역방식이 심지어 정적부역 형태로 바뀌는 양상까지 나타난다. 노예망스의 이런 부역방식 격변과는 달리 자유인망스들에서는 원초적 형태가 유지되는 경우가 많으며, 자유인보유지의 원초적 부역방식인 정적부역이 종류미상 망스와 노예망스에서 많이 나타나기도 한다. 이와 같은 파리 분지 동쪽 주변부의 부역부과 방식은 9세기 북쪽 주변부에서 노예 출신 농노의 원초적 형태의 부역방식인 주부역이 망스의 종류를 불문하고 획일적으로 적용된 것과는 대조를 이룬다. 말하자면, 옛 게르마니아 지역에 가까운 북쪽 주변부에서는 토지보유 노예의 원초적 부역방식이 중심이 되어 자유인보유지의 부역방식까지 주부역화한 데 비해, 옛 로마제국의 영향이 비교적 컸던 동쪽 주변부에서는 자유인보유지의 원초적 부역방식인 정적부역을 중심으로 하여 주부역이 결합되고 토지보유 노예의 부역방식까지 정적부역화하는 경우가 있었다고 할 수 있을 것이다. 고전장원제가 성립한 지 얼마 안 된 9세기에 나타나는 이런 대조적 부역방식은 교회기관들의 영지가 북쪽 주변부에서는 노예의 토지보유와 노예제적 특성의 부역방식인 주부역을 중심으로 하여 고전장원들로 조직되고, 동쪽 주변부에서는 자유인 출신의 토지보유와 이들의 원초적 부역방식인 정적부역을 중심으로 노예제적 부역방식인 주부역이 결합하면서 고전장원제로 조직되었음을 시사한다. 이런 차이는 아마도 오랫동안 로마제국의 영토에 속했던 라인란트와 독일 남부와 같은 동쪽 주변부에서는 법적으로 자유인이었던 콜로누

스의 부역농민화를 바탕으로 하고 이들 지역을 점령한 게르만족 사회
의 영향으로 노예의 부역농민화가 뒤늦게 진행되어 고전장원제가 조
직되었기 때문일 것이다.

결과적으로 파리 분지의 북쪽 주변부에서 부역방식이 주부역 일
색이라는 것은 고전장원제 성립 후 노예 출신 농노의 부역부담은 원초
적 단계에 비해 증가하지 않았으나, 자유인 출신 농노의 부역부담은
크게 증가하고 부역의 수행방식도 노예제적인 것으로 바뀌었음을 뜻
한다고 하겠다. 이에 비해 동쪽 주변부에서 정적부역과 주부역의 결합
을 주축으로 한 혼합형 부역방식이 지배적이라는 것은 장원농노의 부
역노동 부담이 전체적으로 폭증했음을 뜻한다. 어느 권역에서나 잡역
과 공납은 대체로 신분별로 상이했던 부담의 혼합으로 되어 있었다는
점에서도 장원농노의 부담은 원초적 단계에서보다 크게 증가했다고
하겠다. 그렇지만 9세기에 동쪽 주변부에서 혼합적 형태의 부역방식
이 우세하면서도 정적부역 방식이 자유인망스들과 종류미상 망스들에
서는 물론이고 노예망스들에서까지 적지 않게 발견된다는 것은 장원
농노의 부역노동이 증가하지 않거나 심지어 경감되기까지 하는 다른
일부 흐름도 있었음을 감지케 한다.

앞의 제5장에서 살펴본 바에 의하면 파리 분지 중심부의 4개 영
지에서는 어느 영지에서나 지배적인 부역노동의 부과방식은 정적부역
형태였다. 따라서 9세기 고전장원제가 발달한 루아르강과 라인강 사
이지역을 중심으로 한 유럽대륙의 서북부에서는 부역노동제도가 전체
적으로 비슷하게 수렴되는 추세를 보이면서도 파리 분지의 중심부에
서는 정적부역 방식이, 그 북쪽 주변부에서는 주부역 방식이, 동쪽 주
변부에서는 정적부역과 주부역이 결합된 혼합형이 우세한 분포를 보
인다고 할 수 있다. 특히 정적부역 방식이 우세한 중심부의 부역노동

제도는 북쪽 주변부의 주부역 중심의 부역노동제도와는 완전한 대조를 이룬다. 이에 비해 동쪽 주변부의 부역노동제도는 이들 두 지역의 대조적 부역노동제도가 혼합된 제3지대의 양상을 띠는 셈이다. 비록 북쪽 주변부와 동쪽 주변부 사이의 노예보유지의 비중 차이를 파악하기는 어렵지만, 노예 출신 농노의 원초적 부역방식인 주부역의 영향이 큰 북쪽과 동쪽의 주변부에서는 앞에서 보았듯이 분명히 파리 분지의 중심부에서보다 노예보유지의 비율도 훨씬 높았다. 따라서 파리 분지의 중심부에서 정적부역 방식이 우세했던 것은 게르만사회의 뒤늦은 노예제 발전과 노예의 토지보유에 따른 부역노동제도의 영향을 별로 받지 않았기 때문이라고 할 수 있을 것이다. 노예망스들 사이에서도 정적부역 방식이 우세했던 중심부에서는 주요 부역방식이 주부역이나 혼합형으로 된 주변부에서보다 장원농노의 부역노동 부담이 훨씬 가벼웠다고 할 수 있다.

한편 9세기뿐만 아니라 10세기 이후의 부역노동제도의 변화추이를 가늠해 볼 수 있는 바이센부르크 수도원의 영지에서는 9세기의 노예망스들 사이에서 주부역과 정적부역이 결합한 혼합적 부역노동제도가 절대적으로 우세했다. 그러나 10세기 이후의 노예망스들에서는 주부역 방식의 부역노동제도가 압도적으로 우세하며, 이런 주부역 방식의 우세상황은 11세기 초반까지도 지속된 것으로 보인다. 그렇지만 잡역과 공납에 있어서는 10세기 이후에도 여전히 혼합적인 양상이 지속된다. 노예망스와 관련된 이런 부역방식 변화는 노예의 부역노동 부담이 크게 줄고 있었음을 뜻한다. 이와 같이 시간이 지나면서 노예망스의 부역노동 부담이 정적부역이 사라지면서 줄어드는 경향은 파리 분지 중심부의 영지들에서도 일반적으로 볼 수 있었던 현상이다. 중심부에서도 망스 보유자들의 부역부담은 영지명세장이 늦게 작성되었을수록 작은 경향이 나타난다. 그렇지만 부역노동제도가 중심부에서는 9세기 중에 후기로 갈수록 주부역이 사라지고 정적부역 위주로 변함으로써 부역부담이 경감된 데 비해, 주변부의 노예망스들에서는 정적부역 부담이 사라짐으로써 가벼워진다는 차이가 있다. 이런 노예망스와는 달리 종류미상 망스의 경우에는 혼합적 부역방식의 비율이 9세기만큼 높지는 않지만 10세기에도 여전히 압도적으로 높으며, 그 후에도 상당히 높았던 것으로 추측된다. 그러나 10세기 이후 시간이 갈수록 노예망스든 종류미상의 망스든 간에 지대가 화폐지대화하는 장원이 증가하며, 생산물지대 장원도 가끔 발견된다.

　　이와 같은 고찰을 통해 이상과 같은 사실들이 밝혀졌다고 할 수 있지만, 구명되지 못하고 장래 풀어야 할 과제로 남겨진 문제들도 적지 않다. 그중에서도 특히 중요한 것은 전체적으로 부역노동제도가 혼합방식이 우세한 가운데서도 장원과 농민보유지에 따라서는 원초적 형태의 부역노동제도가 유지되고 있는 까닭은 무엇인지, 부역노동 형태의 지대가 시간이 지나면서 완만하기는 하지만 점차 화폐지대나 생산물지대로 바뀌는 계기는 무엇이고 어떤 조건의 장원에서 그런 변화가 일어나는지, 왜 노예망스의 부역방식이 10세기에 들면서 9세기와는 딴판으로 주부역이 우세하게 되는지 등의 문제라고 하겠다. 영지와 장원 또는 농민보유지에 따라 나타나는 이와 같은 특수한 현상이나 변화양상이 앞에서도 일부 보았듯이 토지소유 기관으로부터의 거리나 그 밖의 지리적 요인과 전혀 무관하다고 볼 수는 없을 것이다. 그렇지만 이런 현상을 설명하는 데에는 단순한 지리적 요인보다는 쿠헨부흐가 주장하는 영주와 장원농민 사이의 사회적 역학관계나 장원농민의 법적·사회적 지위 등과 같은 요인들이나,[48] 괴츠가 지적하는 지역관습과 같은 요인이[49] 훨씬 중요한 것으로 생각된다. 그러나 이들과 페르휠스트 등이 이런 유의 문제들을 규명하기 위한 상당한 연구노력을 기울였지만, 그들 스스로도 인정하듯이 아직도 문제는 명쾌하게 규명되지 못하고 있다.[50]

기본 출전: 이기영, 「고전적 형태의 봉건적 부역노동 부과방식—파리 분지의 주변부 영지들을 중심으로—」, 『역사교육』, 132(2014), 207~247쪽.

48　L. Kuchenbuch, "Probleme der Rentenentwicklung", pp. 132~172 참조.

49　H.-W. Goetz, "Bäuerliche Arbeit und regionale Gewohnheit", pp. 505~522 참조. 한편 J. Kanzaka도 그의 논문 "Villein Rents in Thirteenth-Century England: An Analysis of the Hundred Rolls of 1279-1280", *The Economic History Review*, 55(2002), pp. 593~618에서 농노(villein)의 지대수준을 결정하는 요인으로 M. Postan과 같은 경제사가가 주장하는 경제적·인구학적 요소, 마르크시스트들이 강조하는 비경제적인 영주의 권력, 제3의 역사가 그룹이 내세우는 관습 등 세 가지를 중심으로 역사가들 사이에서 논쟁이 벌어져 왔으나, 13세기 후엽 영국의 국세조사 문서인 "Hundred Rolls"를 분석한 결과 가장 중요한 요인은 관습이었다고 한다.

50　L. Kuchenbuch, "Probleme der Rentenentwicklung", pp. 171~172; H.-W. Goetz, "Bäuerliche Arbeit und regionale Gewohnheit", p. 521; A. Verhulst, *The Carolingian Economy*, pp. 45~49 참조.

제7장 농노의 부역노동 수행 방법과 과정상의 특징

앞에서 고전적 형태의 봉건적 부역노동제도의 내용에 관해서 살펴봤으므로, 다음에는 봉건적 부역노동의 수행방법과 수행과정상의 특징적 현상들을 분석하고자 한다. 다시 말하면, 부역노동의 실행과정에서 장원농노가 따르지 않으면 안 되었던 강제적·관행적 수단과 방법이 무엇이었는지, 그리고 부역노동의 구체적 실행과정에서 나타나는 두드러진 특징이 무엇이었는지를 살펴보고자 한다.

이런 고찰은 고전장원의 농민 즉 농노가 노예나 중세 후기 순수장원의 예농과 비교할 때 어떤 방법으로 잉여노동으로서의 부역노동 의무를 이행하고, 영주가 부과하는 부역노동의 수행과정에서 어떤 처우를 받으면서 어떻게 착취당했는지 구체적으로 드러내 줄 것이다. 편의상 부역노동의 수행방법과 수행과정상의 특징으로 구분하여 논하지만, 이 두 가지 측면은 부역노동의 실행이라는 측면에서 서로 연관되어 있어 명확하게 구별되는 것은 아니다.

1. 부역노동의 특징적 수행방법

노예의 부역노동과 구별되는 가장 특징적이고 일반적인 봉건적 부역
노동 수행방법은 부역노동 수행자인 농노가 자신의 노동수단을 지참
하고 부역노동을 수행했다는 사실이다. 고전장원의 농민이 영주직영
지에서 갈이질, 수확, 거름이나 수확물의 운반, 포도재배, 건초 만들기
등의 부역노동을 수행할 때 사용한 황소, 쟁기, 수레, 낫, 괭이, 삽 등
의 노동수단은 기본적으로 영주의 소유가 아니라 농민 자신의 소유였
다. 이런 점이 봉건적 부역노동의 수행방법으로서 첫 번째로 주목되는
특징이라고 할 수 있다.

그러나 막상 농노의 노동수단 지참에 관한 언급은 토지의 소유현
황과 부역노동 따위의 의무내용을 기록한 영지명세장을 비롯한 당대
의 문헌기록에 드문 편이다. 그것은 문헌기록을 남긴 영주 측의 입장
에서 노동수단의 지참을 당연한 것으로 전제하고 있기 때문일 수도 있
다. 그렇지만 노예가 주인 소유의 노동수단을 사용했던 것처럼, 농노
들이 영주직영지에 비치된 노동수단을 사용했을 가능성도 없지 않기
때문이기도 하다. 그렇기 때문에 장원농노가 부역노동 수행에 자신의
노동수단을 지참했는지 안 했는지의 여부를 분명히 하는 것은 노예노
동과 구별되는 농노노동의 특성을 이해하는 데 있어 중요한 문제라고
할 수 있다.

비록 농노가 노동수단을 지참했다고 직접적으로 말해 주는 것은
아니지만, 지참했다고 보지 않을 수 없는 단적인 증거가 있다. 그것은
농노가 일정한 크기의 영주직영지를 할당받아 책임지고 경작한 정적
부역 방식의 부역부과제도다. 이 책의 제2장에서 말한 것처럼 8세기
초반에 성립한 봉건적 부역노동제도의 원초적 형태에서는 노예 출신

의 토지보유 농노에게는 매주 3일씩의 주부역이 부과되었던 비해, 자유인 출신의 농노에게는 영주직영지의 일정 면적이 할당되어 갈이질과 파종으로부터 수확 및 창고저장 작업까지 스스로 책임지고 경작하는 정적부역 방식의 경작부역이 부과되었다. 이처럼 출신신분에 따라 상이했던 부역방식은 9세기 초 고전장원제가 성립한 후에 서로 뒤섞이는 가운데 고전장원제로 조직되어 경영된 영지들의 $\frac{2}{3}$에 이르는 다수의 영지에서 정적부역 방식이 단독으로 잔존하거나 주부역을 비롯한 정기부역 방식과 병존했다. 장원농노가 일정한 크기의 영주직영지를 책임지고 경작하여 생산된 수확물을 영주가 수취하는 정적부역제도에서 경작에 필요한 괭이, 삽, 낫 따위와 같은 비교적 값싸고 작은 규모의 농기구는 물론이고 역축이나 쟁기 및 수레와 같은 값비싸고 중요한 노동수단까지도 부역농민 스스로 마련하여 사용했을 것임은 두말할 필요도 없을 것이다.

영주직영지의 경작부역에 사용하는 노동수단을 장원농노 스스로 마련하여 지참하였다는 명시적인 기록이 흔하지는 않지만 없는 것도 아니다. 무엇보다 추가적 집단 갈이질부역이라고 할 수 있는 코르베에 관한 기록들에는 영주직영지의 토지경작에서 기초적이고 가장 중요한 작업인 갈이질부역의 수행에 필수적인 황소와 쟁기의 지참이 비교적 분명하게 적시되어 있다. 이 책의 제3장 제2절에서 살펴본 것처럼 생제르맹 수도원의 영지명세장 제XXII, XXIV장, 프륌 수도원의 영지명세장 제XXIV, XXV, XLV장, 생르미 수도원의 영지명세장 제XI장, 생모르 수도원의 영지명세장 제10장 등에는 농민보유지를 보유한 장원농노가 두어 명씩 작업반을 구성해서 공동으로 수행하는 코르베를 흔히 황소를 지참해서 수행해야 한다고 하고, 가끔은 황소와 쟁기를 동시에 지참하거나 또는 쟁기를 지참해서 수행해야 한다고 명기되어 있다. 코르베 수행 시 쟁기당 사용된 황소는 보통 2두였으며, 심지어 6두에 이르기도 했다. 쟁기는 주로 바퀴달린 무거운 쟁기였다.

추가적 집단 갈이질부역이라는 이런 특별한 형태의 코르베 외에, 일반적인 경작부역에 관해서도 장원농노가 갈이질 수단을 지참했다는 기록이 더러 존재한다. 앞의 제2장 제3절에서 인용한 바 있는 800년의 '르망 칙령'에서는 'factus'라는 농민보유지를 보유한 농노는 황소와 같은 역축(animalia)과 쟁기(aratrum)를 함께 가지고 가서 영주의 밭을 갈아야 한다고 분명하게 규정되어 있다.

이와는 달리 영지명세장을 비롯한 그 밖의 대다수 문헌자료에서는 황소와 쟁기의 동시 지참에 관한 기록은 드물지만 황소와 같은 역축의 지참에 관해서 언급하는 경우가 제법 있다. 로브 수도원의 영지명세장 16, 17, 21번째에 각각 기재된 시굴피 빌라, 알로스트, 고시니아카스 등의 3개 장원에서 망스 보유자들은 '매주 3일의 손일과 2일의 황소 지참 부역을 한다.'고[1] 한다. 그리고 생타망 수도원의 영지명세장 제2장과 제3장에서도 망스 보유자는 각각 "매주 황소들을 갖고 2일 부역하고 제3일은 손으로 부역한다."고[2] 하고, "매주 황소들을 갖고 2일을 부역한다."고[3] 한다. 또 프륌 수도원의 영지명세장 제XXIV장에서도 전술한 바 있듯이 망스 보유자는 '매주 3일의 주부역 수행 때 언제나 황소나 손으로 행한다.'고 하고, 같은 명세장 제XXV장에서도

1 "… faciunt in ebdomada de manu opere dies III et **de bubus** dies II …." 이것은 21번째의 장원에 관한 기록이지만, 다른 2개 장원의 기록도 수치 부분이 탈자(脫字)되어 있을 뿐 기록이 비슷하다.

2 "Serviunt in ebdomada dies .II. **cum bobus**, tertium manibus." 제3일은 손으로 부역노동을 한다는 것은 토지보유 농민이 노동수단을 소유하지 못했음을 뜻하는 것이 아니라, 보통 매주 3일씩 수행하는 주부역 중 1일은 쟁기나 수레 없이 잡다한 일을 한다는 뜻이다.

3 "Serviunt in ebdomada dies .II. **cum bobus**."

망스 보유자는 "포도밭에서 매일 황소를 갖고"[4] 부역노동을 한다고 한다. 한편 바이센부르크 수도원의 영지명세장 제XVIII장에서는 '후페(huoba)'라는 농민보유지의 보유자가 "추수밭에서 자신의 말을 갖고 3일을 부역한다."고[5] 한다.

이와 같이 이들 영지명세장의 기록에는 쟁기나 수레의 지참에 관한 언급은 보이지 않는다. 그러나 전술한 코르베에 관한 기록에서도 코르베라는 갈이질부역의 수단으로 황소만 언급되는 경우가 비교적 많았지만 역축과 쟁기의 동시 지참에 관한 명시적 언급도 일부 존재했다. 또 바로 앞에서 말한 800년의 칙령에서도 대부분의 경우에는 황소의 지참만 언급되고 역축과 쟁기를 동시에 지참한다는 말은 단 한 번만 나타나고 있다. 따라서 당시의 이런 언어사용의 관행으로 볼 때, 일반 갈이질부역이나 수송부역 수행과 관련하여 황소나 말과 같은 역축만 언급되더라도 이런 작업에 역축과 더불어 이에 필수적으로 따르는 쟁기나 수레도 당연히 지참되었다고 봐야 할 것이다.[6]

일부 기록은 수송부역과 관련하여 견인역축에 관한 언급은 없으면서도 견인에 필요한 수레를 장원농노가 지참했음을 언급하고 있기도 하다. 바이센부르크 수도원의 영지명세장에는 농민보유지 보유자들이 '수레(carruca)'를 갖고 가서 수송부역을 수행한다는 장원기록이 비교적 많다. 특히 이 명세장 제V장에서는 후페 보유자들이 "모든 것을 그들의 수레를 지참하고 지시에 따라 수행해야" 한다고[7] 한다. 또

---

4 "… in uinea cotidie **cum boue**. …."

5 "…, in messe .III. dies **cum suo equo** servire; …."

6 Ch. Dette, ed. & comment., *Liber possessionum Wizenburgensis*, p. 61에서 편찬자 Dette도 818/819년 이전에 작성된 바이센부르크 수도원의 영지명세장 제1~25장의 기록에 후페 보유자들이 갈이질부역을 수행하기 위해 쟁기와 역축을 지참했다는 어떤 언급도 보이지 않지만, 여러 가지 이유로 이들 노동수단을 지참했으리라고 본다.

7 "… et omnes **cum suis carrucis** per ordinem pergere; …."

프륌 수도원의 영지명세장 XLVI장에서 망스 보유자는 '영주의 거름을 자신의 수레로 운반해서 시비한다.'고[8] 하며, 생모르 수도원의 영지명세장 제10장에서도 농민보유지의 최초 보유자가 노예 신분이었음을 표시하는 노예망스 보유자는 '부역 날에 자신의 수레로 거름을 밭에 실어다 뿌려야 한다.'고[9] 한다. 이와 같이 수레를 갖고 수송부역을 수행해야 한다고 하면서도 견인가축에 관한 언급이 없지만, 이 경우에도 수레를 사용한 수송부역이란 으레 수레를 끌 역축을 전제한 것이라고 할 수 있을 것이다.

이와 같은 여러 가지 정황과 증거로 볼 때, 코르베는 물론 일반 경작부역과 수송부역 수행 때도 장원의 농노는 자신 소유의 역축과 쟁기 및 수레를 지참해 가서 부역노동을 수행했음이 확실하다고 하겠다. 당시의 농업기술 수준에서 주요 부역노동 수행을 위해서는 이런 중요한 노동수단의 지참이 매우 중요한 일이었기 때문에, 그 지참이 가끔은 영지명세장에 구태여 명기되어 있게 되었다고 할 수 있을 것이다. 따라서 괭이, 삽, 낫 따위와 같은 비교적 값싸고 어느 농민이나 소유했을 자질구레하면서도 필수적인 농기구들은 비록 기록에는 없지만, 당연히 장원농노들이 부역노동 수행 때 자신의 것을 지참해서 사용했다고 봐도 좋을 것이다.

그러나 이와 같이 부역노동 수행 시 자신 소유의 노동수단 지참이 원칙이고 의무임에도 불구하고, 전술한 800년의 '르망 칙령'에서 보듯이 장원농노들 가운데는 역축과 쟁기 및 수레와 같은 값비싼 노동수단을 갖출 수 없을 정도로 가난한 농노들이 제법 존재했다. 노동수단을

8 "… et ducit **cum carro suo** ex dominico fimo, et fimat diem .I."
9 "Debet etiam de suis diebus fimum ducere in campum et expandere **de suo carro** et …."

소유하지 못한 농노에 관한 기록은 영지명세장들에도 제법 보인다. 프림 수도원의 영지명세장 제LXXVI장에서 망스 보유자들 가운데는 '너무나 가난하여 부역노동도 공납도 이행하지 못하는 사람들이 있다.'고[10] 한다. 그리고 앞에서 인용한 바 있듯이 생제르맹 수도원의 영지명세장 제XX장에서는 "그(자유인망스 보유자)는 역축들을 가지고 있는 경우에는 2회의 코르베를, 역축들을 갖고 있지 못한 경우에는 1회의 코르베를 한다."고 하고, 프림 수도원의 영지명세장 제XXIV장에서도 "그(토지보유자)는 황소들이 끄는 쟁기를 가지고 3회의 코르베를 수행하며, 이런 수단을 갖지 못한 자는 긴 막대기들을 운반하거나 밭을 판다."고 하며, 생르미 수도원의 영지명세장 제XI장에서도 각각 "그(노예망스 보유자)는 황소들을 갖고 있다면, 2회의 코르베를 한다."고 하고 있다. 이와 같은 기록은 망스 보유자들 가운데 갈이질 수단을 소유하지 못한 보유자가 적지 않았음을 보여 주는 증거라고 하겠다.

역축과 쟁기 및 수레와 같은 주요 노동수단을 소유하지 못한 빈농들은 경작부역이나 수송부역 의무를 어떻게 이행했을까? 여러 가지 방법이 사용되었던 것으로 보인다. 우선, 앞에서 인용한 '르망 칙령'은 몇 가지 이행방법을 제시하고 있다. 이에 의하면 필요한 노동수단을 구비하지 못한 농민의 부역노동 시간은 연장되었다. 쟁기가 딸린 역축의 구비수준에 따라 농노의 부역노동 시간은 하루에서 이틀 또는 사흘로 연장되고 있는 것이다. 이 칙령은 동시에 "어떤 역축도 갖지 못한 사람은 아침부터 저녁까지 3일간 손일을 해야 하며"라고 함으로써, 주요 노동수단의 사용 없이 수행할 수 있는 다른 방법도 사용되었음을 짐작케 한다. 전술한 프림 수도원의 영지명세장 제XXIV장에서 망스

---

10 "… et .XII. restant. que pre nimia paupertate nec seruiunt. neque soluunt."

보유자들 가운데 "황소를 갖지 못한 자는 긴 막대기들을 운반하거나 밭을 판다."고 한 것도 이런 대체방법의 사례라고 할 수 있다. 또 '르망 칙령'은 "혼자서는 갈이질할 수 없을 정도로 역축이 약하여 다른 동료 농민들과 함께 4두의 역축으로 일하는 사람은 …"라고 하는 데서 보듯이, 불충분한 갈이질 수단을 가진 농민들끼리 협력하여 갈이질부역을 수행하는 방법도 제시하고 있다.

'르망 칙령'에는 나타나지 않지만, 다른 또 하나의 이행방법은 영주직영지에 비치된 노동수단을 사용하는 것이다. 800년경에 반포된 '장원관리령' 제14, 23조, 810년경의 '영지명세장 작성의 모범적 사례 칙령' 제7, 25, 30, 31, 33, 35조, 822년 코르비 수도원의 영지 관리에 관한 이른바 '아달하르드 규정집'의 제2책(Livre II) 제I장,[11] 생르미 수도원의 영지명세장 제III장 제6항과 제XII장 제1항 및 제XXVII장 제6항 등에는 영주직영지에서 황소를 비롯한 각종 가축이 사육되거나 쟁기나 삽, 괭이, 낫 등의 여러 가지 농기구가 비치되어 있음을 볼 수 있다. 영주직영지에 있는 이들 가축은 반드시 역축용이 아닐 수도 있다. 또 이들 역축과 농기구는 장원에 따라 더러 존재하는 영주직영지의 솔거노예들이 농사일을 할 때 사용했을 수도 있다. 그렇지만 '장원관리령' 제23조에서 농민보유지를 보유한 외거노예로 보이는 'servus들이 영주직영지의 부역노동을 수행하는 데 소나 바퀴달린 쟁기가 부족하지 않도록 해야 한다.'는 것으로[12] 볼 때, 고전장원의 영주직영지에 비치된 역축과 농기구는 주요 노동수단을 제대로 갖추지 못한 장원농노

---

11   L. Levillain, ed., "Les statuts d'Adalhard pour l'abbaye de Corbie(IXᵉ-Xᵉ siècles)", *Le Moyen Âge*, 4(1900), pp. 360~361.

12   "Et insuper habeant vaccas ad illorum servitium perficiendum commendatas per servos nostros, qualiter pro servitio ad dominicum opus vaccaritiae vel carrucae nullo modo minoratae sint."

들의 부역노동 수행에도 쓰였다고 할 수 있을 것이다.[13]

주요 노동수단을 구비하지 못한 장원농노들이 경작부역이나 수송부역을 이행하는 그 밖의 방법으로는 두 가지 정도를 더 들 수 있을 것이다. 하나는 작업능률이 훨씬 떨어지고 매우 힘든 일이 되겠지만 괭이나 삽 등으로 갈이질부역을 수행하고 등짐 따위로 수송부역 임무를 수행하는 것이다. 또 하나의 방법은 노동수단을 소유한 다른 농민에게서 빌려 쓰는 것이다.[14] 그 대가로 이 농노는 빌려준 농민에게 노동이나 현물을 제공했을 것이다.

장원의 농노가 이와 같이 어떻게 해서든 필요한 노동수단을 갖추어 부역노동을 수행하는 것이 원칙이고 의무였다는 것은 고대사회의 노예나 근대 자본주의사회의 임노동자와는 달리 장원농민이 토지를 점유하고 노동수단을 소유하는 소농이라는 전제 아래 고전적 형태의 봉건적 부역노동제도가 수립되었음을 뜻한다. 따라서 직접생산자가 자신 소유의 노동수단을 지참하고 영주에게 부역노동의 형태로 잉여노동을 제공한다는 점이 봉건적 생산양식의 주요 특징들 가운데 하나가 된다. 고전장원제가 실시된 초기만 하더라도 장원에 따라서는 영주직영지에 솔거노예가 제법 잔존했지만, 솔거노예는 노동수단을 소유하지 못했으며 노동을 할 때에는 영주 소유의 것을 사용했다. 그래서 영주직영지 작업 시 기본적으로 스스로의 농기구를 소지하여 사용하는지의 여부가 외거노예를 포함한 토지보유 농노와 솔거노예를 구별하는 하나의 기준이 될 수 있다. 토지보유 농노가 노동수단을 소유

---

13   영주직영지의 노동수단 비치와 장원농민이 이를 사용했을 가능성에 관한 자세한 논의는 저자의 논문 「고전장원제하의 경작부역과 수송부역 실태」, 『독일연구』, 14(2007. 12), 116~118쪽 참조.

14   M. Bloch, 『프랑스 농촌사의 기본성격』, 410, 504(미주 32번)쪽에서도 이런 방법이 제시되고 있다.

하고 있다는 것은 농민으로서 최소한의 경제적 자립성을 유지하고 따라서 노예와 같은 완전 부자유인이 되지 않도록 해 주는 일종의 경제적·신분적 보장장치이자 상징이었다. 그렇지만 봉건적 생산양식에서 농노가 기본적으로 자신의 노동수단을 소지하고 부역노동을 수행하지 않으면 안 되었다는 것은, 영주가 농노의 노동수단을 무료로 사용한다는 의미에서 농노에 대한 또 하나의 수탈행위였다고도 볼 수 있다. 이 것이 수탈행위였음은 800년의 '르망 칙령'에서 토지보유 농민이 부역노동 수행 때 쟁기나 역축을 갖추지 못했을 경우 더 많은 시간을 영주직영지에서 일해야 했다는 사실로부터 명백해진다.

　고전적 형태의 봉건적 부역노동을 수행하는 방법으로 두 번째로 들 수 있는 특징은 농노가 쟁기 따위의 농기구와 역축만을 가지고 혼자 영주직영지에 가서 부역노동을 수행한 것이 아니라, 솔거노예와 같은 다른 일꾼을 데리고 가서 함께 작업하거나 파견하기도 했다는 점이다. 이에 관한 기록은 프륌 수도원의 영지명세장에 비교적 많은 편이다. 예컨대, 이 영지명세장 제XXV장에서 자유인망스로 추측되는 종류미상의 망스 보유자는 "포도밭에서 매일 황소와 솔거노예와 함께"[15] 부역노동을 하고, 같은 명세장 제XXX장에서 역시 종류미상의 망스 보유자는 "곡식을 수확하는 데 2명의 솔거노예를, 건초를 수확하는 데 동일한 인원을"[16] 보낸다고 하며, 같은 명세장 제CIIII~CX장의 장원들에서 반자유인망스 보유자는 영주직영지에서 "2명의 솔거노예와 함께 매주 2일간"[17] 부역노동을 한다고 한다. 프륌 수도원의 영지명세장

15　"…, in uinea cotidie **cum** boue. et **mancipia**. …."

16　"Ad messem purgandam. **mancipios** .II. et ad colligendum. et ad fenum **similiter**. …."

17　"… in ebdomada dies .II. **cum duobus mancipiis**. …."(p. 192)

에 의하면 이처럼 자유인망스 보유자들과[18] 반자유인망스 보유자들은[19] 물론이고, 심지어 노예망스 보유자들까지도[20] 영주직영지에서 2명쯤의 솔거노예와 함께 곡식이나 건초 및 포도와 같은 농작물의 수확기에 매주 2~3일씩의 주부역을 수행하거나, 1~2명의 솔거노예를 파견하여 자신 대신 주로 농작물의 수확부역을 이행하게 하고 있다.

다른 기록에서는 토지보유 농노가 영주직영지의 부역노동 수행을 위해 대동하거나 파견하는 사람이 '일꾼(operarius)'이나 '인부(homo)'로 표시되고 있다. 프륌 수도원의 영지명세장 제X~XIII장, 생르미 수도원의 영지명세장 제VIII장 제2항 이하와 제XIII장 제18, 32항 및 제XVII장 제126항, 생제르맹 수도원의 영지명세장 제XXIII장 제1항 등에는 '일꾼'으로 기재되어 있고, 바이센부르크 수도원의 영지명세장 제I, XIII~XVIII, LXVIII, LXXII, LXXIIII, LXXIX장과 메틀라흐 수도원의 영지명세장 제5장과 제21장에는 '인부'로 적혀 있다. 이들 기록에서도 고전장원의 토지보유 농노가 부역노동 수행에 동반하거나 파견하는 사람의 절대다수는 자유인보유지로 보이는 종류미상의 망스나 후페 보유자이지만, 생르미 수도원의 명세장 제VIII장에서는 노예망스를 보유한 노예 신분이기도 하다. 그러니까 여기서도 농민보유지의 종류를 불문하고 그리고 보유자의 출신신분에 관계없이 부역노동에 일꾼을 대동하고 있는 것이다. 또한 이들 기록에서도 농민보유지를 보유한 농노가 일꾼이나 인부를 대동하여 부역노동을 수행하거나 이들을 파견하는 것은 포도의 수확이나 곡식의 수확, 건초 만들기 따위의 농번기에 집중되어 있다는 것이 특징이다. 이것은 농작물을

18 "Polyp. der Prüm", 제XXV, XXX, XXXII, LV, XC, CXV장.
19 같은 사료, 제XXIII, XXXI, CIIII~CX, CXIII, CXIIII, CXVI장.
20 같은 사료, 제VI, VIII, CXIIII, CXVII장.

제때에 수확하느냐 못하느냐에 따라 수확물의 품질과 분량에 큰 차이
가 나는 수확기에, 영주 측에서 빠른 시간 안에 수확작업을 완료하려
한 때문일 것이다.

'일꾼'이나 '인부'로 표기된 사람들이 솔거노예인지 아닌지는 기록
상 확실치 않다. 그렇지만 프륌 수도원의 영지명세장 제X~XIII장에
기재된 일꾼은 솔거노예로 보인다. 왜냐하면 앞에서 봤듯이 이 명세장
의 대다수 장원에서 농작물의 수확에 솔거노예를 보낸다고 한 것을 여
기서만 같은 일에 '일꾼'을[21] 보낸다고 하고 있기 때문이다. 이런 이유
로 바이센부르크 수도원 영지명세장의 여러 곳에서 농민보유지의 보
유자가 주로 포도수확 부역에 파견하는 사람을 '인부'로 표현한 것도[22]
솔거노예일 가능성이 있다고 하겠다. 그러나 생제르맹 수도원의 영지
명세장 제XXIII장 제1항에서 "곡식의 수확작업에 10명의 일꾼을 보낸
다."고[23] 할 경우의 '일꾼'은 솔거노예가 아닌 것으로 추측된다. 왜냐하
면 현존 이 명세장에 유일하게 기재되어 있는 '일꾼'을 수확부역에 보
내는 장원농노는 그 크기가 정상적인 농민보유지인 망스(mansus)의
절반쯤밖에 안 되는 'mansellus'라는 소규모의 토지보유자여서 10명에
이를 만큼 많은 솔거노예를 소유했다고 보기는 어렵기 때문이다. 어
떤 사정이 있었는지 모르지만, 이 영세한 토지보유자가 보내는 '일꾼'
들은 품앗이를 했든 품삯을 주었든 같은 처지의 영세농일 가능성이 더
큰 것으로 짐작된다.[24]

---

21 "건초와 곡식수확에 2명의 일꾼을, 포도수확에 1명의 일꾼을(Ad fenum et messem.
operarios .II. ad uindemiam .I. …)."
22 예컨대, 이 명세장 제I장에서 "후페 보유자는 포도수확에 1명의 인부를 보낸다.(… de-
bent et ad vindemiam .I. hominem mittere; ….)"라고 기록되어 있다.
23 "…; et in blado mittit operarios X."
24 이 일꾼을 B. Guérard, ed., *Polyp. de St. Remi*, 서문 p. XVI에서는 '도급 또는 날품으

고전장원의 토지보유 농민이 부역노동 수행에 동반하거나 파견하
는 노동자가 솔거노예인가의 여부보다 더 중요한 것은 이런 현상이 얼
마나 보편적이었느냐 하는 점이다. 고전장원제 아래서 영지와 장원에
따라 이런 현상이 더러 나타나기는 하지만, 보편적이거나 항시적 현상
이었던 것은 아닌 것으로 짐작된다. 왜냐하면 우선 이런 노동자가 모
든 영지명세장에 나타나는 것은 아니기 때문이다. 갈리아 북부지역을
중심으로 현재 총 30개쯤 전해지는 영지명세장 중, 앞에서 보듯이 이
런 노동자가 기재되어 있는 영지는 4개 정도밖에 안 된다. 이런 노동
자가 나타나는 4개 영지명세장 가운데서 프륌과 바이센부르크 수도원
의 영지명세장에는 비교적 꽤 나타나는 셈이지만, 다른 영지명세장에
서는 그렇지도 않다. 특히 카롤링시대의 현존 영지명세장 가운데 상세
하기로 유명한 생제르맹 수도원의 영지명세장에서는 단 하나의 장원
에서, 그것도 25개의 농민보유지에 관한 기록 중 단 하나의 농민보유
지에 관한 기록에만 나타나고 있다. 그리고 앞에서 보듯이 이들 노동
자는 주로 농작물의 수확기에 대동되거나 파견되고 있다.

이와 같은 사실들은 '일꾼'이나 '인부'로 표현되는 별도의 추가 노
동력이 모든 영지와 장원에서 언제나 필요했던 것이 아니라 몇몇 장원
에서 수확기라는 특별한 농번기에 국한하여 필요했음을 말해 주는 것
이라고 하겠다. 다만 일찍이 노예제가 쇠퇴하고 고전장원제가 발달한
파리 분지의 중심부에서는 품앗이노동이나 품삯노동이 사용되었던 데
비해, 노예제가 뒤늦게 발전하고 고전장원제의 성립이 늦었던 프륌 수

로 일하는 사람'으로, L.-R. Ménager, "Considérations sociologiques sur la démogra-
phie des grands domaines ecclésiastiques carolingiens", *Études d'histoire du droit
canonique dédiées à G. Le Bras* (Paris: Sirey, 1964), p. 1329에서는 '자유로운 임금노
동자'로 본다.

도원의 영지와 같은 파리 분지의 동쪽 주변부 지역에서는 고전장원제에 편입된 초기의 장원농민들 가운데 노예를 소유한 자들이 있어 주로 노예노동이 사용되었던 것으로 짐작된다.

영지에 따라 고전장원제가 성립한 초기에는 장원농노들 가운데 노예를 소유한 자들이 존재했다는 단적인 증거는 1~24명씩의 노예를 거느린 중소 규모의 토지소유자들이 뒤늦게 고전장원제로 조직된 영지에 편입되는 과정을 보여 주는 파리 분지의 북쪽 끝자락 소재 9세기 중엽 생베르탱 수도원의 영지명세장이라고 할 수 있다. 이 명세장에서 장원관리인(major)이나 영주를 위한 소식 전달과 호송의 임무를 띤 기사(騎士, caballarius) 등, 일반 망스 보유자들보다 지체가 높은 33명은 영주를 위해 주부역을 수행하든가 정적부역을 수행하는 장원예속민으로 편입되어 있으면서도 평균 50bun에 달하는 비교적 큰 토지를 보유하고 1~4개의 자체 망스와 평균 약 10명에 이르는 솔거노예(mancipia)를 거느리고 있다. 또 이들보다 훨씬 작은 14bun 면적의 토지를 보유하고 4bun 크기의 정적부역 의무를 수행하는 한 예속농민도 3명의 솔거노예를 두고 있다. 따라서 망스보유 농노의 노예 소유는 부농 또는 중농이 약육강식의 중세 초기사회에서 세력가의 예속농민으로 전락하면서 일시적으로 나타나는 현상이라고 하겠다. 한편 이따금 보이는 망스보유 노예 신분의 솔거노예 소유 현상은 토지보유 소작농민으로 상승한 노예 중에 경제적 여유가 생긴 소수에게서 나타난 것으로 추측된다.[25]

25 일부 장원농민의 노예소유와 관련하여, 일본의 橡川一朗(とちかわいちろう)은 「日本大百科全書(ニッポニカ)の解説」(小学館, 1984-1989. 필자가 참고한 것은 인터넷상의 https://kotobank.jp/word/%E8%8D%98%E5%9C%92-78844에 있는 디지털 판임)의 '莊園' 항목에서 고전장원의 농민보유지 보유자는 노예를 소유한 부농이고 영주직영지에 대한 농민보유지 보유자의 부역노동의 상당 부분을 이들 노예가 수행했다는 망스

고전장원제 아래서 영주직영지 경작을 위한 부역노동은 농민보유
지를 보유한 세대의 가장(家長)인 성인남자가 담당했지만, 그의 아내
도 보조노동력으로서 부역노동을 수행했다는 것이 고전적 형태의 봉

농민의 노예소유설과 고전장원의 노예제적 구조설을 주장했다. 이런 그의 주장의 바탕
이 된「北フランス古典莊園の基礎構造ーパリ サンジェルマン・デ・プレ修道院所領明細
帳の分析を中心としてー」〔東京都立大学『人文学報』, 17(1958. 2)〕라는 논문을 필자는
입수하지 못하여 직접 보지는 못했지만, 그의 주장은 伊藤榮,『ヨーロッパの莊園制』(東
京: 近藤出版社, 1981), pp. 77∼90에서 그리고『法制史研究』, 10(1960), pp. 320∼321
에 게재된 木村尚三郎의「北フランス古典莊園の基礎構造」에 대한 서평에서 비판을 받고
있다. 서양중세사를 전공하는 토쿄대 城戸毅 명예교수는 2014년 4월 15일자 나에게 보
낸 전자편지에서, 중세 초기의 유럽사회는 봉건사회가 아니라 고대 아테네나 로마사회
처럼 노예제사회라는 橡川一朗 교수의 주장은 1950-60년대에 일본 중세사 학계에서 격
렬한 논쟁을 불러일으켰으나 대체로 부정되고 있다고 한다.

　한편 서유럽에서 1000년을 전후해서 정치적으로는 지역할거주의적 성주령(城主領)
과 고권영주제가 형성되고 사회적으로는 하층 자유농민들과 기존의 부자유인들이 결
합된 농노 계급과 부유한 상층 자유농민 출신의 기사 계급으로 구성된 봉건적 계급제
가 성립함으로써 본격적인 봉건시대가 개막되었다고 보는 프랑스의 봉건혁명론자들을
중심으로 한 일군의 역사가들은 1000년 이전의 사회를 노예제사회로 보고 농노제사회
로의 이행은 11세기 이후 이뤄진다고 주장한다. 그러나 이런 주장자들은 농노제를 생
산관계 측면에서 보지 않고 법적·신분제적 측면에서 보고, 주로 고대적 유산이 오랫동
안 강하게 남아 있어 봉건제로의 이행이 늦은 프랑스 남부나 스페인 북부 지방을 연구한
다는 것이 공통된 특징이다. 봉건혁명론자들의 이런 주장과 이에 대한 비판에 관해서는
저자의 저서,『고대에서 봉건사회로의 이행』, 74∼118쪽 참조. 봉건혁명론에 대해서는
G. Duby, *La société aux XIᵉ et XIIᵉ siècles dans la région mâconnaise*(Paris: École
Pratique des Hautes Études en Sciences Sociales, 1982); 같은 저자, 성백용 역,『세
위계: 봉건제의 상상 세계』(문학과 지성사, 1997), 281∼315쪽; J.-P. Poly/E. Bourna-
zel, transl. by C. Higgitt, *The Feudal Transformation: 900-1200*(New York: Hol-
mes & Meier, 1991); P. Bonnassie, "The Survival and Extinction of the Slave Sys-
tem in the Early Medieval West(Fourth to Eleventh Centuries)", P. Bonnassie, trans.
by J. Birrell, *From Slavery to Feudalism in South-Western Europe*(Cambridge:
Cambridge Univ. Press, 1991), pp. 1∼59; 같은 필자, "D'une servitude à l'autre:
les paysans du royaume 987∼1031", R. Delort, ed., *La France de l'an mil*(Paris:
Seuil, 1990), pp. 125∼141; R. Fossier, *Enfance de l'Europe. Xᵉ-XIIIᵉ siècles. Aspects
économiques et sociaux*, Vol. 1. *L'homme et son espace*(Paris: PUF., 1982), pp.
288∼601; T. N. Bisson, "The 'Feudal Revolution'", *Past & Present*, 142(1994), pp.
6∼42; R. Boutruche, *Seigneurie et féodalité*, Vol. 2. *L'apogée(XIᵉ-XIIIᵉ siècle)*(Paris:
Aubier, 1970), pp. 125∼140 등 참조.

건적 부역노동을 수행하는 방법상의 세 번째 특징이라고 할 수 있다. 이미 봉건사회에서는 남녀 간에 경제활동 영역에서 성별 분업이 이루어져 장원농민의 아내는 자신의 집에서 집안일을 전담하다시피 했으며, 대다수의 장원에서 영주직영지의 저택에서 아마포나 모직물의 직조, 빵이나 술과 같은 음식 만들기 따위의 가사노동을 무보수로 수행하지 않으면 안 되었다. 영주의 의식생활과 관련된 이런 일의 수행은 원래 노예제 아래서 노예가 하인으로서 주인의 집안일을 하던 데서 유래한 것이지만, 고전장원제 아래서는 장원농노의 노예 출신 아내뿐만 아니라 자유인 출신 아내들도 수행했다.

장원농노의 아내는 영주직영지에서 영주의 의식생활과 관련된 이런 부역노동뿐만 아니라 농사와 관련된 부역노동에도 참가했다. 프륌 수도원의 영지명세장 제XXIV장에는 '필수적으로 수행해야 하는 임무(Ratio quoquo modo servire debeant)'라는 제목 아래 토지보유자들의 아내가 해야 하는 부역노동으로서 영주에게 일정량의 포도주를 공납하는 외에 영주직영지에서 오디와 겨자 수집, 부추 다듬기, 아마 수집과 다듬기, 거세된 숫양 씻기와 양털 깎기, 초지와 곡식밭 및 포도밭에서 남편과 함께 자신의 수레로 매일 수확 작업하기 등의 의무가 열거되고 있다. 그리고 프륌 수도원의 영지명세장 제CIIII장에 기재된 장원에서도 반자유인망스 보유자들의 아내는 베짜기부역 외에 '곡식과 건초 수확을 위해 2일을' 일한다고[26] 하고, 같은 장원에서 노예망스 보유자는 '곡식 및 건초 수확과 아마를 거두고 다듬는 일을 그의 아내와 함께 3일간 한다.'고[27] 한다. 또 비록 중세 후기의 자료들이지만,

---

26 "… **femine** autem aut camsilem. aut denarios .XII. siue duos dies ad messem et ad fenum …".

27 "… facit … ad messem et ad fenum .III. dies **cum uxore sua**. et ad linum colligen-

12세기와 13세기의 그림 자료들에서는 장원농민의 아내가 곡식을 베어 묶고 운반하는 장면뿐만 아니라 파종하는 모습도 볼 수 있다.[28] 이러한 자료들은 장원농민의 아내가 갈이질이나 수송부역과 같은 아주 힘드는 부역노동은 수행하지 않았지만, 파종작업으로부터 수확작업에 이르는 일련의 농업 관련 부역노동에 남편을 돕는 보조노동력으로서 광범하게 참가했음을 확인시켜 주는 것이라고 하겠다.

여성의 부역노동 참여는 물론 힘들게 일하는 남편을 도우려는 자발적 의사에 기초한 것일 수 있다. 그러나 전술한 프륌 수도원 영지명세장의 기록에서 보듯이 영주는 토지보유자와 더불어 그의 아내도 농사 관련 부역노동을 수행할 것을 요구하고 있기도 하다. 그리고 영주의 의식생활과 관련된 부역노동은 토지보유자인 남편과는 무관하게 그 아내에게 부과되고 있다. 그러므로 고전장원제 아래서 영주는 농노 아내의 잉여노동도 부역노동의 형태로 수탈했다고 할 수 있을 것이다.

고전적 형태의 봉건적 부역노동을 수행하는 방법으로 마지막으로 지적할 수 있는 특징은 부역노동의 상당한 부분이 공동작업으로 수행되었다는 사실이다. 영주직영지에서의 부역노동은 이론상 농민보유지를 보유한 장원농노가 개인별로 부과받아 개별적으로 수행하는 것이 원칙이고 일반적인 현상이었다. 특히 일정한 크기의 영주직영지를 배정받아 책임지고 경작하는 정적부역지에서의 부역노동은 대부분 개별적으로 행해졌다고 할 수 있다. 그렇지만 중요한 일의 실제 진행과정에서는 공동작업의 형태로 이루어지는 경우도 적지 않았다. 무엇보다 당시의 노동수단을 사용해서는 혼자서 수행할 수 없는 힘든 노동의 경

---

dum et parandum."
28   R. Toman, ed., *Das hohe Mittelalter. Besichtigung einer fernen Zeit*(Köln: Benedikt Taschen, 1988), pp. 67, 73 참조.

우에 공동작업이 실시되었다.

고전장원제가 널리 시행된 9~11세기에 갈리아 북부지역을 중심
으로 한 서유럽에서는 앞에서 보았듯이 황소 2필 이상이 끄는 바퀴달
린 무거운 쟁기가 사용되었다. 이런 갈이질 수단은 개별 농민 혼자서
다 갖추기 어려웠을 뿐만 아니라 혼자서 작업을 진행하기도 어려웠기
때문에, 공동작업으로 이뤄졌다. 이 책의 제3장에서 봤듯이 추가적 갈
이질부역이라고 할 수 있는 코르베를 비롯한 갈이질부역은 2~3명씩
작업반으로 조직되어 공동으로 수행되었다. 갈이질부역 외에 무거운
물품을 멀리까지 운반하는 장거리 수송부역의 경우에도 보통 공동작
업이 행해졌다. 장원 내 가까운 거리의 운반은 대체로 장원농민이 개
별적으로 수행했지만, 특히 영주의 식솔들이 한 곳에 붙박아 거주하는
수도원과 같은 교회기관의 영지에서는 멀리 떨어진 장원의 생산물을
수도원이나 주교좌 또는 시장으로 옮긴다든가 포도주 및 소금과 같은
특산품을 생산지나 시장으로부터 소비처로 운반하는 경우에는 2~5개
씩의 농민보유지 단위로 수송부역이 부과되어 수행되었다.[29] 기록상으

---

29 멀리 떨어진 장원과 장거리 수송부역을 전에는 필수품 조달을 위한 자급자족의 표현으
    로 설명했으나, 근래에는 고전장원제가 폐쇄적 가내경제 체제가 아니라 교환경제와 밀
    접한 관계를 맺고 있었으며 장원농민들도 시장에 생산물을 내다파는 등 어느 정도 시장
    과의 관계 속에 생활했음을 강조하는 경향이 나타나고 있다. 장원과 교환경제, 시장, 도
    시 등과의 관계에 대한 근래의 이런 연구와 연구동향에 관해서는 J.-P. Devroey, "Cou-
    rants et réseaux d'échange dans l'économie franque entre Loire et Rhin", *Mercati e
    mercanti nell'alto medioevo*(Spoleto: Centro Italiano di Studi sull'alto medioevo,
    1993), pp. 327~393; 같은 필자, "Les services de transport à l'abbaye de Prüm au IXe
    s.", pp. 543~569; 같은 필자, "Un monastère dans l'économie d'échanges: les servic-
    es de transport à l'abbaye Saint-Germain des Prés au IXe s.", J.-P. Devroey, *Études
    sur le grand domaine*, pp. 570~589; A. Verhulst, *The Carolingian Economy*, pp.
    1~8; W. Bleiber, "Grundherrschaft und Markt zwischen Loire und Rhein während
    des 9. Jahrhunderts. Untersuchungen zu ihrem wechselseitigen Verhältnis", *Jahr-
    buch für Wirtschaftsgeschichte*, 3(1982), pp. 105~135; M. McCormick, "New Light

로는 공동작업으로 수행했다는 말이 없지만, 선박을 이용한 수송부역
도 공동작업으로 수행되었을 것임은 말할 것도 없을 것이다.[30] 따라서
공동작업은 생산수단이 발달하지 못한 중세 전기의 장원경제에서 혼
자서는 수행하기 어려운 작업을 협업의 원리로 해결하려는 방법이었
다고 할 수 있을 것이다.

그러나 집단적 부역노동 수행은 갈이질부역이나 장거리 수송부
역에 국한되지 않았다. 이를테면, 프륌 수도원의 영지명세장 제XXIV
장의 토지보유 농노들은 전술한 바와 같이 '포도덩굴 매기 작업, 포도
를 심을 구덩이 파기 작업, 자신들의 수레를 사용한 포도수확 작업,
곡식수확 작업 등에 각각 1개씩의 작업반'을 구성하여 수행해야 한
다. 그리고 같은 영지명세장 제CXIIII장의 24개 반자유인망스 보유자
들은 "2명씩 1수레의 포도주를 판매해야 한다."고[31] 하며, "2명씩 돼
지치기에게 식사를 가져다주어야 한다."고[32] 한다. 또 같은 명세장 제

---

on the 'Dark Ages'. How the Slave Trade Fuelled the Carolingian Economy", *Past and Present*, 177(2002), pp. 17~54; F. Irsigler, "Viticulture, vinification et commerce du vin", pp. 1~29; Y. Morimoto, "État et perspectives des recherches sur les polyptyques carolingiens", Y. Morimoto, *Études sur l'économie rurale du haut Moyen Âge*, pp. 37~39; 같은 필자, "Autour du grand domaine carolingien", 같은 책, pp. 109~112; 같은 필자, "Aperçu critique des recherches", 같은 책, pp. 145~147, 153~156 등 참조.

30 수송부역이 장원농민들에게 집단으로 부과되어 수행된 장원에 관한 기록으로는 *Polyp. de St. Germain*, 제IX(제9항), XXI장(제81항); *Polyp. de St. Remi*, 제XIII장(제9항); "Polyp. de Lobbes", 23번째의 Berceias 장원에 관한 기록; "Polyp. der Prüm", 제XXIII, XXIV, XXIX, XXXII, XXXIII, LII, CXIV, CXV장; "Güterv. der Mettlach", 제3장 발라모나스테리움 장원에 관한 기록 등 참조. K. Elmshäuser, "Schiffe und Schiffstransporte in der frühmittelalterlichen Grundherrschaft", B. Kasten ed., *Tätigkeitsfelder und Erfahrungshorizonte*, pp. 249~266에서는 선박을 이용한 수송부역과 관련하여 바이센부르크, 로르슈, 프륌 등 세 수도원의 영지명세장이 집중 분석되고 있다.

31 "Debent inter duos carradam uini uendere."

32 "Debent inter duos uictualia porcarios portare."

CXIII~CXIIII장에 따르면 반자유인망스를 보유한 농노들은 영주가 장원을 방문하여 묵으면 4개 망스씩 공동으로 자신들의 부담으로 숙소에 난방을 하고 불을 밝히며 밤낮으로 꼬박 하루 동안 경비를 하고 영주의 다음 숙소까지 수레나 말로 지시받는 물품을 운반해야 한다.

　영주가 토지보유 농노로 하여금 부역노동을 공동으로 수행케 한 것은 농민이 중요한 노동수단을 개별적으로 확보해서 수행하기 어렵거나 농작물 수확의 적기(適期)가 짧기 때문이기도 할 것이다. 그렇지만 그 밖에 포도덩굴 매기, 구덩이 파기, 돼지치기에게 식사 나르기, 방문영주 모시기 등의 부역노동은 수레나 역축과 같은 큰 노동수단 없이도 수행할 수 있고 시간을 다투는 일도 아니다. 그러므로 영주가 이런 일들까지 공동부역으로 수행케 한 것은 다른 목적, 즉 공동작업 형태의 협업을 통해 노동생산성을 높임과 동시에 노동통제를 용이하게 하고자 하는 목적이 있었다고 봐야 할 것이다. 또 프륌 수도원의 영지명세장 제CXIII장에서 영주의 장원방문 동안 '숙소에서 도둑을 맞는 경우에는 경비를 선 농민들이 자비로 배상해야 한다.'는[33] 추가문장에서 보듯이, 부역노동 수행에 공동책임을 지우려는 의도도 깔려 있었다고 하겠다. 이와 같이 고전장원제 아래서 공동부역은 전체적으로 협업을 통해 생산성을 높이고 공동책임제를 통해 농노들의 부역노동 수행에 대해 감독과 통제를 가함으로써 영주 나름대로 칼 마르크스가 말하는 '상대적 잉여가치'를 최대화하려는 의도가 숨어 있었다고 할 수 있을 것이다. 농노의 아내가 흔히 영주직영지에 설치된 '직조장(gynaeca)'에 모여서 공동으로 수행해야 했던 베짜기부역도 이런 효과를 노린 대표적인 부역 중의 하나라고 하겠다.

33　"… et si aliquid furatum fuerit in ipse domo, debet de suo componere."

이상 고전장원제 아래서 농노들에게 부과되고 실행된 고전적 형태의 봉건적 부역노동의 특징적 수행방법으로 네 가지가 지적되었다. 하나는 토지보유 농노가 영주직영지에서 부역노동을 수행할 때, 원칙적으로 자신의 노동수단을 지참했다는 것이다. 다른 한 가지 방법은 부역노동 수행에 노예나 일꾼을 대동하거나 파견하는 경우가 더러 있었다는 점이다. 세 번째 특징적 방법은 고전장원에서 부역노동의 주 담당자는 물론 토지보유자인 성인남자 가장이었지만, 그의 아내도 영주직영지의 부역노동 수행에서 보조노동력으로서의 역할을 담당하고 영주의 의생활과 식생활에 관련된 가사부역을 분담했다는 것이다. 끝으로, 값비싸고 큰 노동수단을 사용하는 갈이질부역과 수송부역을 비롯한 적지 않은 부분의 부역노동을 수행할 때 공동작업이 실시되었다는 것이다.

이와 같은 부역노동 수행 시 부역노동자의 노동수단 지참, 노예와 같은 다른 노동력의 대동이나 파견, 부역 수행자 아내의 부역노동 보조와 분담, 협업적 공동부역의 상당한 역할 등 고전적 형태의 봉건적 부역노동의 특징적 수행방법들 가운데 맨 뒤에 제시된 공동부역을 제외한 앞의 세 가지 수행방법상의 특징은 노예제적 부역노동제도에서는 볼 수 없는 것들이다. 무제한적 부역노동을 수행했던 노예는 그 어떤 노동수단을 소유하지도 않았고, 그 자신이 소유의 주체가 아니어서 타인의 노동력을 소유하지도 사용하지도 못했으며, 비인격체로서 결혼과 가족생활이 부정되어 합법적인 아내도 존재할 수 없었기 때문이다. 수행방법상의 이런 특징들과는 달리 맨 마지막의 공동작업 형태의 부역 수행이라는 특징은 노예의 부역노동에서도 볼 수 있는 바다. 다만 봉건적 부역노동이 정적부역지와 그 밖의 여러 가지 부역 수행에서 개별적으로 실행되는 경우가 많고 공동부역이 실시되는 경우에도 2~5명씩 소규모로 실시되었던 비해, 로마사회의 라티푼디움과 같은

노예제 대농장에서는 노예들의 공동부역이 대규모로 그리고 일상적
으로 실시되었다는 점에서 차이가 있다.[34] 전술한 고전적 형태의 봉건
적 부역노동의 특징적 수행방법들은 중세 후기의 순수장원제 아래서
도 볼 수 없는 것은 아니다. 그러나 순수장원제 아래서는 곳에 따라 일
부 장원농민들만 연간 며칠씩 특정의 부역노동을 수행했기 때문에, 노
동수단의 지참을 제외하고는 고전장원제하의 특징적 부역노동 수행방
법은 보기 드물고 산발적으로 나타난다. 특히 고전장원제 아래서 흔히
영주직영지의 부역노동 수행에 대동되거나 파견되었던 노예는 노예제
의 쇠퇴와 장원 편입 이후 자유인 출신 농노의 생존여건 악화로 이미
사용되지 않으며, 전반적인 부역노동의 금납화(金納化)와 지대의 생
산물지대화로 농민 아내의 가사부역과 장원농민들의 공동부역도 대폭
약화되거나 거의 사라진다.

　고전적 형태의 봉건적 부역노동의 특징적 수행방법들은 고전장원
제와 봉건적 부역노동제도가 형성되던 시기의 농민의 존재양식을 반
영한다고 할 수 있다. 고전장원에서 장원농민의 주축을 형성한 자유인
출신 농노들은[35] 세력가인 영주에게 인신의 자유와 재산을 상실했지만

34　기원후 1세기경 로마사회의 농업에 관한 귀중한 정보를 담고 있는 『농업론(De Re Rus-
　　tica)』을 저술한 콜루멜라(Lucius Junius Moderatus Columella)는 농장에서 작업하는
　　노예들을 효과적으로 감시하고 통제하기 위해서는 10명을 하나의 작업반으로 편성하
　　는 것이 적당하며 그 이상의 많은 인원으로 조직해서는 안 된다고 했다. 헬무트 쉬나이
　　더(Helmut Schneider), "고대의 노예경제: 로마제국의 경우", H. Schneider, ed., Ge-
　　schichte der Arbeit. Vom alten Ägypten bis zur Gegenwart(Frankfurt/Berlin/Wien:
　　Ullstein, 1983). 헬무트 쉬나이더 외, 한정숙 옮김, 『노동의 역사—고대 이집트에서 현
　　대 산업사회까지』(한길사, 1982), 156~157쪽 참조. 콜루멜라의 이런 당위론적 주장은
　　현실에서는 노예들이 흔히 10명 이상씩 대규모로 조직되어 농업노동을 공동으로 수행함
　　으로써 관리상의 문제가 있었음을 지적한 것이라고 볼 수 있을 것이다.
35　영지명세장들에 의하면 전체 농민보유지 가운데 최초의 농민보유지 보유자가 노예 신분
　　임을 표시하는 노예망스가 보통 10~20% 정도를 차지하고 반자유인망스가 영지에 따라
　　2% 정도 되며, 나머지 압도적 부분이 최초의 보유자가 자유인 신분인 자유인망스다. 이

고전장원제에 편입되기 전에는 생산수단을 소유한 중소의 자유농민들이었다. 그들은 토지와 농기구 및 역축을 소유함은 물론이고 얼마간의 노예를 소유하기도 했다. 농민의 다수는 아내의 도움을 받아 토지를 경작하는 자영농이었으며, 혼자서는 할 수 없는 농사일은 농민들끼리 서로 도우면서 공동으로 처리하는 오랜 공동체적 협업의 전통을 가지고 있었다. 고전적 형태의 봉건적 부역노동 수행방법이 지니는 주요 특징들은 고전장원제에 편입되기 전의 이와 같은 농민의 존재양식상의 특징들이 기본적으로 계승된 결과라고 하겠다.

그렇지만 고전적 형태의 봉건적 부역노동의 특징적 수행방법들은 중소 자유농민의 존재양식이 고스란히 계승되어 형성된 것만은 아니다. 노예 신분 출신이 토지를 분양받아 고전장원의 농민 즉 농노로 편입되면서 이전에 여자노예가 하인으로서 주인집에서 담당하던 의식생활에 관한 부역이 출신신분에 관계없이 장원농민 아내의 일반적 부역 의무가 되기도 했다. 그러나 이런 변화보다 훨씬 중요한 것은 자유농민이 장원의 농노로 변모하면서 그들의 존재양식상의 본래 특징들이 영주의 사적 이익을 증대시키는 것으로 변질되었다는 사실이다. 영주는 자유농민들을 고전장원의 농노로 편성함으로써 농민들이 소유한 노동수단을 무료로 사용할 수 있게 되어 고전장원제 아래서는 노예처럼 직접생산자에게 노동수단을 제공할 필요가 없어졌다. 그리고 자유농민이 사용하던 노예노동이나 품앗이 노동 및 아내의 보조노동도 수확기와 같은 농번기에 무료로 이용할 수 있게 되었으며, 협업의 생산성과 노동통제적 기능도 활용할 수 있게 되었던 것이다.

런 농민보유지 구성비율은 장원농민 가운데 자유인 신분 출신이 절대 다수를 차지했음을 의미한다. 저자의 논문 「고전장원제하의 농민보유지 제도」, 391~395쪽 참조.

2. 부역노동 수행과정상의 특징적 현상

장원의 농노들이 고전적 형태의 봉건적 부역노동을 수행하는 과정에서는 몇 가지 주목되는 특징이 발견된다. 그중에 첫 번째로 지적할 것은, 영주는 농노들이 농번기에 많은 시간을 할애해서 영주직영지의 일을 우선적으로 수행하도록 부역노동의 수행시기와 수행내용을 자신에게 유리하게 자의적으로 결정하여 운용하고 있다는 점이라고 할 수 있다. 앞에서 봤듯이 역축과 쟁기를 지참한 집단적 갈이질부역인 코르베는 대체로 파종기와 같은 농번기에 집중적으로 실시되었다. 또 전술한 바와 같이 토지보유 농노가 영주직영지의 경작부역을 수행하기 위해 2명 정도의 솔거노예나 일꾼을 대동하거나 파견하는 것도 주로 농번기인 수확기에 요구되었다. 농한기에 행해지는 작업은 경작부역 가운데 일부에 지나지 않았다.

영주는 토지보유 농노들에게 갈이질 작업, 포도밭 작업, 풀베기 작업 등 작업과제별로 특정된 부역 외에 특히 농사일의 종류별 작업량을 구체적으로 명시하지 아니한 부역기간, 즉 영지와 장원에 따라 제법 나타나는 무제한적 부역노동뿐만 아니라 매주 3일 정도씩 부과되는 주부역이나 연간 1~3회 부과되는 14일간 또는 15일간의 연부역 또는 월별로 며칠간이나 1~2주씩 부과되는 월부역을 연중 시간적으로 균등하게 배분하여 농노로 하여금 일하게 했던 것이 아니다. 농번기에 집중적으로 배정해서 부역노동을 수행하도록 했던 것이다. 토지소유 현황과 더불어 토지보유 농노의 의무내용을 기재한 영지명세장들에는 보통은 매주 며칠간 일한다든가 몇 회의 연부역을 한다든가 심지어 '언제 어디서든 영주가 지시하는 대로 부역노동을 한다.'든가 하는 식으로 막연하게 기록되어 있지만, 일부 기록에는 토지보유 농노들

이 그런 부역을 어느 때 얼마만큼 수행해야 하는지가 다음과 같이 명
시되어 있다.

주부역과 관련해서 생타망 수도원의 영지명세장 제IV장에 기재된
고전장원에서 종류미상의 망스 보유자들은 '(농한기인) 겨울철에는 매
주 2일씩 부역노동을 하되, (농번기인) 여름철에는 매주 3일간 부역노
동을 한다.'고[36] 하며, 생제르맹 수도원의 영지명세장 제XX장에 기재
된 장원에서는 자유인망스 보유자들이 평상시에는 '매주 3일의 부역
노동을 하되, 수확기에는 매주 4일의 부역노동'을 한다고[37] 한다. 생르
미 수도원의 영지명세장 제VIII장에 기재된 장원에서도 노예망스 보
유자들은 '성 요한의 날(6월 24일)로부터 성 르미의 날(10월 1일)까지
2명의 일꾼을 대동하고 매주 4일씩 부역노동을 수행한다.'고[38] 함으로
써, 부역노동이 농번기에 매주 4일씩 집중적으로 수행되고 있다.

연부역과 관련해서는 바이센부르크 수도원의 영지명세장 제
CXXII장에 기록된 장원에서 종류미상의 망스 보유자들은 수확기인
'7~8월에는 매주 3일씩 부역노동을 하고 (동곡파종을 위한 갈이질이
행해지는) 성탄절 이전과 (휴경지 갈이질 작업이 이루어지는) 6월에 각
각 14일씩 부역노동을 한다.'고[39] 하며, 프륌 수도원의 영지명세장 제
CXIII장과 제CXIIII장에서는 매년 3회씩 14일간이나 15일간 수행해야
하는 연부역을 '(동곡 파종기인) 성 마르틴의 날(11월 11일)과 (포도밭
작업과 하곡지 갈이질 작업이 시작되는) 2월 및 (잡초제거 작업이 행해지

---

36 "⋯ operantur in hieme omni ebdomada dies ,II., in aestate ,III."

37 "⋯; omni ebdomada dies III, et tempora messis dies IIII; ⋯."(제3항)

38 "Facit in unaquaque septimana dies IIII, a missa sancti Johannis usque ad missam
    sancti Remigii, cum operariis II."(제2항)

39 "⋯; in mense iulio et augusto in unaquaque ebdomada ,III. dies facere, ante na-
    talem Domini ,XIIII. dies, in mense iunio similiter, ⋯."

고 휴경지 갈이질 작업이 시작되는) 5월에 각각 1회씩'[40] 실시하도록 하고 있다. 생르미 수도원이나 몽티에랑데르 수도원의 영지명세장에는 15일간의 연부역도 곡식이나 포도의 수확기에 실행하도록 특별히 지정되어 있기도 하다.[41]

이와 같이 영지명세장들의 일부 기록에서 부역노동이 농번기에 집중되어 있는 것은 고전장원제라는 봉건적 토지소유가 형성되는 과정에서 영주가 권력을 이용하여 장원농민의 부역시기를 자신에게 유리하게 설정한 결과라고 하겠다. 부역노동의 농번기 집중으로 틀림없이 농노는 자신의 보유지에서 농사일의 적기를 놓쳐 수확의 손실을 겪지 않을 수 없었을 것이다.

그러나 전술한 바와 같이 영지명세장들의 기록에는 농노의 부역시기를 농번기로 특별히 지정하지 않고 그냥 주부역, 연부역, 월부역, 무제한적 부역 등을 한다고만 되어 있는 경우가 훨씬 많다. 이런 경우에는 부역노동의 구체적 수행시기와 실제내용은 영주나 그의 대리관리인의 자의에 의해 그때그때 결정되기 마련이다. 이에 따라 농노 자신의 보유지 경작을 위한 노동은 수시로 중단되고 방해받아 결과적으로 수확량이 줄 뿐만 아니라, 농노의 일상생활도 만성적인 불안정성을 면치 못했을 것이다.

고전적 형태의 봉건적 부역노동이 수행되는 과정에서 나타나는 특징적 현상으로서 두 번째로 들 수 있는 것은 농노가 장시간의 부역

---

40 "Tres .XIIII. noctes. vnam ad missam s. martini. aliam in februario. terciam in maio."(제CXIII장); "Tres .XV. noctes. unam ad missam s. martini. aliam in februario. terciam in maio."(제CXIIII장)

41 예컨대, "…, tempore vindemię dies XV …"(*Polyp. de St. Remi*, 제XIV장. 그 밖에 제 XVII, XVIII장도 참조); "… et in messem facit unusquisque dies XV, …."("Polyp. de Montiérender", 제I장. 그 밖에 제III장도 참조.)

노동에 시달리고 영주로부터 여러 가지 통제와 제재를 받았다는 사실이다. 이에 관한 기록은 영지명세장을 비롯한 일반 문헌에서는 찾아보기 어렵고, 800년경의 '장원관리령'과 같은 프랑크왕국의 칙령들에서 일부 발견될 뿐이다. 그렇지만 앞에서 말한 바와 같이 카롤링시대의 왕령지도 고전장원제로 조직되어 경영되었으며, 프랑크왕국의 왕들, 특히 카롤루스 대제는 800년경 '장원관리령'과 같이질 수단의 지참수준에 따른 부역노동 일수를 규정한 '르망 칙령' 및 810년경 '영지명세장 작성의 모범적 사례 칙령' 등을 반포함으로써 왕령지뿐만 아니라 교회와 세속귀족의 대소유지에서도 고전장원제가 정착되도록 많은 노력을 기울였다. 그렇기 때문에 장원에 관한 이들 칙령의 규정은 고전장원제로 조직된 일반 영지에도 유효하다고 할 수 있다.

하루의 부역노동 시간과 관련하여 앞에서 인용한 바 있는 '르망 칙령'에서 $\frac{1}{4}$쪽의 'factus'라는 농민보유지를 보유하고서도 "어떤 역축도 갖지 못한 사람은 아침부터 저녁까지(a mane usque ad vesperum) 3일간 손일을 해야 한다."고 했다. 또 같은 칙령에서 "$\frac{1}{4}$쪽의 팍투스를 보유한 사람은 그의 역축과 쟁기를 가지고 가서 영주의 밭에서 꼬박 하루를(pleniter unum diem) 갈아야 하고"라고 한다. 이런 기록으로 볼 때, 토지보유 농민이 영주직영지에서 하루 동안 부역노동을 수행하는 시간은 이른 아침부터 어두워지는 저녁때까지라고 할 수 있다. 봄부터 가을까지는 특히 위도가 높은 서유럽에서는 낮이 매우 길므로, 장원 농민들이 영주직영지에서 부역노동을 하는 시간은 북위 48°51′24″에 위치한 파리를 기준으로 하루에 최소 10시간 정도에서 최대 16시간에 이를 정도로[42] 길었다고 할 수 있다.[43]

---

42 http://www.timeanddate.com/sun/france/paris 참조.
43 B. H. Slicher van Bath, 『서유럽 농업사』, 256~257쪽에서 13세기 잉글랜드의 장원농

272

한편 영주 측은 토지보유 농노가 부역노동 수행에 집중하도록 하기 위해 이에 지장이 될 만한 행위들은 여러 가지로 단속했다. '장원관리령' 제5조에서 '사법관(iudex)'이라고 불린 영지 관리인들은 '농사철에 각자 맡은 곳에서 작업이 잘 수행되도록 감독하고 지시해야 한다.'고[44] 하는 데서 보듯이, 토지보유 농노들은 부역노동을 수행하는 과정에서 관리인의 감시감독을 받았다. 그리고 같은 칙령 제54조에서는 "각 사법관은 우리의 예속민들이 그들의 일을 잘 수행하도록, 그리고 시장에 한가히 놀러가지 않도록 감시해야 한다."고[45] 하고, 제29조에서는 "우리의 예속민들의 탄원과 관련하여, 각 사법관은 우리에게 탄원하러 올 필요가 없도록, 그리고 태만하여 부역노동을 해야 하는 날들을 허비하지 않도록 감독해야 한다."고[46] 한다. 이들 규정은 농노들이 부역노동을 부지런히 수행하도록 하기 위해 그들의 시장출입이나 탄원을 위한 출타를 단속하고 있음을 보여 준다. 또 같은 칙령 제4조에서는 '예속민이 속이거나 훔치거나 또는 태만히 하는 경우에는 배상하고 법에 따라 구타의 처벌을 받아야 한다.'고[47] 하여, 사기와 절

민이 부역노동을 수행하는 시간은 해 뜰 때부터 정오까지였기 때문에 하루의 작업은 실제로는 반나절에 지나지 않는다고 하지만, 북부 갈리아 지역에서는 그렇지 않았던 것으로 보인다.

44 "Quando iudices nostri labores nostros facere debent, …, unusquisque in tempore laboris ad unumquemque locum **praevideat ac instituere faciat** quomodo factum sit, ut bene salva sint."

45 "Ut unusquisque iudex praevideat, quatenus familia nostra ad eorum opus bene laboret et per mercata vacando non eat."

46 "De clamatoribus ex hominibus nostris unusquisque iudex praevideat, ut non sit eis necesse venire ad nos proclamare et dies quos servire debet per neglegentiam non dimittat perdere."

47 "Si familia nostra partibus nostris aliquam fecerit fraudem de latrocinio aut alio neglecto, illud in caput conponat; de reliquo vero pro lege recipiat disiplinam vapulando, …."

도 행위는 물론이고 부역노동 등의 의무이행을 소홀히 하는 경우에도
장원농노들이 벌금을 물고 채찍으로 맞는 신체형을 당하기도 했음을
볼 수 있다.

고전적 형태의 봉건적 부역노동이 수행되는 과정에서 볼 수 있는
세 번째의 특징으로는 고전장원제 아래서 영주는 장원의 농노들에게
영주직영지의 경작과 직접적 관련이 없으면서도 성가신 부역노동을
부과하고 그 수행과 관련하여 문제가 발생하면 물질적으로 보상케 하
는 횡포를 부리곤 했다는 점을 들 수 있다. 이를테면, 프륌 수도원이나
바이센부르크 수도원의 영지명세장에 의하면 여러 장원에서 토지보유
농노는 방목이 불가능하고 식량조차 부족한 겨울철에[48] 영주의 돼지
를 1~5두씩 받아 자신의 부담으로 11월 11일 성 마르틴의 날로부터
4월 초순 전후의 부활절이나 5월에 이르는 긴 기간 동안 사육해야 하
거나,[49] 가끔 돼지뿐만 아니라 소나 양을 1두 이상 사육해야 했다.[50] 더
욱이 프륌 수도원의 영지명세장 제CXIII장에 따르면 토지보유자들이
영주의 가축을 단순히 사육하는 데 그치지 않고, "만약 그 가축을 잃게
되면 자신의 부담으로 보상해야 한다."고[51] 하고 있다. 이 기록은 무보
수로 영주의 가축을 사육하는 중에 잃은 경우에도 사육을 담당한 농노
가 보상 책임을 졌음을 밝힌 것이다. 여기서 가축을 잃는 경우란 사육
가축을 말 그대로 잃어버리고 찾지 못하는 경우뿐만 아니라, 도난당하

---

48 고전장원의 농노들은 그들의 총수입 가운데 파종용 씨앗, 영주에 대한 공납, 십일조 등
    을 제외하면 만성적인 식량 부족난에 시달렸다. 저자의 논문 「고전장원제하 농민의 생
    활수준」, 4~32쪽 참조.

49 "Polyp. der Prüm", 제XXXII, CXIII, CXIIII, CXVI장; *Polyp. von Wizenburg*, 제III, V,
    XI, XVII, XVIII, XX, XLVI, LXXIII, LXXIV, CCXXVIIII, CCXLI, CCLXXXIX장.

50 *Polyp. von Wizenburg*, 제CCLVI~CCVII, CCLIX장.

51 "Ad missam s. martini debet unusquisque unum pecus sui senioris accipere. et nu-
    trire de suo usque ad pascha. **quod si perdiderit. componit (reddet) de suo.**"

거나 병사(病死)하거나 또는 사고로 사상(死傷)하는 경우도 포함하는
것으로 추측된다.

　농노들은 자신이 설치한 울타리를 통한 절도 사건이 발생해도 보
상해야 했다. 고전장원의 토지보유 농노들은 흔히 영주직영지의 농경
지와 더불어 영주의 저택에도 울타리를 설치하는 부역노동을 수행해
야 했다. 그런데 프륌 수도원의 영지명세장 제CXIII장에 의하면 영주
저택에 밤사이 도둑이 침입했다면 도둑이 빠져나간 울타리 부분의 작
업을 담당한 망스 보유자가 그 손실을 보상해야 했으며, '만약 울타리
전체를 통해 도망갔다면'[52] 장원의 전체 망스 보유자들이 보상해야 했
던 것이다.

　또 농노들은 장원을 방문한 영주를 접대하면서 절도로 인해 발생
한 피해도 보상해야 했다. 프륌 수도원의 영지명세장 제CXIII~CXIIII
장에 따르면 영주가 장원을 방문하여 체류하는 동안, 4개 망스 보유자
끼리 공동으로 자신들의 나무를 가져와 난방을 하고, 불을 밝히며, 밤
낮으로 꼬박 하루 동안 그의 기마들을 지키며, 영주의 다음 숙박소까
지 수레나 말로 지시된 물건들을 운반해야 했다. 이 경우에도 역시 영
주가 숙소에서 도둑을 맞았다면 영주를 접대한 농노들이 그 손실을 보
상해야 했다. 한편 독일 자를란트 주 소재 메틀라흐 수도원의 영지명
세장에 의하면 영주는 장원을 방문하여 농노들에게 연회를 베푸는 경
우에 토지보유 농노들에게 연회용 돼지를 바치게 했으며, 연회를 베
풀지 않아도 연회 명목의 금전을 징수하는 횡포를 부렸다. 이 영지의
빌라모나스테리움 장원에 관한 10세기 중엽의 기록에서 "또한 전술한
농민보유지들은 언제나 두 번째 해에 영주가 그들에게 연회를 베푸는

52　"et per totam" 원문에는 이렇게 표현되어 있지만, 아마도 어느 부분을 통과하여 달아났
　　는지 모르거나 출입문을 통해 도망갔을 경우를 뜻하는 것으로 짐작된다.

경우, 6드니에 가격 상당의 돼지를 바쳐야 하며, …. 만약 영주가 그들에게 연회를 베풀지 않으면 단지 4드니에만을 바친다."고[53] 하고 있다. 이와 같이 영주는 자신의 소유물을 분실하거나 절도를 당한 경우 농노들에게 직접적 책임이 없음에도 불구하고 포괄적으로 그 책임을 덮어 씌워 물질적 손실을 보상케 하고 온정을 베푸는 명목으로 금전을 징수하거나 그 비용을 농노들에게 물게 하는 행패를 부리곤 했다.

넷째, 영주직영지의 경작에 쓰이는 자재도 농노들이 부담하는 경우가 잦았다는 점도 고전적 형태의 봉건적 부역노동 수행과정에서 보이는 특징들 가운데 하나라고 할 수 있다. 고전장원의 토지보유 농노들이 영주직영지에서 영주를 위한 부역노동을 수행하는 과정에서 소요되는 종자나 재료는 아무리 봉건사회라고 할지라도 마땅히 영주가 부담해야 할 것이다. 그러나 실제로는 그렇지만은 않다는 사례에 관한 기록이 제법 많다.

생제르맹 수도원의 영지명세장 제XIX장 제7항에서 자유인망스 보유자는 "특별한 은총을 입은 때문에, 동곡파종을 위해 1개의 정적부역지를 갈이질하고 자신의 씨앗으로 파종하며 하곡파종을 위해 2ptc를 갈이질하는 것을 제외하고는 아무런 의무를 이행하지 않는다."고[54] 한다. 이 기록에서 하곡파종 시에는 그렇지 않지만 동곡을 파종하는 정적부역지(antsing)에 농노 자신의 씨앗으로 파종하고 있다. 이 기록에는 농노가 부담하는 파종용 씨앗이 얼마만한 분량인지 제시되어 있지 않지만, 프륌 수도원과 생모르 수도원의 영지명세장에는 파종분량이

---

53 "Debent autem omnes predicte obe secundo semper anno, si eis dominus convivium fecerit, solvere porcum valentem vi denarios; …. Quod si dominus eis convivium non fecerit, IIII tantum denarios solvant. …."(p. 340)

54 "…, propter mercedis causam, nihil solvit, nisi unam antsingam arat ad hibernaticum et **seminat de suo**, et ad tramissum perticas II."

명시되어 있다. 전자의 명세장 제CXIII장과 CXVI장에서는 반자유인 망스 보유자가 각각 3iug(iugerum)[55] 크기의 영주직영지를 갈이질하고 자신의 곡식으로 2md의 호밀을 파종한다고 하며, 후자의 명세장 제9장에서는 종류미상의 망스 보유자가 영주직영지에 울타리를 설치한 후 거기에다 "자신의 밀로 2md를 파종한다."[56] 1md는 대략 60리터쯤 되었다고 할 수 있다. 그런데 고전장원제 아래서 1개 농민보유지의 파종에 드는 씨앗의 분량은 1,679~2,047리터였다.[57] 따라서 장원농민이 영주직영지의 파종용으로 사용하는 자신의 씨앗 2md 즉 120리터는 농민이 자신의 보유지에 사용하는 파종용 씨앗의 5.9~7.1%에 해당하는 것으로, 평소 빈곤을 면치 못한 장원농민의 형편에서는 결코 가벼운 부담이라고 보기 어려울 것이다. 한편 바이센부르크 수도원의 영지 명세장 제XVIII장과 제LXXIII장에 기재된 두 장원에서는 토지보유자들이 각자 영주직영지를 봄에는 똑같이 2jr씩 갈이질하지만 가을에는 2jr이나 3jr씩 갈이질하고 이 중에 1jr을 자신의 씨앗으로 파종해야 한다. 따라서 장원농노는 각자가 갈이질하는 영주직영지의 가을 갈이질 면적의 $\frac{1}{3}$ 내지 $\frac{1}{2}$을 그 자신의 곡식으로 파종한 셈이 된다.[58]

고전장원제 아래서 농노는 영주직영지의 파종용 씨앗뿐만 아니라 시비용 거름도 스스로 부담하곤 했다. 영주직영지의 경작에 필요한 거

---

55 B. Guérard, *Prolégomènes*, pp. 167, 170, 197에 의하면 1iug의 크기는 0.2528ha쯤 되었다.
56 "Facit pecturam in cultura dominicata et **seminat ibi de suo tritico modios .II.**"
57 저자의 논문 「고전장원제하 농민의 생활수준」, 23, 54쪽 참조.
58 또 프륌 수도원의 영지명세장 제XXIX장과 '영지명세장 작성의 모범적 사례 칙령' 제8 조에서 망스 보유자들이 일정 용량의 아마씨(semen lini)를 영주에게 공납한다. 이로 미뤄 볼 때, 비록 기록상으로는 찾아보기 어렵지만 고전장원에서 토지보유 농노들은 영주직영지에 소요되는 곡식의 씨앗뿐만 아니라 파종용 아마의 일부도 농민 스스로 부담했을 가능성이 있다고 하겠다.

름은 그 자체에서 생산되는 것을 사용함이 마땅하다. 그럼에도 불구하고 일부 기록에는 농노 스스로가 생산한 거름을 영주직영지에 실어 날라 시비하기도 한다. 프륌 수도원의 영지명세장 제I장에 기록된 장원에서 노예망스 보유자들은 각자 영주의 밭으로 "그 자신의 거름을 5수레 운반한다."고[59] 하고, 동 제XLV장에 기재된 빌란티아 장원의 루빈(Lubin) 마을에서 1개의 망스를 공동으로 보유한 농민들은 "갈이질하고 그들의 거름으로 $\frac{1}{2}$jr을 시비한다."고[60] 한다. 그리고 같은 명세장 제LX장 및 제LXXXIX장에 기재된 장원들에서는 망스 보유자들이 각자 자신이 생산한 거름을 영주에게 5수레씩 바친다. 중세의 거름은 가축의 똥오줌과 짚이나 풀이 혼합되어 썩힌 두엄이어서, 그 생산이 제한적일 수밖에 없었다.[61] 더욱이 가난한 농민들은 식량을 최우선적으로 확보해야 했으므로 사료생산용 초지가 매우 작아 많은 가축을 기를 수 없었고 거름생산도 매우 적은 실정이었다. 거름 공납으로 인한 농민보유지의 시비부족은 농민의 소출 감소로 이어진다.

고전장원의 토지보유 농노가 영주직영지에서 수행하는 잡역에 소요되는 물자도 농노 스스로 제공하는 경우가 제법 있었던 것으로 보인다. 그 대표적인 것이 토지보유자들의 아내가 영주직영지에 특별히 설치된 직조장에서 수행하는 베짜기 작업이었다. 물론 베짜기부역 수행 과정에 소요되는 아마나 양모 역시 영주의 것을 사용하는 것이 원칙이었다. 이에 관해서는 일부 기록도 존재한다. 바이센부르크 수도원의 영지명세장의 제LXI, CCLVII장에서는 망스 보유자의 아내는 '영주의

---

59 "⋯. ducit **de suo fimo carras** .V."
60 "Arant. et **fimant de illorum fimum iornalem dimidium.** ⋯."
61 중세 전기에 두엄 생산량은 시비가 필요한 전체 경지면적의 10~30%밖에 되지 않을 정도로 매우 적었다. 저자의 박사학위 논문 「고전장원제하의 농업경영」, 154~156쪽 참조.

양모로 일정 크기의 모직물을 짠다.'고[62] 하고, 동 제CCLXXXI장에서
는 노예망스 보유자가 '영주의 아마로 일정 크기의 아마포를 짠다.'
고[63] 하며, 동 제CCXXXIII, CCLIX장에서도 역시 노예망스 보유자는
'영주의 아마로 일정 크기의 아마포를, 영주의 양모로 모직물을 짠다.'
고[64] 한다. 그러나 아마포나 모직물을 영주의 재료로 하는지 농노 자신
의 재료로 짜는지에 관한 기록이 이례적으로 제법 많이 명시되어 있는
바이센부르크 수도원의 영지명세장에는 제공되는 재료가 영주의 것이
라는 기록에 못지않게 농노 자신의 것이라는 기록도 꽤 많다. 이 영지
명세장 제LVI, CLXII, CCII장에서는 망스 보유자가 '일정 크기의 아마
포를 자신의 아마로 짠다.'고[65] 명기되어 있으며, 동 제CCXXXV장에
서는 '모직물을 자신의 양모로 짠다.'고[66] 명시되어 있다.

　　다섯째, 고전적 형태의 봉건적 부역노동 수행과정에서 보이는 특
징 가운데 또 하나 들 수 있는 것은 영주가 부역노동을 비롯한 농노의
의무이행을 담보하는 장치로써 벌금부과, 구타와 같은 체벌, 보상 내
지 배상, 연체료 부과 등의 방법을 사용했다는 점이다. 앞에서 본 바와
같이 '장원관리령' 제4조에 따르면 영주직영지에서의 농노의 사기, 절

62　"…, sarcile .I. **ex lana dominica**, longitudine .X. cubitorum, latitudine .IIII., …"(제
　　LXI장); "…, due mulieres **ex lana dominica** sarcile .I.; …"(제CCLVII장)

63　"…, camisile .I. **de lino dominico**, longitudine .X. cubitorum, latitudine .IIII., …"

64　"…, camisile .I. **de lino dominico**, longitudine cubitorum .X., latitudine .IIII., et .II.
　　sarcile .I. **ex lana dominica**, …"(제CCXXXIII장); "…, camisile .I. de lino dominico,
　　longitudine cubitorum .XII., latitudine .IIII., et dimidius, **de lana dominica** .II.
　　mulieres sarcile .I., …"(제CCLIX장)

65　"…, camisile .I. longitudine cubitorum .VII., latitudine .IIII., **de proprio lino**, …"
　　(제LVI장); "…, mulieres eorum **ex proprio** lino camisile .I. longitudine cubitorum
　　.XI., latitudine .IIII., …"(제CLXII장); "…, camisile .I. **de proprio lino** longitudine
　　cubitorum .X., latitudine .IIII., …"(제CCII장)

66　"…; et .II. sarcile .I. **de proprio lana** longitudine cubitorum .VI. et dimidium, latitu-
　　dine .III. et dimidium; …"(제CCXXXV장)

도, 태만 등에 대해서는 그로 인한 손해를 배상케 하고 구타에 의한 처벌이 가해졌다. 구타 방식의 체벌은 농노를 인격성이 부정된 고대의 노예처럼 다루는 것으로, 농노의 의무이행을 강제하는 직접적이고도 매우 강력한 수단이라고 할 수 있다. 영주직영지에서 농노가 저지르는 사기, 절도, 태만으로 인한 영주의 물적 손해에 대한 배상제도는, 전술한 바 있듯이 겨울철 영주로부터 위탁받은 가축사육 중 발생한 손실에 대한 보상, 제삼자에 의한 영주저택의 절도로 인한 손실에 대한 울타리 설치자의 보상, 장원방문 영주를 접대하는 중 발생한 손실에 대한 접대농노의 보상 등에서 보듯이 구체적이면서도 광범하게 적용되고 있다. 이러한 배상 내지 보상 제도는 농노에게 직접적인 책임이 없더라도 단지 농노가 관련부역을 담당했다는 이유만으로 부역 수행 농노에게 피해에 대한 보상책임을 전가하는 것이 특징이라고 할 수 있다.

또 영주는 농노가 의무를 제때에 이행하지 않는 경우에는 연체료나 과태료를 물게 하는 제도를 실시하기도 했다. 예컨대, 995년 로렌 지방 메스 시 인근에 소재한 고르즈 수도원은 어떤 사람에게 1개의 반쪽망스(mansus dimidius)와 5jr 크기의 토지를 빌려주면서 '지대로 매년 25드니에(denarius)를 지불하되, 지대의 지불을 지체하거나 태만히 하는 경우에는 임차지를 잃지는 않지만 배상해야 한다.'고[67] 하고 있다. 또 11세기 말의 생제르맹 수도원의 영지에서도 이처럼 정해진 금액의 화폐지대 지불이 8일 이상 지체되면 배상해야 했다.[68] 뒤의 두

---

67 "Statuimus etiam ut proinde annis singulis denarios XXV in censum persolvat; unde **si tardus aut negligens extiterit, cum lege componat**, sed adeptam terram minime perdat; …."[*Cart. de Gorze*, no. 121(p. 219)]

68 "…, concessimus, … de terra Sti Germani pertinentem ad capitium, duas perticas et dimidiam in longitudine, et très perticas et dimidiam in latitudine, sub censu sep-

가지 사례는 고전장원제가 쇠퇴하는 후기에 화폐지대 지불의 연체에 관한 것이지만, 고전장원제 아래에서 농노들이 부역과 같은 의무이행을 게을리하거나 지체하면 연체료나 과태료를 물어야 했다는 방증으로 볼 수 있다. 영주를 위한 이와 같은 일방적인 손해배상제와 연체료 제도는 농노가 그에게 부과된 의무와 부담을 반드시 완수하게 하는 안전장치일 뿐만 아니라, 농노의 부담을 가중시켜 영주의 수입을 증대시킬 수 있는 수탈장치였다고도 할 수 있을 것이다.

마지막으로, 고전적 형태의 봉건적 부역노동의 수행과정에서 나타나는 특징으로 들 수 있는 것은 농노들은 부역노동의 수행기간에 음식물조차도 제대로 제공받지 못했다는 사실이다. 농민보유지 보유자들이 영주를 위해 수행하는 부역노동은 영주의 토지독점과 경제외적 강제로 인해 농민의 잉여노동이 무료로 고스란히 영주에게 수취된다는 점에서 무상의 노동이라는 완전한 착취적 성격을 지니고 있다. 따라서 무상의 노동을 시킬 경우에는 식사라도 제공해야 마땅하다. 일찍이 무상의 강제노동을 무제한 수행했던 노예도 주인으로부터 평상시 급양되는 외에 특별한 추가적 노동 수행 때에는 음식물을 제공받기도 했다. 이런 흔적은 생르미 수도원의 영지명세장 제XI장 제8항에도 남아 있다. 이 기록에서 노예망스를 보유한 노예 신분의 농노는 정적부역과 코르베 및 약간의 공납 의무를 지는 외에도 "음식을 제공받는다면, 지시받는 모든 부역노동을 수행한다."고[69] 하고 있다. 이렇듯 노예도 음식물을 제공받았듯이 장원농민 역시 무상의 강제노동인 부역노

---

tem denariorum in festo Sancti Andreę annuatim persolvendo; ⋯. **Si autem census ultra octo dies predictæ festivitatis tardaverit, lege persolvat** et minime perdat."(R. De Lasteyrie, ed., *Cart. de Paris*, no. 124[p. 149])

69 "Facit omne servitium sibi injunctum, si præbendam habuerit."

동을 수행하는 때에는, 당연히 그때마다 음식물이라도 제공받아야 했을 것이다. 그러나 다음에서 보듯이 제공받지 못하는 경우가 많았다.

　부역노동을 수행하는 농노의 급식에 관한 기록은 그리 많지 않지만, 영지명세장들 가운데서는 역시 프륌 수도원의 영지명세장에 비교적 많은 편이다. 이 명세장에서 음식제공에 관한 기록이 나타나는 것은 제I, XXIV, XLV~XLVIII, CXV장 등 7개 장이다. 이들 기록에 의하면 장원별로 부역노동의 종류에 따라 제공되는 음식물의 종류와 분량에는 차이가 있다. 농노는 부역노동의 종류와 기간에 따라 몇 개의 빵, 또는 때로 빵과 약간의 세르부아즈주, 또는 가끔 빵과 세르부아즈주 및 몇 조각의 고기 등을 영주로부터 제공받고 있다. 그러나 여기서 다루고 있는 이 장의 주제와 관련하여 음식의 종류와 분량보다 중요한 것은 어떤 종류의 부역에 음식이 제공되느냐 하는 것이다.

　이 명세장의 기록에 의하면 코르베를 제외하고 여타 종류의 부역노동에는 같은 종류의 부역이라 하더라도 음식물 제공이 일정하지 않다. 이를테면, 전술한 7개 장에 기록된 장원들 모두에서 농노들에게 주부역이 부과되고 있지만, 주부역의 수행 때 음식이 제공되는 것은 제XXIV장과 제CXV장에 기재된 장원들뿐이다. 그리고 제XXIV장의 장원을 제외하고 6개 장원 모두에서 일정한 면적을 갈이질해야 할 정적부역 의무가 농노들에게 부과되고 있으나, 음식이 제공되는 장원은 제XLV장과 제XLVIII장의 장원들뿐이다. 또 울타리 설치 부역도 제I, XXIV, XLVIII, CXV장의 장원들에서 부과되지만, 이 부역 수행 시 음식이 제공되는 것은 제XLVIII장의 장원뿐이다.

　음식이 실제로 제공되지 않는 부역에 대해서는 구태여 음식이 제공되지 않는다고 명기할 필요가 없었겠지만, 그럼에도 불구하고 굳이 음식이 제공되지 않는다고 명기되어 있는 경우도 있다. 프륌 수도원의 영지명세장 제I장의 장원에 관한 기록에서 15일간의 연부역과 건초수집 부역 및 코르베 수행 때는 빵과 세르부아즈주 및 고기가 제공된다고 하면서, "다른 때는 아무 것도 (제공되지) 않는다."고[70] 명시되어 있다. 전술한 바 있듯이 제XXIV장에서는 이례적으로 '부역농민들에게 제공되는 음식의 종류(Qualis prebenda detur illis)'라는 제목 아래 부역노동의 종류별로 제공되는 식사의 종류와 분량이 상세히 기록되어 있다. 그런데 여기서 갈이질 공동작업반과 포도밭의 공동작업반에게는 음식이 제공되지만, "포도수확 공동작업반에게는 아무런 음식이 제공되지 않는다."고[71] 한다. 급식되지 않음을 명시한 이와 같은 기록들은 영지명세장에 급식을 명기한 경우 외의 부역노동에 대해서는 음식이 제공되지 않았음을 확인시켜 주는 것이라고 볼 수 있다. 프륌 수도원 영지명세장의 급식에 관한 기록으로 미뤄 볼 때, 대체로 평상시의 주부역이나 정적부역 시에는 음식제공이 드물고 장거리 수송부역이나 건초부역 또는 농작물의 수확부역 또는 15일간의 연부역 등 특별히 힘들고 구체적으로 지시되는 성격을 띠는 부역의 경우에만 음식물이 제공되는 경향이 있다고 할 수 있다.

프륌 수도원의 영지명세장 외에 생제르맹 수도원의 영지명세장 제IX장 제153, 304항과 제XIII장 제1, 77항, 생르미 수도원의 영지명세장 제X장 제6항과 제XI장 제2, 8항, 생모르 수도원의 영지명세장 제10장 등에 토지보유 농노의 부역노동 수행에 관한 급식 기록이 약간 나타난다. 프륌 수도원의 영지명세장에서는 급식 기록이 있는 장원들에서 수행되는 모든 코르베에 대해 음식이 빠짐없이 제공되고 있지만, 전술한 바 있듯이 나머지 이들 명세장의 기록에서는 코르베 수행 때마

---

70 "⋯. alio tempore nichil."
71 "Centena ad uindemiandum. nichil ei detur."

다 음식이 제공되지는 않는다. 생제르맹 수도원의 영지명세장 제IX장 제153항과 제XIII장 제1, 77항에서는 음식이 제공되는 코르베는 2차 나 4차 수행 이후부터이고 1차나 3차까지의 코르베 수행에 대해서는 음식이 제공되지 않는다. 생모르 수도원의 영지명세장 제10장에서도 "10월에 가능한 한 빵과 포도주를(Mense octobrio panem et vinum, si esse potest.)" 제공한다고 함으로써, 코르베를 수행하더라도 반드시 음식이 제공되지 않고 음식제공은 영주의 의지에 달려 있음을 시사하고 있다.

프륌 수도원의 영지명세장을 제외한 이들 나머지 수도원의 영지 명세장에는 코르베에 관한 이런 기록 외에 부역노동 수행 때마다 영주 로부터 음식이 제공된 것이 아니었음을 증언하는 기록이 더러 발견된 다. 생르미 수도원의 영지명세장 제X장 제6항에서 망스 보유자는 "빵 없이 포도수확 부역을 15일간 수행하고, 그 후 부역이 있는 만큼 빵을 제공받는다."고[72] 한다. 이 명세장의 제XI장 제2항은 '가난 때문에 토 지를 보유할 수 없는 자유인이 있다면, 7명의 동료농민의 증명을 통해 음식을 제공받아 수확기에 3일간 부역노동을 한다.'고[73] 한다. 이 기록 은 특별히 가난한 농노의 수확부역 수행 때 음식이 제공된다고 함으 로써 그렇지 않은 농노의 수확부역에 대해서는 음식이 제공되지 않았 음을 시사한다. 다른 한편 같은 제2항에서는 자유인망스 보유자가 "스 스로의 음식을 지참하고"[74] 풀베기 부역을 한다고 특별히 명시되어 있

---

72 "Facit ad vindemiam dies xv **sine pane**, et postea quantum opus est cum pane; ···."
73 "Denique si fuerit aliquis ingenuus qui propter paupertatem mansum vel partem quamlibet mansi tenere non possit, debet hoc probare a septem suis paribus. Cum vero probatum hoc habuerit, facit suo seniori, tempore messis, dies III. cum prębenda sibi data; sin autem dabit, propter hoc, denarium I et dimidium."
74 "···, cum sua prebenda, ···."

다. 이 기록은 단순히 토지보유 농노가 스스로 음식을 지참해 가서 풀베기 부역을 수행했다는 사실만을 말하는 것이 아니라, 부역노동에 영주가 음식을 제공한다고 밝힌 경우 외에는 토지보유 농노가 영주직영지에서 부역노동을 수행할 때 스스로 음식을 가지고 가서 수행했다는 평상시의 관행을 은연중 표현한 것이라고도 볼 수 있다. 일반적으로 고전장원에서 음식물은 관습적이고 정상적인 부역기간에는 제공되는 경우가 드물고, 그 이상의 특별히 힘든 초과부역의 경우나 농민 가운데 극빈자의 경우에만 특별히 제공되었다고 할 수 있을 것이다.

지금까지 고전적 형태의 봉건적 부역노동이 수행되는 과정에서 나타나는 특징적 현상으로는 여섯 가지가 제시되었다. 하나는 영주가 수부역을 비롯한 정기부역을 주로 파종기나 수확기와 같은 농번기에 맞춰 부과했다는 점이다. 둘째, 영주는 장원의 농노들에게 해 뜨는 아침부터 해 지는 저녁까지 장시간 부역노동을 시키고 농노가 부역노동 수행에 집중하도록 하기 위해 부역노동 수행을 감독하고 부역 수행을 방해할 수 있는 행위를 통제했다는 것이다. 셋째, 농노들에게 겨울철 영주의 돼지사육, 영주저택의 울타리 설치, 영주의 장원방문 시의 접대 등과 같은 특별한 부역노동을 부과하고는 이와 관련하여 절도 따위를 통한 피해가 발생하면 배상책임을 부역 수행 농노들에게 떠넘겼다는 것이다. 넷째, 파종용 씨앗, 거름, 아마 등과 같은 농업용 내지 제조용 자재의 일부를 농노들로 하여금 부담케 했다는 점이다. 다섯째, 연체료와 벌금 부과, 구타와 같은 신체형 시행 등을 통해 부역노동의 이행을 강제하고 부수입을 취했다는 것이다. 마지막으로 부역노동이 무보수 노동임에도 불구하고 농노는 부역노동을 수행할 때 식사조차 제대로 제공받지 못했다는 사실이다.

고전적 형태의 봉건적 부역노동이 실행되는 과정에서 볼 수 있는 이와 같은 특징적 현상 가운데는 노예제적 부역노동과 유사한 부분이 있다. 장시간 노동과 노동의 감독 및 통제, 구타 따위가 그런 것이다. 역사적으로 농노제와 노예제의 유사성은 바로 이런 점에 있다고 할 수 있을 것이다. 그렇지만 나머지 대다수의 특징들은 노예의 부역노동에서는 볼 수 없는 것들이다. 돼지사육과 장원방문 영주의 접대과정에서 발생한 재산손실에 대한 농노들의 보상, 씨앗을 비롯한 농업용 자재의 일부 부담, 연체료와 벌금의 부과와 징수, 식사가 제공되지 않는 많은 부역노동 수행 등 여타의 특징들은 봉건적 부역노동 수행자인 농노가 노예와는 달리 농민보유지를 토대로 한 독자적이고 자율적인 경제생활과 가족생활을 영위함을 전제로 한다. 부역노동의 농번기 집중이라는 현상은 농업에 종사하는 노예의 부역노동에서도 마찬가지로 나타나는 것이지만, 그렇다고 하더라도 영주가 장원농노의 노동을 일 년 내내 독점하지 않고 농노 자신의 보유지를 경작할 수 있는 어느 정도의 말미를 남겨 두는 배려를 하지 않으면 안 되었다는 점은 자신의 보유지를 가지지 못한 노예의 부역노동에서는 볼 수 없는 것이다. 한편 고전적 형태의 봉건적 부역노동의 수행과정에서 나타나는 전술한 특징들 가운데 다수는 순수장원제 단계에서는 부역노동이 전혀 부과되지 않거나 부과되는 곳에서도 대폭 축소되기 때문에 크게 약화되거나 거의 사라진다. 다만 그런 가운데서도 부역노동이 농번기에 집중되는 경향은 여전히 남아 있으며, 연체료와 벌금 제도는 지대가 생산물지대나 화폐지대로 된 순수장원제 단계에서 오히려 강화된다.

그러나 고전적 형태의 봉건적 부역노동의 실행과정에서 보이는 특징들이 노예의 부역노동 수행과정에서 보는 것과는 크게 달라졌다고 할지라도, 그 모두가 부역노동의 강도를 높이거나 농노들에게 물질적 부담을 부과함으로써 농노들을 착취하고자 했다는 점에서는 공통된다고 할 수 있다. 전술한 봉건적 부역노동의 수행방법상의 특징들도 모두 영주가 무료로 노동수단과 추가노동력을 사용하거나 노동생산성 향상의 효과를 향유한다는 점에서 착취적 성격을 지니고 있기는 마찬가지다. 결국 중세 전기 고전장원제 아래서 실시된 고전적 형태의 봉건적 부역노동제도는 부역노동의 수행방법상의 특성으로 보나 수행과정상의 특징적 현상으로 보나 농노인 소농에 대한 영주의 착취제도에 지나지 않는다고 요약될 수 있을 것이다.

기본 출전: 이기영, 「고전적 형태의 봉건적 부역노동 수행 방법과 과정상의 특징」, 『서양중세사 연구』, 36(2015), 101~146쪽.

제8장 결론을 대신해서: 농노노동 수탈의 크기

지금까지 영주가 농노노동을 어떻게 수탈했는지 그 제도와 구체적 방법을 살펴봤다. 그 결과, 농노의 노동은 영주에게 얼마만큼 수탈되었을까?

농노노동의 수탈 크기를 산출하는 것은 쉽지 않다. 영지와 장원에 따라 그리고 심지어 같은 장원 안에서도 곳과 개별 농민보유지에 따라 영주의 농노노동 수탈 방식과 수준이 다르고 복잡했기 때문이다. 또 수탈 크기의 산출에 필요한 자료가 부족하기 때문에 정확하게 산출하기도 어렵다. 따라서 우리는 부역노동을 비롯한 농노의 의무에 관한 제도가 균일성이 강하고 비교적 단순한 영지를 중심으로 노동수탈의 대략적인 평균적 크기를 산출하거나, 아니면 대표성이 강한 영지나 장원을 대상으로 해서 노동수탈의 크기를 가늠해 보는 수밖에 없다. 노동수탈의 크기는 1년 365일 중 며칠을 영주를 위해 노동하는 결과가 되었는지 백분율로 알아보는 것이 편리하다. 이럴 경우 당연히 부역노동제도가 환산과정을 거쳐야 하는 정적부역 위주로 된 영지보다 주부역이나 월부역과 같은 정기부역 위주로 되어 있는 영지가 추산하기가 용이하고 정확성을 더 높일 수 있다.

노동일수로 산출함에 있어 미리 밝혀 둘 것이 있다. 그중 하나는 영지명세장에 부역이 화폐나 현물로 대납되는 경우나 현물이나 화폐 공납의 경우, 이를 최종적으로 노동일수로 환산해야 한다는 점이다. 저자가 찾아본 바로는 북부 갈리아의 현존 영지명세장들에는 24곳에서 임금의 일당(日當)을 알 수 있는 자료가 나타난다.[1] 그러나 그 가운데 한 곳에서 산출된 노임은 나머지 노임들보다도 이례적으로 월등히 높다.[2] 이를 제외하고 비슷한 수준에 있는 21곳의 자료를 이용해서 평균노임을 산출하면, 한 사람의 1일 노임은 약 0.5드니에가 된다. 또 하나 밝혀 둘 것은 어느 한 영지의 부역을 비롯한 농노의 부담을 노동일수로 환산함에 있어 부족한 자료는 다른 영지명세장들이나 다른 사료에 있는 정보자료를 원용할 수밖에 없다는 것이다.

844-859년에 명세장이 작성된 생베르탱 수도원의 영지는 농노의 의무가 장원들 사이에 비교적 비슷하고 주부역 위주로 되어 있어 전술한 고찰 조건에 가장 부합한다고 할 수 있다. 앞의 제4장 제1절과 제6장 제1절에서 이미 봤듯이, 9세기 중엽 생베르탱 수도원의 영지명세장에 의하면 고전장원들에서 망스를 보유한 자유인은 매주 2일의 부역이, 노예는 매주 3일의 부역이 부과된다. 망스 보유자는 그 밖에

---

1 "Polyp. der Prüm", CIII, CIIII, CXVI; *Polyp. von Wizenburg*, XI, XVII, XVIII, XXX, LXXIX, CII, CLIIII, CLXVII, CCXI, CCXCIV; *Polyp. de St. Remi*, XI, XIV, XVIII; "Polyp. de Montiérender", XVI, XIX, XXIV, XXV, XXVIII, XXXIV; "Güterv. der Mettlach", 제9장.

2 유별나게 임금 수준이 높은 경우는 "Polyp. der Prüm", CIIII으로, 하루의 임금이 3드니에다.

작업과제별로 부과되는 부역으로 대체로 장원별 망스 수에 따라 1∼6수
레의 포도주를 집단적으로 수송해야 했으며, 각자 10md의 엿기름을
만들고, 6∼10md의 밀가루를 빻는 등의 일을 해야 했다.

자유인이 매주 2일씩 수행하는 주부역은 연간으로는 104일이 되
고, 매주 3일씩 수행하는 노예의 주부역은 156일이 된다.

이 영지의 장원들에서는 위도가 높아 양질의 포도주가 생산되
지 않았으므로, 수도원은 포도밭을 멀리 라인강 유역의 쾰른과 본
(Bonn) 근처에 위치한 겔스도르프(Gelsdorf)와 프레헨(Frechen)
및 니더카셀(Niederkassel)에도 소유하고 있었고, 파리 북쪽의 우
아즈(Oise) 도(道) 콩피에뉴(Compiègne) 군(郡) 라시니(Lassigny)
코뮌의 코몽(Caumont)에도 소유하고 있었다.[3] 수도원 소재지인 오
늘날의 생토메르 시로부터 독일의 위 세 지역까지의 직선거리는
319∼338km이고 프랑스의 코몽까지의 직선거리는 138km다. 카롤링
시대에 수송부역은 열악한 상태의 길을 따라 주로 황소가 끄는 수레
를 이용해서 2∼5명씩 편성된 조 단위로 수행되었으며, 1수레분의
화물 적재 무게는 0.5톤 이상이었다.[4] 몽티에랑데르 수도원의 영지명
세장 제XVI장에 의하면 90km쯤의 거리를 수레로 운반하는 데는 15일
이 소요되었다.[5] 이로 미뤄 볼 때, 생베르탱 수도원영지의 농노들이
포도주를 직선거리로 130여km나 300여km 떨어진 먼 곳으로부터

---

3   이 수도원이 소유한 포도밭의 위치에 관해서는 F. L. Ganshof, ed., *Polyp. de St. Ber-
     tin*, p. 34 및 H. van Werveke, "Comment les établissements religieux belges se
     procuraient-ils du vin au haut Moyen Âge?", p. 13 참조.

4   저자의 논문 「고전장원제하의 경작부역과 수송부역 실태」, 130∼132쪽 참조.

5   "Faciunt dies XV pro ambascatione in leugis XL aut denarios VIII; …"라는 기록 참조.
     B. Guérard, *Prolégomènes*, pp. 161∼164, 196에 의하면 1리(里, leuga)는 2,222미터
     이고, J. F. Niermeyer, *Mediae Latinitatis Lexicon Minus*, p. 597에 의하면 2,250미터다.

수송하는 데는 한 달이나 한 달 반 이상이 걸렸을 것이다.

농노 각자가 10md의 엿기름을 만드는 데도 많은 노동일수가 소요된다. 엿기름은 알차고 고른 양질의 보리알을 선별하는 정선과정, 급수와 배수를 반복하면서 2~3일간 물에 담가 두고 여러 번 씻는 침맥(沈麥)과정, 5~8일간 평평한 바닥에 널어 공기가 통하도록 여러 번 뒤집고 엉킨 싹을 풀어 주어야 하는 발아과정, 마지막으로 건조시키고 볶는 과정 등 총 10~15일 정도의 연속적 작업이 필요하다. 게다가 이 영지의 농노는 10md 즉 약 600리터에 이를 만큼 많은 엿기름을 만들어야 했으므로, 노동일수는 적어도 두 배 이상 더 걸렸음에 틀림없을 것이다.

농노들이 각자 자신의 집에서 6~10md의 밀가루를 빻는다는 것은 농가에 있는 맷돌을 사용했음을 뜻한다.[6] 우리나라에서 과거에 한 사람이 맷돌로 한 시간에 5리터, 하루에는 대략 50리터 정도의 두부콩을 갈 수 있었고, 두 사람이 절구로 하루에 80kg 즉 100리터 크기의 현미 한 가마니를 백미로 빻았으며, 서양에서도 맷돌로 한 사람이 하루에 밀가루 30~40kg 즉 50~67리터를 제분할 수 있었다고 알려져 있다. 맷돌이나 절구를 사용한 이와 같은 제분능력은 50리터 전후에서 68리터 사이의 용량을 가진 1md와 거의 같다고 볼 수 있으므로, 생베르탱 수도원의 농노가 6~10md의 밀가루를 빻는 데는 6~10일 정도가 소요되었다고 할 수 있을 것이다.

그 밖에도 망스 보유 농노들은 군수품을 수송하거나 베를 짜는 부

---

6   G. Comet, *Le paysan et son outil. Essai d'histoire technique des céréales(France, VIIIe -XVe s.*(Rome: École française de Rome, 1992), pp. 399~400에 의하면 10세기 이후에는 영주들이 물레방아를 이용한 제분 독점권을 행사하게 되면서 농민들의 맷돌 사용을 금지하지만, 그 전에는 농가에서 맷돌이 사용되었다.

역노동을 수행해야 했다. 생베르탱 수도원의 현존 영지명세장에 기록
된 12개 고전장원 가운데 5개 장원에서 망스를 보유한 농노들은 $\frac{1}{2}$~2수
레의 군수품을 수송하는 부역노동을 수행해야 하고 2개 장원에서는
그 대신 군역세로 4수를 지불해야 한다. 나머지 장원들에 관한 기록에
서는 군역 관련 부담에 대한 언급이 없지만, 아마도 기록이 누락된 것
으로 짐작된다. 군수품 수송부역은 장원의 농노들이 공동으로 수행하
고 수송부역 수행 대신에 지불하는 4수도 공동으로 부담함이 분명하
다. 4수 곧 48드니에의 군역세를 공동으로 부담하는 제XXXI장과 제
XXXIV장의 망스 수는 각각 16개와 18개로, 망스를 보유한 농노 1인
당 대략 3드니에를 부담한 셈이 된다. 이것은 6일분의 노임에 해당한
다. 군수품 수송부역은 원래 프랑크왕국의 군대를 위해 농민들이 수행
하는 공적 의무였지만, 점차 중앙권력이 약화되고 유명무실해짐에 따
라 군수품 수송부역 대신 지불하는 군역세 수입은 결국 영주의 개인적
수입으로 변해 버린다.

베짜기부역은 농노의 아내들이 수행한 것으로, 1인당 노예 신분
의 여성에게는 '1ladmo', 자유인여성에게는 0.5ladmo가 부과되었다.
'ladmo'의 크기가 얼마인지는 알려져 있지 않지만, 제XXVII장에서 자
유인 신분의 여성이 베짜기부역을 4드니에로 대납한다고 하는 것으로
볼 때, 8일분의 노임에 상당한다고 할 수 있다. 따라서 영주를 위한 베
짜기에 자유인여성은 8일, 노예여성은 이의 두 배인 16일이 소요되었
다고 볼 수 있다.

이와 같이 주부역을 제외하고 일종의 과제부역이라고 할 수 있
는 30~45일 이상의 포도주 수송부역, 20~30일 이상의 엿기름 만들
기 부역, 6~10일 정도의 밀가루 빻기 부역, 6일쯤의 군수품 수송부역,
8~16일쯤의 베짜기부역 등의 노동일수를 합하면, 모두 70~107일이

된다. 여성이 수행한 베짜기부역을 별도로 하고 망스를 보유한 남자농노의 부역노동을 중심으로 볼 때는, 과제부역 일수는 합계 62~91일이 된다. 따라서 생베르탱 수도원영지의 고전장원들에서 자유인 출신 농노의 총 부역 일수는 매주 2일씩 수행하는 주부역의 연간 환산일수 104일에다 과제부역 일수 62~91일을 더하면, 166~195일이 된다. 이는 1년 365일의 45% 내지 53%를 차지하는 셈이 된다. 노예 출신 농노는 매주 3일씩 수행하는 주부역의 연간 환산일수 156일과 과제부역 일수 62~91일을 합하면, 218~247일이 된다. 이는 1년 365일의 60% 내지 68%를 차지하는 셈이다. 이것은 농노의 노동 중 이와 같이 많은 부분이 부역노동으로 영주에게 수탈되었음을 의미한다. 그렇지만 이는 앞에서 보듯이 최소한으로 추산한 결과이며, 기독교사회에서 일요일에는 농사일과 같은 중노동이 금지되어 있음에도 불구하고 농노들이 일요일에도 노동함을 전제로 한 것이다.

또한 망스를 보유한 농노의 노동은 직접적인 부역노동의 형태로뿐만 아니라 공납이라는 간접적인 형태로도 영주에게 수탈당했다. 농노는 누구나 2~4두의 닭과 10~20개의 계란을 바쳐야 했다. 영주에 대한 이 정도 분량의 닭과 계란 공납은 생베르탱 수도원영지뿐만 아니라 어느 영지에서나 농민보유지 보유자들의 거의 예외 없는 의무였다. 그러나 닭과 계란의 가격에 관한 기록은 생베르탱 수도원의 영지명세장뿐만 아니라 다른 문헌자료에서도 찾아보기 어렵다. 그런데 카롤링시대에 작은 돼지 한 마리의 가격은 곳과 때에 따라 상당한 차이를 보이지만, 생제르맹 수도원의 영지명세장 제XIV장 제91항을 비롯한 여러 영지명세장에서 4~12드니에인 경우가 많았다. 대규모 양계업이 발달한 오늘날과 달리 예전에는 닭과 계란이 상당히 귀하고 비싼 식료품이었으므로, 2~4두의 닭과 10~20개의 계란의 최소 가격을 이런 작은 돼지 가격에 가까운 3드니에쯤 되었다고 봐도 될 것이다. 이는 6일분의 노임에 상당한다. 부역노동에다 이런 공납 부담을 더하면, 자유인 출신 농노는 연간 총 172~201일을, 노예 출신 농노는 224~253일을 영주를 위해 일한 셈이 된다. 이는 각각 농노의 전체 노동 중 47% 내지 55%와 61% 내지 69%를 차지하는 셈이 된다. 제XXVII장의 장원에서는 그 밖에도 3년마다 4드니에 상당의 돼지를 바치기도 한다. 이런 여러 사정을 고려할 때, 결국 생베르탱 수도원영지의 고전장원들에서 자유인 출신 농노의 노동 중 절반 이상이, 노예 출신 농노의 노동 중 $\frac{2}{3}$가량이 영주에게 수탈되었다고 할 수 있을 것이다.

프랑스 북쪽 벨기에와의 국경 인근에 위치한 생타망 수도원의 972년 이전에 작성된 현존 영지명세장에는 4개 고전장원의 현황이 기록되어 있다. 4개 고전장원에서 망스의 종류가 명시된 것은 제4장의 2개 노예망스뿐이다. 나머지 망스들은 모두 종류가 명시되지 않고 그냥 망스라고만 되어 있지만, 자유인망스로 추측된다. 2개 노예망스의 의무는 "명령받는 어디에서나 부역노동을 수행한다."고 하여 무제한적 부역노동만이 부과된다. 이것은 고전장원제 아래서 농노의 노동이 고대사회의 노예처럼 완전히 착취당하다시피 한 것이어서 매우 이례적인 사례라고 하겠다.

농민보유지의 대다수를 차지하는 종류미상 망스들은 장원에 따라 다소간 차이가 있고 기록이 모호한 부분도 있지만, 대체로 황소를 지참한 2일의 부역노동과 손으로 수행하는 1일의 부역노동으로 구성된 매주 3일씩의 주부역이 부과된다. 그리고 이런 기본적인 주부역 외에도 포도주 수송, 파수, 베짜기 등의 부역이 부과된다. 844-859년에 작성된 앞의 생베르탱 수도원영지에서 부과되던 엿기름 만들기와 밀가루 빻기 및 군수품 수송 등의 부역은 명세장이 20년가량 더 지난 후인

9세기 후엽의 초입에 작성된 생타망 수도원영지에서는 금납화되거나 현물화되어 공납의 형태를 띠고 있다는 것이 특징이다.

포도주 수송부역은 이 영지의 4개 장원 모두에서 2년마다 부과된다. 그렇지만 이런 수송부역은 모든 장원에서 1수의 지불로 대납될 수 있다. 이 금액은 24일분의 임금에 해당하는 것으로, 연간 12일의 수송부역을 수행한 셈이 된다.[7] 파수부역은 3개의 장원에서, 내의용 아마포 짜기 부역은 2개 장원에서 부과된다. 파수부역은 한 장원의 기록에 의하면 2드니에로 금납될 수 있다. 따라서 파수부역은 4일분의 노임에 해당한다고 할 수 있다. 베짜기부역은 한 장원의 기록에 따르면 1수 즉 24일분의 노임에 해당하지만, 이는 농노의 아내들이 수행했음이 틀림없다.

여성의 부역에 속하는 베짜기부역을 제외한 남자농노의 부역노동은 매주 3일씩의 주부역의 연간 환산 노동일수 156일에다 12일의 포도주 수송부역, 4일의 파수부역을 합하면, 172일이다. 이는 전체 농노노동의 47%가 부역노동의 형태로 영주에게 수탈된 셈이 된다.

생타망 수도원영지의 고전장원들에서 농노는 이와 같은 부역노동 외에, 앞에서 말한 것처럼 부역노동이 금납화되거나 현물로 대체됨에 따라 생베르탱 수도원영지에서보다 더 많은 공납 부담을 졌다. 생베르탱 수도원의 고전장원들에서 농노들이 수행했던 10md 분량의 엿기름 만들기 부역은, '엿기름을 준비한다'는 표현 대신 5~10md의 엿기름과 1~2md의 호프 정도를 동시에 바치거나 엿기름을 원료로 한 30situla의 세르부아즈주를 바치는 공납으로 바뀌어 있다. 따라서 이

---

7   D. Hägermann, ed., *Polyp. von St. Maur*, p. 87에 의하면 이 수도원의 포도밭 소재지는 랑(Laon) 서쪽 20km 거리에 있는 바리시오부아(Barisis-aux-Bois)이다. 이곳은 수도원 소재지로부터 직선거리로 남쪽 97km에 위치한다.

런 엿기름 관련 공납 부담은 생베르탱 수도원영지처럼 연간 20~30일
이상의 엿기름 만들기 부역과 같다고 할 수 있을 것이다.

생베르탱 수도원영지에서 6~10md 분량의 밀가루를 빻는 부역은
생타망 수도원영지에서는 보이지 않는다. 그렇지만 2개의 장원에서는
여러 개의 빵을 바치고 한 장원에서는 0.5md의 밀을 바치는 것으로
볼 때, 밀가루 빻기 부역이 빵이나 밀의 공납으로 바뀐 것이라고 해도
좋을 것이다. 따라서 이런 빵이나 밀 형태의 현물 공납은 생베르탱 수
도원의 장원들에서처럼 6~10일 정도의 노동일수에 상당한다고 할 수
있을 것이다.

또한 이 영지의 4개 장원 모두에서 군수품 수송부역은 보이지 않
지만, 화폐 형태의 군역세(hostelicium)가 지불되고 있다. 그 금액은
1인당 평균 부담액수가 2개 장원에서는 각각 0.2드니에와 1드니에이
고, 2개 장원에서는 2.4드니에씩이다. 이런 군역세 부담은 군수품 수
송부역이 금납되고 가벼워지면서 영주의 사적 수입으로 변하고 있음
을 보여 주는 것으로, 망스 보유자 1인당 평균 3일분 정도의 군역세 부
담을 졌다고 할 수 있을 것이다. 여느 장원과 마찬가지로 물론 이 영지
의 장원들에서도 농노는 각자 6일분의 노임에 해당하는 1마리 내지
3마리의 닭과 5개 내지 10개의 계란을 바쳐야 한다.

이와 같이 생타망 수도원의 다수 고전장원에서 농노가 영주에게
지불하는 20~30일분 이상의 엿기름 공납, 6~10일분의 빵 관련 공
납, 3일분의 군역세 부담, 6일분의 닭과 계란 공납 등을 모두 합하면,
35~49일이다. 직접적인 부역노동 일수 172일과 공납의 환산 노동일
수 35~49일을 더하면, 총 노동일수는 207~221일이다. 이는 농노노
동의 57~61%가 영주에게 수탈된 셈이 된다.

고전장원에서 농노가 수행할 부역노동의 크기를 월별로 규정한

영지명세장이 있다. 그것은 전술한 자르 지방 소재 메틀라흐 수도원의 영지명세장이다. 이 명세장에는 이 수도원에 대한 토지기증이나 인신투탁에 관한 기록도 상당히 존재한다. 이를 제외한 본래 의미의 영지명세장에는 총 17개 장원의 토지소유 현황이 기재되어 있다. 17개 장원에 관한 기록은 10세기 중엽에 작성된 것과 11세기에 추가 작성된 것으로 나뉜다. 명세서들이 1050년경이나 11세기 중에 추가 작성된 8개 장원은 영주직영지가 존재하지 않고 '망스' 또는 'oba'라는 이름의 농민보유지 보유자들은 수송부역 위주의 부역노동을 일부 수행할 뿐, 지대가 화폐지대나 현물지대로 되어 있다. 10세기 중엽에 명세서들이 작성된 9개 장원은 각기 영주직영지와 최소 6개에서 최대 $48\frac{1}{2}$개에 이르는 망스로 구성되고 각 망스에는 영주직영지를 경작할 의무가 부과되거나 영주직영지에 관한 직접적인 언급이 없더라도 망스들에 영주직영지 경작의무가 부과되는 고전적 형태의 장원제로 조직되어 있다.

그렇지만 9개 고전형 장원 가운데서도 5개 장원은[8] 노동지대 위주의 전형적인 고전장원인 반면에, 나머지 4개 장원은[9] 망스 보유자의 부역노동 부담이 비교적 가볍고 그 대신 화폐나 현물 형태의 부담이 증가한다는 차이가 존재한다. 5개의 전형적 고전장원 가운데서도 3개의 장원은 농민보유지의 종류가 명시되어 있지 않은 데 비해, 제3장과 제18장의 고전장원은 농민보유지의 종류가 명시되어 있고 대체로 월별로 부역노동 기간이나 과제가 가지런하게 제시되어 있다. 그래서 이두 장원의 기록을 통해 고전장원에서 농노의 노동이 영주에게 얼마나 수탈당했는지 비교적 일목요연하게 파악할 수 있다.

8   제1, 3, 4, 9, 18장의 장원들.
9   제5, 7, 21, 23장의 장원들.

제3장 발라모나스테리움 장원에 관한 기록에 의하면 로렌 지방 소재 이 고전장원의 43개 자유인망스의 대다수에는 영주를 위해 1월: 2주일 부역; 2월: 1주일 부역과 3개 망스씩 트리어나 메스 등지로의 수송부역; 3월 초~말: 갈이질부역; 4월: 곡물경작지와 초지에 울타리 설치부역; 5월: 1주일 부역 및 2월과 같은 방식의 수송부역; 6월: 갈이질부역과 오후에는 지시받는 작업 수행; 7월: 건초 베기와 거둬들이기 부역; 8월: 추수부역; 9월: 추수부역과 1주일 부역; 10월: 갈이질부역; 11월: 2주일 부역; 12월: 1주일 부역이 부과된다.

이 장원의 소재지인 오늘날 프랑스 모젤 도의 발뮌스테르(Val-munster) 마을은 수도원 소재지인 메틀라흐와 주요 수송 지점들인 트리어 및 메스까지의 직선거리가 각각 28km, 57km, 20km이고, 메틀라흐로부터 트리어나 메스까지의 직선거리는 각각 30km와 40km다. 2월과 5월의 수송부역은 그 출발지와 목적지가 어디든 그 거리는 이와 같은 수준이었을 것이다. 90km쯤의 거리를 수송부역하는 데 15일이 소요되었다는 전술한 몽티에랑데르 수도원의 영지명세장 제XVI장의 기록에 비춰 볼 때, 이런 직선거리의 수송부역을 수행하는 데는 1주일 즉 7일쯤 걸렸을 것으로 짐작된다. 이런 소요기간 추측은 2월과 5월의 부역기간과 수송부역에 관한 이 명세장의 여타 기록을 통해서 어느 정도 방증된다. 몽티에랑데르 수도원의 영지명세장 제XVII장에서 울타리 설치 작업을 15일간 한다는 기록에 의거해서, 4월의 곡물경작지와 초지 주위에 울타리를 설치하는 부역은 15일 정도 수행한 것으로 볼 수 있을 것이다.

6월과 10월의 갈이질부역은 3월의 갈이질부역이 그달 초에서 말까지 수행되었던 것처럼 각각 한 달 내내, 곧 30일과 31일간 지속되었다고 볼 수 있을 것이다. 7월의 건초 베기와 거둬들이기 부역은 바이

센부르크 수도원의 영지명세장 제II장에서 건초 베기 부역 대신 12일
분의 노임에 상당하는 6드니에를 대납한다는 기록에 의거해서 대략
건초 관련 작업은 12일 이상 수행되었다고 할 수 있을 것이다. 프륌 수
도원의 영지명세장 제CXIII장과 CXIV장에서 '추수밭과 초지에 매주
3일씩 2명의 솔거노예를 보내야 한다.'는 기록들에 견주어 볼 때,
8월의 추수부역은 망스 보유자 1인당 약 14일간 수행했다고 할 수 있
을 것이다. 9월의 추수부역은 별도의 1주일 부역과 함께 규정되어 있
는 것으로 미뤄 봐서 약 1주일 즉 7일 정도 부과된 것으로 추측된다.

결국 이들 월별 부역기간은 1월에 14일, 2월에 14일, 3월에 31일,
4월에 15일, 5월에 14일, 6월에 30일, 7월에 12일, 8월에 14일, 9월에
14일, 10월에 31일, 11월에 14일, 12월에 7일로, 모두 합치면 연간
210일이다. 이는 전체 농노노동의 58%가 부역노동 형태로 영주에게
수탈된 셈이 된다. 그렇지만 자유인망스를 보유한 농노의 대다수는 이
런 부역노동 외에도 공납의 형태로 각자 부활절에 그 명목이 명시되지
않은 10드니에와 군역세 명목의 6드니에를 영주에게 바치고, 3마리의
닭과 20개의 계란을 바쳐야 했다. 현금으로 지불된 합계금액은 16드
니에로, 32일분의 노임에 상당한다. 닭과 계란 공납의 환산 노동일수
는 앞에서와 같이 6일이라고 보면, 전체 공납의 환산 노동일수는 38일
이다. 따라서 직접적 부역노동 일수 210일과 공납의 환산 노동일수
38일을 합하면 모두 248로, 자유인망스를 보유한 농노의 총 노동 중
68%가 영주에게 수탈된 셈이다.

제18장 자르 지방 소재 로스마 장원에 관한 기록에 의하면 이 고
전장원의 $16\frac{1}{2}$개 노예망스 보유자에게는 각자 성 마르틴의 날(11월
11일) 이후: 2주일 부역; 성탄절: 1수레의 땔나무를 해서 바치기; 2월:
2주일 부역과 6수레의 땔나무를 해서 바치기; 2월~3월 말: 정적부역

지 갈이질부역과 코르베 수행 및 2일간 부역; (4월에) 곡물경작지와 초지에 울타리 설치 부역 및 부활절 이전 아마포 직조 부역; 5월: 14일간 부역과 초지에 대한 갈이질부역; 6월: 건축 및 수리 부역과 곡물경작지 갈이질부역; 7월: 건초 장만 및 거둬들이기 부역과 곡물경작지 추수부역; 8월~성 마르틴의 날: 갈이질부역; 가을과 5월: 수송부역 등이 부과된다.

뒤에서 보게 되듯이 몽티에랑데르 수도원의 영지명세장에서 1~4수레의 땔나무는 2~4드니에의 금전으로 대납될 수 있다는 기록들에 의거해서 1~4수레의 땔나무 가격을 그 중간치인 3드니에라고 보면, 성탄절에 1수레의 땔나무를 해서 운반해 바치는 데는 6일이, 2월에 6수레의 땔나무를 해서 바치는 데는 그 두 배인 12일 정도가 소요되었다고 할 수 있을 것이다. 2월부터 3월말까지 코르베를 포함한 갈이질부역과 2일간의 부역은, 2월에는 2주일 부역과 6수레의 땔나무를 해서 바치기 위한 12일간의 부역이 존재하므로, 2월의 나머지 2일간〔=28일-26일(14일+12일)〕과 제3장의 자유인망스 보유 농노가 3월 한 달 내내 즉 31일간 갈이질부역을 수행하는 것과 거의 같다고 볼 수 있을 것이다. 4월의 곡물경작지와 초지에 대한 울타리 설치 부역은 제3장의 장원과 마찬가지로 15일간 수행했다고 할 수 있다. 5월의 초지에 대한 갈이질부역은, 보통 곡물경작지에 비해 초지의 규모가 훨씬 작았다는 사실과 5월 한 달 중 14일간의 부역과 함께 부과되고 있음을 고려할 때, 1주일 정도 수행되었다고 봐도 좋을 것이다.

6월의 건축 및 수리 부역은, 제3장에서 6월의 오후에는 지시받는 작업을 수행한다고 한 것으로 봐서 오전에 갈이질부역이 행해진 후 오후에 수행되었다고 할 수 있다. 따라서 6월의 부역은 총 30일간 수행되었다고 할 수 있을 것이다. 7월의 건초 관련 부역과 곡물경작지 추수부역은 전술한 제3장의 7월과 8월 부역에서처럼 각각 12일과 14일간 수행되었다고 할 수 있을 것이다. 8월부터 성 마르틴의 날까지의 갈이질부역은 물론 그 오랜 기간 동안 매주 계속되었다고 볼 수는 없다. 북서부 유럽에서 본격적인 갈이질 시기는 10월이라는 점과 제3장의 자유인망스 보유 농노들의 8월부터 11월까지의 월별 부역 수행에 비춰 볼 때, 갈이질부역은 8월과 9월에는 각각 1주일씩, 10월에는 한 달 내내, 11월에는 10일쯤 수행되었을 것으로 추측된다. 가을과 5월의 수송부역은 전술한 제3장의 수송부역처럼 각각 1주일씩 수행되었다고 볼 수 있을 것이다.

결국 제18장의 로스마 장원에서 노예망스를 보유한 농노가 월별·계절별로 수행한 부역은 1월에는 없었다고 볼 수 있지만, 2월에는 2주일 및 2일의 부역과 12일간의 땔나무부역을 합쳐 28일, 3월에는 한 달 내내 갈이질부역으로 31일, 4월에 울타리 설치 부역으로 15일, 5월에는 14일간 부역과 초지에 대한 1주일간의 갈이질부역에다 1주일의 수송부역을 더해서 28일, 6월에는 갈이질부역과 건축 관련 부역으로 30일, 7월에는 12일간의 건초 관련 부역과 14일간의 추수부역을 합쳐 26일, 8월에는 갈이질부역으로 7일, 9월 역시 갈이질부역으로 7일, 10월에는 한 달 내내 지속된 갈이질부역으로 31일, 11월에는 10일간의 갈이질부역과 성 마르틴의 날 이후 2주일간의 부역을 합쳐 24일, 12월에는 성탄절 땔나무부역으로 6일, 그리고 가을철의 수송부역으로 7일이 수행되었다고 요약될 수 있다. 이와 같은 월별·계절별 부역기간을 모두 합치면 연간 240일이다. 이는 부역노동만으로도 전체 농노노동의 66%를 차지하는 셈이다. 그렇지만 여기에는 농노의 아내가 수행하는 베짜기부역은 포함되지 않았다. 그 아내는 부활절 전에 영주로부터 아마를 제공받는 경우에는 일정 크기의 내의용 아마포 1장을 짜

고, 그렇지 않은 경우에는 12일치의 노임에 해당하는 6드니에를 지불해
야 한다.

뿐만 아니라 농노들은 공납의 형태로 각자 5월에는 10일치의 노
임에 해당하는 5드니에의 현금을, 6월에는 1수레의 지붕널을, 성 마르
틴의 날과 부활절 무렵에는 3마리의 닭과 12개의 계란을 바쳐야 한다.
1수레의 지붕널은 대략 100개 내지 300개의 지붕널이 적재된 것으로
추측된다. 1수레의 지붕널 공납에 대한 대납금액은 몽티에랑데르 수
도원의 영지명세장 제XVIII, XXIII, XXIV, XXVII, XXX장에 의하면
1드니에에서 7드니에까지이고 평균 2.9드니에이며, 프륌 수도원의 영
지명세장 제XLIIII장에 의하면 4드니에다. 1수레의 지붕널 대납금액을
대략 3드니에라고 보면, 이는 6일분의 노임에 해당한다. 따라서 10일
치의 현금, 6일분의 지붕널, 6일분의 닭과 계란 등 모두 22일분의 노
임에 해당하는 공납을 한 셈이다. 노예망스를 보유한 남자농노의 부역
노동 240일과 현금이나 현물 형태로 공납되는 소계 22일분을 모두 합
하면 262일이고, 이는 농노노동의 72%가 부역노동과 공납 형태로 영
주에게 수탈된 셈이 된다.

다음에는 농노의 경작부역이 정적부역 위주로 되어 있는 고전장
원들에서 농노노동의 수탈수준이 어떠했는지 살펴보자. 앞의 제5장
제1절에서 말한 바와 같이 파리 분지의 중심부에 위치한 생제르맹 수
도원의 고전장원들에서는 대다수의 자유인망스에 일정 면적의 경작부
역과 매주 1~3일씩의 코르베 위주의 주부역이나 무제한적 코르베가
함께 부과된다. 이와 동시에 다수의 고전장원에서 무제한적 수송부역
과 잡역이 부과된다.

다수의 고전장원들에서 영주직영지의 곡물경작지에 대한 자유인
망스 보유 농노의 경작부역 면적은 추경지가 4ptc이고 춘경지가 2ptc

로 합계 6ptc이고, 초지와 포도밭에 대한 경작부역 면적은 각각 1아르
팡씩이다. 전술한 바와 같이 1ptc의 면적은 게라르에 따르면 2.57아
르이고 한스호프에 따르면 3.46아르이므로, 6ptc의 곡물경작지 경작
부역 면적은 미터법으로 15.4아르 내지 20.8아르다. 생제르맹 수도원
영지의 이런 경작부역 면적은 740년대 바바리아법에서 규정된 자유인
출신 농노의 각각 1아르팡씩인 초지와 포도밭 재배부역 면적과는 같
지만, 농지 가운데 월등히 넓은 면적을 차지하고 가장 많은 노동이 투
입되는 동곡지와 하곡지의 경작부역 합계면적 28.8아르에[10] 비하면,
훨씬 작은 편이다. 생베르탱 수도원의 영지명세장을 비롯한 여러 명세
장들에 따르면 자유인 출신 농노의 원초적 경작부역 부담은 정기부역
으로는 매주 2일씩의 주부역과 같은 크기다. 따라서 중세에 정적부역
지의 경작면적을 비롯한 농민부담의 크기나 도량형 등은 곳과 때에 따
라 상당히 달랐기 때문에, 9세기 초엽 생제르맹 수도원영지의 위와 같
은 크기의 정적부역지에 대한 경작부역 수행에 매주 2일이 소요되었
다고 볼 수도 있을 것이다. 그러나 생제르맹 수도원의 고전장원들에서
는, 원초적 단계에서 자유인 출신 농노에게 부과되지 않던 추가적 특
별 갈이질부역으로서의 코르베 부담이 바로 뒤에서 보는 것처럼 상당
히 컸다. 이와 같이 생제르맹 수도원의 고전장원들에서 정적부역지의
면적이 원초적 단계보다 훨씬 작고 원초적 단계에서 자유인 출신 소작
농노에게는 부과되지 않던 코르베 부담이 상당히 컸음을 고려할 때,
이 영지에서 자유인망스를 보유한 농노의 정적부역 부담 크기를 정기
부역으로는 연중 매주 1일씩의 주부역에 상당한다고 봐도 좋을 것이
다. 그럴 경우 자유인망스를 보유한 농노의 경작부역 부담 크기는 노

---

10   바바리아법에 기재된 자유인 출신 농노의 영주직영지 경작면적 산출내역에 관해서는 저
      자의 저서 『고전장원제와 봉건적 부역노동제도의 형성』, 385~391쪽 참조.

동일수로는 연 52일이 된다.

　생제르맹 수도원영지에서 자유인망스 보유 농노의 경작부역 노동 일수가 이 정도 되었을 것임은 전술한 메틀라흐 수도원영지에서 자유 인망스 보유 농노의 갈이질부역 기간을 통해서도 방증된다고 할 수 있 다. 앞에서 봤듯이 메틀라흐 영지에서 자유인망스에는 총 갈이질 기 간이 3, 6, 10월에 각각 31일, 30일, 31일씩 총 92일이 부과되었다. 이 후자의 영지에서는 자유인망스에 대한 코르베 부과가 보이지 않으므 로, 바로 뒤에서 보게 되듯이 생제르맹 수도원영지에서 17~46일의 코르베 수행기간을 92일에서 빼면 대충 연간 매주 1일 정도 된다.

　매주 1~3회씩의 코르베 중 가장 흔한 것은 파종기에 매주 2일씩 수행되는 코르베다. 파종기는 동곡이 파종되는 10월과 하곡이 파종되 는 3월이다. 따라서 두 달간의 파종기에 매주 2일씩의 코르베를 수행 했다고 하면, 합계 약 17일의 코르베를 수행한 셈이 된다. 한편 코르베 가 무제한적으로 부과되는 경우라고 하더라도, 코르베는 본질적으로 갈이질부역이기 때문에 갈이질 철에 국한되어 부과될 수밖에 없다. 앞 에서 본 것처럼 갈이질 철은 보통 파종기이기도 한 3월과 10월 그리고 휴경지의 갈이질이 행해지는 5월 등 3개월간이며, 때로 2월이나 6월 또는 9월로 일부 연장되기도 한다. 코르베도 이들 시기에 부과되어 수 행되었다. 그러나 앞에서 본 것처럼 이들 기간에 코르베만 부과되었던 것은 아니고 본래의 갈이질부역이나 수송부역 또는 잡역 등의 수행도 병행되었다. 따라서 코르베가 3개월여 동안 무제한적으로 부과되었다 고 하더라도 그 실제 수행일수는 그 절반인 46일 정도밖에 안 되었으 리라고 짐작된다. 이와 같이 코르베가 파종기에 매주 2일씩 부과된 경 우에는 연 17일이, 무제한적으로 부과된 경우에는 연 46일이 소요된 셈이지만, 계산을 단순화하기 위해 편의상 코르베가 그 중간치인 연간

32일 수행되었다고 보자.

무제한적 수송부역의 수행은 대체로 한 달 즉 30일 정도 소요된 것으로 추측된다. 9세기의 고전장원들에서 보통 보름쯤 걸리는 수십 km 거리의 수송부역은 1년에 2회, 한 달쯤 걸리는 수백km 거리의 장거리 수송부역은 1년에 1회 정도 부과된 것으로 보이기 때문이다.[11] 장원의 소재지로부터 수도원까지의 거리가 짧은 장원에서는 수송부역의 부담이 가벼울 수 있지만, 수송부역은 장원이나 시장과 같은 다른 장소들 사이나 수도원과 다른 장소 사이에도 부과되었기 때문에 반드시 그랬던 것은 아니다. 자유인망스를 보유한 농노에게는 잡역을 뜻하는 무제한적 '손일(manopera)'과 땔나무용 나무 베기(caplim) 부역이 흔히 부과된다. 생제르맹 수도원 영지명세장의 일부 기록에 의하면 자유인망스 보유 농노는 무제한적 잡역이라고 하더라도 매주 1일 정도 부과된다. 나무 베기 부역은 생르미 수도원과 같은 일부 영지명세장의 기록에 의하면 15일간 부과된다. 따라서 잡역 수행에는 연간 합계 67일이 소요된 셈이 된다.[12]

결국 생제르맹 수도원영지의 고전장원들에서 다수의 자유인망스에는 일정 면적의 갈이질부역 수행에 매주 1일 즉 연간 52일, 코르베 수행에 32일, 수송부역에 30일, 잡역에 67일 등 합계 노동일수가 181일에 이르는 부역노동이 부과된 셈이다. 이는 농노노동의 50%가 직접적인 부역노동 형태로 영주에게 수탈된 셈이 된다.

---

11   장거리 수송부역의 수송거리와 소요시간에 관해서는 저자의 논문 「고전장원제하의 경작부역과 수송부역 실태」, 132~136쪽 참조. 그리고 생제르맹 수도원영지의 장거리 수송부역의 거리와 관련해서는 J.-P. Devroey, "Un monastère dans l'économie d'échanges", pp. 572~578 참조.

12   자유인망스에 부과되는 이와 같은 잡역의 자세한 노동일수 산출내역에 관해서는 저자의 논문 「고전장원 농민의 잡역과 공납 실태」, 217~220쪽 참조.

이와 같은 부역노동 외에도 다수의 자유인망스 보유자는 1개 망스당 군역세 명목으로 1~4수를 바치거나 1~4두의 양이나 $\frac{1}{2}$두 내지 $\frac{3}{4}$두의 소 또는 10md의 포도주를 바치고, 돼지방목세로 1~3md의 포도주나 4드니에의 금전을 바치며, 3마리의 닭과 15개 정도의 계란을 바친다. 이런 기본적이고도 일반적인 세 가지 공납을 화폐로 환산하면, 43드니에가 되고 노동일수로는 86일이 된다. 또 이 밖에도 장원에 따라서는 추가로 일정량의 지붕널이나 산자널 또는 말의 사료용 곡식을 바치며, 때로는 나무 채취료(lignericia)나 인두세 명목으로 일정 금액의 금전이나 현물을 바치기도 한다. 장원에 따라 기타의 이런 공납 중 한두 가지를 바치기도 하지만, 제IX장과 제XIII장의 장원에서는 이들 모두를 바치기도 한다. 열거된 이들 기타 모든 공납을 화폐로 환산한 금액은 16드니에이고, 이를 노동일수로 환산하면 32일이다. 이런 32일을 앞의 세 가지 기본적 공납의 환산 노동일수 86일과 합하면, 118일이 된다.[13] 따라서 자유인망스를 보유한 농노의 노동은 181일의 부역노동과 86~118일치에 상당하는 공납을 합쳐 도합 267~299일이 되고, 전체 노동의 73~82%가 영주에게 수탈된 셈이다.

생제르맹 수도원의 17개 고전장원들에서 174개가 존재하는 노예망스들에는 영주직영지의 포도밭이나 곡물경작지를 대상으로 한 일정 면적의 경작부역이 부과된다. 그리고 과반수의 노예망스들에 코르베가, 70%가량의 노예망스에 잡역으로 매주 2일 정도의 부역과 15일간의 나무 베기 부역이 부과되며,[14] 30%가량의 노예망스들에 수송부역

13 생제르맹 수도원영지의 고전장원들에서 자유인망스에 부과되는 공납과 이의 환산 노동 일수의 자세한 산출내역에 관해서는 저자의 논문 「고전장원 농민의 잡역과 공납 실태」, 231~234쪽 참조.
14 생제르맹 수도원영지의 고전장원들에서 노예망스에 부과되는 잡역의 자세한 내용에 관해서는 저자의 논문 「고전장원 농민의 잡역과 공납 실태」, 218~220쪽 참조.

이 부과된다.

이 영지의 고전장원들에서 자유인망스 보유자와 노예망스 보유자에게 각각 부과되는 정적부역지의 크기는 별 차이가 나지 않는다. 그래서 노예망스를 보유한 농노의 정적부역 수행에도 자유인망스와 마찬가지로 매주 1일 즉 매년 52일이 소요되었다고 할 수 있다. 그리고 노예망스 보유자의 코르베 수행에 자유인망스처럼 32일이 소요되고, 잡역으로는 자유인망스와 달리 매주 2일씩 즉 연 104일의 잡역과 15일간의 나무 베기 부역을 합쳐 119일이 소요되었다고 하겠다. 그러면 총 부역 일수는 203일이 된다. 이는 전체 농노노동의 56%를 차지하는 셈이다. 이에다 $\frac{1}{3}$가량의 노예망스들에 부과되는 30일 정도의 수송부역까지 더하는 경우, 노예망스 보유 농노가 직접적인 부역노동 형태로 영주에게 수탈되는 노동은 총 233일이 된다. 따라서 이 경우에는 영주에 의한 농노노동의 수탈비율이 64%인 셈이다.

공납으로는 거의 모든 노예망스에 3마리의 닭과 15개의 계란, $\frac{2}{3}$가량의 노예망스들에 돼지방목세로 2md 내지 3md의 포도주가 징수되며, 그 밖에 몇몇 장원에서는 겨자, 횃불, 바구니 제조용 버들가지, 군역세 명목의 1두 내지 2두의 거세된 숫양, 4드니에 정도의 인두세 등이 부과된다. 다수의 장원에서 노예망스에 부과되는 닭 및 계란과 돼지방목세에다 소수의 장원에 부과되는 기타 여러 가지 공납 중 인두세와 같은 한 가지 공납을 더하면, 합계금액으로는 11드니에로,[15] 당시의 노임으로는 22일치에 해당한다. 노예망스를 보유한 농노가 부역노동과 공납으로 영주에게 수탈되는 총 노동일수는 수송부역을 제외하고 225일이 되어 전체 농노노동의 62%를 차지한다. 만약 수송부역

---

15 생제르맹 수도원영지의 고전장원들에서 노예망스에 부과되는 공납의 자세한 내용에 관해서는 저자의 논문 「고전장원 농민의 잡역과 공납 실태」, 235~238쪽 참조.

을 포함하는 경우에는 255일이 되며, 이는 농노노동 전체의 70%를 차지하는 셈이 된다.

영지별 부역제도와 관련하여 앞의 제5장 제3절에서 밝힌 바 있듯이, 9세기 중엽에 작성된 몽티에랑데르 수도원의 영지명세장에 의하면 이 영지에는 36개의 장원이 고전장원제로 조직되어 있다. 이 가운데 농민보유지의 종류가 명시된 장원은 30개다. 자유인망스는 30개의 장원 모두에 존재하며, 노예망스는 제XII장의 장원에서만 26개의 자유인망스와 함께 8개가 존재한다.

자유인망스를 보유한 농노의 의무는 장원별로 별 차이가 나지 않고 비교적 거의 비슷한 편이다. 다수의 자유인망스 보유 농노는 대체로 2개의 정적부역지(ansinga)를 갈이질하고, 연간 2회의 코르베와 2회의 15일 부역을 수행할 것이 요구되며, 수레 0.5∼1.5대로 40리(leugis) 거리의 수송부역(ambasciaticum)을 수행하거나 10드니에의 금전으로 대납해야 한다. 그런데 대다수의 고전장원들에서 자유인망스 보유자는 이런 수송부역과는 별도로 "수송부역과 손일(carropera atque manopera)"을 한다고 기재되어 있다. 그러나 뒤의 '수송부역(carropera)'이란 말은 앞의 '수송부역(ambasciaticum)'이란 말의 반복에 지나지 않는 것으로 보인다. 이에 대한 결정적 증거는 몇몇 장원에 관한 기록에서 "수십 리의 carropera를 수행한다."고[16] 하는 사실이다. 다만 손일은 중복되지 않는 것으로 보인다. 그 밖의 부역으로 다수의 고전장원에서 뜰·경지·초지에 15일간의 울타리 설치 작업을 하고, 파수를 서야 했다.

---

16 "Pro ambasciatico unusquisque mansus denarios V aut carropera in leugis XL."(제X장); "Debent carropera in leugis X ···."(제XXXII장); "Carropera in leugis XXX."(제XXXVI장); "Carropera, in leugis XX."(제XXXVII장)

자유인망스를 보유한 농노 각자에게 부과되는 2개의 정적부역
지 갈이질 의무는 21개 장원에서 나타나는 데 비해, 6개의 장원에서
는 2jr 정도 크기의 갈이질 의무가 요구된다. 이런 조응관계로 미뤄 볼
때, 2개의 정적부역지는 각각 1jr 크기씩의 동곡지와 하곡지를 가리킨
다고 할 수 있을 것이다. 게라르에 의하면 1jr의 크기는 34아르쯤 되었
으므로, 2jr 즉 68아르 크기의 정적부역지는 앞에서 본 생제르맹 수도
원영지의 정적부역지 합계면적 15.4아르 내지 20.8아르보다 3~4배
가량 더 크다. 몽티에랑데르 수도원영지의 자유인망스들에도 생제르
맹 수도원영지와 마찬가지로 코르베가 부과되고 있지만, 이처럼 정적
부역지의 면적이 훨씬 더 크므로 이 영지에서는 매주 2일씩 즉 연간
104일의 정적부역지 갈이질 기간이 소요되었다고 할 수 있을 것이다.

연간 2회의 코르베는 전술한 생제르맹 수도원영지의 고전장원들
에서처럼 3월과 10월의 파종기에 매주 2일씩 수행된 것으로 보면, 합
계 약 17일이 된다. 15일간의 연부역은 장원과 수도원에서 각 1회씩
도합 2회에 걸쳐 행해진다. 장원에서의 15일간 부역은 추수밭(제I장)
이나 임야(제XIX장)를 대상으로 하여 행해지며, 수도원에서는 그때그
때 수도원 경내에서 수도사들의 수도원 생활에 필요한 여러 가지 일
을 지시받아 행한 것으로 보인다. 이 영지명세장의 제XVI장에 의하면
수송부역은 15일이 소요되는 40리, 즉 90km쯤의 거리를 수레로 운반
하든가 8드니에를 바쳐야 했다. 8드니에는 16일분의 노임에 해당하므
로, 이로 봐서도 수송부역은 흔히 15일쯤 수행되었다고 할 수 있을 것
이다. 몽티에랑데르 수도원의 장원들은 대부분 포도 산지인 샹파뉴 지
방에 위치해서인지 북위 50도 이북에 위치한 수도원영지들에 비해 농
노들의 수송부역 부담이 훨씬 작아 보인다. 몽티에랑데르 수도원의 영
지명세장에서는 손일(manopera)을 무제한적으로 수행한다는 표현이

없다. 게다가 마찬가지로 무제한적으로 수행한다는 표현이 없는 수송 부역도 일정한 거리가 제한적으로 부과되었다. 이와는 달리 전술한 바 있듯이, 생제르맹 수도원 영지명세장의 일부 기록에 의하면 자유인망스 보유 농노는 비록 무제한적 잡역이라고 하더라도 매주 1일 즉 연간 52일 정도 부과되었다. 이에 비추어 우리는 몽티에랑데르 수도원영지에서 손일은 기껏해야 이의 절반인 연간 26일쯤 수행되었다고 봐도 좋을 것이다. 파수를 서는 일은 앞에서 본 생타망 수도원의 영지명세장 제III장에서 그 대신 2드니에를 지불한다는 기록에 의거해서 4일쯤 소요되었다고 할 수 있을 것이다.

이와 같이 정적부역으로 104일, 코르베로 17일, 15일간씩 2회의 연부역으로 합계 30일, 수송부역에 15일, 손일로 26일, 울타리 설치 부역으로 15일, 파수에 4일이 소요되었다고 할 때, 부역노동으로 모두 211일이 소요된 셈이다. 이는 1년 365일의 58%를 차지하는 크기다. 여기에다 4개의 고전장원에서 나무 베기 부역을 8~15일간 더 수행해야 했다. 이런 4개 장원에서는 365일의 60~62%인 도합 219~226일의 부역노동을 수행한 셈이다.

다수의 고전장원에서 자유인망스를 보유한 농노는 공납의 형태로 몇 수레의 땔나무와 수십·수백 개의 지붕널을 바쳐야 하며, 명시된 장원기록은 적지만 군역세와 방목세도 널리 부담한 것으로 보인다. 물론 이 영지의 고전장원들에서도 여느 장원과 마찬가지로 망스 보유자는 닭 3두와 계란 15개 정도를 거의 빠짐없이 공납한다.

땔나무는 전체 23개의 땔나무 공납 장원 중 심지어 5수레나 8수레를 바치는 장원도 하나씩 존재하고 4수레씩 공납하는 장원도 4개로 17%를 차지할 정도로 적지 않지만, 70%를 차지하는 16개 장원에서 1수레씩 공납한다.[17] 1수레의 땔나무 공납은 1~4드니에의 금전으로 대납될 수 있다. 그렇지만 2드니에나 4드니에로 대납되는 장원의 수가 가장 많고 그 수는 비슷하다. 그래서 몽티에랑데르 영지의 고전장원에서 전형적인 땔나무 공납량은 1수레이고 그 대납금액은 2드니에와 4드니에의 중간치인 3드니에라고 보면, 땔나무 공납은 6일분의 노임에 상당한다고 할 수 있다.

지붕널은 26개의 장원에서 공납된다. 그 공납분량이 많게는 800개에 달하는 장원이 하나 있고 300~350개나 200개를 공납하는 장원도 각각 5개와 3개가 있는가 하면, 적게는 30~50개인 장원도 7개나 존재한다. 그러나 100개를 바치는 장원이 10개로 가장 많다. 가장 많은 수의 장원들에서 바치는 100개의 지붕널은 1개 장원(제XXIII장)에서는 1.5드니에로, 2개 장원(제XXVII, XXX장)에서는 1드니에로 금납될 수 있다. 그리고 300개를 공납하는 장원들 중 1개 장원(제XVIII장)에서는 7드니에, 다른 1개 장원(제XXIV장)에서는 4드니에로 금납된다. 이런 금납액수는 각각 100개의 지붕널당 2.3 내지 1.3드니에씩 대납하는 셈이다. 이와 같은 금납 액수들을 고려할 때, 대체로 금납 금액은 이들 금납 액수의 중간쯤 되는 1.5드니에라고 봐도 좋을 것이다. 그럴 경우 지붕널 공납은 3일분의 노임에 해당한다.

군역세는 다수의 장원에서 부과되는 것으로 보이지만, 그 지불액수가 명시되어 있는 장원은 4개다. 2개 장원(제XVI, XVII장)에서는 각각 7개와 6개인 자유인망스에 집단으로 똑같이 2수씩 부과된다. 따라서 1개 망스당 부담액은 3.4드니에와 4드니에가 된다. 이에 비해 다른 2개 장원(제XVIII, XIX장)에서는 1개 망스당 2수 즉 24드니에가 부과된다. 이와 같은 군역세 부담액수는 너무나 차이가 크지만, 자유인망스

---

17 나머지 1개 장원에서는 2수레를 공납한다.

보유 농노 각자 그 중간치인 14드니에를 지불했다고 보면, 당시 노임이 평균적으로 0.5드니에임을 감안할 때 노동일수로는 28일이 된다.

방목세도 군역세와 마찬가지로 다수의 장원에서 부과된 것으로 보이지만, '방목세(pastio)'라고 명시된 장원은 2개 장원(제XXVIII, XXXV장)뿐이다. 이 두 장원에서 망스 보유자 각자는 방목세로 1md씩의 보리를 바쳐야 한다. 앞의 제4장 제1절의 한 각주에서 말한 바 있듯이 카롤링시대의 평상시 보리 1md의 공식 가격은 2드니에였다. 따라서 방목세 부담은 4일치의 노임에 해당한다고 할 수 있다.

이와 같이 몽티에랑데르 수도원영지의 고전장원들에서 자유인망스 보유 농노의 공납을 노동일수로 환산한 땔나무 6일, 지붕널 3일, 군역세 28일, 방목세 4일, 닭과 계란 6일을 모두 합계하면, 총 47일이다. 이를 다수 장원의 부역노동 일수 211일과 합하면, 258일이다. 이는 결국 자유인망스를 보유한 농노의 전체 노동의 71%가 영주에게 수탈된 셈이 된다. 나무 베기 부역이 부과되는 4개 장원에서는 219~226일의 직접적 부역노동 일수와 공납부담의 환산 노동일수 47일을 합치면, 266~273일이다. 이는 농노노동 전체의 73~75%가 수탈된 셈이 된다. 이 밖에도 장원에 따라서는 1md의 홉(hop)이나 100개 전후의 작은 횃불, 1두의 양, 1수레의 짚 또는 2드니에의 금전을 바치기도 하기 때문에, 영주에 의한 장원농노의 직간접적 노동수탈은 이보다 더 컸다고 하겠다.

앞에서 말한 바와 같이, 몽티에랑데르 수도원의 현존 영지명세장에 의하면 노예망스는 제XII장에 기재된 사투르니쿠스 장원에만 26개의 자유인망스와 함께 8개가 존재한다.[18] 노예망스에는 이 영지의 대

---

18 다른 2개의 노예망스가 더 존재하지만, 정규의 항구적 보유자가 없는 망스인 'mansus servilis absus'다.

다수 자유인망스들과 마찬가지로 2개의 정적부역지(ansinga) 갈이질부역과 연간 2회의 코르베 및 2회의 15일 부역이 부과된다. 그리고 파수(uuaita)를 서고, 음식을 만들고, 양조하는 부역이 부과되며, 수송부역(carropera)과 손일(manopera) 및 심부름(missaticum)부역이 부과된다. 또 노예망스를 보유한 농노가 노예(servi) 신분인 경우에는 6일의 부역을 더 수행해야 한다. 그렇지만 자유인망스들에 부과되는 '수송부역(ambasciaticum)'과 '수송부역(carropera)'이 사실상 동일한 수송부역에 다름 아니듯이, 노예망스의 수송부역과 심부름부역은 같은 부역을 가리키는 다른 표현에 지나지 않는다고 하겠다. 왜냐하면 원래 심부름이라는 뜻을 지닌 'ambasciaticum'이라는 말이 실제로는 수레로 화물을 수십 리씩 운반하는 수송부역을 가리키는 데 사용된 것처럼 노예망스에 부과되는 'missaticum'이라는 말도 본래 심부름이라는 뜻인 데다, 자유인망스들의 수송부역 크기가 명기된 위치에 노예망스의 심부름부역이 기재되어 있기 때문이다.

2개의 정적부역지 갈이질부역은 자유인망스와 마찬가지로 매주 2일씩 즉 연간 104일 수행되었다고 보자. 연간 2회의 코르베도 전술한 이 영지의 자유인망스들처럼 3월과 10월의 파종기에 매주 2일씩 합계 17일이 소요되었다고 보자. 15일간의 연부역 2회는 30일이다. 파수는 생타망 수도원의 영지명세장 제III장에 의거해서 전술한 자유인망스들처럼 4일이 소요되었다고 하자. 음식을 만들고 양조하는 일은 농노의 아내들이 수행했음이 틀림없다. 수송부역과 손일은 얼마나 수행해야 하는지 아무런 언급이 없다. 그렇지만 심부름부역으로 표현되기도 하는 수송부역은 자유인망스들처럼 15일간 수행되었다고 봐도 될 것이다. 손일은 앞의 자유인망스들처럼 연간 26일 정도 수행되었다고 보자. 노예 신분의 노예망스 보유자에게 부과되는 6일의 부역이 얼마만한 기간에 부과되는지 불분명하지만, 매주 6일이라고 볼 수는 없다. 그렇게 보면, 앞에 열거된 여러 종류의 부역을 수행할 시간적 여유가 없기 때문이다. 따라서 6일의 추가 부역은 연간 6일이나 매월 6일의 부역일 가능성이 높다. 주로 농노의 아내가 담당했을 요리와 양조 부역을 제외하고도 6일의 추가 부역이 연간 6일이라고 보고 여러 가지 부역노동을 모두 합하면, 노예망스 보유 농노의 부역노동은 총 202일이 된다. 이는 1년 365일의 55%를 차지한다. 6일의 추가 부역이 매월 6일이라고 보는 경우에는, 총 부역노동 일수가 268일이 된다. 이는 전체 농노노동의 73%를 차지하는 크기다.

노예망스를 보유한 농노는 부역노동 외에 2드니에의 현금과 4드니에의 방목세 및 여러 마리의 닭을 영주에게 바쳐야 한다. 이는 합계 12일치의 노임에 상당하는 6드니에의 현금과 6일분의 노임에 해당하는 현물을 공납한 셈으로, 총 공납액의 환산 노동일수는 18일이다. 노예 신분의 추가 6일 부역노동을 연간 6일이라고 보고 합산한 직접적 부역노동 부분 202일에 이런 공납 부분의 환산 노동일수 18일을 더하면, 220일이 된다. 이것은 전체 농노노동 중 60%가 영주에게 수탈된 셈이 된다. 6일의 추가 부역노동을 매월 6일이라고 보고 직접적 부역노동 일수 268일과 합하는 경우에는, 농노노동 전체의 78%를 차지하는 286일이 된다.

다음의 표는 지금까지 영지별로 농노노동의 수탈 크기를 산출한 결과를 정리한 것이다. 이 표를 통해 잘 드러나듯이, 눈에 띄는 특징 중의 하나는 고전적 농노노동 착취제도에서 대체로 노예망스를 보유한 농노의 부역노동 형태의 노동착취가 자유인망스를 보유한 농노보다 더 크다는 점이다. 자유인망스를 보유한 농노의 노동수탈 크기는 1년 365일의 50% 전후 내지 50%대 수준인 데 비해, 노예망스 보유

영지별 농노노동 수탈의 크기

단위: 일(日)/365일

영지 (명세장의 작성시기)	농민보유지의 종류	부역노동 형태의 노동일수(%)	공납의 환산 노동일수(%)	총 노동수탈 크기(%)	비고
생베르탱 수도원영지 (844- 859년)	자유인망스	166~195 (45~53%)	6 (2%)	172~201 (47~55%)	
	노예망스	218~247 (60~68%)	6 (2%)	224~253 (61~69%)	
생타망 수도원영지 (872년 이전)	종류미상 망스 (아마도 자유인망스)	172 (47%)	35~49 (10~13%)	207~221 (57~61%)	2개가 존재하는 노예망스는 이례적으로 무제한적 부역노동 수행
메틀라흐 수도원영지 (10세기 중엽)	자유인망스	210 (58%)	38 (10%)	248 (68%)	제3장의 장원
	노예망스	240 (66%)	22 (6%)	262 (72%)	제18장의 장원
생제르맹 수도원영지 (823- 829년)	자유인망스	181 (50%)	86~118 (24~32%)	267~299 (73~82%)	
	노예망스	203 (56%)	22 (6%)	225 (62%)	
		233 (64%)		255 (70%)	노예망스들의 $\frac{1}{3}$에 부과되는 30일의 수송부역 포함의 경우
몽티에랑데르 수도원영지 (840년대)	자유인망스	211 (58%)	47 (13%)	258 (71%)	
		219~226 (60~62%)		266~273 (73~75%)	4개 장원의 나무 베기 부역 8~15일 포함 경우
	노예망스	202 (55%)	18 (5%)	220 (60%)	노예 신분의 6일 부역이 연간 단위인 경우
		268 (73%)		286 (78%)	노예 신분의 6일 부역이 월간 단위인 경우

농노는 60% 전후이거나 60%대 수준이다. 이와는 반대로 공납 형태의
간접적 노동수탈은 노예망스 보유 농노보다 자유인망스 보유 농노가
더 크다. 그렇지만 고전적 농노노동 착취제도에서 농노의 노동이 직접
적 부역노동의 형태로 수탈되는 크기가 공납 형태보다 월등히 크기 때
문에, 영주에 의한 직간접적 농노노동 수탈의 총 크기는 노예망스를
보유한 농노가 자유인망스 보유 농노보다 더 큰 경향을 띤다. 특히 부
역노동제도가 주부역이나 월부역과 같은 정기부역 위주로 되어 있는
장원들에서 그렇다. 그러나 부역제도가 정적부역 위주로 된 고전장원
의 자유인망스들에서는 농노의 공납부담이 정기부역 위주로 된 장원
들에서보다 훨씬 더 컸기 때문에, 반드시 그런 것은 아니다.

그렇지만 농민보유지의 종류 구별은, 시간이 지날수록 고전장원
제라는 동일한 봉건적 토지소유 구조와 조건 아래서 종류에 관계없이
그 의무내용이 비슷해짐에 따라 비교적 일찍부터 무의미해진다.[19] 그
렇기 때문에 농민보유지의 종류에 따른 노동수탈 크기는 그리 중요한
문제가 아니라고 하겠다. 우리의 주요 관심사는 고전적 농노노동 착취
제도 아래서 나타나는 농노노동 수탈의 전체적·일반적 크기다. 영주
에게 부역노동의 형태로 수탈되는 농노노동의 크기는 영지에 따라 다
르지만, 전체적으로 50% 전후로부터 70% 초반까지이며 대부분 족히
절반을 넘는다. 이것은 필요노동에 대한 잉여노동의 시간비율이라고
할 수 있는 착취율로는 100% 내지 233%에 달한다. 이와 같은 농노노
동의 수탈 크기는 부역노동 형태로 완전히 착취당하다시피 한 노예노
동보다는 작지만, 중세 후기 이후의 순수장원제에서나 프랑스 대혁명
무렵의 소작제에서 생산물지대의 지배적 지대율이 기껏 50%였던 것

---

19   농민보유지의 종류 구별이 무의미해지는 과정과 양상에 대해서는 저자의 논문 「고전장
      원제하의 농민보유지 제도」, 404~406쪽 참조.

보다는 대체로 높은 것이다. 더욱이 부역노동이라는 직접적이고 노골적인 형태의 노동수탈에다 공납 형태의 간접적 노동수탈 부분까지 합산한 크기는 중세 후기 이후의 생산물지대보다 월등히 높다.

물론 여기서 산출된 농노노동의 수탈 크기는 정확한 것이 아니다. 영지와 장원에 따라 그리고 심지어 농민보유지에 따라 노동수탈 방식과 수준이 다름에도 불구하고 이런 차이를 무시하고 일반화하거나 노임을 비롯한 가격과 도량형이 곳과 때에 따라 상당한 차이가 나는데도 동일시하거나 또는 산출 근거자료의 부족으로 여러 가지 가정과 조건을 전제하거나 하는 등의 문제가 산출과정에 개재되어 있다. 그러나 위의 산출결과는 앞에서 봤듯이 평균적이면서도 가능한 한 최소한으로 추산한 것이다. 그렇기 때문에 여기에 제시된 수치가 농노노동의 실제 수탈수준과 꼭 일치하는 것은 아니지만, 크게 틀리지도 않다고 할 수 있다.

특히 우리가 유의할 점은 위의 농노노동 수탈 크기는 기독교사회에서 일요일에는 농사일과 같은 중노동이 금지되어 있음에도 불구하고 농노들이 일요일이나 축일에도 쉬지 않고 1년 365일 동안 끊임없이 강도 높은 중노동을 수행했음을 전제로 한 것이다. 그러므로 위와 같은 높은 농노노동 수탈은 중세 전반기의 고전적 농노노동 착취제도에서 농민에 대한 영주의 착취가 매년 장시간에 걸쳐 매우 가혹하게 이루어졌음을 나타내는 것이다. 자본주의사회에서 자본가가 이른바 절대적 잉여가치와 더불어 상대적 잉여가치를 생산하려고 노력하는 것과는 달리, 고전적 농노제사회에서 영주는 농업기술의 발전과 같은 노동생산성의 향상을 통해 상대적 잉여가치를 생산하기 위한 노력은 등한히 한 채 주로 농노의 부역노동 시간을 최대한 늘림으로써 잉여가치 생산을 극대화하는 데 열중했다고 할 수 있다. 절대적 잉여가치의

극대화는 농민보유지를 경영할 농노의 시간을 극도로 축소시켜 농노
의 생존을 위협하고 농노의 확대재생산을 어렵게 할 뿐만 아니라, 부
역노동이 영주직영지에서 영주나 그의 대리인의 직접적인 통제 아래
수행되는 까닭에 영주에 대한 농민의 강력한 인신적 예속상태를 초래
한다. 그리하여 농노는 너무나 고된 노동을 매일같이 쉼 없이 수행함
에도 불구하고 영주에 대한 부역노동과 공납 부담으로 인해 자자손손
가난하고 비참하게 살 수밖에 없다. 977년 고르즈 수도원의 한 장원에
관한 문서는 농민의 이런 상태를 단적으로 증언한다고 하겠다.[20]

　　그렇지만 봉건농민에 대한 영주의 수탈방식은 북부 갈리아에서
12세기부터는 달라진다. 지대가 부역노동 위주의 노동지대에서 생산
물지대나 화폐지대로 바뀐다. 이런 변화는 갑자기 생긴 것이 아니다.
이 책의 앞에서 살펴본 바에 의하더라도 변화는 9세기에 드물기는 하
지만 곳에 따라 잡역과 공납을 중심으로 부분적으로 시작된 것으로 보
이고, 시간이 갈수록 가속화하는 추세가 나타난다. 844-859년에 작성
된 생베르탱 수도원의 영지명세장에서 고전장원의 농노들에게 부과되
던 엿기름 만들기와 밀가루 빻기 및 군수품 수송 등의 부역은 20년쯤
지난 뒤의 생타망 수도원의 영지명세장에서는 물납이나 금납으로 대
체된다. 이런 추세와는 반대로 9세기 후반에 작성된 로브 수도원의 영
지명세장에서 경작부역이 기록된 4개 장원에서는 매주 5일의 주부역

20　M. Lauwers, "Le ≪travail≫ sans la domination?", pp. 311~312에서 지적하듯이,
　　977년 고르즈 수도원이 소유한 보름스 지방 소재 한 장원에 소속된 사람들 사이의 분쟁
　　을 영주인 수도원장이 직접 조정한 것을 내용으로 한 한 특허장[A. D'Herbomez, ed.,
　　Cart. de Gorze, no. 114(pp. 207~209)]에는 "가난한 사람들의(pauperum hom-
　　inum)" 또는 "비참한 사람들의(miserorum hominum)" "노역(labor)"이나 "공납과 부
　　역(census et servitium)"이라는 말들이 나타난다. 이런 말들은 영주인 수도원장 자신도
　　측은지심을 금치 못할 정도로 장원농민들이 부역노동과 공납 부담에 시달려 빈곤하고
　　비참한 생활을 면치 못했음을 표현한 것이라고 할 수 있다.

이 부과되는 것과 같은 부역강화 현상도 때로 볼 수 없는 것은 아니다. 그렇지만 9세기 말에 명세장이 작성된 프륌 수도원영지의 라인강 하류 지역이나 아르덴고원 소재 특정 장원들에서는 화폐지대가 지배적이고 잡역과 공납의 일부가 금납화한다. 9세기 초부터 13세기까지의 토지소유 현황이 기록되어 있는 바이센부르크 수도원의 영지명세장에 의하면 9세기 후반에 지대의 구성부분 중 일부가 금납화하고, 10세기 초에는 소수의 장원에서 지대가 생산물지대나 화폐지대로 바뀌며, 그후 계속 증가하여 1100년을 전후해서 다수의 장원에서 노동지대가 사라진다. 또 앞에서 봤듯이 총 17개 장원의 토지소유 현황이 기록되어 있는 메틀라흐 수도원의 영지명세장에 의하면 10세기 중엽의 9개 고전형 장원 가운데 4개 장원은 망스 보유자의 부역노동 부담이 줄어드는 대신 화폐나 현물 형태의 부담이 늘어나며, 11세기의 8개 장원에서는 농민보유지 보유자들이 수송부역 위주의 부역노동을 일부 수행할 뿐, 지대가 기본적으로 화폐지대나 생산물지대로 되어 있다.[21] 이와 같이 봉건농민에 대한 영주의 착취방식이 부역노동 중심에서 생산물이나 화폐 형태로 점진적으로 변화함에 따라[22] 영주에 대한 농민의 부담은 전반적으로 줄어든다.

한편 이런 지대 형태의 변천과 병행되어 부역의 부담량 자체가 크

---

21 특히 제1장과 제2장의 봐드렐라(Wadrella) 장원, 제9장과 제10장의 도도누스(Dodonus) 장원, 그리고 제17장과 제18장의 로스마 장원 등은 서로 동일한 장원으로, 대부분 10세기 중엽과 11세기 사이에 진행된 노동지대에서 화폐지대나 현물지대로의 변천을 아주 잘 보여 준다.

22 J. Demade는 그의 논문 'Les 'corvées' en Haute-Allemagne. Du rapport de production au symbole de domination(XIe-XIVe siècles)", M. Bourin/P. M. Sopena, ed., *Pour une anthropologie du prélèvement seigneurial*, pp. 337~363에서 부역(servitium)은 남부 독일에서 12세기까지도 매주 3일씩의 무거운 주부역이 일반적이었으나, 13세기부터는 차츰 줄어들어 중세 말에는 연간 3일밖에 되지 않을 정도로 생산관계로서의 위치를 잃고 자의적인 영주 권력을 상징하는 불명예스런 것이 되었다고 한다.

게 줄어드는 변화도 나타난다. 앞에서 말했듯이 파리 분지 중심부에서
는 9세기 초엽과 후엽 사이에 주부역이 사라지고 정적부역 위주의 부
역제도가 대세로 자리 잡고, 파리 분지 주변부의 바이센부르크 수도
원영지에서는 9세기에 주부역과 정적부역으로 구성되어 있던 부역이
10세기 이후에는 정적부역이 사라지고 주부역 위주로 된다. 이와 같
은 지배적 지대 형태의 변화와 부역부담의 감소가 있게 된 구체적 원
인과 배경은 곳과 때에 다를 수 있고 규명하기가 복잡한 문제이지만,
중세 전체적으로는 생산력의 발전과 농민들의 투쟁으로 말미암아 농
민에 대한 영주의 착취수준이 낮아지는 기조가 유지된 데서 찾을 수
있을 것이다.

참고문헌

약어

CEHE: *The Cambridge Economic History of Europe*
CWHS: *The Cambridge World History of Slavery*
JEEH: *Journal of European Economic History*
MGH: *Monumenta Germaniae Historica*
NCMH: *The New Cambridge Medieval History*
VSWG: *Vierteljahrschrift für Sozial- und Wirtschaftsgeschichte*

1. 사료

Boretius, A., ed., *Capitularia regum Francorum*, 2Vols.(Hannover: Hahn, 1883 및 1890), *MGH*.

Bouchard, C. B., ed., *The Cartulary of Montiér-en-Der 666-1129*(Toronto: Univ. of Toronto Press, 2004).

"Capitulare de villis", A. Boretius, ed., *Capitularia*, no. 32(pp. 82~91).

Dette, Ch., ed. & comment., *Liber possessionum Wizenburgensis*(Mainz: Gesellschaft für Mittelrheinische Kirchengeschichte, 1987).

Devroey, J.-P., édition critique, *Le polyptyque et les listes de biens de l'abbaye Saint-Pierre de Lobbes(IXe-XIe siècles)*(Bruxelles: Palais des Académie, 1986).

"Edelini abbatis liber possessionum", C. Zeuss, ed., *Traditiones possessionesque Wizenburgenses*, pp. 269~316.

"Fragment des benefizial-polyptychons von Saint-Amand-les-Eaux", D. Hägermann/A. Hedwig, ed., *Das Polyptychon und die Notitia de Areis von Saint-Maur-des-Fossés*, pp. 103~105.

"Fragmenta descriptionis bonorum monasterii Mediolacensis, in dioecesi Trevirensi", B. Guérard, ed., *Polyp. de St. Remi*, 부록 IV(pp. 122~123).

Ganshof, F. L., ed., *Le polyptyque de l'abbaye de Saint-Bertin(844-859). Edition critique et commentaire*(Paris: Imprimerie nationale, 1975).

Glöckner, K., ed., *Codex Laureshamensis*, Vol. 3. *Kopialbuch*[Teil 2: *Die übrigen fränkischen und die schwäbischen Gaue, Güterlisten, späte Schenkungen und Zinslisten, Gesamtregister*(Darmstadt: Selbstverl. der Hessischen Historischen Kommission, 1936)].

Guérard, B., ed., *Polyptyque de l'abbaye Irminon ou dénombrement des manses, des serfs et des revenus de l'abbaye de Saint-Germain-des-Prés sous le régne de Charlemagne*, Vol. 2. *Polyptyque*(Paris: L'Imprimerie royale, 1844).

_____, ed., "Polyptychum Fossatense", B. Guérard, ed., *Polyptyque de l'abbaye Irminon*, Vol. 2. 부록, I(pp. 283~288).

_____, ed., *Polyptyque de l'abbaye de Saint-Remi de Reims ou dénombrement des manses, des serfs et des revenues de cette abbaye, vers le milieu du neuvième siècle de notre ére*(Paris: L'Imperimerie Impériale, 1853).

_____, ed., "Polyptyque de St. Amand", B. Guérard, Vol. 1. *Prolégomènes*, pp. 925~926.

"Güterverzeichnis der Abtei Mettlach vom X.–XII. Säculum", H. Beyer/L. Eltester/ A. Goerz, ed., *Urkundenbuch zur Geschichte der, jetzt die preussischen Regierungsbezirke Coblenz und Trier bildenden mittelrheinischen Territorien*, Vol. 2(Coblenz: J. Hölscher, 1865), pp. 338~351.

"Güterverzeichnis der Abtei Prüm von 893", H. Beyer, ed., *Urkundenbuch zur Geschichte der, jetzt die Preussischen Regierungsbezirke Coblenz und Trier bildenden Mittelrheinischen Territorien*, Vol. 1(Coblenz: Hölscher, 1860), pp. 142~201.

Hägermann, D., ed., *Das Polyptychon von Saint-Germain-des-Prés*(Köln, Weimar, Wien: Böhlau, 1993).

Hägermann, D./A. Hedwig, ed., *Das Polyptychon und die Notitia de Areis von Saint-Maur-des-Fossés: Analyse und Edition*(Sigmaringen: Jan Thorbecke, 1990).

D'Herbomez, A., ed., *Cartulaire de l'abbaye de Gorze*(Paris: C. Klincksieck, 1898).

Kuchenbuch, L., *Grundherrschaft im früheren Mittelalter*(Idstein: Schulz-Kirchner, 1991).

Lalore, Ch., ed., *Chartes de Montiérender, Collection des principaux cartulaires du diocèse de Troyes*, Vol. IV(Paris: Thorin, 1878), pp. 89~115.

_____, ed., *Le polyptyque de l'abbaye de Montiérender*[Tiré à deux cent cinquante exemplaires numérotés. L'éditeur: J. Carnandet](Paris: Librairie H. Menu, 1878).

De Lasteyrie, R., ed., *Cartulaire général de Paris ou recueil de documents relatifs à l'histoire et à la topographie de Paris*, Vol. 1: 528–1180(Paris: Imprimerie nationale, 1887).

Levillain, L., ed., "Les statuts d'Adalhard de Corbie", *Le Moyen Âge*, 4(1900), pp. 333~386.

"Lex Alamannorum", *MGH, Legum tomus III*(Hannover: Hahn, 1863; 재인쇄: Stuttgart, Vaduz: Anton Hiersemann · Kraus Reprint Ltd, 1965), pp.34~170.

"Lex Baiuwariorum", *MGH, Legum tomus III*, pp.257~334.

"Liber possessionum Wizenburgensis", Ch. Dette, ed. & comment., *Liber possessionum Wizenburgensis*, pp. 93~160.

Longnon, A., ed., *Polyptyque de St. Germain-des-Prés*, Première partie. *Texte du polyptyque*(Paris: H. Champion, 1886; 재인쇄: Genève, Mégariotis Reprint, 1978).

Perrin, Ch.-E., *Recherches sur la seigneurie rurale en Lorraine d'après les plus anciens censiers(IXe-XIIe siècles)*(Strasbourg: Commission des publications de la Faculté des lettres, 1935).

Schwab, I., ed., *Prümer Urbar*(Düsseldorf: Droste, 1983).

Warichez, J., ed., "Une ≪Descriptio villarum≫ de l'abbaye de Lobbes à l'époque carolingienne", *Bulletin de la Commission Royale d'Histoire*, 78(1909), pp. 249~267.

Zeuss, C., ed., *Traditiones possessionesque Wizenburgenses. Codices duo cum supplementis*(Speyer: J. F. Kranzbühler, 1842).

이르미노 엮음, 이기영 옮김, 『생제르맹데프레 수도원의 영지명세장』(한국문화사, 2014).

2. 연구문헌

Abel, W., *Geschichte der deutschen Landwirtschaft vom frühen Mittelalter bis zum 19. Jahrhundert*(Stuttgart: Eugen Ulmer, 1967).

Atsma, H., éd., *La Neustrie. Les pays au nord de la Loire de 650 à 850*(Sigmaringen: Jan Thorbecke, 1989).

Bisson, T. N., "The 'Feudal Revolution'", *Past & Present*, 142(1994), pp. 6~42.

Bleiber, W., "Grundherrschaft und Markt zwischen Loire und Rhein während des 9. Jahrhunderts. Untersuchungen zu ihrem wechselseitigen Verhältnis", *Jahrbuch für Wirtschaftsgeschichte*, 3(1982), pp. 105~135.

Bloch, M., *Les caractères originaux de l'histoire rurale française*(Oslo: H. Aschehoug & Co, 1931), 이기영 옮김, 『프랑스 농촌사의 기본성격』(번역개정판: 사회평론아카데미, 2023).

_____, "How and Why Ancient Slavery Came to an End", M. Bloch, *Slavery and Serfdom*, pp. 1~31.

_____, "Personal Liberty and Servitude", M. Bloch, *Slavery and Serfdom*, pp. 33~91.

_____, *Seigneurie française et manoir anglais*(Paris: Armand Colin, 1960), 이기영 옮김, 『서양의 장원제―프랑스와 영국의 장원제에 대한 비교사적 고찰―』(번역개정판: 한길사, 2020).

_____, *Slavery and Serfdom in the Middle Ages*(W. R. Beer, ed. and trans., Berkeley: Univ. of California Press, 1975).

Blom, J. C. H./E. Lamberts/James C. Kennedy, *History of the Low Countries*(New York: Berghahn Books, 1999).

Blum, J., *Lord and Peasant in Russia from the Ninth to the Nineteenth Century* [Princeton, NJ: Princeton Univ. Press, 1961(2nd Printing, 1972)].

Bonnassie, P., "D'une servitude à l'autre: les paysans du royaume 987~1031", R. Delort, ed., *La France de l'an mil*(Paris: Seuil, 1990), pp. 125~141.

_____, "The Survival and Extinction of the Slave System in the Early Medieval West(Fourth to Eleventh Centuries)", P. Bonnassie, trans. by J. Birrell, *From Slavery to Feudalism in South-Western Europe*(Cambridge: Cambridge Univ. Press, 1991), pp. 1~59.

Bourin, M./P. M. Sopena, ed., *Pour une anthropologie du prélèvement seigneurial dans les campagnes médiévales (XIᵉ-XIVᵉ siècles): réalités et représentations paysannes*(Paris: Publications de la Sorbonne, 2004).

Boutruche, R., *Seigneurie et féodalité*, Vol.1. *Le premier âge des liens d'homme à homme*(Paris: Aubier, 1959); Vol. 2. *L'apogée(XIᵉ-XIIIᵉ siècle)*(Paris: Aubier, 1970).

Brenner, R. 외, 이연규 옮김, 『농업계급구조와 경제발전―브레너 논쟁―』(집문당, 1991).

Brøndsted, J./K. Skov, *The Vikings*(Harmondsworth: Penguin Books, 1965).

Brunel, G., "La France des corvées. Vocabulaire et pistes de recherche", M. Bourin/P. M. Sopena, ed., *Pour une anthropologie du prélèvement seigneurial*, pp. 271~290.

Comet, G., *Le paysan et son outil. Essai d'histoire technique des céréales(France, VIIIᵉ -XVᵉ s.*(Rome: École française de Rome, 1992).

Demade, J., "Les 'corvées' en Haute-Allemagne. Du rapport de production au symbole de domination(XIᵉ-XIVᵉ siècles)", M. Bourin/P. M. Sopena, ed., *Pour une anthropologie du prélèvement seigneurial*, pp. 337~363.

Derville, A., "L'assolement triennal dans la France du Nord au Moyen Âge", *Revue historique*, 280(1988), pp. 337~376.

Dette, Ch., "Die Grundherrschaft Weißenburg im 9. und 10. Jahrhundert im Spiegel ihrer Herrenhöfe", W. Rösener, ed., *Strukturen der Grundherrschaft*, pp. 181~196.

Devroey, J.-P., "Courants et réseaux d'échange dans l'économie franque entre Loire et Rhin", *Mercati e mercanti nell'alto medioevo*(Spoleto: Centro Italiano di Studi sull'alto medioevo, 1993), pp. 327~393.

_____, *Études sur le grand domaine carolingien*(Aldershot: Variorum, 1993).

_____, "Un monastère dans l'économie d'échanges: les services de transport à l'abbaye Saint-Germain-des-Prés au IXᵉ s.", J.-P. Devroey, *Études sur le grand domaine*, pp. 570~589.

_____, "Ordering, Measuring, and Counting: Carolingian Rule, Cultural Capital and the Economic Performance in Western Europe(750-900)"(https://difusion.ulb.ac.be/vufind/Record/ULB-DIPOT:oai:dipot.ulb.ac.be:2013/124981/Holdings).

_____, "Peasant Mobility and Settlement. The Case of the Large Ecclesiastical Carolingian Manors", B. Kasten, ed., *Tätigkeitsfelder und Erfahrungshorizonte*, pp. 37~47.

_____, "Les services de transport à l'abbaye de Prüm au IXᵉ s.", J.-P. Devroey, *Études sur le grand domaine carolingien*, pp. 543~569.

Dierkens, A./N. Schroeder/A. Wilkin, eds., *Penser la paysannerie médiévale, un défi impossible?: Recueil d'études offert à Jean-Pierre Devroey*(Paris: Éditions de la Sorbonne, 2017).

Doehaerd, R., *The Early Middle Ages in the West. Economy and Society*, trans. by W. G. Deakin from *Le haut Moyen Âge occidental. économies et sociétés*(Amsterdam:

North-Holland Publishing Co., 1978).

Duby, G., *L'économie rurale et la vie des campagnes dans l'Occident médiéval(France, Angleterre, Empire, IXe-XVe siècles). Essai de synthèse et perspectives de recherches*, 2 Vols.(Paris: Aubier, 1962).

_____, *Guerriers et paysans VIIe-XIIe siècle. Premier essor de l'économie européenne* (Paris: Gallimard, 1973).

_____, "Note sur les corvées dans les Alpes du Sud en 1338", *Études d'histoire du droit privé offertes à Pierre Petot*(Paris: Libr. gen. de droit et de jurisprudence, 1959), pp. 141~146.

_____, "La révolution agricole médiévale", *Revue de Géographie de Lyon*, 29(1954), pp. 361~366.

_____, *La société aux XIe et XIIe siècles dans la région mâconnaise*(Paris: École Pratique des Hautes Études en Sciences Sociales, 1982).

Elmshäuser, K., "Schiffe und Schiffstransporte in der frühmittelalterlichen Grundherrschaft", B. Kasten ed., *Tätigkeitsfelder und Erfahrungshorizonte*, pp. 249~266.

Elmshäuser, K./A. Hedwig, *Studien zum Polyptychon von Saint-Germain-des-Prés* (Köln: Böhlau, 1993).

Eltis, D./S. L. Engerman, ed., *AD 1420-AD 1804*(Cambridge: Cambridge Univ. Press, 2011), *CWHS*, Vol. 3.

Faucher, D., "L'assolement triennal en France", *Études rurales*, 1(1961), pp. 7~17.

Feller, L., "Growth and Peasant Labour in the 10th–13th Centuries. Between Constraint, Consent and Economic Mechanisms", *JEEH*, 48(2019), pp. 211~230.

Fossier, R., *Enfance de l'Europe. Xe-XIIIe siècles. Aspects économiques et sociaux*, Vol. 1. *L'homme et son espace*(Paris: PUF., 1982).

_____, *Histoire sociale de l'Occident médiéval*(Paris: Armand Colin, 1970).

Fourquin, G., *Seigneurie et féodalité au Moyen Âge*(Paris: PUF, 1970).

Ganshof, F. L., "Die Fränkische Reich", J. A. van Houtte, ed., *Handbuch der europäischen Wirtschafts- und Sozialgeschichte im Mittelalter*, pp. 151~205.

Goetz, H. W., "Bäuerliche Arbeit und regionale Gewohnheit im Pariser Raum im frühen 9. Jahrundert. Beobachtungen zur Grundherrschaft von Saint-Germain-des-Prés", H. Atsma, éd., *La Neustrie*, pp. 505~522.

_____, "Herrschaft und Raum in der frühmittelalterlichen Grundherrschaft", *Annalen des Historischen Vereins für den Niederrhein*, 190(1987), pp. 7~33.

_____, *Leben im Mittelalter. Vom 7. bis zum 13. Jahrhundert*(München: C. H. Beck, 1987).

Guérard, B., *Prolégomènes, Commentaires et Éclaircissements*, B. Guérard, ed., *Polyp. de St. Germain*, Vol. I.

Guilhiermoz, P., "De l'équivalence des anciennes mesures. A propos d'une publication récente", *Bibliothèque de l'École des Chartes*, 74(1913), pp. 267~328.

Hägermann, D., "Quellenkritische Bemerkungen zu den karolingerzeitlichen Urbaren und Güterverzeichnissen", W. Rösener, ed., *Strukturen der Grundherrschaft*, pp. 47~73.

Hägermann, D., ed., *Das Mittelalter. Die Welt der Bauern, Bürger, Ritter und Mönche*(München: Bertelsmann, 2001).

Hellie, R., "Russian Slavery and Serfdom, 1450-1804", D. Eltis 외, ed., *AD 1420-AD 1804*, pp. 275~296.

Henn, V., "Zur Bedeutung von 'Mansus' im Prümer Urbar", *Verführung zur Geschichte. Festschrift zum 500 Jahrestag der Eröffnung einer Universität in Trier*(Trier, 1973), pp. 35~45.

Henning, F. W., *Deutsche Agrargeschichte des Mittelalters 9. bis 15. Jahrhundert* (Stuttgart: Ulmer, 1994).

Hoederath, H. Th., "Hufe, Manse und Mark in der Quellen der Grossgrundherrschaft Werden am Ausgang der Karolingerzeit. Eine wirtschaftliche Untersuchung", *Zeitschrift der Savigny-Stiftung für Rechtsgeschichte: Germanistische Abteilung*, 68(1951), pp. 211~233.

van Houtte, J. A., ed., *Handbuch der europäischen Wirtschafts- und Sozialgeschichte im Mittelalter*(Stuttgart: Klett-Cotta, 1980).

Irsigler, F., "Viticulture, vinification et commerce du vin en Allemagne occidentale des origines au XVIe s.", *Le vigneron, la viticulture et la vinification en Europe occidentale au moyen-âge et à l'époque moderne*(Abbaye de Flaran, 11, Auch: 1991)[Open Edition Books(https://books.openedition.org/pumi/22862)], pp. 1~29.

Johnson, H./J. Robinson, *The World Atlas of Wine*(6th Edition, London: Mitchell Beazley, 2007), 세종서적 편집부 옮김, 『휴 존슨 · 잰시스 로빈슨의 와인 아틀라스』 (2009, 세종서적).

Jones, P.-J., "From Manor to mezzadria: a Tuscan Case-Study in the Medieval Origins of Modern Agrarian Society", N. Rubinstein, ed., *Florentine Studies: Politics and Society in Renaissance Florence*(London: Faber, 1968), pp. 193~241.

Kasten, B., ed., *Tätigkeitsfelder und Erfahrungshorizonte des ländlichen Menschen in der frühmittelalterlichen Grundherrschaft(bis ca. 1000)*(Stuttgart: Franz Steiner, 2006).

Kendrick, T. D., *A History of the Vikings*(New York: Charles Scribner's Sons, 1930).

Kohl, Th., "Peasants' Landholdings and Movement in the Frankish East(8th-9th Centuries)", *JEEH*, 48(2019), pp. 147~165.

Kosminsky, E. A., "The Evolution of Feudal Rent in England from the XIth to the XVth Centuries", *Past and Present*, 7(1955), pp. 12~36.

_____, "Services and Money Rents in the XIIIth Century", *The Economic History Review*,

326

5(1934-1935), pp. 24~45.

_____, *Studies in the Agrarian History of England in the XIIIth Century*, ed. by R. H. Hilton, trans. from the Russian by R. Kisch(Oxford: B. Blackwell, 1956).

Kuchenbuch, L., *Grundherrschaft im früheren Mittelalter*(Idstein: Schulz-Kirchner, 1991).

_____, "Mehr-Werk mittels Zwangsmobilität. Das Sollinventar der Abtei Prüm von 893 über ihre Domäne Rhein-Gönheim", *Historische Anthropologie*, 24(2016), pp. 165~194.

_____, "Probleme der Rentenentwicklung in den klösterlichen Grundherrschaften des frühen Mittelalters", W. Lourdaux/D. Verhelst, ed., *Benedictine Culture 750-1050*, pp. 132~172.

_____, "Servitus im mittelalterlichen Okzident. Formen und Trends(7.-13. Jahrhundert)", A. Dierkens 외, eds., *Penser la paysannerie médiévale*, pp. 235~274.

Lauwers, M., "Le ≪travail≫ sans la domination? Notes d'historiographie et de sémantique à propos du labeur des cultivateurs dans l'Occident médiéval", A. Dierkens 외, eds., *Penser la paysannerie médiévale*, pp. 303~332.

Lefebvre, G., *Quatre-vingt-neuf*(Paris: Éditions sociales, 1939), 민석홍 옮김, 『프랑스혁명』 (을유문화사, 1983).

Lemarignier, J. F., *La France médiévale. Institutions et société*(Paris: Armand Colin, 1970).

Le Mené, M., "Les redevances à part de fruits dans l'ouest de la France au Moyen Âge", *Les revenus de la terre*, pp. 9~25.

Lesne, E., *Histoire de la propriété ecclésiastique en France*, Vol. I(Lille: R. Girard; Paris: H. Champion, 1910).

Logan, F. D., *The Vikings in History*(2nd edition, London: Routledge, 1991).

Lot, F., "Conjectures démographiques sur la France au IXe siècle," *Le Moyen Âge*, 32(1921), pp.1~27.

Lourdaux, W./D. Verhelst, ed., *Benedictine Culture 750-1050*(Leuven: Leuven Univ. Press, 1983).

Lütge, F., "Hufe und Mansus in den mitteldeutschen Quellen der Karolingerzeit, im besonderen in dem Brevarium St. Lulli", *VSWG*, 30(1937), pp. 105~128.

Lützow, B., "Studien zum Reimser Polyptychum Sancti Remigii", *Francia*, 7(1979), pp. 19~99.

Lyon, B., "Encore le problème de la chronologie des corvées", *Le Moyen Âge*, 69(1963), pp. 615~630.

McCormick, M., "New Light on the 'Dark Ages'. How the Slave Trade Fuelled the Carolingian Economy", *Past and Present*, 177(2002), pp. 17~54.

Melton, E., "Manorialism and Rural Subjection in East Central Europe, 1500-1800", *CWHS*, Vol. 3, pp. 297~324.

_____, "The Russian Peasantries, 1450–1860", T. Scott, ed., _The Peasantries of Europe From the Fourteenth to the Eighteenth Centuries,_ pp. 227~266.

Ménager, L.-R., "Considérations sociologiques sur la démographie des grands domaines ecclésiastiques carolingiens", _Études d'histoire du droit canonique dédiées à G. Le Bras_ (Paris: Sirey, 1964), Vol. 2, pp. 1317~1335.

Morimoto, Y., "Aperçu critique des recherches sur l'histoire rurale du haut Moyen Âge: vers une synthèse équilibrée (1993–2004)", Y. Morimoto, _Études sur l'économie urbaine au Moyen Âge,_ pp. 133~188.

_____, "L'assolement triennal au haut Moyen Âge. Une analyse des données des polyptiques carolingiens", A. Verhulst 외, ed., _Économie rurale et économie urbaine au Moyen Âge,_ pp. 91~125.

_____, "Autour du grand domaine carolingien: aperçu critique des recherches récentes sur l'histoire rurale du haut Moyen Âge (1987–1992)", Y. Morimoto, _Études sur l'économie rurale,_ pp. 81~132.

_____, "Considérations nouvelles sur les villes et campagnes dans le domaine de Prüm au haut moyen-âge", Y. Morimoto, _Études sur l'économie rurale,_ pp. 309~328.

_____, _Économie rurale et économie urbaine au Moyen Âge_ (Gent, Fukuoka: Kyushu Univ. Press, 1994).

_____, "État et perspectives des recherches sur les polyptyques carolingiens", Y. Morimoto, _Études sur l'économie rurale,_ pp. 31~80.

_____, _Études sur l'économie rurale du haut Moyen Âge_ (Bruxelles: De Boek, 2008).

De la Motte-Collas, M., "Les possessions territoriales de l'abbaye de Saint-Germain-des-Prés du début du IXe au début du XIIe siècle", _Revue d'histoire de l'Église de France,_ 43 (1957), pp. 49~80.

Musset, L., "Signification et destinées des domaine excentriques pour les abbayes de la moitié septentrionale de la Gaule jusqu'au XIe s.", _Sous la règle de saint Benoît: structures monastiques et sociétés en France, du Moyen Âge à l'époque moderne_ (Genève-Paris: Droz, 1982), pp. 167~184.

zur Nieden, A., _Der Alltag der Mönche: Studien zum Klosterplan von St. Gallen_ (Hamburg: Diplomica, 2008).

Niermeyer, J. F., _Mediae Latinitatis Lexicon Minus_ (Leiden: E. J. Brill, 1984).

Parain, Ch., "The Evolution of Agricultural Technique", _CEHE,_ Vol. 1. _The Agrarian Life of the Middle Ages_ [2nd Edition, Cambridge: Cambridge Univ. Press, 1966 (1971년 재인쇄)], pp. 125~179.

Perrin, Ch.-E., "De la condition des terres dites ≪ancingae≫", _Mélanges d'histoire du Moyen Âge offerts à M. Ferdinand Lot_ (Paris: Champion, 1925), pp. 619~640.

_____, "Une étape de la seigneurie. L'exploitation de la réserve à Prüm, au IXe siècle", _Annales d'histoire économique et sociale,_ 6 (1934), pp. 450~466.

_____, "Le manse dans le polyptyque de l'abbaye de Prüm à la fin du IXe siècle", _Études_ *historiques à la mémoire de N. Didier*(Paris, 1960), pp. 245~258.

_____. *Recherches sur la seigneurie rurale en Lorraine d'après les plus anciens censiers(IXe-XIIe siècles)*(Strasbourg: Commission des publications de la Faculté des lettres, 1935).

Perroy, E., *Le monde carolingien*(Paris: C.D.U. & SEDES, 1974).

Piccinni, G., "*Mezzadria* et *mezzadri* en Italie Centrale et Septentrionale(XIIIe-XVe s.)", *Les revenus de la terre*, pp. 93~105.

Poly, J.-P./E. Bournazel, trans. by C. Higgitt, *The Feudal Transformation: 900-1200* (New York: Holmes & Meier, 1991).

Portet, P., "Remarques sur la métrologie carolingienne", *Le Moyen Âge*, 1(5e série, 1991), pp. 5~24.

Postan, M., "Chronology of Labour Services", *Transactions of the Royal Historical Society*, 20(1937), pp. 169~193.

Pounds, N. J. G., "Northwest Europe in the Ninth Century: Its Geography in Light of the Polyptyques", *Annals of the Association of American Geographers*, 57(1967), pp. 439~461.

Les revenus de la terre, complant, champart, métayage en Europe occidentale, IXe-XVIIIe s.(Auch: Centre culturel de l'abbaye de Flaran, 1987).

Rösener, W., *Agrarwirtschaft, Agrarverfassung und Ländliche Gesellschaft im Mittelalter*(München: R. Oldenbourg, 1992).

_____, "Strukturformen der adeligen Grundherrschaft in der Karolingerzeit", W. Rösener, ed., *Strukturen der Grundherrschaft im frühen Mittelalter*, pp. 126~180.

_____, "Zur Erforschung der frühmittelalterlichen Grundherrschaft", W. Rösener, ed., *Strukturen der Grundherrschaft im frühen Mittelalter*, pp. 9~28.

Rösener, W., ed., *Strukturen der Grundherrschaft im frühen Mittelalter*(2. Auflage, Göttingen: Vandenhoeck & Ruprecht, 1993).

De Saint-Jacob, P., "Recherches sur la structure terrienne de la seigneurie", *Annales de l'Est*, 21(1959), pp. 425~433.

Schlesinger, W., "Hufe und Mansus im Liber Donationum des Klosters Weißenburg", *Beiträge zur Wirtschafts- und Sozialgeschichte des Mittelalters. Festschrift für H. Helbig zum 65. Geburtstag*(Köln-Wien: Böhlau, 1976), pp. 33~85.

Schneider, H., ed., *Geschichte der Arbeit. Vom alten Ägypten bis zur Gegenwart* (Frankfurt-Berlin-Wien: Ullstein, 1983). 헬무트 쉬나이더 외 저, 한정숙 옮김, 『노동의 역사―고대 이집트에서 현대 산업사회까지』(한길사, 1982).

Schroeder, N., "Observations about Climate, Farming, and Peasant Societies in Carolingian Europe", *JEEH*, 48(2019), pp. 189~210.

SchulAtlas Alexander(Gotha: Klett-Perthes, 2002).

Scott, T., ed., *The Peasantries of Europe from the Fourteenth to the Eighteenth Centuries*(London & N.Y.: Longman, 1998).

Sivéry, G., "Les tenures à part de fruits et le métayage dans le Nord de la France et les Pays-Bas (Jusqu'au début du XVIᵉ siècle)", *Les revenus de la terre*, pp. 27~42.

Skazkin, S. D., trans. by S. Epperlein, *Der Bauer in Westeuropa während der Epoche des Feudalismus* (Berlin: Akademie, 1976).

Slicher van Bath, B. H., *De agrarische geschiedenis van West-Europa, 500-1850*, 이기영 옮김, 『서유럽농업사 500~1850』(번역개정판: 사회평론아카데미, 2023).

Soboul, A., *Précis d'histoire de la Révolution française* (Paris: Gallimard, 1995), 최갑수 옮김, 『프랑스 혁명사』(교양인, 2018).

Tange, S., "Le grand domaine carolingien comme nœud social", A. Dierkens 외, eds., *Penser la paysannerie médiévale*, pp. 147~160.

_____, "La paysannerie indépendante et autonome à côté du grand domaine carolingien", *Revue belge de philologie et d'histoire*, 90(2012), pp. 347~360.

Tedesco, P., "Beyond the Manorial Economy: Introduction to the Seminar", *JEEH*, 48(2019), pp. 131~145.

Toman, R., ed., *Das hohe Mittelalter. Besichtigung einer fernen Zeit* (Köln: Benedikt Taschen, 1988).

Verhulst, A., *The Carolingian Economy* (Cambridge: Cambridge Univ. Press, 2002).

_____, "Economic organization", *NCMH*, vol. II: c. 700-c. 900, edited by R. McKitterick (Cambridge: Cambridge Univ. Press, 1995), pp. 481~509.

_____, "Die Grundherrschaftsentwicklung im ostfränkischen Raum vom 8. bis 10. Jahrhundert. Grundzüge und Fragen aus westfränkischer Sicht", W. Rösener, ed., *Strukturen der Grundherrschaft*, pp. 29~46.

_____, "Quelques remarques à propos des corvées de colons à l'époque du Bas-Empire et du haut moyen âge", A. Verhulst, *Rural and Urban Aspects of Early Medieval Northwest Europe* (Aldershot: Variorum, 1992), pp. 89~95.

Verhulst, A./Morimoto, Y., ed., *Économie rurale et économie urbaine au Moyen Âge* (Gent, Fukuoka: Kyushu Univ. Press, 1994).

Weidinger, U., "Untersuchungen zur Grundherrschaft des Klosters Fulda in der Karolingerzeit", W. Rösener, ed., *Strukturen der Grundherrschaft im frühen Mittelalter*, pp. 247~265.

van Werveke, H., "Comment les établissements religieux belges se procuraient-ils du vin au haut Moyen Âge?", H. van Werveke, *Miscellanea mediaevalia. verspreide opstellen over economische en geschiedenis van de Middeleeuwen* (Gent: E. Story-Scientia, 1968), pp. 12~29.

White, Jr. L., *Medieval Technology and Social Change* (Oxford: OUP., 1962), 강일휴 역, 『중세의 기술과 사회 변화: 등자와 쟁기가 바꾼 유럽 역사』(지식의풍경, 2005).

Wilkin, A., "Preserving Stability in a Changing World: Free and Unfree Labour, Peasant Mobility and Agency on Manorial Estates between the Loire and the Rhine", *JEEH*, 48(2019), pp. 167~187.

山岡亮一/木原正雄 편, 김석민 옮김, 『봉건사회의 기본법칙』(아침, 1988).

橡川一朗(とちかわいちろう), "莊園", 「日本大百科全書(ニッポニカ)の解説」(小学館, 1984-1989)(https://kotobank.jp/word/%E8%8D%98%E5%9C%92-78844).

伊藤榮, 『ヨーロッパの莊園制』(東京: 近藤出版社, 1981).

김형인, 「미국의 노예제도: 수립, 성장, 소멸」, 역사학회 편, 『노비·농노·노예』, 75~125쪽.

서울대학교 역사연구소 편, 『역사용어사전』(서울대 출판문화원, 2015).

아노스트 클리마(Klima, A.), 「전산업시대 보헤미아에서의 농업계급구조와 경제발전」, R. 브레너 외, 이연규 옮김, 『농업계급구조와 경제발전―브레너 논쟁―』(집문당, 1991), 270~281쪽.

역사학회 편, 『노비·농노·노예―예속민의 비교사―』(일조각, 1998).

이기영, 「9세기 생베르탱 수도원영지의 경작노동력 구성」, 『민석홍 박사 화갑기념 사학논총』(삼영사, 1985), 393~414쪽.

_____, 『고대에서 봉건사회로의 이행―서유럽 농노제와 봉건적 주종관계의 형성 및 인종문제―』(사회평론아카데미, 2017).

_____, 「고전장원 농민의 잡역과 공납 실태」, 『역사교육논집』, 62(2017), 201~255쪽.

_____, 「고전장원과 노동지대」, 『프랑스사 연구』, 33(2015), 131~163쪽.

_____, 「고전장원과 장원농민의 신분―9세기 중엽 랭스의 생르미 수도원영지의 경우―」, 『역사교육』, 35(1984. 6), 153~183쪽.

_____, 「고전장원제에서의 영주권과 농민―영주권의 구성과 성격을 중심으로―」, 『역사학보』, 151(1996), 277~334쪽.

_____, 「고전장원제와 봉건적 부역노동제도의 형성―서유럽 대륙지역을 중심으로―』(사회평론아카데미, 2015).

_____, 「고전장원제하 농민보유지의 종류별 크기와 영주직영지와의 크기관계」, 『역사와 경계』, 69(2008), 339~390쪽.

_____, 「고전장원제하 농민의 생활수준」, 『서양사론』, 45(1995. 3), 1~54쪽.

_____, 「고전장원제하 영주직영지와 농민보유지의 지역별 크기관계―라인란트 지역을 중심으로―」, 『독일연구』, 26(2013. 12), 189~223쪽.

_____, 「고전장원제하 영주직영지와 농민보유지의 지역별 크기관계―파리 분지 동북부 지역을 중심으로―」, 『역사와 경계』, 88(2013. 9), 263~291쪽.

_____, 「고전장원제하의 경작부역과 수송부역 실태」, 『독일연구』, 14(2007. 12), 103~144쪽.

_____, 「고전장원제하의 농민보유지 제도」, 이민호 교수 정년기념 사학논총 간행위원회 편, 『유럽사의 구조와 전환』(느티나무, 1993), 385~411쪽.

_____, 「고전장원제하의 농민의 의무와 부담」, 『백현 나종일박사 정년기념논총』(교학사, 1992), 103~144쪽.

_____, 「고전장원제하의 농업경영」(서울대 박사학위논문, 1990).

_____, 「고전장원제하의 농업노동력」, 『서양사론』, 37(1991), 17~74쪽.

_____, 「고전장원제하의 '코르베(corvée)' 제도」, 『독일연구』, 18(2009. 12), 3~45쪽.

_____, 「고전적 형태의 봉건적 부역노동 부과방식―파리 분지의 주변부 영지들을

중심으로—」, 『역사교육』, 132(2014), 207~247쪽.

_____, 「고전적 형태의 봉건적 부역노동 수행 방법과 과정상의 특징」, 『서양중세사 연구』, 36(2015), 101~146쪽.

_____, 「카롤링조 왕령지의 경영조직」, 『이원순 교수 화갑기념 사학논총』(삼영사, 1986), 533~556쪽.

_____, 「토지소유 형태로서의 고전장원제의 역사적 위상—러시아를 중심으로—」, 『서양중세사 연구』, 34(2014. 9), 217~264쪽.

한정숙, 「동유럽형 농노제—러시아의 경우를 중심으로—」, 역사학회 편, 『노비·농노·노예』, 168~217쪽.

찾아보기

334